科学版精品课程立体化教材·经济学系列

现代产业经济学教程

（第二版）

主　编　刘志迎
副主编　栾敬东　陶爱萍　孙红燕

科 学 出 版 社
北 京

内 容 简 介

本书在全面融合国内外现有产业经济学和产业组织理论的基础上，以新老产业组织理论为核心，分产业主体、SCP 理论、寡头垄断、定价策略和行为、企业纵向关系、产业结构演变与优化、产业区位与集聚、产业关联、产业发展、产业技术、产业贸易、产业竞争、产业标准和产业规制与政策 14 个主题，全面介绍了产业经济学理论和前沿问题。特别是引入了其他教材目前没有引入的产业技术创新与扩散、产业集聚、产业标准、产业贸易、产业竞争与安全等新内容，从而能够为学生提供一本内容较为全面且能够结合我国产业经济实际的较为简明易懂的教科书。

本书适合作为经济学科各专业高年级本科生和产业经济学专业低年级硕士研究生的教材，以及报考产业经济学专业研究生的参考用书，也可供相关专业的研究生、政府部门和产业经济研究人员阅读参考。

图书在版编目（CIP）数据

现代产业经济学教程/刘志迎主编．—2 版．—北京：科学出版社，2013

科学版精品课程立体化教材·经济学系列

ISBN 978-7-03-039494-1

Ⅰ.①现… Ⅱ.①刘… Ⅲ.①产业经济学－高等学校－教材 Ⅳ.①F062.9

中国版本图书馆 CIP 数据核字（2013）第 315241 号

责任编辑：张　宁　江　薇／责任校对：宋　艳
责任印制：张　伟／封面设计：蓝正设计

科学出版社出版
北京东黄城根北街 16 号
邮政编码：100717
http://www.sciencep.com

北京捷迅佳彩印刷有限公司印刷
科学出版社发行　各地新华书店经销

*

2007 年 5 月第　一　版　开本：787×1092　1/16
2014 年 2 月第　二　版　印张：23
2023 年 7 月第十七次印刷　字数：545 000

定价：56.00 元

（如有印装质量问题，我社负责调换）

目 录

第一章

产业经济学导论

【本章概要】 本章主要讲解产业经济学理论发展过程、研究对象和研究内容，介绍主要研究方法，并明确产业经济学的学科地位和学习产业经济学的意义。

【教学要求】 了解产业经济学理论发展过程；重点掌握产业经济学的研究对象和内容；熟悉产业经济学的主要研究方法；知道产业经济学在整个经济学学科中的地位，清楚学习这门课程的主要意义。

产业经济学是应用经济学中重要的二级学科，是20世纪兴起的专门研究产业经济问题及产业发展规律的经济科学。该学科是从经济学的视角，运用经济学研究方法，探讨产业经济活动的内在规律性，形成有别于其他经济学科的独立体系。通过该课程的学习，掌握产业经济发展基本规律的理论知识，可以指导我们正确分析现实经济活动的各种经济现象和问题，从而有利于我们在经济发展中更好地遵循经济规律，促进产业经济健康发展。

第一节　产业经济学的理论溯源

产业经济学理论形成的物质基础在于三次社会大分工和三次产业革命，其理论基础在于微观经济学的发展和深化；产业经济学理论体系的形成在20世纪30年代至70年代。近30多年来，产业经济学独立发展相当迅速。而在我国产业经济学理论获得较快发展主要在近20多年。

一、产业经济学产生的物质基础

三次社会大分工推动了产业的形成，为产业经济活动的形成奠定了初步基础。产业经济是伴随着社会分工和生产力的发展而发展的，要研究产业经济学，首先要理解和把握产业的含义。产业是一种社会现象，它随着社会分工的产生而产生，并随着社会分工的发展而发展。人类历史上曾出现过三次大的社会化分工。第一次社会大分工发生在原始公社的新石器时代，畜牧业从农业中分离出来；第二次社会大分工发生在原始公社末期至奴隶社会初期，手工业从农业中分离出来；第三次社会大分工发生在奴隶社会初期，商业逐渐从农业、手工业中分离出来，这一时期，专门从事商品买卖的商人阶层逐渐形成，商业开始独立出来。至此，实际上已形成了农业、畜牧业、手工业和商业等产业部门。随着生产力的进一步发展，社会分工出现了进一步细分，如冶炼、钢铁、石油、石化等行业陆续产生。

三次产业革命使产业进一步细化，为产业经济学的发展奠定了物质基础。近代人类历史上发生过三次大的产业革命。第一次产业革命是纺织机、蒸汽机等技术创新引起的产业革命，出现在18世纪中叶，英国率先开展了一场革命，由农业经济过渡到工业经济，主导技术是蒸汽机将热能转换成机械能，利用这种能量的转换，给作坊式生产带来了一场变革。在19世纪中叶到19世纪末，随着冶炼技术的发展，钢铁技术和机械制造技术成为当时促进工业发展的主导技术，工业革命进一步深化。第二次产业革命出现在19世纪末到20世纪初，电气化技术成为当时的主导技术，美国应用电气化技术促进各个行业发展，使其成为当时世界上最有代表性的先进国家。第三次产业革命出现在当今，第三次产业革命所带来的绿色科技正逐渐打破以化石燃料为基础的第二次产业革命，使社会向合作和分散关系发展。第三次产业革命的支柱包括以下五个方面：向可再生能源转型；将每一大洲的建筑转化为微型发电厂，以便就地收集可再生能源；在每一栋建筑物以及基础设施中使用氢和其他存储技术，以存储间歇式能源；将每一大洲的电力网转化为能源共享网络，这一共享网络的工作原理类似于互联网；将运输工具转向插电式以及燃料电池动力车，这种电动车所需的电可以通过洲与洲之间共享的电网平台进行买卖。

前两次产业革命主要是经历了从依靠人力到使用蒸汽机再到使用内燃机、电动机，从使用煤炭、动植物油到使用电力、石油产品，很多产业部门从无到有，如此等等，也即实现了社会生产的机械化、电气化、钢铁化和石油化等产业革命阶段。我们现在正处在第三次产业革命阶段，即以计算机技术为代表的包括新材料技术、新能源技术、生物技术等高技术和产业在内的所谓高技术时代或知识经济时代。产业经济学理论正是在产业不断细分和深化的基础上产生的，它是用于揭示产业经济活动和产业经济现象的经济学科。

二、产业经济学产生的理论基础

17世纪到18世纪，随着生产力的发展，人类社会进入资本主义社会，经济文献如洪水般涌现出来。其中最有代表性的是亚当·斯密在1776年出版的《国富论》，他在书中系统地论述了由竞争机制自发决定的价格体系如何创造出一个理想的市场秩序和具有“帕累托”最优状态的经济社会。亚当·斯密也是分工理论的创始人，通过对经典的“大头针”案例进行剖析，他揭示了分工产生的专业化和协作能够带来经济效率的提高。他认为，“劳动分工的结果就是所有不同行业的产量的巨大增加，在一个治理有方的社会里，这会致使普遍的丰裕能够惠及最下层的人民。每位劳动者都有大量自己的产品要转让，他自己需要不了那么多；一切其他劳动者的境况完全相同，能够用自己的大量产品换取其他劳动者的大量产品，或者说，换取其他劳动者大量产品的价格。他能够充分地供给别人所需要的物品……”在此可以看出，斯密对于劳动分工论的观点所指是相当广泛的，他所说的专业化不仅是按照技能进行的，而且还按照职能、功能、厂商和行业进行，在他后来的一段文字中，也指地域分工。他同时指出了企业的市场行为：“商人们的利益……在商业或制造业的任何特定的分支机构里都总是在某些方面不同于、甚至对立于公共利益的。拓宽市场和减少竞争，总是商人们的利益所在。”可以说，亚当·斯密是最早认识到产业组织核心研究问题的经济学家。

但是，亚当·斯密在关注竞争机制的作用及分工协作产生经济效益的同时，忽视了竞争与规模经济之间的关系问题，填补这一空缺的是最早将产业组织概念引入经济学的新古典经济学家、产业经济学的先驱马歇尔。在他的成本分析理论中，他分析到企业在成本递减的条件下运营，就不会趋向于竞争性均衡，而是趋向于无限增长，最后变成垄断。追求规模经济和由此引起的垄断扼杀竞争活力构成了一对难分难解的矛盾，这就是著名的“马歇尔冲突”，即企业追求规模经济的结果是垄断的出现，垄断反过来又会阻碍价格机制、扼杀自由竞争，使经济失去活力，破坏资源的合理分配。

后来，马歇尔在《产业贸易》一书中强调指出，事实上几乎所有的竞争性市场都有垄断性因素，并根据市场的不确定性而起作用。这一观点影响到了哈佛的张伯伦和剑桥的罗宾逊夫人等。

20世纪初，随着生产日趋集中，企业规模不断扩大，垄断和寡头垄断已成为西方发达国家中普遍存在的现象，卡特尔、托拉斯等垄断组织和形式已有了相当的发展。竞争和垄断问题吸引了许多经济学家的研究，以英国剑桥大学斯拉法为代表的经济学家以收益递增规律与完全竞争前提相矛盾为突破口，引发了一场有关“马歇尔冲突”的理论争论。

爱德华·H. 张伯伦在他28岁时提交了一篇博士论文，后来变成了1933年的《垄断竞争理论》。书中提出了垄断竞争的概念，分析了特定产业内的市场结构、价格、利润、广告和效率等的相互关系，提出了生产同类产品的企业集团及与之相关的厂商企业的关系问题，界定了“产品差别”的内涵及其对市场竞争的影响。他不仅提出了垄断竞争的概念，而且对具体垄断竞争市场进行了分类与分析。他认为，完全竞争和纯粹垄断只是两种极端的市场形态，现实经济则是介于这两者之间的“中间地带”，现实的市场既存在竞争因素，也存在垄断因素，两者的并存与交织形成了所谓的“垄断竞争”格局。其根本原因在于：每个厂商提供的产品具有差异性，所以它是个垄断者；但该产品又具有一定的替代性，因而对生产同类产品的其他企业来说，它又是一个竞争者。于是，垄断竞争市场便形成了。在这一基础上，他进而对垄断竞争市场结构进行了具体分类，并考察了不同产业之间的联系，分析了特定产业内的市场结构、价格、利润、广告和效率等的相互关系。另外，张伯伦界定了“产品差别”的内涵及其对市场竞争的影响。他认为，对消费者而言，不同的产品差别可能是具体的，也可能是抽象的。只要产品的任何品质特征引起购买者的认知差异，使购买者喜好这种产品，而不喜好那种产品，都可能构成产品差别的标准。以产品差别化为基础，张伯伦进一步分析了垄断与竞争的关系，他认为产品差别既是垄断因素，又是一种竞争力量，只要销售量与产品差别有关，则产品差别的非价格竞争就可能比传统的价格竞争更重要。1933年，年仅30岁的乔安·罗宾逊夫人出版了《不完全竞争经济学》，她探讨了垄断市场需求特征、垄断企业的成本、垄断企业的短期和长期均衡以及多厂垄断和双边垄断等。

罗宾逊夫人和张伯伦为分析产业组织提供了实践模拟基础，从不完全竞争出发研究市场结构和厂商行为的变异及绩效，对市场结构的研究具有开创性的作用，并直接推动产业组织理论向市场结构方向发展，尤其是张伯伦在其上述著作中提出的一些概念和理论观点，成为现代产业组织理论的重要来源，他本人也因此被认为是现代产业组织理论的奠基人。

马歇尔的经济学将行业的分析推向了前台，一个行业由许多生产完全替代产品的厂商组成，而在张伯伦及罗宾逊夫人的理论中，对行业的分析让位于对厂商的分析。

此后，克拉克提出的"有效竞争理论"，对产业经济学的产生起了较大的推动作用。尽管如此，当时产业经济学还处于萌芽状态，真正意义上的产业经济学并未产生。

三、产业经济学理论体系的形成和完善

比较一致的看法是，产业经济学源于美国，作为一种理论体系产生于20世纪30年代，至今有大约80年的历史。产业经济学的发展历程大体上可以划分为两大阶段。

(一)第一阶段：1930～1970年

以哈佛大学经济学教授梅森(E. S. Mason)和贝恩为主要代表，形成了著名的"市场结构-市场行为-市场绩效"(structure-conduct-performance，SCP)范式。

梅森将有关有效竞争的定义和实现有效竞争的条件的论述，归纳为两大类基本的有效竞争标准：一是将能够维护有效竞争的市场结构的形成条件归纳为市场结构标准，二是将从市场绩效角度来判断竞争有效性的标准归为市场绩效标准。继梅森的研究之后，一些经济学家将有效竞争的标准进一步扩展为市场结构标准、市场行为标准和市场绩效标准，并概括了判断有效竞争的标准。

贝恩1956年开始对市场进入障碍进行研究。1959年，他出版了第一部系统论述产业组织理论的教科书《产业组织》，从此贝恩被誉为产业组织理论的集大成者。同时，《产业组织》一书出版，也标志着哈佛学派正式形成。《产业组织》一书系统地提出了产业组织理论的基本框架，标志着现代产业组织理论的基本形成。在该书中，贝恩系统地总结了已有的研究成果，特别是哈佛学派的研究成果，第一次完整而系统地论述了产业组织的理论体系。其两个主要标志是：①明确地阐述了产业组织研究的目的和方法；②提出了现代产业组织理论的三个基本范畴，即市场结构、市场行为、市场绩效，并把这三个范畴和国家在这个问题上的公共政策(即产业组织政策)联系起来，规范了产业组织理论的理论体系。

继贝恩之后，经济学家凯森和法学家特纳(D. F. Turner)在1959年又合作出版了著名的《反托拉斯政策》一书。此外，凯维斯(R. E. Cawes)、谢勒(F. M. Scherer)、谢菲尔德(W. H. Shepherd)、科曼诺(W. S. Comanor)等对产业组织理论的体系和发展都做出了重要贡献。谢勒在1970年出版了《产业市场结构和经济绩效》一书，进一步揭示了市

场行为与市场绩效之间的关系，总结了有关市场行为特别是价格形成、广告活动、研究开发等方面的研究成果，弥补了贝恩《产业组织》一书中对市场行为论述的不足，并考察了微观和宏观的周边条件对市场结构、市场行为和市场绩效的影响，提出了完整的SCP范式，从而将哈佛学派的产业组织理论体系又向前推进了一步。同时，凯维斯在为贝恩当助理教授和继梅森之后担任哈佛大学教授期间，在对美国及主要西方国家产业组织的实证研究、对国际经济学与产业组织理论结合等方面也进行了许多卓有成效的研究，为产业组织理论的体系化发展做出了重要贡献。这些研究主要以哈佛大学为中心展开，因此学术界称之为产业组织的哈佛学派。哈佛学派十分重视市场结构对市场行为和市场绩效的决定作用，因此又称为结构主义学派。SCP范式的形成标志着产业组织理论体系的初步成熟，产业经济学因此成为一门相对独立的经济学科。

（二）第二阶段：1970年至今

哈佛学派创立的主流产业经济学理论一方面获得了不断的发展和完善，另一方面又不断受到批评和挑战，其理论具有经验主义的性质，强调经验性的产业研究，缺乏坚实的理论基础和系统的理论分析。

针对哈佛学派产业组织理论存在的缺陷，从20世纪60年代末起，一些经济学家在不放弃SCP分析框架的前提下，对正统的产业组织理论进行了修正和补充，并在80年代发展形成新产业组织理论。新的产业组织理论重在分析市场份额、集中程度、进入壁垒对企业行为的影响不同，从重视市场结构转向更重视企业行为的分析。这些行为主义的新产业组织理论，强调企业行为对市场结构的反作用和经济绩效对企业行为进而对市场结构的影响。例如，德姆塞茨（H. Demsetz）和巴莫尔（Banmou）等指出，进入和退出对竞争过程具有重要意义，如果存在其他厂商的进入威胁，即使只有少数厂商（或仅有一家厂商）的产业，也是非常有竞争性的，厂商数量很少，但如果价格超过成本，就会有许多厂商进入该产业，这样的市场称为“可竞争市场”。“可竞争市场”这一概念的引入，摆脱了市场结构与企业行为那种单一的既定的逻辑关系，因此在可竞争市场中，潜在进入厂商的威胁迫使现有厂商去降低成本，盲目创新，扩大规模，从而改变市场结构。第一次把厂商纳入产业组织理论著作标题的是索耶尔（M. C. Sanyer），他在1985年修订出版的《产业和厂商的经济学》中以厂商行为为中心展开了分析。他认为，厂商是基本的实在的经济单位，而行业是不确定的和空虚的，市场结构不过是企业之间的竞争关系。芝加哥学派、新制度学派和新奥地利学派是行为主义的代表。

以芝加哥大学教授施蒂格勒（V. Stigler）、德姆塞茨、布罗曾（Y. Brozem）、波斯纳（R. Posener）等为代表的芝加哥学派的学者们，在对美国反垄断政策的分析和与哈佛学派的论战中，提出了独自的竞争理论的基本思想和公共政策主张，形成了芝加哥学派的产业组织理论。1968年，施蒂格勒的代表著作《产业组织》一书问世，标志着芝加哥学派在理论上的正式形成。

芝加哥学派研究产业组织问题的突出特点是不以经验实证为主，强调理论分析，重视根据逻辑和理论来应用价格理论，认为产业组织理论是价格理论的逻辑扩展。芝加哥学派在理论基础上更加信守新古典主义，认为标准的竞争理论自然是有效的，“完全竞争"模型对产业组织问题仍具有足够的自解能力，同时认为，垄断市场结构中产生的高额利润来自大企业的高效率。在高集中度的市场中，如果大企业之间采取秘密卡特尔等合谋或协调行为，企业可以获得高利润率。但是，这只是短期的现象或一时的不均衡，只要没有政府的进入管制，高集中度产生的高利润率会因为新企业的大量进入和卡特尔协定"囚徒困境"式的破裂而难以维系。

产业组织的新奥地利学派是20世纪70年代后期在与哈佛学派的争论中崛起的又一个颇具影响的产业组织理论学派。新奥地利学派的理论基础是奈特的不确定性概念，从不完全信息出发，把竞争性的市场过程理解为分散的知识、信息的发现和利用过程，认为市场不均衡就是因为存在着未被发现的信息或因信息不完全而造成决策失误所导致的利润机会的丧失。新奥地利学派从主观主义的立场出发，把经济学看做不同于自然科学的"人类行为科学"的一个领域。其研究方法是从个人效用和行为到价格的非线性因果传递，而不是为人熟知的新古典主义数学函数的相互决定。新奥地利学派与其他学派相比，有其独特的观点：认为唯一成为进入壁垒的是政府的进入管制政策和行政垄断；社会福利的变化源于生产效率(即新产品、技术的引入)而非哈佛学派强调的配置效率的改变；竞争源于企业家的创业精神，产品差别化实际上是企业竞争的一个重要手段。

20世纪80年代中期以来，以科斯(R. H. Coase)等的交易费用理论为基础，从制度角度研究经济问题的"新制度产业经济学"，也被称为"后SCP时代"。新制度学派将制度视为经济活动的内生变量，将研究重点深入企业内部，研究企业公司"黑箱"内部产权结构和组织结构的变化。新制度学派的核心思想就是通过建立合理、有效的制度来降低交易费用，激励经济主体从事生产性活动，从而保障分工和合作的顺利进行，实现良好的市场绩效，促使资源的优化配置和社会福利达到最优。新制度学派运用传统的微观经济学来分析研究制度对市场绩效的影响，认为在不同的制度下，市场结构各不相同，产权制度不同，交易成本也是有差别的，因而市场绩效也就不同了。

近10年来，产业经济学(产业组织理论)相当活跃，在供应链理论、产业集群理论、产业竞争理论、全球价值链理论、政府规制理论、产业安全理论、产业标准理论、产业技术创新理论等领域涌现出一大批学术成果，也形成了一些标志性的研究成果。

四、产业经济学理论在中国的发展

我国在20世纪50年代时，产业的概念主要是指计划经济中的"行业"、"部门"，如农业、工业、商业等，学科里没有明确的"产业经济学"名称。这种模式一直延续了好多年。改革开放以后，这种状况逐渐有所改变。但是，对中国较早产生影响的却是日本的产业组织理论。产业经济这一名称首先来源于日本某些学者的著作，与西方不同，他们的研究范围比较宽泛，将产业之间的结构与关联问题等也纳入产业经济学的研究领域。20世纪80年代末期，西方的产业组织理论开始传入中国，翻译和介绍了一批西方主流的产业组织理论，国内一些学者开始了这方面的研究，一些大学也尝试开设了产业经济学课程。1996年，国务院公布了新的研究生专业学科目录，产业经济学位列其中，标志着这一经济学科正式被确认。其具体的历程如下。

(一)在传统范式下的研究概况：1949～1978年

1949年新中国成立后，从第一个五年计划开始，我国就开始实行高度集中的计划经济管理体制，同时，价值规律和市场调节长期受到忽视和排斥，因此，直至改革前，由于缺乏对产业组织理论进行系统研究的环境和氛围，产业组织理论研究几乎处于停滞状态，相应地对产业组织理论的系统研究就只能付诸阙如。尽管如此，在社会主义经济建设中，我国仍然遇到与产业组织有关的问题需要解决，因此，经济学界还是在不自觉的状态下对产业组织理论的某些方面从苏联范式的角度进行过一些分析和研究。这个时期比较接近产业组织的研究是对工业经济领域的社会分工和专业化生产与协作问题的研究，以及对工业生产的联合化和集中化等进行的研究。1956年，我国译介了苏联学者别尔利的《社会主义工业的专业化和协作》。在该书的影响下，我国学者季明对专业化与协作的概念、两种制度下专业化与西方的区别、社会主义生产中再生产与协作的特点等问题进行了研究；张有萱则对计划经济条件下深化工业企业的专业化分工和开展综合经营的意义、途径和方式进行了研究：进入20世纪60年代以来，随着我国在工业经济领域试办工业托拉斯，一些学者开始从规模经济的角度对工业托拉斯的优点进行了分析，指出专业化生产和托拉斯能够在使用专业设备、增加产量、降低成本、提高劳动生产率等方面发挥积极作用，因而认为发展托拉斯对国家有利，对地方有利，对整个社会有利。但是，由于这些研究仍然是在传统范式下进行的，其研究的出发点是如何通过计划来引导企业之间进行分工协作，而对社会主义条件下企业之间客观存在的竞争关系视而不见，因而这些研究均没有对产业组织理论的核心问题——规模经济和竞争活力的矛盾在理论上进行分析，更没有对社会主义条件下如何处理好规模经济和竞争活力的矛盾做出回答。

(二)对西方产业组织理论的引进和研究范式初步转换阶段：1979～1990年

从研究的主要内容看，这一时期的研究主要集中在对过去20多年的社会主义建设时期的我国在产业组织领域存在的问题进行反思与回顾，以及对经济体制改革以来我国产业组织的状况特别是企业行为的研究。从研究的理论视角和范式看，这一时期的研究具有明显的过渡性和双重性：一方面，传统的范式和在传统范式影响下所讨论的问题仍然继续进行；另一方面，随着对外开放所带来的对外学术交流的增加，我国许多学者已日益感到有必要研究和借鉴西方产业组织理论，取其精华、为我所用。就这样，一部分学者开始尝试运用西方产业组织理论的范式对我国产业组织的有关问题进行研究。

1. 对西方产业组织理论的引进和借鉴

1979年，我国出版了萨缪尔森(P. A. Samuelson)的《经济学》；1980年，出版了谢佩德(W. G. Shepherd)著的《市场势力与福利经济学导论》；1983年出版了沃森等著的《价格理论及其应用》，均对西方产业组织理论进行比较多的介绍。20世纪80年代中期，国外产业组织理论较为全面地被引入我国。1985年，世界银行经济发展学院和清华大学经济管理学院联合举办经济管理讲习班，编印了《产业组织经济学》，比较系统地对西方产业组织理论进行了介绍，尤其是对SCP理论范式进行了重点介绍。同年，国内学者杨治编写了《产业经济学导论》，其中有一章专门介绍产业组织理论，对国内产业组织理论研究产生了较大的影响。此后，一些专门研究产业组织理论的教材和专著相继被翻译引入进来。1988年出版了克拉克森等的《产业组织：理论、证据和公共政策》及日本经济学家植草益的《产业组织论》；1989年出版了美国经济学家施蒂格勒的《产业组织与政府管制》。上述著作的翻译出版，对我国产业组织研究范式转换起了推动作用。

2. 对我国现实产业组织结构和产业组织政策的研究

改革开放之初，"文化大革命"期间"五小"工业的发展使我国产业结构和产业组织存在的问题显性化，因此，早在20世纪70年代末和80年代初，一些学者如马洪、孙尚清等就已提出，应当调整不合理的"大而全"、"小而全"的经济组织结构，处理好大、中、小企业的关系。发展专业化组织、联合化组织，以改善我国的经济组织结构。还有学者指出，为调整组织结构，需要一定的行政指导；同时应当鼓励竞争、反对垄断、支持各种联合。

鉴于我国产业组织结构发生了一些变化，分析这些变化并指出其存在的问题，自然就成为当时产业组织理论研究的一大热点。在这些研究中，比较有代表性的观点认为，改革开放以来，我国企业之间竞争的加强和企业整体平均规模的扩大，表明我国产业组织出现了一些积极的变化。但是，我国产业组织仍然存在着严重问题：①缺乏生产的集中化、缺乏规模经济；②缺乏合理的分散化，企业小而全；③部门、地区垄断仍然严重存在；④竞争不足，缺乏资源存量调节机制；⑤缺乏对国内弱小工业的保护。对于如何建立我国新的产业组织结构，学术界提出了四种代表性的思路：一种意见认为，应该由市场机制来实现企业间的重新组合，由市场来调节并形成由市场支配的产业组织结构；第二种意见认为，中央应该向地方放权，由地方组织产业而形成新的产业组织结构；第三种意见认为，应该以大城市为中心组织产业，由中心城市组成新的产业组织结构；第四种意见认为，应该建立以大企业为中心的产业组织结构。

（三）新范式下产业组织理论研究的繁荣阶段：1991年以来

进入20世纪90年代以来，经过20多年的引进、吸收和中国化，西方产业组织理论已经被广泛应用，新的研究范式成为产业组织研究的主导范式；同时，经过多年的市场化改革，在西方市场经济国家出现的一些产业组织现象和问题在我国的经济转型期也得到了比较充分的暴露，为产业组织研究提供了有利的条件，因此，这一时期的产业组织研究出现了相对活跃的局面，出现了一批分析比较规范的研究成果。与前一个阶段研究相比，这一时期的研究趋于多样化：在研究理论框架上，既有在西方传统的产业组织理论的SCP框架内展开分析的论著，又有在新制度经济学和公共选择理论的框架内进行分析的成果；在研究方法上，规范性分析减少，实证和案例分析的论著增多；在分析的广度上，既有综合性分析，又有行业分析和专题性研究。2000年以来，产业经济学研究的重点主要表现在三个方面：第一个重点方向主要研究产业集群理论，第二个重点方向主要研究产业规制，第三个重点方向主要集中在产业价值链上。

第二节 产业经济学的研究对象

产业经济学的研究对象是产业。产业是一种社会分工现象，它随着社会分工的产生而产生，随着社会分工的发展而发展。了解产业的含义和分类，是研究产业经济学的首要问题。

一、产业的概念和分类

(一)产业的概念

关于“产业”的定义和划分不尽相同，从一般意义上来说，产业是一个“集合”的概念。产业是一种同一属性的生产经营活动、同一属性的产品和服务、同一属性的企业的集合。

产业是国民经济中按照一定社会分工原则，为满足社会某类需要而划分的从事产品生产和作业的各个部门。产业介于企业和国民经济之间，相对于企业而言，它是某些同类企业的集合体；相对于国民经济而言，产业是国民经济的一个部分。它包括农业、矿业、工业、建筑业、商业、交通、邮电、金融、保险、咨询、旅游业等产业部门。

(二)产业的分类

为了分析产业的基本情况，制定产业发展战略，加强产业宏观调控，需要对产业进行科学分类。常见的分类方法有以下几种。

1. 生产结构分类法

所谓生产结构分类法是依据再生产过程中各产业间的关系而进行的分类方法。

1)马克思的两大部类分类法

马克思为了分析不同物质生产部门的相互关系，揭示社会再生产的实现条件，在《资本论》中提出了以产品的最终用途不同作为分类标准的分类方法，如图1.1所示。

- 产业
  - 生产生产资料的产业部类(第一部类)
    - 为生产生产资料提供生产资料的部门
    - 为生产生活资料提供生产资料的部门
  - 生产消费资料的产业部类(第二部类)
    - 生产必要消费品的部门
    - 生产奢侈消费品的部门

图1.1 马克思两大部类分类法

这种产业分类法是产业结构理论的基本来源之一，是投入产出表的基础。其局限性是覆盖面窄、实际应用困难。两大部类分类方法未能将一切物质生产领域和非物质生产领域包括进去；从分类界限来看，有些产品难以确定为两大部类中的生产资料或消费资料(如电视机)。

2)农轻重产业分类法

列宁在马克思两大部类分类法的基础上提出了以物质生产的不同特点为标准的分类方法。这里所讲的生产特点，主要是指劳动对象、劳动资料、生产过程、加工方式和劳动产品的不同。在这一思想的指导下形成了农轻重产业分类法，如图 1.2 所示。

产业
- 农　业：种植业、畜牧业、渔业和林业
- 轻工业：纺织、食品、缝纫(服装)、制革、毛皮、家具、造纸、印刷等
- 重工业：燃料、冶金(如钢铁)、煤炭、石油、化工等

图 1.2　农轻重产业分类法

农轻重产业分类法具有比较直观和简便易行的特点。对从宏观上安排国民经济计划和进行计划调控，对研究社会工业化实现进程具有较大的实用价值。其局限性是：农轻重产业分类法中农轻重三者的界限越来越模糊，确定产业划分界限日益困难。

3)霍夫曼的产业分类法

德国经济学家霍夫曼(W. G. Hoffmann)在 1931 年出版了《工业化的阶段和类型》。他为了研究工业化及其发展阶段而将产业划分为三大类，如图 1.3 所示。

产业
- 消费资料产业：食品、纺织、皮革和家具等工业
- 资本资料产业：冶金及金属材料工业、运输机械工业、一般机械工业和化学工业
- 其他产业：橡胶、木材、造纸、印刷等工业

图 1.3　霍夫曼产业分类法

当某产业产品的用途有 75%以上是消费资料时，即将该产业归入消费资料产业；而当某产业产品的用途有 75%以上是资本资料时，即将该产业归入资本资料产业；而难以用上述分类原则确定产业归属的产业就全部归入其他产业之中。

2. 三次产业分类法

1935 年，澳大利亚经济学家费歇尔(A. Fisher)根据人类经济活动发展的三个阶段，最早提出了三次产业的分类方法。1940 年，英国经济学家、统计学家克拉克(C. G. Clark)在继承费歇尔研究成果的基础上，利用三次产业分类法对经济发展与产业结构变动之间的关系进行了实证研究，随后，世界上许多国家都采用这种分类方法进行国民经济统计。1950 年，库兹涅茨(Simon Smith Kuznetz，1901—1985 年，1971 年诺贝尔经济学奖获得者)运用这一方法系统研究和揭示了三次产业在国民经济中的变化规律，三次产业分类法逐渐为各国所接受，并已成为世界通行的统计方法。三次产业分类方法是把全部的经济活动划分为如图 1.4 所示内容。

产业
- 第一产业(primary industry)：农业（指种植业）、畜牧业、林业、渔业、狩猎业
- 第二产业(secondary industry)：采矿业、制造业、建筑业以及煤气、电力供水等工业部门
- 第三产业(tertiary industry)：商业、运输业、通信业、金融业、保险业、生活服务业、旅游业、公务业（科学、教育、卫生、政府等公共行政事业）以及其他公益事业等

图 1.4　三次产业分类法

我国在 20 世纪 80 年代中期引入三次产业分类法，在此之前采用的是农轻重产业分类法，从第七个五年计划开始采用三次产业分类法。

三次产业分类法是一种有效的产业经济分析方法，被许多国家广泛采用，克拉克以及库兹涅茨等经济学家运用它来解释经济发展的条件和结果。三次产业分类法本身也有局限性：在具体划分现实的经济活动方面，在划分第一产业与第二产业的界限时存在着

矛盾，在划分第二产业与第三产业的界限时也存在着不同的说法，没有统一标准，在使用相关统计数据时产生了困难。

3. 标准产业分类法

标准产业分类法(standard industrial classification，SIC)是为统一国民经济统计口径而由权威部门制定和颁布的一种产业分类方法。全面的、精确的、统一的经济活动统计对经济理论的探讨和整个国民经济问题的研究，对政府制定经济政策和进行国民经济的宏观管理都是十分必要的。国民经济管理的经济统计的基础就是产业分类的标准化，即进行标准产业分类。

联合国颁布的国际标准产业分类(international standard industrial classification，ISIC)与三次产业分类法保持着稳定的联系，从而有利于对产业结构的分层次深入研究。联合国的标准产业分类法便于调整和修订，也为各国各自制定标准产业分类以及进行各国产业结构的比较研究提供了十分方便的条件。例如，我国制定的国家标准《国民经济行业分类与代码》(GB/T4759—94)就采用《国际标准产业分类》1988年第三次修订版的分类标准。西方国家多根据联合国《国际标准产业分类》制定供官方使用的标准产业分类法。

4. 其他分类法

(1)生产要素集约分类法把产业分为劳动密集型产业(labor intensive industry)、资本密集型产业(capital intensive industry)、技术密集型产业(technology intensive industry)、知识密集型产业(knowledge intensive industry)。

(2)产业地位分类法把产业分为基础产业、瓶颈产业、支柱产业、主导产业、战略产业和先行产业等类型。这种划分方法又称为产业的功能分类法。

(3)产业发展状况分类法是根据产业发展的技术状况和变化趋势进行分类的方法。它具体包括：①按技术先进程度进行产业分类，如传统产业(traditional industry)和高技术产业(high-tech industry)；②按产业发展趋势进行产业分类，如朝阳产业和夕阳产业。

二、欧美日产业经济学的研究对象

“产业”是产业经济学的研究对象，这是从大的范围来说的。具体说来，产业经济学研究产业自身、产业与产业之间、产业内部各企业之间的经济规律。

(一)欧美产业经济学的研究对象和内容

在欧美，经济学界将产业经济学等同于产业组织理论。尤其在美国，一般不提产业经济学，而是说“产业组织理论”。在欧洲，有“产业经济学”这一说法，但其研究的对象及学科内容与产业组织理论一致。

产业组织理论以产业内企业与企业之间的互动联系的经济规律为研究对象。产业组织理论可追溯到亚当·斯密的劳动分工理论关于市场机制的论述。比较完整的产业组织理论是20世纪30年代在美国以哈佛大学为中心逐步形成的，其标志是SCP范式的建立。

SCP 范式建立后，不同的产业组织理论流派相继发展起来，具有影响力的包括芝加哥学派、新奥地利学派、新制度学派。这些流派的研究对象及内容体系也不尽相同，将在本节第三部分具体阐述。

(二)日本产业经济学的研究对象和内容

日本学者宫泽健一曾经用图 1.5 表示了产业经济学具体的研究对象及主要的学科内容，即产业组织理论、产业关联理论和产业结构理论。

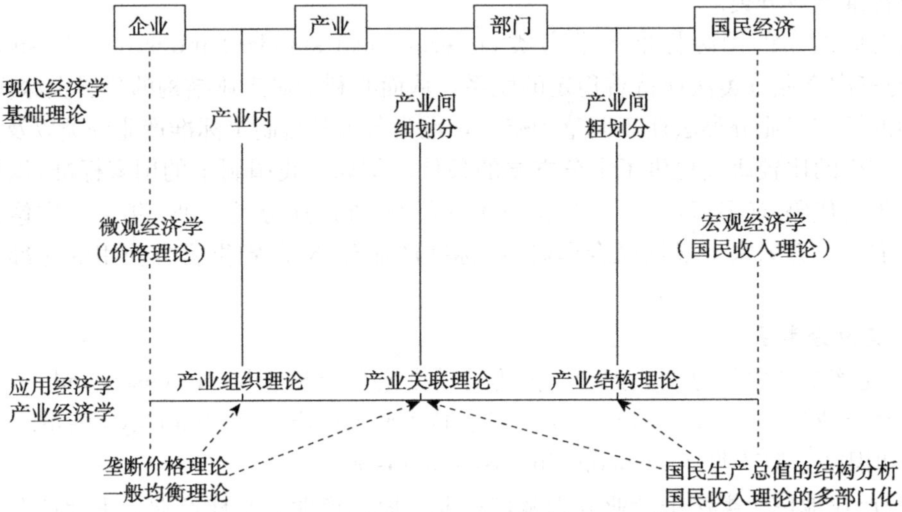

图 1.5 产业经济学研究对象及学科内容

产业组织理论以产业内部企业与企业之间的互动联系规律为研究对象；产业关联理论以产业间以各种投入品和产出品为连接纽带的技术经济联系规律为研究对象，其产业划分根据是产业之间的细划分；产业结构理论以产业与产业之间数量关系结构及技术经济联系的规律为研究对象，其产业划分根据是产业之间的粗划分，其研究的产业的范围比产业关联理论要广。

三、欧美产业经济学主要学派的研究对象

产业组织理论有影响力的学派包括哈佛学派、新产业组织理论、芝加哥学派、新制度学派、新奥地利学派。下面将分别阐述它们各自的研究对象及内容。

(一)哈佛学派

哈佛学派创立了 SCP 的分析范式，通过分析市场结构、市场行为及市场绩效之间的关系，来揭示产业内企业与企业之间的互动联系的经济规律。它的研究对象包括市场结构、市场行为和市场绩效。哈佛学派认为市场结构、市场行为和市场绩效存在一种直接的因果关系，即市场结构决定市场行为，市场行为又影响市场绩效，其影响方向是固定的。因此，市场结构最为重要。正因为如此，哈佛学派又被称为“结构主义”学派。

（二）新产业组织理论

新产业组织理论继承了SCP的分析范式，并对其进行了发展和改进。新产业组织理论在市场结构、市场行为及市场绩效三个研究对象中，更注重对“市场行为”的分析，强调了企业行为的重要性，认为企业行为对市场结构具有反作用，市场运行状况对企业行为进而对市场结构会产生反向作用。同时，新产业组织理论建立了双向、动态的分析框架，在研究方法上引入了博弈论，这样大大丰富了对企业行为的研究。

（三）芝加哥学派

芝加哥学派是在对传统的SCP分析范式的批判中逐渐发展起来的。

1968年，施蒂格勒也出版了《产业组织》一书，在该书中，他特别注重判断集中及定价的结果是否提高了效率，而不是像结构主义学派那样只重视是否阻碍了竞争。高利润率并不一定是垄断定价的结果，而完全有可能是高效率的结果。由于芝加哥学派极为注重效率标准，人们也称芝加哥学派为“效率学派”。

在分析框架上，芝加哥学派与哈佛学派强调的市场结构、市场行为和市场绩效的因果关系不同。芝加哥学派或者认为三者之间没有必然的因果关系，或者强调市场结构、市场行为和市场绩效的逆向因果关系。同时，在一些基本的理论上，芝加哥学派也提出了自己的见解，如进入壁垒。哈佛学派认为进入壁垒的存在限制了竞争，因而损害资源配置的效率；芝加哥学派则认为，是否存在人为的进入壁垒是问题的关键。

（四）新制度学派

新制度学派将研究重点深入企业内部，从企业（公司）内部产权结构和组织结构的变化来分析企业行为的变异及其对市场运作绩效的影响。新制度学派研究对象的重点是企业产权结构和组织结构。

（五）新奥地利学派

新奥地利学派在研究对象、研究内容上，都与主流产业组织理论有较大的不同。新奥地利学派的研究对象为个体行为，对其进行逻辑分析。在理解市场时着重过程分析，而不是新古典主义的均衡分析，其研究目标是从个人效用和行为到价格的非线性因果传递，而不是为人熟知的新古典主义数学函数的相互决定。新奥地利学派对新古典经济学的一系列命题做了修改，如由企业的敏锐代替最优化、以竞争过程的“秩序”取代均衡概念、以仅知的少量的个别机会来代替新古典的“基本情况已知”的假定。

四、我国产业经济学的研究对象

在我国，产业经济学的研究对象及学科内容的界定存在着较大的分歧。国内存在两种不同的意见：第一种认为产业经济学应该是产业组织理论，持这一意见的学者往往受欧美影响较大，强调产业经济学的定位要与国际接轨；第二种将产业组织理论、产业结构理论、产业关联理论、产业布局理论等纳入产业经济学的学科内容体系中，研究范围较宽，持这一意见的学者受日本产业经济学学科定位的影响。

在学科内容上的分歧还影响了他们对“产业结构”的定义。持上述第一种意见的学者将“产业结构”定义为“市场结构”，即产业内部企业之间的市场关系；而持第二种意见的学者则认为“产业结构”是指国民经济内部产业与产业之间的关系。

产业经济学研究对象及学科定位的分歧，不利于产业经济学统一学科的建设，在一些关键概念上的界定不清也容易产生学习和研究中的困惑。为了促成共识，笔者认为在产业经济学的研究对象和主要内容的界定上，还是应该采取宽的标准。采取这样的标准的理由如下。

(1)采取宽的标准，考虑到了历史的因素。我国产业经济学学科体系在建设过程中，受到了日本产业经济学的影响。杨治的《产业经济学导论》是国内公认的我国最早的一本系统阐述产业经济学的教材，在国内有很大的影响。他的这本书就深受日本产业经济学的影响。

(2)采取宽的标准，同样考虑到了我国产业经济学的发展现实。目前，国内绝大部分高校的产业经济学教材都采用了较宽的标准。

(3)采取宽的标准，还考虑到了国民经济发展的需要。产业经济学研究最终是为了制定出合理的产业政策，促进国民经济的发展。采用较为宽的标准，将产业结构理论、产业布局理论、产业发展理论等纳入产业经济学的学科内容体系中，有利于完整的产业政策体系的建立。

采取了较宽的标准之后，可以减少目前国内在产业经济学领域内的分歧，有利于学术界齐心协力，共同为产业经济学学科建设作贡献。

第三节　产业经济学的研究方法

在学习某一经济理论的同时必须熟悉相应的研究方法，掌握好常用的经济学研究方法不仅使学习理论事半功倍，而且还有助于理论创新。因为任何一门学科理论都与其研究方法关系密切，归纳起来有以下三点：第一，研究方法的选择、运用和创新，是为经济学理论的发展进步服务的，两者是手段与目的的关系；第二，研究方法具有相对独立性，一种方法可以为多种理论研究所运用，一种理论可以使用多种方法；第三，研究方法的创新往往成为理论突破的启动按钮和关键环节，一种新的研究方法的引入往往可以为理论研究开辟新的领域，促成新的研究成果。

多年来，产业经济学的研究方法通常被认为是一个既无规范理论又无规范计量手段、多少带有点理智色彩和经验主义的方法体系，涉及范围很广，却无一个统一的理论主线加以概括。产业经济学在发展过程中不断引进其他学科的研究方法，经济学家也开创一系列新的研究方法为之服务。而研究方法的创新又推动了产业经济理论的长足发展，不但推进了其研究深度，而且拓展了研究的广度，产业经济理论的诸多创新在很大程度上得益于研究方法的演变，甚至可以说，研究方法的严谨在某种意义上体现了产业经济理论的发展脉络。

一、产业经济学的具体研究方法

(一)案例研究方法

案例研究方法用实际发生的经济现象作为案例，定性定量相结合地分析说明某一经济规律，特别适用于无法精确定量分析的实际的复杂经济事例。案例分析还能揭示出普遍经济规律在不同的实际环境中所表现出的不同形式，能培养经济学研究人员对实际经济事务中所蕴涵的经济规律的敏感性，提高其实际运用经济规律的能力。

20 世纪 50 年代及以前，产业经济学界流行案例研究法，如美国烟草业、石油业的反垄断。梅森在哈佛大学创立的产业组织研究小组起初也是运用案例研究的方法考察美国主要行业的市场结构情况，对这些行业的市场结构、企业行为进行市值分析的，目的是研究市场结构对厂商行为和绩效的影响。

(二)统计计量研究方法

统计计量研究方法是指利用数理统计方法对实际观测得到的相关数据进行分析研究，总结出具有代表性的一般产业内组织关系及产业间联系的经济规律；或者验证现有的经济理论与实际是否相符，从而使结论建立在科学的基础之上。统计计量分析是定量分析的基础，在产业经济学研究中被广泛应用。例如，产业组织理论中测量市场集中度的 CR_n 法、赫希曼指数法、熵指数法、基尼系数法和反映市场绩效的勒纳指数法、贝恩指数法，产业结构理论中霍夫曼比例系数、主导产业选择的收入弹性基准，这些指标方法为进一步的分析研究打下了基础。统计计量分析同时也是实证分析的基本工具，SCP 分析范式建立后，各国学者纷纷用本国的不同产业的实际数据对之进行实证分析，当时这一领域几乎所有研究的共同特征都是：采用政府部门提供的数据，并通过回归分析来解释各产业平均利润率的差别，特别是不同的市场结构状态的影响。该研究传统假设行为和绩效与市场结构有很强的联系，其基本分析方法是计量经济学回归，典型的回归方程为

$$\Pi_i = f(CR_i, BE_i, \cdots)$$

式中，i 表示产业；Π_i 表示厂商或产业的获利能力；CR_i 表示集中度，概括了该产业非竞争的程度；BE_i 表示进入壁垒，是衡量进入该产业困难程度的各个变量，如最小最佳规模、广告强度等。其他变量也可以被引入这一回归模型，然后用大样本横截面统计资料拟合。

(三)均衡分析方法

均衡分析是指对独立经济主体在做出各自的最优决策时相互作用和相互关系的分析。“均衡”是指独立经济主体之间相互影响和相互约束所产生的一种稳定性结果。均衡分析分为局部均衡分析、一般均衡分析、边际分析方法等。

(1)局部均衡分析研究的是单个产品或要素的市场，其方法是把所考虑的某个市场从相互联系的、构成整个经济体系的市场全体中“取出来”单独加以研究。局部均衡通常

用于分析产业内部组织机制，尤其是价格形成机制。

(2)一般均衡分析是将所有相互联系的各个市场看成一个整体加以研究。一般均衡分析是关于整个经济体系的价格和产量结构的一种研究方法，是一种比较周到和全面的分析方法。投入产业法就是源于瓦尔拉斯一般均衡模型(computable general equilibrium，CGE)而来的。

(3)均衡分析方法中的边际分析方法是重要的研究方法，这是一种增量分析方法，即分析单位自变量的变动引起的因变量的变动程度。边际值为正，说明因变量随自变量的增加而增加；边际值为零，说明因变量为极大或极小；边际值为负，说明因变量随自变量的增加而减小。边际分析方法是经济学研究中的重要方法，因为它往往有助于寻找均衡解。在产业经济学研究中，主要是用于分析寡头垄断市场上寡头企业追求各自收益最大化下的价格和产量决策策略，如古诺模型中的产量决策分析、米尔格罗姆-罗伯兹垄断限价模型中的限价决策分析。

(四)博弈论分析方法

博弈论又称为对策论，它研究决策主体的行为在存在相互关联时，决策主体是如何决策并最终实现均衡的。博弈论包括博弈主体、博弈规则、行动策略和收益函数四个基本要素，考虑信息的对称与不对称问题、博弈过程的可重复性问题、博弈过程中的共谋与否等问题，形成特殊的均衡与非均衡状态。博弈论分析于20世纪70年代被引入产业经济学，研究不完全竞争和不完全垄断状态下的市场均衡和厂商行为，已成为新产业组织理论研究的统一方法，其中非合作博弈理论及其分析方法又居于统治地位。引入博弈论的新产业组织理论克服了作为传统产业组织理论基础的SCP范式的诸多缺陷，其基于正统寡占模型的一系列分析及其成果，使产业组织理论的发展成功地实现了向正统经济学的回归。纳什均衡是博弈论中博弈解的一般名称，在纳什均衡中，在给定其他参与者选择均衡战略组合中的战略的前提下，任何一个特定的参与者发现偏离均衡战略组合中的战略都是无益的。简单地说，在纳什均衡下，如果他人不改变战略，任意参与者不会单方面改变战略。

博弈论的广泛应用使产业组织在理论方面取得了重大进展，但是博弈论方法在分析不完全竞争方面也存在不足，主要表现在三个方面：①有限理性的人能够解决复杂得多阶段博弈问题假设，把理性原则推得过远，与现实不符；②大量施用的非合作博弈模型的多重均衡结果对假设的细微变化都很敏感，使均衡非常脆弱；③缺乏实证数据的有力支持，这是博弈论分析法最大的不足。博弈论的许多推论都以严格的假定为前提条件，这使对博弈论模型的检验变得相当困难，其结论也无法得到证实或证伪。

(五)产业实验室研究方法

产业实验室研究方法，是利用计算机在实验室内观察现实市场中无法观察到的某些变量，如信心、边际成本等，对产品价格从而对厂商市场份额、市场集中度的影响，然后通过控制部分变量来考察研究者最为关心的变量之间的因果关系。实验经济学方法是检验用博弈论方法建立的产业组织理论模型的非常有效的途径，而大多数这类模型至今还没有或者难以通过其他经验方法来检验。

用实验方法考察产业组织问题，主要围绕两大类因素、四方面问题。两大类因素：一是市场结构(market structure)因素，主要包括三类市场结构类型，即完全竞争、垄断与寡头；二是市场制度(market institution)因素，市场制度在实验经济学中是指市场中买卖双方的组织机制，其核心是价格形成机制。四方面重要问题：①用实验方法分析、检验市场结构假设；②用实验方法检验、分析、评价行为假设；③寻找经验的规制方法(特别是针对垄断)；④用实验方法分析产业组织中的博弈问题。直至今日，许多出色的经济学家已通过实验方法来分析产业组织理论问题。其中包括 Chamberlin(1948)所做的第一个关于市场交易的课堂实验；Hoggat(1959)、Sauermann 和 Selten(1959)关于寡头行为及古诺模型的实验研究；Smith(1962)进行的双向拍卖市场交易实验等。

产业组织理论主要学派的研究方法可归纳为表 1.1。

表 1.1　产业组织理论各流派研究方法之间的比较

学派名称	理论基础	研究重点	研究方法
哈佛学派	信息完全、垄断竞争理论	市场结构	案例研究、统计计量研究、跨部门交叉分析
芝加哥学派	信息完全、经济自由主义、达尔文进化主义	市场绩效	案例研究、新古典主义的价格长期均衡分析
新制度学派	交易费用理论	企业内部产权结构与组织结构	制度分析或结构分析方法、边际分析方法
新奥地利学派	信息不完全	创新和竞争的过程	行为主义分析方法

二、产业组织理论的研究分析范式

在产业经济学理论体系中，产业组织理论理论性最强，特别是引入博弈论后，新产业组织理论的发展实现了产业组织理论向正统经济学的回归，在研究方法上逐步形成一定分析范式，无论是传统产业组织理论的 SCP 范式，还是新产业组织理论中的“垄断厂商的最优化——寡头市场的策略均衡和市场均衡”的研究框架。

第一步，将问题从纷繁复杂的经济活动和经济现象中简化出来，抓住问题的核心部分，提出经济命题。当有众多因素影响时，需要弄清每个因素的影响程度，这时需要假定其他因素不变，研究其中某个因素的影响。

第二步，设定假设，假设可来源于未被证伪的经济理论或公认的公理，也可以是在前人的理论基础上提出的新的理论假说。

第三步，构造理论模型，在所考察的变量中寻找内部联系。理论模型包括逻辑推理、图解模型、数学模型等。

第四步，寻找均衡，即寻找各变量之间可能达到的一种稳态，均衡往往并不唯一，如纳什均衡。只有寻找出变量间的均衡态，才能对经济做出预测。

第五步，得出结论。所要注意的是，这里的结论只是从一定的假设中，按照模型推导出来的，并不一定与真实世界相符，还有待验证。

第六步，将推导出的结论还原到真实世界，即用现实世界的数据对结论进行检验，如果与实际不符，则要修改假设。

第七步，运用经济理论进行相关政策研究，或提出实践建议。

第四节 产业经济学的学科地位

我国经济学界对产业经济学的关注始于20世纪80年代中期，经过多年的发展，已形成完整的学科体系。产业经济学的发展完善对我国产业政策的制定影响重大，对国民经济的影响日益显著，已经成为我国一门重要的应用经济学科。

一、产业经济学属于应用经济学科

产业经济学是应用经济学的重要分支。应用经济学是相对于理论经济学而言的，其研究领域更注重与经济实践相联系。应用经济学包括国民经济学、区域经济学、财政学、金融学、产业经济学、国际贸易、劳动经济学、统计学、数量经济学、国防经济学10个二级学科。

从产业经济学的研究对象看，其充分显示了对现实经济实践的关注。本章第二节已详细地介绍了产业经济学的研究对象的相关内容，无论是产业组织理论、产业结构理论还是产业发展理论，都充分关注了社会经济实践，产业政策理论更能体现产业经济学作为一门应用经济学科的关注产业生产实践的性质。

从产业经济学的创立及兴起的过程看，产业经济学一直强调应用，强调与经济实践相结合。1938年，梅森在哈佛大学成立了产业组织研究小组，该小组一直关注社会实践，在研究方法上，也偏重实证研究。为了研究市场结构与市场绩效之间的关系，贝恩调查了美国制造业42个产业的市场集中度和利润率，也正是因为对经济实践的关注和广泛的实证分析。我国产业经济学的兴起和发展过程也表明，产业经济学与经济实践活动密切联系。对产业政策领域的研究，已经对我国的经济政策的制定产生了重大影响。

从产业经济学的影响和作用上看，它对现实经济实践具有很强的指导意义。哈佛学派的政策主张对第二次世界大战后以美国为首的西方发达市场经济国家产生过重大影响；日本产业经济学的迅速发展与日本政府注重制定和实施产业政策是分不开的，日本政府通过规划产业结构高级化发展目标、设计产业结构高级化途径，确定不同时期带动整个国民经济起飞的“主导产业”，并通过政府一系列的相应政策、措施来确保“主导产业”的兴起，从而诱导经济按既定目标发展。

二、产业经济学有独立于其他经济学科的研究对象

产业经济学以产业及与产业相关的经济规律为研究对象。微观经济学研究对象是市场中的单个经济单位(企业、家庭)的经济行为；宏观经济学的研究对象是国民经济宏观经济的活动和行为。

产业及与产业相关的经济规律既不同于单个企业的经济活动和行为，也不同于整个国民经济宏观经济的活动和行为。所以说，产业经济学所研究的，虽然也涉及国民经济

总量和单个经济主体，但产业经济学的研究不属于宏观经济学也不属于微观经济学，而是有其独立的研究对象。

产业经济学的研究对象也是独立于其他经济学科的，本章第二节详细介绍了其研究对象和研究内容，这是独立于其他学科的研究对象，当然，也有少数内容与其他学科有交叉性。

三、产业经济学有完善的学科体系

目前，我国产业经济学已经形成了完善的学科体系。我们在综合国内外学者对产业经济学研究成果的基础上，通过研究，认为现代产业经济学理论体系包括产业组织理论、产业结构理论、产业发展理论、产业管理理论四个大部分，见图 1.6。

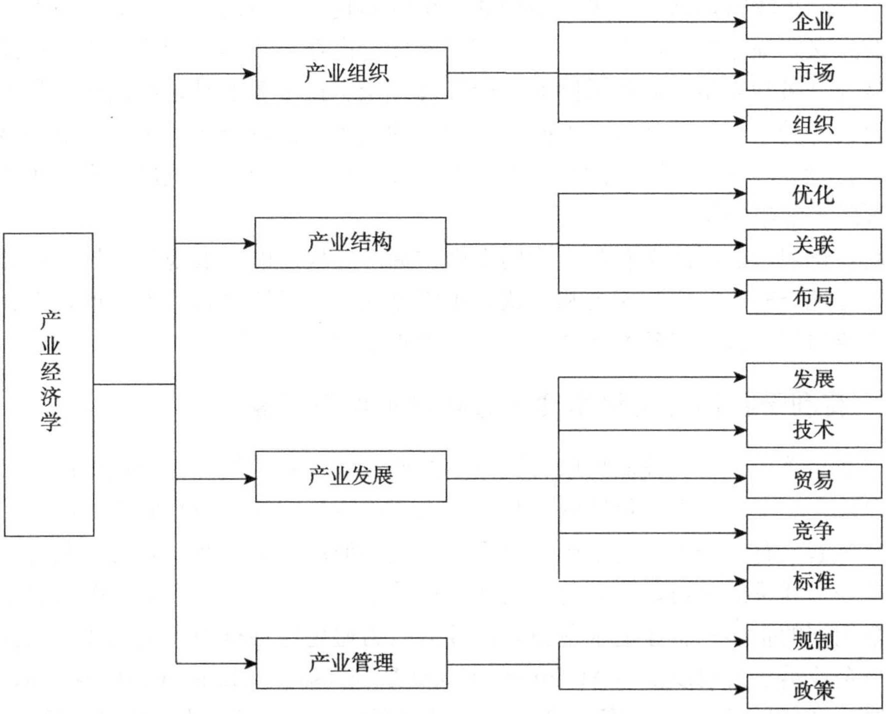

图 1.6　现代产业经济学学科体系

第五节　学习产业经济学的意义

一、有利于我们全面掌握产业经济发展规律

事物发展具有其普遍规律性，产业的发展也与经济发展类似，是从低级向高级不断演进、具有内在规律、不以人的意志为转移的一个客观历史过程，揭示这一规律，无疑是产业经济学的一项重要内容。通过学习产业经济学，我们可以了解和掌握产业发展所具有的一般趋势和规律。虽然因为不同的国家具有不同政体、不同经济形态及不同的历

史发展背景，产业的发展过程也具有特殊性，但产业的演进仍是一个有阶段、有序的过程，人们在推动产业发展上的能动作用，只能在一个国家经济发展所给定的条件下去发挥，不能违背演进的规律。然而在全面理解和掌握产业经济发展规律的基础上，人们可以缩短演进的过程，加快其演进的步伐。

在下面的学习中我们将学习到产业结构演变规律，包括：配第-克拉克定理和库兹涅茨提出的产业结构演变规律，阐述由人均收入变化引起产业结构有规律的变化，对我国目前三次产业结构比例的研究及产业结构发展的方向具有重要意义；霍夫曼定理阐述工业化过程中重工业化阶段的结构演变情形，对我国的工业化进程有指导意义；罗斯托的主导产业扩散效应理论和经济成长阶段论，提出主导产业具有三种扩散效应，为主导产业的选择提供了理论依据；赤松要的雁形形态理论(flying geese paradigm)将本国产业发展与国际市场密切联系起来，使产业结构国际化，对目前经济全球化下的产业发展具有重要意义；描述产业产生、发展、衰退阶段的产业成长周期理论；指导传统产业改造、转型与升级和新型工业化道路的产业发展理论。最重要的是，我们还将学习到产业组织理论，比较不同市场结构、不同企业规模的优劣，理解产业组织发展对经济发展的影响，解答我国产业组织演变过程中出现的种种问题，从而设法找出最有利于生产要素合理配置的产业组织结构。

因此，学习产业经济学有利于我们全面掌握产业发展的一般规律，把握产业发展的趋势，更好地分析产业发展能力和现状，不断创新产业发展模式，做好产业选择，形成有效的产业组织结构，实现产业结构向更高的水平演进。

二、有利于我们运用科学理论分析产业经济现象

在现实经济生活中，我们可以看到诸多产业经济现象。例如，企业生产的污染问题越来越严重，也引起了人们足够的重视，但由于产权界定的不清楚而难以解决；兼并热潮在全球掀起，有的企业并购生产或经营同类或相似产品的企业，有的并购与自己生产或经营有密切联系的公司，还有的并购在生产技术和工艺上没有直接的关联关系、产品也不完全相同的企业；企业追求垄断，但政府极力避免这种行为，美国政府在拆分石油行业垄断企业美孚公司以及IBM(International Business Machines Corporation，即国际商业机器公司)案、施乐公司案、埃克森公司案等后，又与微软公司的垄断行为进行了一场历时5年的斗争，最终宣布微软公司违反美国的反垄断法，我国为了制止垄断行为、维护公平竞争，也抓紧起草《反垄断法》，其草案也已定稿；在有的行业中，几大厂商会采取降价竞争的手段，如我国电视机产业的长虹、TCL等接连引发彩电降价狂潮，而在有的行业中只有两个大厂商时，会出现两家都不降价的局面；国内很多公园对学生优惠，可以凭学生证打折，有些公园对本地居民和外地游客收取不同价格的门票；很多企业在经营本来产品的同时，开始生产零部件，直销店遍布全国各个省市；第一产业比重高的时候人民生活水平低，随着第二产业和第三产业比重的不断上升，人民生活水平也逐步提高，产业结构的不同可以反映国家经济水平不同；目前我国的城乡差距问题部分是由我国目前的产业结构造成的；浙江义乌从“鸡毛换糖”、马路市场起步，发展成为一个国际性的小商品市场和日用工业品市场，温州的打火机遍销全世界；美国的高科技

集中在硅谷，中国的高科技也在中关村聚集，全国各地也陆续出现了一批高新技术开发区；我国政府正在把高技术引导向东部聚集，农业向中部聚集，能源向西部聚集；首都钢铁集团为了北京市的城市布局，从北京迁出到秦皇岛；一批新兴产业如生物技术、现代中药、环保科技、纳米技术、海洋科技、民航科技等迅速发展；我国的汽车产业增长迅猛，从三大车型的增长来看，轿车在汽车总产量中比例的上升是一个长期趋势，这也是国际汽车产业发展的一个规律；我国近年国际贸易发展迅速，并出现连续顺差，但很多包括服装、鞋、彩电在内的行业都面临国际反倾销指控或调查；在国民经济中，各个产业之间不是毫无关联的，其关联程度也不同，与其他行业相比，房地产业的行业关联度高，带动钢材、水泥等原材料产业和建材、化工等下游产业，据测算，与房地产业有直接和间接联系的产业就有60多个，汽车行业也牵涉机械、冶金、钢铁、电子、橡胶、石化、塑料、玻璃、物流等40多个行业。

正确地分析这些经济现象需要我们运用科学的理论结合实际加以分析。而通过学习产业经济学，我们将学到包括产业组织理论、产业结构理论、产业布局理论、产业关联理论、产业技术创新及转移理论等与这些产业经济现象密切相关的理论，有利于我们更加正确的分析现实经济活动中的各种经济现象和问题。

三、有利于我们制定正确的产业发展规划和政策

经济的稳定发展离不开国家正确的规划和政策，中国经济的迅速发展也离不开我国正确的产业发展规划和政策。随着地区经济发展不平衡的现象日益严重，继西部大开发之后，中央提出振兴东北老工业基地的战略部署，同时鼓励和引导东部地区劳动密集型产业向西部地区转移；为了解决房地产行业过热现象，中央把加强宏观调控作为当前的一个突出任务，采取一系列政策稳定房地产市场；中国的垄断性行业改革也是我国目前面临的重要问题，放松管制作为一种新的产业制度安排和政策工具，近年来在一些垄断产业得到了应用。这些政策都是在掌握产业经济学的相关理论和深入了解不同产业规划和政策的不同作用和适用情况下才制定出来的，对我国经济的发展也起到了良好的调节作用。所以说产业经济理论对产业政策有直接指导作用，要制定正确的产业发展规划和政策，必须以正确地掌握和运用产业理论为基础。

因此，产业经济学中所阐述的各种产业理论，包括产业组织理论、产业结构理论、产业布局理论、产业关联理论、产业技术理论、产业发展理论、产业贸易理论和产业安全理论，都是制定产业政策的基础，为政府推行管制措施以纠正市场低效率提供了新的思路，熟练掌握和运用这些理论有利于我们制定正确的产业发展规划和政策。

另外，通过对产业经济学的学习，我们还可以了解产业规制的内涵、理论溯源和四种类型，为正确地实施产业规制、维持正当的市场经济秩序、限制市场势力、提高资源配置效率打下基础；我们同时将学习六类基本产业政策的内涵、目标、手段、理论依据和规律，有利于我们正确理解产业政策的作用及局限性，审时度势地制定和实施产业政策，弥补市场失灵的缺陷，实现产业资源优化配置，增强国际竞争力，并在经济全球化过程中保障国家的经济安全；通过对本课程的学习，我们还可以全面理解放松规制理论，了解放松规制的动态边界与规制变革，认识放松规制在实践中的运用，有利于我们

解决日益突出的自然垄断产业问题。

所以说，通过对产业经济学这门课程的学习，深入理解各个产业理论，把握产业政策的运用原理，有利于我们正确、及时、有效地制定产业政策，解决经济发展中出现的问题，并制定产业发展规划指导工作，促进产业发展。

四、有利于我们从产业组织角度思考企业战略问题

对于企业来说，企业战略是对企业存亡起着决定性影响的，而思考企业战略问题不单单需要从企业自身考虑，也需要结合企业所处行业的现状以及企业在行业中的地位，同时企业的发展应该与未来几十年我国产业发展的趋势以及当前产业结构的升级相衔接。行业选择决策对企业的影响比企业内部决策更大，通过行业特点和行业竞争结构的分析，尤其是对行业规模经济、进入障碍、产品差异、集中度、替代产品等行业特点的分析才可以基本正确地判断一个企业应该采取的战略选择；还有一些新兴的企业间关系，如企业产权委托-代理(principal-agent)关系等，也要求我们从产业组织的角度来思考企业战略问题。

产业经济学中的产业组织理论就始于对企业行为和市场结构的研究，主要涉及在各种不同的市场结构下，企业对价格和质量、生产能力或规模、产品定位和产品系列等策略变量的选择。企业战略问题是产业组织理论的一个重要组成部分。

通过下面的学习，我们可以从新古典经济学中的短期及长期行业均衡和厂商的最优规模决定开始，进一步学习新制度经济学的企业理论，包括科斯的企业理论、阿尔奇安和德姆塞茨的团队生产理论、张五常的企业理论、巴泽尔的企业理论，分析企业在现代经济活动中的地位和作用，探讨企业行为与市场间的关系。我们可以通过掌握哈佛学派的SCP研究范式、芝加哥学派研究模式、新产业组织理论等学派的产业组织理论，对不同的市场结构进行分析，思考不同种类企业的战略问题，理解不同的市场竞争行为和市场协调行为的实施机制，如企业定价行为、广告行为、兼并行为和价格协调行为。

新产业组织理论将现代博弈论引入研究，非合作博弈成为策略性分析的标准工具，借助古诺模型、纳什均衡、伯川德模型，运用博弈论的最新成果，通过对潜在竞争者进入与否的分析，在研究企业竞争策略和行为方面取得了重大进展，对如企业在产业组织中的战优战略、序贯博弈、承诺、逆向归纳法、重复博弈、生产能力约束下的伯川德竞争等进行了详细的阐述，给企业战略的选择开拓了一个广阔空间，为思考企业战略问题提供了一条新途径。

因此，对产业经济学的学习可以帮助我们更深刻地了解企业所处产业的性质和特点，以及企业在产业组织中的作用和地位。重新思考企业的战略选择，对我们从产业组织角度思考企业战略问题有很大帮助。

第二章

产业主体：企业

【本章概要】本章主要介绍企业理论，介绍企业的产生与演化，简要回顾传统和现代的各种企业理论，探讨企业为什么存在、企业的规模或边界如何决定、企业内部的治理成本为何产生。

【教学要求】理解企业的定义及特征、企业的产生与演化、新古典经济学中的企业理论及其缺陷，掌握现代企业理论及各个流派的主要观点。

产业经济学的研究对象是产业，企业是产业的构成基础。产业组织理论是在围绕解决“马歇尔冲突”的核心问题上产生与发展的，而企业是追求规模经济和采取竞争行为的主体，所以企业是产业的主体，也是产业组织理论的基本研究对象。

第一节　企业的产生与演化

企业是一个历史的范畴。在它出现之前的相当长历史时期内，人类的生产活动是以个体或群体为单位进行的。那时的生产单位显然不是企业。家庭和家族经济共同体是人类经济发展史上最古老的经济组织，现代意义上的企业大多数是从家族经济共同体转化而来的。

一、企业的定义及特征

企业是经济活动的基本单位，是现代社会中生产、流通、交换等经济活动的一种主要组织形式。不同的理论对其做了不同的定义。

企业也即厂商，“在大多数论述厂商理论的著作中，至少是不言明的假定，接受考察其行为的行为者是从事制造、加工或者是采掘业的资本主义性质的厂商（它可以是也可以不是股份公司）”①。

① 伊特韦尔 J. 新帕尔格雷夫经济学大辞典（第2卷）. 陈岱孙等译. 北京：经济科学出版社，1992：382。

经济学理论观点中，新古典经济学将企业定义为一个生产函数，假定其有一个人格化的目标函数——利润最大化。制度经济学的现代企业理论认为企业是一系列(不完全)契约(合同)的有机组合，是人们之间交易产权的一种方式[①]。行为主义理论中，巴纳德的“刺激贡献”图解[②]和西蒙的有限理性[③]把企业看做政治联合和一种适应性的制度。尼尔森和温特的进化理论认为企业是一个知识仓库，把已有的知识储存在组织惯例之中，在竞争过程中搜寻新的知识和新的惯例，并把企业描述为一个历史性的实体[④]。彭罗斯的企业成长理论认为企业应被看做不同资源的混合束和积累知识的实体，“是能够得到的或潜在能够得到的生产服务的差异性，而不是同质性，使各企业具有独特个性。不仅企业员工能利用不同的独特服务，而且企业的物资资源能以不同方式利用，这意味着它们能提供不同类型的服务”[⑤]。

管理学理论观点中，西方学者认为企业是一种把土地、资本、劳力、管理等生产要素集合起来的组织，是对某种事业的有计划、有组织、讲求效率的经营，并在经营中承担一定风险，其目的在于创造利润的组织。日本学者认为企业是筹划和提出关于生产活动的新方案，并付诸实现的主体；它要在生产商品和提供劳务的创造性活动中尽一切努力来赚取利润。我国的一些学者把企业定义为从事生产、流通或服务性经营活动的营利性经济组织，是独立的商品生产者和经营者，具有经营上的独立权利、责任和利益，是市场经济的主体。著名管理学家德鲁克认为自由企业体制包含以下假设：消费者决定他们需要购买的产品，市场供求而非政治因素决定价格；隐含了另一项为人们所认同的事实，即公司由私人拥有，实行独立管理，以营利为目的，并在竞争中出售其产品[⑥]。

法学理论认为企业在西方被称为商事组织，是能够以自己名义从事营利性活动，并具有一定规模的经济组织；商事组织法明确规定了商事组织的法律地位、程序设立、投资者的利润分配及所要承担的责任、资金的筹集、管理权的分配和税收等各方面的事项。我国有关企业的法律明确规定企业法人是具有国家规定的独立财产，有健全的组织机构、组织章程和固定场所，能够独立承担民事责任和义务，享有民事权利的经济组织。

总之，企业是专门从事生产经营或服务活动的营利性社会组织。与其他社会组织相比，它具有两个非常明确的特征：一是专门从事的是生产经营或服务活动；二是以营利为目的。追求经济利益是其发展的最大目的，其他社会组织一般不具备这一特征。

二、公司制企业的产生及发展

早在罗马帝国时期，公司或类似于公司的组织就出现了。虽然当时政府只允许公司

---

① 张维迎．企业理论与中国企业改革．北京：北京大学出版社，1999：30。

② Barnard C I. The Function of the Executive. Cambridge：Harvard University Press，1938：44～45.

③ Simon H A. Reasons in Human Affairs. Stanford：Stanford University press，1983.

④ Nelson R，Winter S. An Evolutionary Theory of Economic Change. Cambridge：Harvard University Press，1982：14～20.

⑤ Penrose E T. The Theory of the Growth of the Firm. London：Oxford University Press，1959：75.

⑥ 德鲁克 P F. 公司的概念．罗汉译．上海：上海人民出版社，2002：3。

履行政府合同，不从事其他任何活动，但其经营是以营利为目的的①。到了中世纪，由于经济贸易盛行于地中海沿岸诸城市，商事十分繁荣，个体商人的家业随之迅速扩大，并将家产传给子女及亲属。为使他们既能合理分得家产又不歇业，资产份额明确的家族企业便应运而生。同时，由于海上贸易的繁荣，有财力的商人不愿意冒风险但又想获得海上贸易利润，而一些无资产的人试图通过冒风险获得财富。这两类人的结合，便形成了合伙组织或“康孟德”(Commenda)、“苏塞特”(Societas)。最早的合伙方法是股份委托制或合作制。这两种合伙制都由两方组成：一方为坐商，主要提供资本和意见，在家坐等消息；另一方为行商，押运商品到目的地，进行具体交易。委托制是坐商提供全部资本，获得利润的 3/4，行商则获得 1/4 利润。合作制是坐商提供 3/4 资本，行商提供1/4资本，所得利润双方平分。如经商失败，双方不向对方负任何责任②。虽然合伙关系的完备含义直到 18 世纪和 19 世纪期间才详细确定下来，但代理权和代理人这两个要素在当时已经具备。所以理论界关于公司的起源形成了三种观点：大陆起源说，认为公司主要起源于中世纪欧洲大陆的地中海沿岸②；海上起源说，认为公司主要起源于中世纪的海上贸易；综合说，认为公司起源于以上两种观点的结合。

近代公司③的产生是伴随着资本主义的萌芽、发展而不断发展的。16～18 世纪是资本主义原始积累时期，是“生产者与生产资料分离的历史过程”④。由于文艺复兴后的技术革命影响，18 世纪 60 年代，产业革命在英国爆发，随之席卷整个欧洲。这场革命历时百年，完成了工场手工业向机器大工业的过渡。公司这种企业组织形式在其中发挥了重要作用，并在此过程中得到了完善和发展。17 世纪上半叶，英国首先确认了公司作为一个独立法人的观点。1673 年，法国颁布商事条例，以法律形式确认家族营业团体为公司制度。1875 年，美国大多数州都为公司的发展制定了法律⑤。当然在这一阶段许多公司的建立是为了殖民扩张的需要，组织形式逐步转向以股份集资经营为主，并从短期投资向长期投资转变，逐步向现代公司发展。从行业分布来看，近代公司主要集中在金融业和运输业。马克思在论述资本集中时，高度肯定了股份公司的历史作用。他说：“假如必须等待积累去使某些单个的资本增长到能够修建铁路的程度，那么恐怕直到今天世界上还没有铁路。但是通过股份公司转身之间就把这件事完成了。”⑥到了 19 世纪下半叶，公司在数量、规模和行业领域等都得到了巨大发展，基本上已经成为主要西方国家企业的主导型企业组织形式。

资本主义制度确立以后，西方国家的经济发展经历了从自由竞争向垄断发展和从国内垄断向跨国化经营转变的过程。19 世纪末期，以电磁理论的建立为科学理论背景、以电力技术的广泛应用为标志，电力取代蒸汽动力，形成了电力工业技术体系，使人类

---

① 汤普逊 J W. 中世纪经济社会史. 耿淡如译. 北京：商务印书馆，1961：1～2。

② Gower L C B. The Principles of Modern Company Law (2nd edition). London: Stevens & Sons Limited, 1957：22.

③ 黄速建. 公司论. 北京：中国人民大学出版社，1989：16。

④ 马克思恩格斯列宁斯大林著作编译局. 马克思恩格斯全集(第 23 卷). 北京：人民出版社，1972：783。

⑤ 黄速建. 公司论. 北京：中国人民大学出版社，1989：28。

⑥ 马克思恩格斯列宁斯大林著作编译局. 马克思恩格斯全集(第 23 卷). 北京：人民出版社，1972：688。

由机械化时代飞跃为电气化时代，大大促进了生产力发展，爆发了新的产业革命。再加上 19 世纪末 20 世纪初，西方国家连续爆发的几次经济危机，它们进一步推动了公司制的变革、发展和完善。其一，垄断促进了公司制的新发展和公司规模的扩大。20 世纪 30 年代大危机之后，国家垄断资本主义产生，进一步加强了公司的地位。许多公司不仅规模巨大，而且形成了垄断财团。其二，公司法进一步趋于完备，无论是有关公司设立的法律规定，还是公司运作的法律条文，逐步趋向细化和严格。不少国家都采取严格的准则主义，一方面加强公司设立的条件和责任，另一方面加强法院及行政机关对公司的监督。公司设立的标准越来越严格，这说明公司在社会经济中的地位越来越高。其三，跨国公司成长迅速。第二次世界大战以后，随着第三次产业革命的兴起和世界经济一体化的速度加快，跨国投资和跨国兼并的浪潮一浪接着一浪。一些大型跨国公司的销售收入甚至已经超过几个国家的国民生产总值之和，成为控制世界经济的巨大力量。

三、企业的类型

按不同标准、从不同角度，可以把企业分成不同的类别。例如，按照规模的大小，企业可以分为大型企业、中型企业和小型企业；按照经营内容，企业可以分为工业企业、农业企业、商业企业、交通运输企业和金融企业等；按照组织形式，企业可以分为单一企业和联合企业；按照生产资料所有制形式，企业可以分为全民所有制企业、集体所有制企业、私营企业和外资投资企业等。下面对按照出资方式和所承担法律责任划分的企业类型作一简要分析。

（一）个人企业

个人企业，又称独资经营，是指由一个出资者单独出资并从事经营管理的企业，出资者即企业主。从法律地位上来说，个人企业不是法人，不具有独立的法律人格。它的财产与出资人的个人财产没有任何区别。出资人就是企业的所有人，他以个人的全部财产对企业债务负责，个人企业的欠债和资产也是出资者的欠债和资产。个人企业的资产不足以偿付营业债项时，出资者须以本身其他资产补上。个人企业是西方国家中数量最多的企业组织形式，但这类企业具有的共同特征是规模小，在经济中仅占次要地位，而且这类企业都不是独立社团法人，属于自然法人。

（二）合伙企业

合伙企业是指依法设立的由两个或两个以上的合伙人订立合伙协议，遵循自愿、平等、公平、诚实信用原则，共同出资、合伙经营、共享收益、共担风险，并对合伙企业债务承担无限连带责任的营利性组织。合伙人要具有完全民事行为能力。合伙协议为合伙企业成立的法律基础，应当依法由全体合伙人协商一致，以书面形式订立。合伙人对合伙的债务负无限责任。合伙企业在其名称中不得使用“有限”或者“有限责任”字样。合伙企业是一种“人的组合”，合伙人与合伙企业紧密联系，合伙人死亡、退出或破产都将导致合伙企业的解体。除法国、荷兰等国家外，大多数国家法律都规定合伙企业不是独立法人。合伙企业数量也较多，但其规模同样较小，大多属中小企业，尤以家族企业居多。

（三）公司

公司是依照公司法登记、注册而设立的，以营利为目的的企业法人。它是一种“资本组合”，具有独立的法律人格，有权以自己的名义拥有财产、享受权利和承担责任，股东只负有限责任。公司具有以下特征：是具有法人资格的经济组织；以营利为目的创设并进行营利活动；依法取得权利能力和行为能力并承担相应的法律责任；股东以特有的股份享受法定权利，承担法定义务；创设依照法律规定的程序进行。从承担债务的责任性质来看，公司分为无限公司、有限责任公司和两合公司（由无限责任股东和有限责任股东共同组成的公司）三种。公司在西方国家中数量虽少，但组织规模大，多为大型或巨型企业，在经济中占有突出的地位，对经济社会有着举足轻重的影响。

我国公司法规定的公司仅有有限责任公司和股份有限公司两种形式：①有限责任公司，是指股东以其出资额为限对公司承担责任，公司以全部资产对债务承担责任的企业法人；②股份有限公司，其全部资本分为等额股份，股东以其所持有的股份为限对公司承担责任，公司以全部资产对债务承担清偿责任的企业法人。当前的我国股份有限公司具有以下五个特点：股东只对公司负以其出资额为限的责任；股东人数有下限无上限，发起人应有五人以上；资本划分为均等的股份，并可发行股票；股份有限公司可对社会募集股份；上市股份有限公司的股票可通过依法成立的证券交易机构在证券交易一级市场上发行，在证券交易二级市场上进行交易。

四、现代企业的发展趋势

由于科学技术突飞猛进地发展，特别是电子信息技术的广泛应用，伴随人类近200年的大机器工业时代正走向衰落，取而代之的是信息知识社会的来临。在新的时代，最有价值的生产要素已不再是土地、原材料、资本，而是信息、知识和创造力。一场新的工业革命正在悄然酝酿和兴起。新的技术、方法和理论正在使企业发展发生革命性的变化，并将会席卷整个产业界。

随着经济知识化、网络化的发展，物质生产、货物配送等所创造的价值不断降低，知识生产的价值日益增多，技术密集型企业的数量迅速增加，企业发展方向由传统的大批量、规格化向多样化、多批次的生产方式转变；生产将向个性化、柔性化和分散化方向发展，在新的专业化分工、战略联盟关系的基础上，按照合理布局和优化资源配置的原则，生产分散组织，越来越灵活。知识和资本所有者将共同治理企业，未来决定企业成败命运的已不再是企业投入的固定资产或资本的数量，而是企业的技术创新、制度创新和管理创新能力。

不断进行技术创新和管理创新将是企业取得优势的根本途径，创新使其在竞争和发展中处于主动地位，并获得竞争优势。创新必须拥有知识资源。企业的知识资源除已经用文字表述出来的各种静态经验知识之外，更重要的是蕴涵在人才大脑中的方法和创新思维能力等动态知识。一个知识资源管理良好的企业，应不断地使本企业的“隐性知识”转化为“显性知识”，使“个人知识”转化为“公共知识”，使企业的知识积累越滚越大，所提供的产品或服务的附加值越来越高，如此，企业的竞争优势才会越来越大。因此，让知识所有者拥有企业部分股权、参与企业治理来调动他们的积极性是理所当然的选择，“知本家”参与企业治理将是基本趋势。

企业的组织结构正面临着知识经济的严峻挑战，随着社会发展和时代变迁，传统的组织结构已不能适应当今时代尤其是日后变化迅捷的经营环境。变革知识管理组织已成为大势所趋。综观国内外企业组织架构已经或即将发生的变化，计算机网络的广泛采用使信息能够在许多地方的许多人之间快速而低费用地共享，所以其变革的主要趋势可概括为扁平化、小型化、弹性化、虚拟化、网络化和全球化。企业组织层次逐渐减少的趋势对辅助人员的需求也会大大减少。扩大控制范围和减少辅助人员的双重作用使管理组织机构扁平化，减少了中间层次，使决策层更加贴近执行层。决策和管理的集权化价值下降，个人通过计算机网络联系的方式来与其他独立方面共同协调工作已越来越普遍。企业组织既不需要控制众多的业务和功能，也不需要聘用大批的生产和管理人员。通过计算机网络，人们可以与工作设备、设计工具、软件连接起来，即使它们处于不同的地点、属于不同的所有者，也可以密切地合作。一个企业可以选择和利用企业外部资源来完成生产经营过程中任何一部分活动。它完全可以利用外部资源完成产品设计、生产，进行产品市场营销策划、销售、订单履行和会计核算等活动，组织形式将由以往庞大合理化的外壳逐渐虚拟化，流动办公、家庭作业必将受到广泛青睐。全球化是一个最大的趋势，市场全球化，生产全球化，信息全球化，企业管理也全球化。位于美国纽约州的IBM全球总部，其全球支付中心远在万里之遥的中国上海，其和中国深圳的全球采购中心、马来西亚吉隆坡的全球财务中心、菲律宾马尼拉的全球人力资源中心、澳大利亚布里斯班的全球客户服务中心以及设在中国、瑞士、日本、印度等六个国家的研发中心，共同组成了IBM的核心。知识型的员工、创造性的工作、柔性化生产、全球化配置资源等全新的生产方法和生产组织方式已成为现代企业的发展趋势。

第二节　企业理论

企业理论研究企业的本质、边界和企业内部的激励制度。现代企业理论的开创者是罗纳德·科斯(Ronald Coase)，后继者包括奥利弗·威廉姆森(Oliver Williamson)、克莱因(Klein)、奥利弗·哈特(Oliver Hart)、霍姆斯特朗(Bengt Holmstrom)、让·梯若尔(Jean Tirole)等。他们相继提出了交易费用经济学、企业产权理论、企业激励理论及其他非主流的企业理论。

一、新古典经济学中的企业

新古典经济学时代尚没有成熟的企业理论。原因是新古典经济学把企业的存在看做基本的事实和研究前提，把企业抽象成了表现为投入产出关系的“黑匣子”，主要从技术的角度对企业进行研究。它从企业和消费者这两个微观经济的基本单位出发，认为消费者是在收入和价格的约束下追求效用最大化，企业则是在技术和市场的约束下追求利润最大化。这也是在新古典经济学中消费者被理解为效用函数、企业被理解为生产函数的原因。

生产函数是指在一定的生产技术水平下，生产要素的投入量与产品的产出量之间的数量关系的函数式：

$$Q=f(x_1, K, x_n)$$

式中，x_1、K、x_n 表示生产某种产品所需各种生产要素的投入量；Q 表示任一给定量的各种生产要素投入量组合在一定的生产技术水平下所能生产出来的该产品的产量。

新古典经济学对企业行为的分析有两个基本前提：一是“经济人”假定。企业被认为具有无限理性，具备所有信息，目标是追求利润最大化。二是企业是在市场经济中已经存在的、完全有效运转的、为赚取利润而从事商品生产活动的一个完整经济单位。它可以是一个个体生产者，也可以是一家规模庞大的公司。

假定在完全竞争的要素市场上，企业可以按照既定的价格 w_1，…，w_n 购买 n 种投入要素，那么它的总成本 TC 就是

$$\mathrm{TC}=\sum_{i=1}^{n} w_i x_i$$

在目标产出 Q 给定的条件下，通过求解下列问题使总成本达到最小化：

$$\min\sum_{i=1}^{n} w_i x_i$$

$$\text{s. t. } f(x_1, \cdots, x_n)\geqslant Q$$

对 Q 的每一个给定值求解上述问题，就将产生一条总成本 TC(Q)曲线，据此还可以推导出一条平均成本曲线 $\mathrm{AC}(Q)=\frac{\mathrm{TC}(Q)}{Q}$ 和一条边际成本曲线 $\mathrm{MC}(Q)=\frac{\mathrm{dTC}(Q)}{\mathrm{d}Q}$，其基本形状如图 2.1 所示。

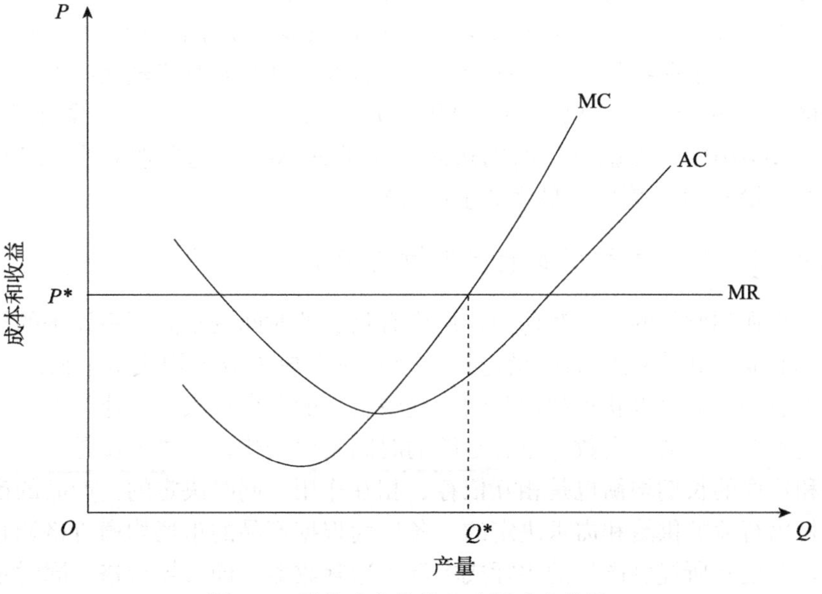

图 2.1 平均成本曲线和边际成本曲线

在完全竞争市场中，企业只能是市场价格 P^* 的接受者。为使利润 $\pi(Q)$＝总收益 $\mathrm{TR}(Q)$－总成本 $\mathrm{TC}(Q)=P^*Q-\mathrm{TC}(Q)$ 实现最大化，我们可以导出 MR＝MC。因为 $\pi(Q)=\mathrm{TR}(Q)-\mathrm{TC}(Q)$，$\pi$ 有最大值的必要条件是

$$\frac{\mathrm{d}\pi(Q)}{\mathrm{d}Q}=\frac{\mathrm{dTR}(Q)}{\mathrm{d}Q}-\frac{\mathrm{dTC}(Q)}{\mathrm{d}Q}=0$$

所以

$$\frac{\mathrm{dTR}(Q)}{\mathrm{d}Q}=\frac{\mathrm{dTC}(Q)}{\mathrm{d}Q}$$

又因为 $\mathrm{MR}=\frac{\mathrm{dTR}(Q)}{\mathrm{d}Q}$，$\mathrm{MC}=\frac{\mathrm{dTC}(Q)}{\mathrm{d}Q}$，所以当 MR＝MC 时，$\pi$ 有最大值。

因此，在完全竞争市场条件下，边际收益 MR 就等于市场价格 P^*。

在新古典经济学中，市场是完全竞争的，生产单一产品的行业或市场均衡和厂商的最优规模分为短期和长期两种情况来讨论。

(一)短期行业均衡和厂商最优规模的确定

短期是指在如此长的一段时期内，厂商的厂房设备规模(固定成本)是固定不变的，它只能通过调整可变要素(可变成本)的使用量来调整其生产规模。从整个行业来看，在短期内，现有厂商来不及调整其厂房设备等固定资产，而其他厂商也无法建造出新的厂房设备从而进入该行业，所以不仅该行业现有厂商的厂房设备规模是固定不变的，该行业的厂商数量也是固定不变的。

如图 2.2 所示，在短期内，当一个行业的需求状况和供给状况基本稳定时，行业的产量和价格将保持稳定，该行业处于短期均衡状态。在图 2.2(a)中，D 表示市场需求曲线，S 表示市场供给曲线，它们相交于 E 点，从而决定了市场均衡价格为 P_e，市场均衡产量为 Q_e。而在完全竞争市场上，每个厂商只能是价格的接受者，不是价格的决定者。因此，其需求曲线是一条与横轴平行的直线，并且它与横轴之间的距离就等于市场均衡价格 P_e。我们在上文已经说明 $\mathrm{MR}=P_e$，所以厂商的需求曲线就是 $d=\mathrm{MR}=P_e$。在图 2.2(b)中，e 点就是厂商的边际成本曲线 MC 与边际收益曲线 MR 的交点，它所对应的产量 q_e 就是该厂商最优的生产规模。

(二)长期行业均衡和厂商最优规模的确定

长期是指在如此长的一段时期内，厂商有足够的时间调整其厂房设备的规模，也就是说其能够根据它准备提供的产量选择一个花费总成本或平均成本最低的厂房设备规模；同时现有的厂商可以获得超额利润，会吸引新的厂商进入该行业，引起厂商数量增加，从而使整个行业的厂商数量也有足够的时间发生变化，反之则反是。

行业和厂商的长期均衡也是相互依存、相互作用、同时决定的。产品的市场均衡价格和产量是由行业的供给和需求决定的。各厂商根据产品的市场均衡价格调整其厂房设备的规模，并使其所提供产量的边际成本等于边际收益，即市场价格。同时不断有新的厂商进入该行业和亏损的厂商退出该行业。这种调整过程会一直进行，直到厂商进入或退出该行业的动力不存在，即只能获得正常利润时才会停止。此时，产品的价格、产量

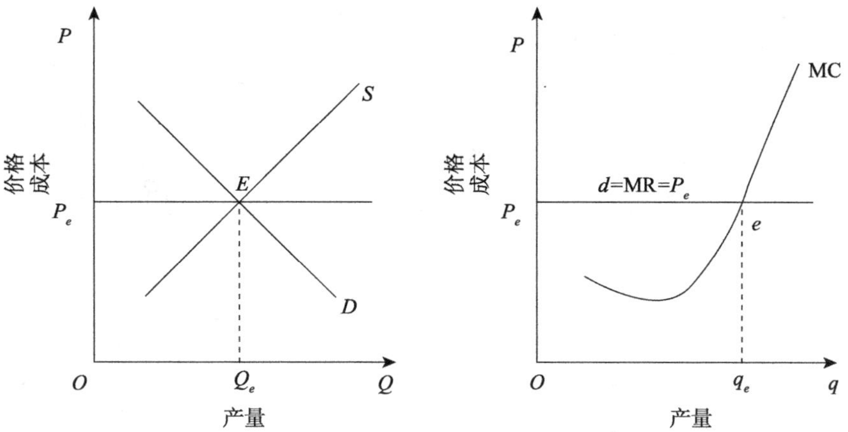

图 2.2　短期行业均衡和厂商最优规模的确定

和留存下来的厂商数量将不再发生变化，行业达到均衡状态。与此同时，留存下来的每个厂商都具有最大的经济效率，只能赚取正常利润，所选用的厂房设备规模也是当时技术水平下的最优规模，并且所提供的产量也是平均成本为最低点的产量。对此，可以简单地说明如下：在行业长期均衡状态下，每个厂商提供的产量必然位于其短期平均成本曲线(SAC)的最低点(图 2.3)。因为新厂商进入该行业的竞争压力，每个厂商总会迫使产品价格下降到等于其平均成本，以消除超额利润的存在，使新厂商失去进入该行业的动力。同时这一产量也必然位于其长期平均成本曲线(LAC)的最低点(图 2.3)。也就是说，每个厂商所选用的厂房设备规模必然是在当时技术水平之下效率最高的最优规模。这是因为在开始的时候，效率最高的厂商选用厂房设备规模的效率低于最优规模的效率，意味着该厂商的规模在其 LAC 最低点的左上方的一点，假设在 B 点，如图 2.3 中(b)所示。若开始时市场价格为 P，则该厂商就可获得超额利润。因为只要 LAC 曲线还处于递减阶段，那么厂商就可以选用规模更大从而平均成本更低的设备规模，以获得更多的利润。这会驱使该厂商充分利用规模经济效应，选择效率更高即平均成本最低的厂房设备规模。因此，当该厂商达到长期均衡时，它所选用厂房设备的规模必然位于 LAC 曲线的最低点(即 A 点)，该点所对应的产量即该厂商在长期中的最优产量。又因为只要存在着超额利润，其他新厂商就会不断进入该行业，市场上的供给就会不断增加，由此会迫使市场价格下降到超额利润完全消失，即市场价格 P_1＝LAC 的最低点。总之，在行业达到长期均衡时，留存下来的每个厂商都选用在当时技术水平之下效率最高的规模，用最低的成本生产产品，并且只能赚取正常利润。

新古典经济学的企业理论把企业看做一种生产函数，并通过边际的分析方法，研究在完全竞争市场条件下，找到解决产业最佳产出水平和市场均衡价格决定问题的办法以及与此相应的企业最优生产规模问题。哈特对此做了评价，认为该理论的优点包括两个方面：一方面，在一般意义上强调技术的作用，在特定的意义上强调规模收益作为企业规模的重要决定因素；另一方面，在目标利润最大化和完全竞争的假设前提下，该理论在分析企业最优产出选择如何随着投入和产出价格的变动而变动方面、在理解一个产业

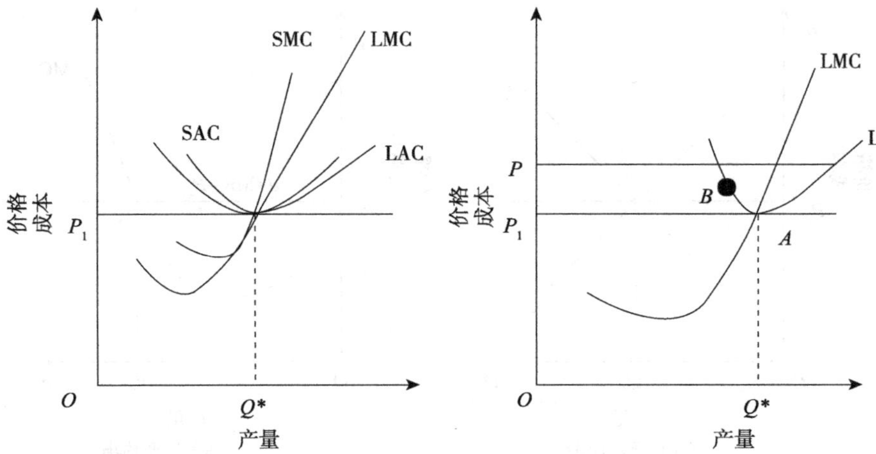

(a)行业均衡　　(b)厂商均衡

图 2.3　长期行业均衡和厂商最优规模的确定

或企业的整体行动方面、在研究企业之间策略相互作用的结果方面一直是十分有用的。但他同时也认为该理论存在三个严重的缺点：第一，该理论完全忽略了企业内部的激励问题。企业被看做完全有效的“黑匣子”，在其内部任何东西都在十分顺利地运行着，每个人都在做着指定给其的工作，厂商的首要目标是使厂商利润最大化，经理必须售出最佳的产出产量，而且企业生产过程一定是有效率的，在给定的投入约束条件下和在现有的技术水平下，不可能带来更多产出。这显然是不符合现实的。第二，该理论没有涉及企业的内部组织——它们的层次组织如何、决策如何委托、谁拥有权威等。第三，该理论未令人满意地确定企业的边界。

二、现代企业理论

(一)交易费用理论

1. 科斯的交易费用理论

把交易费用概念引入经济组织分析是科斯的主要贡献。在 1937 年发表的《企业的性质》一文中，科斯用交易费用解释了企业为什么会出现，认为企业和市场是两种不同的资源配置方式，企业之所以在有些情况下会替代市场，是因为可以节约交易费用。

1)企业存在的原因

对于企业为什么存在，在科斯之前就存在不同的解释。例如，奈特(Knight)认为是不确定性的存在。又如，有学者解释说政府管制政策往往对市场上和企业内同样的交易区别对待，如销售税的课征只对市场交易征税而不对企业内部同样的交易征税，这样的政策便会导致企业的存在；如果企业已经存在，则会激励企业规模的扩大。但科斯对这些解释并不满意，他认为“如果没有不确定性，企业的出现似乎是不可思议的”，“这些作为监督、管理的措施会导致企业的出现，这一点是令人难以置信的”[①]。

科斯认为市场和企业是执行相同职能、可以相互替代的两种资源配置机制，企业最显著的特征是对价格机制的替代。在市场体系中，专业化的经济活动由“看不见的手”协调，分散的资源由价格机制配置。在企业内部，专业化的经济活动由“看得见的手”协调，分散的资源由行政指令配置。

那么为什么会出现企业这种资源配置机制，而不是完全由市场来配置资源呢？科斯研究得出的结论是，企业的存在是由于市场配置资源是有费用的。新古典经济学假设在市场的交换过程中不存在交易摩擦，因而也不存在交易费用。实际情况是市场交换存在着交易摩擦，从而也存在着交易费用。例如，发现相对价格，即获取有关的市场信息是要支付一定费用的，进行交易谈判、签订交易契约也需要支付一定的费用等。当然，在企业内部配置资源也存在着费用。当交易在企业内部进行比通过市场所花费的费用要低时，企业就产生了。

可见，企业产生于交易费用的比较。当市场交易费用大于企业组织费用时，企业用内部的组织协调取代市场上价格机制对生产要素的调节，企业是价格机制的替代物。

2)企业的边界不能无限扩大的原因

既然通过组织能消除一定的成本，那么为什么仍然存在市场交易呢？为什么企业没有无限扩张成世界上只有一家的巨大企业呢？奈特认为由于垄断收益的激励，企业的规模有无限扩大的倾向，但随着企业规模的扩大，存在着一些使企业效率下降的力量，前者会被后者抵消，所以企业规模才没有无限扩大。科斯对此做了进一步解释，指出了企业组织成本的以下四个方面：①企业家才能的收益有可能减少。企业规模扩大时，企业家才能是有限的，企业规模越大，企业家组织的空间分布越广，交易的差异性越大，企业家决策失误的可能性越大，从而收益越少。②生产要素的非最佳使用。例如，当企业的规模扩大到一定程度后，中下层经理人员为追求自身效用的最大化，会把大量的精力放在游说高层主管以及建立人际关系网等非生产性活动上。这会直接导致效率损失，也可能造成企业高层主管受失真信息干扰而做出错误决策。③资源浪费增加。例如，企业规模越大，企业内部的人际关系越复杂，为协调人际关系支付的人力及物质资源耗费越严重。④某些生产要素的供给价格上升。小企业在某些方面可能比大企业更有优势，如人们可能宁愿做独立的小企业负责人而不愿做大企业中某些部门的负责人，这样随着企业规模的扩大，管理才能的供给价格会增加。

企业内部的管理费用会随企业的扩张以递增的方式上升。当一个企业扩张到如此规模——以至于再多组织一项交易所引起的费用，既等于别的企业组织这项交易的费用，又等于市场机制组织这项交易的费用时，静态均衡就实现了。企业和市场的界限也就确定了。当然，如果技术进步或组织创新能有效降低企业的组织费用或使费用上升减慢，或者企业家决策水平提高使失误减少或失误增加变少，或者生产要素供给价格下降或上升减慢等情况的出现，就会使原先的静态均衡被打破，企业规模继续趋于扩张。反之，

---

① 科斯 R. 企业的性质．载：科斯 R. 企业、市场与法律．盛洪，陈郁译．上海：上海三联书店，1990：7～8。

企业规模收缩。这说明了动态均衡的实现以及企业边界为什么会扩张与收缩。

2. *威廉姆森对科斯交易费用理论的发展*

《企业的性质》一文发表后，在很长时间内都没受到重视，直到20世纪70年代末80年代初期，交易费用理论才受到广泛的关注。这在相当程度上要归功于威廉姆森。威廉姆森对科斯的交易费用理论做了进一步发展，全面系统地论述了交易费用，分析了交易费用产生和增大的原因，也说明了企业存在的根源。

1)交易和交易费用的概念

科斯虽然在经济分析当中引入了交易费用的概念，但他并没有能够指出交易费用的起因和性质。然而威廉姆森等对此做了进一步的开拓性研究。威廉姆森是如此定义交易的，“当一项物品或劳务越过技术上可分的结合部而转移时，交易就发生了”[①]。据此可理解，交易仅限于这样一些情形：资源在“交付”这一物理意义上被转让；这种交割可以发生在企业内，也可以发生在不同的市场之间。因此，我们将上述情形分别称为企业内部交易、外部交易和市场交易。这种交易主要是由分工造成的。以威廉姆森为代表的交易费用经济学认为市场运行及资源配置有效与否，关键取决于两个因素：一是交易的自由度大小，二是交易成本的高低。按照威廉姆森的观点，科斯定理的核心是交易费用。由此，科斯定理可被描述为：只要交易费用为零，那么初始的合法权利配置对于资源配置的有效性是无关的。换言之，只要交易界区是清晰的，资源配置就能有效。基于这种认识，交易费用经济学自20世纪80年代以来转向了企业组织理论。

交易费用理论关于交易费用的定义有狭义和广义两种。狭义交易费用是指为履行契约所付出的时间和努力。广义交易费用是指为谈判、履行合同和获得信息所需要运用的全部资源。威廉姆森在1985年出版的《资本主义经济制度》一书中对交易费用做了更明确的规定，并将其区分为“事先的”和“事后的”两类。事先的交易费用是指“起草、谈判、保证落实某种协议的成本”。事后的交易费用发生在交易之后，包括当事人想退出某种契约关系所必须付出的费用、交易者发现事先确定的价格有误而需要改变原价格所必须付出的费用、交易当事人为政府解决他们之间的冲突所付出的费用、为确保交易关系的长期化和连续性所必须付出的费用等。除了这种日常费用以外，交易费用还包括建立、维持或改变一个体系的基本制度框架的费用、与政党和压力集团有关的费用、营运一个国家的费用等。这些被称做政治交易费用。

2)“契约人”行为的基本假定

威廉姆森认为交易费用的存在源于人类具有有限理性和机会主义行为倾向两大天性。有限理性是指虽然个体期望以理性的方式行动，但他们的知识、预见、技能和时间等都是有限的。也就是说，人只有有限的理性，若要提高人的理性程度，必须要得到更加充足的信息。然而这会增加交易费用，阻碍个体完全理性的行动。机会主义行为倾向存在于部分个体，即交易者存在背信弃义、合同欺诈、逃避责任、规避法律、钻空子的意愿，或者其他各种为了尽可能榨取更大份额交易产生的租金而利用交易对手弱点的意愿和行为。这使交易的潜在收益有可能无法实现。这两大天性使威廉姆森关于人的假定

---

① Williamson O E. The Economic Institutions of Capitalism. New York：Free Press，1985：1.

与传统经济理论中“经济人”的无限理性假定不同，他对于人的假定是“契约人”。

3)交易性质的三个维度

威廉姆森认为除人的因素外，与特定交易有关的三个因素也导致了交易费用的产生，即资产的专用性、不确定性的程度和交易发生的频率。所谓资产的专用性是指一种资产一旦形成，就只能用于某种特定的用途，无法转作他用。例如，一家电力公司在某一煤炭基地附近建立一座火力发电厂，从该基地购买煤炭并运至发电厂可以节省大量的运输费用。如果这一煤炭基地附近没有其他的基地，这一发电厂便成了专用性很高的资产，因为它只能从该煤炭基地处购买原材料，若从其他地方购买原材料将产生极高的运输费用。威廉姆森将专用性资产分为三类：特殊实物资产，只可由一家或几家买主使用的建筑和机器；特殊地点的资产，处在相邻位置上的生产连续阶段的资产；特殊人力的资本，产品的生产需要经过特殊培训的工人来进行。在产品的供给方和使用方分别是市场交易两方的情况下，交易一方资产的专用性，很容易被另一方“敲竹杠”，因为另一方有机会主义倾向。为摆脱困境，其需要花很大的费用来谈判——接受对方苛刻的条件，还要冒谈判不成的风险——放弃专用性资产。这一理论解释了为什么在有些条件下上下游企业会一体化。不确定性是指人的有限理性和机会主义行为导致的未来不确定。不确定性的存在意味着谈判的难度和费用增加了，谈判失败的可能性也增加了。不确定因素越多，合约的条款越细，签约的时间越长，签约失败的可能性也就越大，交易费用也就越高。交易发生的频率是指交易发生的次数。如果交易双方经常进行交易，那么双方就会想办法构建一个治理结构，降低交易费用。但若交易很少发生，那么就不容易构建这样的治理结构，其交易的费用就会高得多。

可以看出，造成交易费用高昂的最根本原因是人的有限理性和机会主义行为倾向。在存在资产专用性、不确定性较高和交易经常发生的情况下，它们使市场交易的费用过于高昂，企业就有了出现的理由。企业的出现使持有专用性资产一方和对方的交易内部化，从而避免被“敲竹杠”；企业使决策具有连续性，减少不确定性可能带来的损失；企业使经常发生的交易内部化，从而降低市场交易费用。所以威廉姆森对企业出现原因的解释根本上与科斯是一致的，即降低交易费用。

(二)团队生产理论

企业之所以存在是因为通过市场交易有高昂的费用，但企业内部也并非没有代价。阿尔钦(Alchian)和德姆塞茨(Demsetz)在1972年发表的《生产，信息费用与经济组织》一文中运用科斯首创的交易费用分析方法对企业内部结构问题进行了开创性研究。他们提出了团队生产、监督成本、偷懒和剩余索取权等概念和理论，建立了与科斯不同的、研究企业理论的另一思路。

1. 企业的团队生产性质

科斯的交易成本理论认为，市场运行需要成本，市场交易费用越大，在企业内部进行资源配置以减少这种费用的可能性也就越大。阿尔钦和德姆塞茨认为科斯的这一观点是可以成立的，但这只是研究企业理论的一种思路。他们认为企业理论也可以遵循另一条思路来研究，即不通过市场机制，而是通过企业的组织费用或监督成本来进行，“在其他条件不变的情况下，企业组织的监督成本越低，企业内部组织资源配置的比较优势也就越大”[①]。

阿尔钦和德姆塞茨认为科斯把企业内部关系看做一种具有权威特征的命令关系是不恰当的，企业并没有比普通市场具有更为优越的命令、强制和纪律约束等权利，企业本质上仍是一种契约。在普通市场上，买方和卖方是可以互相选择的对称关系。在企业内部，雇主和雇员的关系实质上也是对称的，他们之间也只是“以物易物”的契约关系，即雇员可以说是“命令”雇主支付他们所能接受的工资，就像雇主可以“命令”雇员执行一定的工作一样。雇主可以终止合同，“解雇”雇员；雇员也可以通过离开工作的方式，“解雇”雇主。因此，与其说雇主与雇员之间是一种命令关系，还不如说是一种交易关系，与市场上的普通商品交换关系没有什么本质的差异。

在阿尔钦和德姆塞茨看来，企业的实质是一种“团队生产”的方式。企业的产生主要是单个私产所有者为了更好地利用他们的比较优势，采用专业化原理进行合作生产，从而使合作生产的总产品大于他们分别进行生产所得出的产出之和。如此，每个参与合作生产的人所得的报酬也比各自生产时要高。

2. 监督与剩余索取权

团队生产的产品是其成员共同努力的结果，所以每个成员的个人贡献不可能完全分解与观测，这也就不能完全按照个人工作绩效支付报酬。在这种情况下，团队的成员就会失去积极工作的动机，出现偷懒的行为。为了减少企业成员的偷懒行为，企业就需要由专门的成员来监督其他成员，而监督要花费成本。进行团队生产，必须要考虑监督成本，当把监督成本也作为企业生产的一个因素时，就扩展了科斯关于企业存在理由的解释。

团队生产，一方面能够提高生产的效率；另一方面又要花费监督成本。所以是否采用团队的生产方式取决于这两者的比较。只有在团队生产所带来的产出增加大于团队生产的监督成本时，团队生产才会被采用，也即团队生产的采用不仅要看它对生产成本的节约，而且还要看它自身的运作成本。

因此，从团队生产的视角分析企业组织，就把问题的重点转到了如何对企业成员进行激励和约束、提高监督效率和减少监督成本方面。解决好这些问题，关键在于处理好企业所有者和监督者之间的关系。企业要素投入的所有者和监督者之间的利益不可能完全一致，那么如何来提高监督者的积极性就是一个大问题。通常人们会以某种合约的方式来规定监督者的权利和责任，让监督者具有一定的剩余索取权和资源管理权，并使这两种权利能够很好地匹配与挂钩。出于对最大剩余的追求，监督者会尽力做出让人满意的决策，保证企业高效率地运行，同时减少企业的监督成本。

第三节　委托-代理理论

委托-代理理论是现代企业理论的重要组成部分。它是 20 世纪 60 年代末 70 年代

① 阿尔钦 A，德姆塞茨 H. 生产，信息费用与经济组织．载：科斯 R，阿尔钦 A，诺斯 D. 财产权利与制度变迁．刘守英译．上海：上海三联书店，1994：2。

初，一些经济学家不满传统的新古典经济学体系中的企业“黑箱”理论，而深入研究企业内部信息不对称和激励问题发展起来的，创始人包括威尔逊（Wilson）、斯宾塞（Spence）、泽克豪森（Zeckhauser）、罗斯（Ross）、莫里斯（Mirrless）、霍姆斯特姆（Holmstrom）、格鲁斯曼（Grossman）和哈特（Hart）等。

一、委托-代理关系的产生

当企业所有权和控制权（经营权）逐步分离时，委托-代理关系就产生了。18 世纪，业主型企业占主导地位，企业主即经营者，所有权和经营权合二为一，不存在委托-代理关系。但到了 19 世纪中期，随着生产社会化程度日益提高和市场联系扩大，企业规模不断扩大。这就要求经营者不但要具备经营管理知识，而且要有专业的技术知识。这样的经营者才能有效地组织企业进行生产，并在市场竞争中获胜。企业经营者的来源和组成结构因此发生了变化，一批新兴的职业经理人员逐渐形成，成为所有者的代理人，旧时的“企业主企业”演化为现代的“经理人员的企业”。

现代股份公司这种企业组织形式对委托-代理关系的发展起到了极大的推动作用。因为股东数量庞大且分散，不能对企业进行直接的管理和支配，必须把企业委托给经理经营，而经理就是所有者（股东）的代理人，拥有经营决策权。贝利（Berle）和米恩斯（Means）指出，现代公司的发展已经发生了“所有与控制”的分离，公司实际上已经为由职业经理组成的“控制者集团”所控制。钱德勒（Chandler）①则称之为“经理人员资本主义”的兴起和“企业主资本主义”的衰落过程。委托-代理关系正是在所有权和控制权分离的基础上产生的。

委托-代理关系指的是一种契约关系。通过这一契约，一个人或一些人（委托人）授权给另一个人（代理人）为委托人的利益从事某项活动。但这又不同于一般的雇佣关系。因为委托人授予代理人相当大的自主决策权，而委托人很难监控代理人的活动。现代意义的委托-代理概念最早是由罗斯②提出的，“如果当事人双方，其中代理人一方代表委托人一方的利益行使某些决策权，则代理关系就随之产生了”。委托-代理关系在社会中普遍存在，如国有企业中，国家与国企经理、国企经理与雇员、国企所有者与注册会计师，公司股东与经理，选民与官员，医生与病人，债权人与债务人等。因此，委托-代理理论被用于解决各种问题。

二、委托-代理理论的假设前提

委托-代理理论遵循的是以“经济人”假设为核心的新古典经济学研究范式，并以下面两个基本假设为前提。

（一）委托人和代理人之间利益相互冲突

委托-代理理论中，委托人和代理人都是“经济人”，双方的行为目标都是为了实现

① 钱德勒 A D. 看得见的手——美国企业的管理革命．重武译．北京：商务印书馆，1987：5～6。

② Ross S. The economic theory of agent: the principal's problem. American Economic Review，1973，63：134～139.

自身效用最大化。在委托-代理关系中，委托人最关心的结果，代理人却不感兴趣；代理人最关心付出的努力，委托人却没有直接的兴趣。委托人的收益直接取决于代理人的成本(付出的努力)，而代理人的收益就是委托人的成本(支付的报酬)。所以委托人与代理人相互之间的利益是不一致的，甚至是相互冲突的。由于利益相互冲突，代理人便可能利用委托人委托的资源决策权谋取自己的利益，即可能产生代理问题。因此，委托人与代理人之间需要建立某种机制(契约)以协调两者之间相互冲突的利益。

(二)委托人和代理人之间信息不对称

委托-代理理论还假设委托人与代理人之间信息是不对称的。委托人不能直接观察到代理人的努力工作程度，即使能够观察到，也不可能被第三方(尤其是法院)证实。委托人是信息不足的一方；代理人自己却很清楚付出的努力水平，是掌握全面信息的一方。但委托-代理理论认为代理结果是与代理人努力水平直接相关的，且具有不可观察性和不可证实性。由于委托人无法知道代理人的努力水平，代理人便可能利用自己拥有的信息优势，谋取自身效用最大化，从而可能产生代理问题。代理人努力水平的不可观察性和不可证实性意味着代理人的努力水平不能被包含在契约条款中。因为契约即使包含了这一变量，如果出现违约，也没有第三者能够知道代理人是否真的违约，从而无法实施。

由于委托人与代理人的利益相互冲突且信息不对称，代理人的道德风险也随之而产生。代理人从自身利益最大化出发，利用信息优势损害委托人的利益，随即产生代理问题。因此，委托人必须设计某种契约或机制，诱使代理人选择适合委托人利益的最优努力水平。

三、委托-代理理论基本模型

(一)委托-代理理论标准模型

莫里斯(Mirrlees)用“分布函数的参数化法”和著名的“一阶化”方法建立了标准的委托人-代理人模型。标准的委托人-代理人模型抓住委托人与代理人之间的信息不对称这一基本前提，即委托人不能直接观测到代理人的行动，而只能观测到其行动的结果，但结果却又受到行动和其他因素的共同影响。e 表示代理人某一特定的努力程度，θ 表示不受代理人控制的外生变量(自然状态)，e 和 θ 共同决定一个成果 π(如利润)，即 $\pi=\pi(e,\ \theta)$。e、θ 和 π 中，只有 π 可以准确观察到。S 表示委托人付给代理人的报酬，其大小同利润的多少有关，即其为 π 的函数 $S=S(\pi)$。C 表示代理人努力程度带来的负效用，为 e 的函数，即 $C=C(e)$。所以委托人和代理人的效用函数分别是 $V=V(\pi-S(\pi))$ 和 $U=U(S(\pi)-C(e))$。

委托人在最优化其期望效用函数时，必须面对来自代理人的两个约束：一是参与约束，即代理人在接受该委托事务时期待的效用至少不低于其从事其他任何事务的效用。如果低于这一效用，代理人就不会参与该契约，委托-代理关系也就不成立。这个最低效用叫保留效用。二是代理人的激励相容约束，即在信息不对称情况下，委托人要使契约可以执行，必须考虑代理人自身的利益。委托人由于观察不到代理人的努力水平，无法将它写入契约，所以委托人期望的努力水平也必须符合代理人自身的利益，即委托人为实现自身效用最大化而要求代理人的努力程度也要使代理人自身实现效用最大化。这就是激励相容约束条件。简言之，基本模型的框架就是，在“参与约束”和“激励相容”两个条件下，考虑委托人如何选择激励计划，让代理人的行为符合委托人的利益。

（二）委托-代理动态模型

把标准的模型扩展到动态的模型有两个原因：第一，在静态模型中，委托人为了激励代理人选择委托人所希望的行动，必须根据可观测的结果来奖惩代理人。这样的激励机制成为显性激励机制。多次的委托-代理关系是否能在没有显性激励机制的情况下，用“时间”本身无成本地解决代理问题。第二，把动态分析引入基本模型是否可以得出关于委托-代理理论更多的结论。

最早研究委托-代理动态模型的是伦德纳（Radner）和罗宾斯坦（Rubbinstein）。他们使用重复博弈模型证明，如果委托人和代理人保持长期的关系，贴现因子足够大（双方有足够的信心），那么帕累托一阶最优风险分担和激励是可以实现的，代理人不可能用偷懒等损害委托人利益的方式来增加自己的福利。具体来说，在长期的关系中，由于大数定理，外生不确定可以剔除，委托人可以相对准确地从观测到的变量中推断代理人的努力水平，代理人不可能用偷懒的办法提高自己的福利。同时长期合同部分上向代理人提供了“个人保险”，委托人可以免除代理人的风险。即使合同不具备法律上的可执行性，出于声誉考虑，合同双方都会各尽义务。

（三）多项任务的委托-代理模型

在简单的委托-代理模型中，我们仅考虑了代理人仅从事单项工作的情况。现实生活中，许多情况下代理人被委托的工作不止一项，即使是一项，也有多个维度。因此，同一代理人在不同工作之间分配精力是有冲突的，而且委托人对不同工作的监督能力也是不同的。有些工作是不容易被监督的，如生产线上工人的产品数量容易监督，而产品质量监督却有难度。霍姆斯特姆和米尔格罗姆（Milgrom）证明，当代理人从事多项工作时，从简单的委托-代理模型得出的结论是不适用的。在有些情况下，固定工资合同可能优于根据可观测的变量奖惩代理人的激励合同。霍姆斯特姆和米尔格罗姆模型的基本结论是：当一个代理人从事多项工作时，对任何给定工作的激励不仅取决于该工作本身的可观测性，而且还取决于其他工作的可观测性，特别是如果委托人期待代理人在某项工作上花费一定的精力，而该项工作又不可观测时，那么激励工资也不应用于任何其他工作。

（四）一人委托多人的委托-代理模型

需要指出的是，简单的委托-代理模型仅考虑了单个代理人的情况，但是在现实当中代理人一般有多个，他们独立地选择努力水平，但创造一个共同的产出，每个代理人对产出的边际贡献依赖于其他代理人的努力，不可独立观测。霍姆斯特姆、麦克阿斐

(McAfee)、麦克米伦(McMillan)以及伊藤(Itoh)等都对多个代理人的情况进行了研究，建立了打破预算平衡模型、考虑逆向选择模型、合作型模型。

1. 打破预算平衡模型

霍姆斯特姆认为委托人的作用不是监督团队成员，而是打破预算平衡，使激励机制得以发挥作用。霍姆斯特姆的模型证明，满足预算平衡约束时的努力水平严格小于帕累托最优的努力水平。只要我们坚持预算平衡约束，帕累托最优是不可能达到的。其原因是我们所熟知的“搭便车”问题。打破预算平衡的目的是使团体惩罚或团体激励。这足以消除代理人“搭便车”的行为。

2. 考虑逆向选择模型

在麦克阿斐和麦克米伦的模型中，考虑了团队工作中的逆向选择问题，其认为个人贡献的不可观测性并不一定会带来“搭便车”问题，监督并不是消除偷懒的必要手段。他们认为监督的作用是约束委托人自己，而不是代理人。根据建立在总产出上的最优合同，委托人在事前收取代理人一定的保证金。委托人有动机故意破坏生产，使代理人只能达到较低的产量，以获取保证金。解决这种委托人道德风险的办法是让委托人监督代理人，而不是收取代理人的保证金。因为在监督的情况下，代理人的产出越高，委托人的剩余越多，也就没有了破坏生产的动机。

3. 合作型模型

在伊藤的模型里，委托人要考虑的问题是，是否应诱使每个代理人除了在自己的工作上努力外，也花一定的精力来帮助同伴。伊藤证明如果代理人自己工作的努力和帮助同伴付出的努力在成本函数上是独立的，但在工作上是互补的，那么用激励机制诱使团队工作是最优的。

四、代理人市场的声誉效应与棘轮效应

当代理人的行为很难甚至无法证实和显性激励机制很难实施时，长期的委托-代理关系就有很大优势。长期关系可以利用声誉效应。伦德纳和罗宾斯坦的模型很好地解释了这种情况。明确提出声誉问题的是法玛(Fama)，他认为激励问题在委托-代理文献中被夸大了。现实中由于代理人市场对代理人的约束作用，“时间”可以解决问题。与伦德纳和罗宾斯坦的解释不同，法玛强调代理人市场对代理人行为的约束作用。他认为在竞争的经理市场上，经理的市场价值取决于其过去的经营业绩；从长期来看，经理必须对自己的行为负责。因此，即使没有显性的激励合同，经理也会积极努力工作。因为这可以改进其在经理市场上的声誉，从而提高未来收入。霍姆斯特姆模型化了法玛的思想。虽然该模型是在一些特殊情况(经理人是风险中性，不存在未来收益贴现)下建立起来的，但它证明了声誉效应在一定程度上可以解决代理人问题，并且它还说明努力随年龄的增长而递减。因为随着年龄的增长，努力的声誉效应越来越小。这就解释了为什么越是年轻的经理越是努力。声誉模型告诉我们，隐性激励机制可以达到显性激励机制同样的效果。

棘轮效应一词最初来源于对苏联式计划经济制度的研究。在计划体制下，企业的年度生产指标根据上年的实际生产不断调整，好的表现反而因此受到惩罚，于是“聪明”的

人用隐瞒生产能力来对付计划当局。在我国，类似现象被称为“鞭打快牛”。这种现象在西方同样存在。委托人将同一代理人过去的业绩作为标准。因为过去的业绩包含着有用的信息，过去的业绩与经理人的主观努力相关。代理人越是努力，好的业绩可能性越大，自己给自己的“标准”也越高。这种越努力、业绩越好、标准越高的倾向被称为棘轮效应。当代理人意识到这种棘轮效应时，就会调低自己的努力程度，以调低标准。代理人努力的积极性由此就会降低。霍姆斯特姆和瑞卡特(Ricart)研究了相关问题。在他们的模型里，经理和股东之间风险分担存在着不一致性。原因是经理把投资结果看成是其能力的反映，而股东把投资结果看成是其金融资产的回报。人力资本回报和资本回报的不完全一致性是：股东在高收益时，认为是资本的生产率高，从而在下期提高对经理的要求；当经理认识到自己努力带来的高收益结果是提高自己的标准时，其努力的积极性就会降低。因此，在长期的过程中，棘轮效应会弱化激励机制。

第三章

产业组织：SCP

【本章概要】 本章主要介绍市场结构、市场行为和市场绩效的基本概念，阐述市场结构的基本类型和影响因素，分析市场价格行为、广告行为、兼并行为和企业技术进步等市场行为，探讨市场绩效及其评价指标，讨论 SCP 之间的关系。

【教学要求】 掌握市场结构的概念和影响因素、市场行为的概念和分类、市场绩效的概念和衡量指标、SCP 范式的内容，理解市场绩效的综合评价和产业经济分析范式。

从国际主流经济学的视角来看，产业经济学等同于产业组织理论，是运用微观经济学理论，分析企业、市场和产业之间的相互关系，并指导产业组织政策制定的一门应用经济学。20 世纪 60 年代，哈佛学派建立了 SCP 分析框架，这标志着产业组织理论的形成。随后谢勒(Frederic M. Scherer) 等对哈佛学派的理论观点和政策主张做了诸多批评，提出了许多与之不同的理论观点，进一步完善了 SCP 分析范式。

第一节　市场结构

一、市场结构的含义

市场结构(structure)是现代产业组织理论中最基本的概念和研究主体，是指企业市场关系的特征和形式。它反映的是市场竞争和垄断的关系，包括以下七种市场关系：卖方之间的关系；买方之间的关系；买卖双方之间的关系；市场现有的买方、卖方与正在进入或可能进入该市场的买方、卖方相互之间的关系。

二、市场结构的类型

(一)四种基本类型的市场结构

1. 完全竞争市场

完全竞争市场是不存在任何垄断因素、竞争程度最高的市场，其主要特征是：①产业集中度很低；②产品同一性很高；③不存在任何进入与退出壁垒；④信息完备。显然，完全竞争市场除一些农产品市场与其类似外，在现实中是完全不存在的。

2. 完全垄断市场

完全垄断市场是只有一个买者或卖者的市场，其主要特征是：①产业的绝对集中度为100%，市场上只有一家提供产品的企业；②没有替代产品；③进入壁垒非常高，包括资本壁垒(起始资本量很大)、技术性壁垒(规模经济)、法律壁垒和策略性壁垒，其他企业因此难以进入完全垄断产业与垄断企业竞争。

3. 寡头垄断市场

寡头垄断是指少数大企业控制着大部分产品供给的市场，其主要特征是：①产业集中度高，产业市场被少数大企业控制；②产品基本同质或差别较大，也即几家大企业提供的产品基本同质，没有大的差别，相互之间依存度很高，或者产品有较大差别，彼此相关度较低；③进入和退出壁垒较高，少数大企业在资金、技术、知名度和美誉度方面占有绝对优势，新企业很难进入。寡头垄断是一种很普遍的市场结构形式，许多国家的汽车、钢铁、有色金属、石油化工、电子设备和计算机行业都属于这种市场结构。

4. 垄断竞争市场

垄断竞争市场是指一种既有垄断又有竞争的市场，其主要特征是：①产业集中度较低；②产品有差别，不同企业生产的产品是不“同质”的，它们是在质量、外观和商标等方面有差异的品牌产品，这些差异的存在使企业能够在一定程度上排斥其他产品；③进入和退出壁垒较低。垄断竞争市场介于完全竞争和完全垄断之间，且偏向于完全竞争，是一种比较接近现实经济状况的市场结构，四种市场类型比较见表3.1。

表3.1　市场结构基本类型的特点

市场类型	结构			行为			绩效		
	企业数量	进入条件	产品类型	价格策略	产量策略	促销策略	利润率	效率	技术进步
完全竞争	很多	容易	标准化	无	独立	单个企业需要	正常	很高	好
垄断竞争	较多	较容易	差异化	未察觉到的依赖	单个企业值得	单个企业值得	正常	较高	较好
寡头垄断	较少	有阻碍	标准化或差异化	可察觉的依赖	各种手段	各种手段	有超额利润	较差	一般
完全垄断	一个	很困难	完全差异化	独立	企业等于行业	企业等于行业	较高超额利润	很差	差

资料来源：简新华，李雪．新编产业经济学．北京：高等教育出版社，2009：90

(二)贝恩的市场结构分类

贝恩根据产业内规模最大的前四位(CR_4)和前八位(CR_8)企业的集中度值，对不同垄断、竞争结合程度的产业的市场结构做了分类，把其分为五种寡占型和一种竞争型，如表 3.2 所示。

表 3.2 贝恩的市场结构分类 单位:%

市场结构＼集中度	CR_4 值	CR_8 值
寡占Ⅰ型	$85\leqslant CR_4$	—
寡占Ⅱ型	$75\leqslant CR_4<85$	$85\leqslant CR_8$
寡占Ⅲ型	$50\leqslant CR_4<75$	$75\leqslant CR_8<85$
寡占Ⅳ型	$35\leqslant CR_4<50$	$45\leqslant CR_8<75$
寡占Ⅴ型	$30\leqslant CR_4<35$	$40\leqslant CR_8<45$
竞争型	$CR_4<30$	$CR_8<40$

资料来源：贝恩 J S. 产业组织. 丸善，1981：141～148

(三)植草益的市场结构分类

日本学者植草益根据本国 1963 年的统计资料，通过计算产业内前八位企业的集中度，把市场结构粗分为寡占型和竞争型，细分为极高寡占型、高中寡占型、低集中竞争型和分散竞争型，如表 3.3 所示。

表 3.3 植草益的市场结构分类 单位:%

市场结构		CR_8 值
粗分	细分	
寡占型	极高寡占型	$70< CR_8$
	高中寡占型	$40<CR_8<70$
竞争型	低集中竞争型	$20< CR_8<40$
	分散竞争型	$CR_8<20$

资料来源：植草益. 产业组织论. 筑摩，1982：141～148

三、决定市场结构的主要因素

(一)集中度

1. 集中度的含义

集中度是指特定产业市场中少数几个最大企业所占的市场份额。它是产业市场寡占程度的指示器，是衡量某一产业市场内企业之间市场份额分布状况的一个指标，包括卖者集中度和买者集中度两种类型。这里所说的集中度仅指前者。

2. 集中度的衡量指标

衡量集中度的指标有绝对指标和相对指标两种。绝对指标有集中度系数和赫芬达尔-赫希曼指数(Herfindahl-Hirdchman index，HHI)，主要反映了产业市场中前几家最大企业的集中度，而未能考虑到参与整个产业市场的企业数量和企业规模的差异程度。相对指标有洛伦兹曲线(Lorenz curve)、基尼系数和厂商规模的对数方差指标，反映的内容与绝对指标相反。两种衡量指标各有利弊，单独一种指标都不能准确反映出产业市场中企业之间的竞争程度，需两种指标方法结合运用。

1)绝对指标

(1)集中度系数的计算公式为

$$\mathrm{CR}_n = \sum_{i=1}^{n} x_i / \sum_{i=1}^{N} x_i$$

式中，n 表示产业中规模最大前 n 位企业数目；N 表示产业中的企业总数；x_i 表示产业中第 i 位企业的规模(产值、产量、销售额、销售量、职工人数、资产总额等数值)。一般用 CR_4 指标反映集中度系数，即规模最大的前四位企业的集中度系数。集中度系数计算简单，能够形象地反映产业市场的集中状况，但是不能反映企业规模分布对集中度的影响。

(2)赫芬达尔-赫希曼指数是指某特定产业市场上所有企业市场份额的平方和。它是企业市场份额的凸函数，对企业之间市场份额的非均衡分布非常敏感。其计算公式为

$$\mathrm{HHI} = \sum_{i=1}^{N} (x_i/X)^2 = \sum_{i=1}^{N} S_i^2$$

式中，X 表示产业市场的总规模；x_i 表示产业中第 i 位企业的规模；S_i 表示产业中第 i 位企业的市场占有率；N 表示产业内的企业总数。

HHI 包含了所有企业的规模信息，能较准确地反映出集中度的差别。由于平方和计算的放大性，HHI 对规模最大的前几个企业的市场份额变化反映特别敏感，能真实地反映产业市场中企业之间规模的差异大小。但计算某个指定产业市场的 HHI，必须收集到该产业市场上所有企业的市场份额信息，这项工作的成本是比较高的。

日本公正交易委员会 1980 年公布的分类方法就是以 HHI 为依据对市场结构进行的分类，如表 3.4 所示。

表 3.4　日本 HHI 指数市场结构分类

市场结构	寡占型				竞争型	
	高寡占Ⅰ型	高寡占Ⅱ型	低寡占Ⅰ型	低寡占Ⅱ型	竞争Ⅰ型	竞争Ⅱ型
HHI 值 (0/10 000)	3 000≤HHI	1 800≤HHI <3 000	1 400≤HHI <1 800	1 000≤HHI <1 400	500≤HHI <1 000	HHI<500

资料来源：妹尾明．现代日本的产业集中．日本经济新闻社，1983：76～77

2)相对指标

(1)洛伦兹曲线是一种表明市场占有率与市场中由小企业到大企业的累积比重之间关系的指标，如图 3.1 所示。

图 3.1 中，横轴表示按规模从最小企业到最大企业数目的累积比重；纵轴表示这些企业的销售额占市场销售总额的比重，也即市场占有率。洛伦兹曲线反映产业内全部企业的市场规模分布状况。当行业内所有企业的规模都相同时，洛伦兹曲线就是图 3.1 中的对角线。所以这条对角线也被称为均等分布线。当所有企业的规模不完全相同时，洛

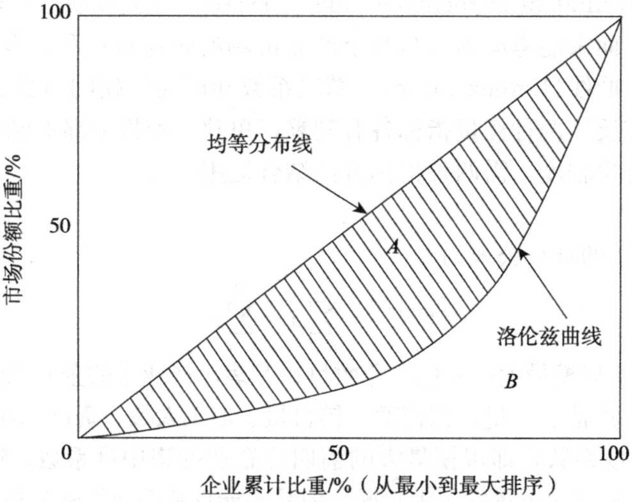

图 3.1 洛伦兹曲线

伦兹曲线就是对角线下方的一条曲线。一般来说，曲线越偏离对角线，凸向右下角，越表明企业规模分布的不均匀度越大，也即市场集中程度越高。但当产业中只有极少数规模相同的企业时，洛伦兹曲线是无法把这种寡头垄断的市场结构反映出来的。

(2)基尼系数是一种建立在洛伦兹曲线基础上的度量指标，等于均等分布线(对角线)与洛伦兹曲线之间的面积(图 3.1 所示阴影部分的面积 A)与以均等分布线为斜边、以横轴为直角边构成的三角形面积(即 $A+B$)之比，用公式表示为

$$基尼系数=均等分布线与洛伦兹曲线围成的面积/均等分布线以下的三角形面积=\frac{A}{A+B}$$

基尼系数能把洛伦兹曲线所反映的不均匀度用量化指标体现出来。基尼系数的值在 0 到 1 之间变动。基尼系数为 0，表明洛伦兹曲线与均等分布线重合，即所有企业规模完全相等；基尼系数趋向 1，表明企业的规模分布越来越不均等。

(3)厂商规模的对数方差指标，其计算公式为

$$\nu=\frac{1}{N}\sum_{i=1}^{N}(\log S_i)^2-\frac{1}{N^2}\left(\sum_{i=1}^{N}\log S_i\right)^2$$

式中，S_i 表示产业中第 i 位企业的市场占有率；N 表示产业内的企业总数。

对数方差指标反映出如果厂商规模分布越均齐，厂商之间的竞争性就越强。

3. 影响集中度的因素

1)企业规模

一般而言，在产业的市场容量不变的情况下，少数企业的规模越大，市场的集中度就越高。而企业自身追求扩大规模的动机是导致企业扩大规模的首要因素。因为较大的生产经营规模可以为其带来规模经济效应、节省成本、增加利润，甚至在个别产业可以为其带来垄断利润。此外，技术进步、政府的法律政策支持也为企业扩大规模提供了条件和产生了影响。

2)市场容量

由于大企业为获得更多利润而会加强兼并或扩大生产规模，当市场容量的增长率超出大企业扩张的速率时，市场容量的扩大会降低市场集中度；当市场容量的增长率小于大企业扩展的速率时，市场容量的缩小、不变和扩大都会提高市场的集中度。影响市场容量的因素主要有经济发展速度、居民收入水平、消费结构的变化以及国家的经济调控政策等。

(二)产品差异化

1. 产品差异化的含义

产品差异化是指企业以某种方式改变那些基本相同的产品，以使消费者相信这些产品存在差异而产生不同的偏好。产品差异化是决定市场结构的一个主要因素。企业控制市场的程度取决于其使自己的产品差异化成功的程度。产品差异化是企业在经营上对抗竞争的一种主要手段。除完全竞争市场和寡头垄断市场外，产品差异是普遍存在的。

2. 形成产品差异化的因素

形成产品差异化的因素包括：①产品的物理性差异。产品的用途本质相同，但性能、构造、外观等有所不同，直接影响产品的使用效果。②买方的主观差异，即由于企业的广告、宣传等促销活动而引起买方对这一产品的偏好；或买方受消费潮流的影响而对某种产品产生偏好；或者是由于买方对产品不够了解而产生的主观差异。③对买方的服务差异，包括向买方提供有关信息、发送服务、技术维修服务、信用支持等服务。这些方面的差异会引起买方对商品的不同偏好。④地理位置差异，是指因企业或销售点的位置不同而给买方带来的购买时间、方便程度、运输成本的差异。这会造成买方在产品选择上的差异。⑤特殊促销活动差异，如赠礼品、配附件、进行有奖销售等活动而造成买方在产品选择上的差异。

3. 产品差异化的度量方法

1)需求的交叉弹性系数

需求交叉弹性系数的计算公式为

$$\theta_{ij}=\frac{\frac{\mathrm{d}q_i}{q_i}}{\frac{\mathrm{d}p_j}{p_j}}$$

式中，θ_{ij} 表示 i 产品需求量对 j 产品价格的交叉弹性系数；$\mathrm{d}q_i/q_i$ 表示 i 产品的需求变化率；$\mathrm{d}p_j/p_j$ 表示 j 产品的价格变化率。

根据微观经济学原理，对于同一产业或市场上两种不同产品的需求交叉弹性系数越小，说明这两种产品的差别越大；反之，这两种产品的差别越小。由于获取所需的计算数据较难，该方法的实际应用价值非常有限。

2)广告密度

广告密度的计算公式为

$$广告密度=\mathrm{AD}/\mathrm{SL}$$

式中，AD 表示产品广告费用的绝对金额；SL 表示产品销售额。

广告是企业用来传递产品差异信息的最重要和最常用的手段。广告活动数据相对较容易收集，在产业组织研究中主要通过广告费用的有关指标来分析产品差异化程度。

日本学者植草益以1997年日本31个产业的广告费用和广告密度为依据，对衡量产业市场产品差别程度的标准做了如下分类：①AD/SL≥3.5%或AD≥20亿日元，为很高产品差别产业；②1%≤AD/SL<3.5%或10亿≤AD<20亿日元，为高产品差别产业；③AD/SL<1%或AD<10亿日元，为中产品差别产业。

4. 不同产业市场产品差异化程度比较

1)消费品产业

(1)耐用消费品。消费者购买决策慎重，但大多人不具备鉴别产品物理特性差异的知识和条件，所以这类产品的差别化程度介于中等水平到高等水平之间。

(2)非耐用消费品。广告作用非常显著，产品差别化程度很高。

2)资本品产业

所谓资本品主要是指以企业为销售对象、用于生产的商品。这类产品比较标准化和规格化，理化性能差异性较小，而且购买者多为企业，具备鉴别产品物理性能的知识和测试手段，偏好不强，也不易受广告影响，所以产品差异化程度低。

5. 产品差异化对市场结构的影响

(1)影响市场集中度。市场上规模较大的企业通过扩大产品差别化程度，可以保持或提高企业市场占有率，从而保持或提高市场集中度。

(2)形成市场进入壁垒。产品差异化程度越高，新企业进入市场的壁垒也就越高。

(三)进入和退出壁垒

1. 进入壁垒

1)进入壁垒的含义

进入壁垒是指产业内现有企业对于潜在进入企业和进入该产业的新企业所具有的优势，换言之，也即准备进入或新进入的企业在与产业内已有企业竞争过程中遇到的障碍或不利因素。进入壁垒的高低既反映了产业市场内已有企业优势的大小，也反映了新进入企业所遇障碍的大小。进入壁垒的高低是影响产业市场内垄断和竞争关系的一个重要因素。

2)进入壁垒的分类

按照进入壁垒的成因，可以将其分为：①结构型进入壁垒，是指企业进入某一特定产业时所遇到的，由于产品技术特点、资源供给条件、社会法律制度、政府行为及消费者偏好等因素而形成的壁垒。②策略型进入壁垒，是指在位企业利用自身的优势，通过一系列有意识的策略性行为，构筑起防止潜在进入者进入、以获取垄断利润的壁垒。③制度型壁垒，是指由于政府对某些产品的生产经营，只对少数特定厂商授予特许权而不允许其他厂商进入或发明创造获得的专利权保护，以及其他政府管制措施等形成的进入壁垒。

3)形成进入壁垒的因素

形成进入壁垒的因素包括：①规模经济。新企业在进入某一产业初期，一般难以充分享受规模的经济性。相对于产业内的已有企业，其生产成本必然较高。这就是规模经济壁垒。②必要资本量。在资本密集型产业中，必要资本量积累比较明显。③产品差异化。产品差异化壁垒是指买者对老企业产品的偏好程度高于新企业产品，以致引起新企业产品进入市场困难。④绝对费用。老企业一般都占有一些稀缺资源和生产要素，如在原料上占有的优势、对专利和技术的占有优势、产品销售渠道和运输条件上的优势、人才优势等。新企业要进入某产业和老企业竞争，就要获取这些资源，所需的费用就是绝对费用。绝对费用会引起新企业成本的大幅增加。⑤政策法规。国家对新建企业的行政管理及相关的经济政策法规也不同程度地形成了新企业进入某些产业的障碍。

2. 退出壁垒

1)退出壁垒的含义

退出壁垒是指企业停止作为卖方而从某个行业撤退时所遇到的阻碍。从理论上讲，当企业长期亏损、资不抵债、不能正常生产经营时，即该企业应转产或破产。但由于种种限制，企业实际上很难从该行业中退出。这些阻碍企业退出的限制就是退出壁垒。

2)形成退出壁垒的因素

形成退出壁垒的因素包括：①资产专用性和沉没成本。部分设备的专用性特别强，当企业转产或破产时不得不废弃它们，从而造成其价值不能收回，形成沉没成本。资产专用性越强，沉没成本就越大，退出壁垒也就越高。②解雇费用。解雇工人要支付退职金、解雇工资。有时为了让工人改行，还需要支付培训费和转移费用。这些费用是企业在退出某行业时必须要付出的代价，也就构成了企业退出壁垒。③政策限制。政府为了一定的目标，往往通过制定政策法规，限制某些行业的企业从市场上退出。

第二节 市场行为

一、市场行为的概念

市场行为(conduct)是指企业在市场上为实现其目标(如利润最大化、更高的市场占有率等)而采取的适应市场要求的调整行为。因为完全竞争型和完全垄断型市场结构在现实中很少见到，以及寡头垄断市场上每一个规模较大企业的市场行为都会对其他企业产生有效影响，所以研究寡头垄断市场中的企业行为具有重要意义，产业组织理论也就把此市场结构中企业的市场行为作为主要的研究对象。

二、市场价格行为

(一)价格竞争行为

1. 掠夺性定价

掠夺性定价，即驱逐竞争对手定价，是指企业为把对手和试图进入市场的潜在对手挤出市场，采取降低产品价格甚至低于成本的策略行为。

1)掠夺性定价的特征

掠夺性定价的特征如下：①掠夺性定价中出现的价格下降一般是暂时性的。如果产品价格降低到成本以下，发起企业就应承担亏损。但在把竞争对手驱逐出市场之后，其普遍会再度把产品价格提高到获得收益的水平。这个过程是“先亏损后盈利”。②掠夺性定价中企业发动暂时性降价的实质目的是缩减供给量，而不是扩大需求量。因此，只有在有效控制供给量的前提下，发起企业在驱逐对手之后才进行提价。③采用掠夺性定价策略的企业一般都是市场上实力雄厚的大企业，只有它们才具备长期忍受低价造成亏损的能力。

2)掠夺性定价的后果和影响

大企业采取掠夺性定价的目的主要在于驱逐或消灭现有的竞争对手或是教训不合作的竞争对手，同时也向意欲进入市场的新企业发出警告。现实中，掠夺性定价并不经常发生，大企业更愿意通过兼并来消灭竞争者。因为兼并既能使它免受低价造成的利润损失，又有利于增强它的实力和竞争力。

2. 限制性定价

限制性定价，即阻止进入定价，是指寡头垄断市场上企业采取适度降低产品价格，以阻止新企业进入而又可使其获得垄断利润的定价行为。企业采用这一定价行为的直接目的是阻止新竞争对手的加入。

限制性定价行为能够实施并取得效果必须满足三个假设条件：一是原有企业和潜在进入企业都谋求长期利润最大化；二是原有企业认为潜在进入者认定新企业进入后原有企业仍会维持其产量，价格会因新企业增加的产量而下降；三是原有企业很容易串通起来，以阻止新企业进入。

1)限制性定价的类型

(1)短期限制性定价。短期限制性定价是指寡头垄断市场上的卖方将价格定在足以获得经济利润但又不至于引起新企业进入的水平上。企业采用这一定价行为的直接目的是阻止新企业进入市场，但实质上是牺牲部分短期利润以追求长期利润最大化。因此，它同掠夺性定价一样，都是企业长期定价的策略性行为。所不同的是，采用限制性定价的企业短期内仍有利润，而采用掠夺性定价的企业在短期内处于亏损状态。

(2)动态限制性定价。动态限制性定价是指市场主导企业先订立一个高价，然后随着新企业的进入逐渐降低价格。现实中，我们经常可以看到，新产品初进入市场时价格定得很高，然后迅速回落到竞争性价格水平。此现象就是这一定价行为的反映。

2)影响限制性定价的主要因素

影响限制性定价的主要因素包括：①进入壁垒的高低。进入壁垒高，新企业难以进入，阻止的价格也就高；进入壁垒中等，阻止进入价格就低一些；壁垒很低，新企业容易进入，要阻止其进入，必须按平均的甚至更低的利润水平来定价。②经济规模。在规模经济是主要的进入壁垒时，原有企业制定阻止进入价格的原则是：使在非规模经济条件下生产的新企业无利可图，被迫退出市场；适当增加产量，减少新企业可能的市场份额，使新企业由于市场份额不够而无法进行规模生产，导致其成本上升，最终退出市场。

(二)价格协调行为

价格协调行为是指企业之间在价格决定和调整过程中相互协调而采取的共同行为。在寡头垄断市场上，企业间竞相降价的竞争会使企业两败俱伤，所以价格协调，共谋利润极大化，成为企业的主要定价行为之一。企业间价格协调的基本目的是限制价格竞争，共同控制市场，获取垄断利润。常见的价格协调行为有三种类型。

1. 价格卡特尔

价格卡特尔一般发生在寡头垄断市场，是指若干企业以限制竞争、控制市场和谋求利润最大化为目的而采取的共同定价行为。价格卡特尔的直接目的有三个：一是提价；二是产品销售不佳时，稳定价格；三是协调降价，获得较高的利润和排除竞争者。它有文字记录的明确协定卡特尔和口头意向的秘密协定卡特尔两种形式。

卡特尔限定产量、提高价格、破坏价格机制的作用，使优胜劣汰的市场规律丧失作用，资源不能得到优化配置，损害了消费者的利益。所以发达国家除一些特殊原因经政府批准的合法卡特尔外，卡特尔通常被认为是违反公平交易原则和反垄断原则的违法行为。

在美国反托拉斯法中，价格卡特尔被给予最严厉的限制。只要企业被发现参与此类活动，即使没有达成一致意见或是协议在达成后没有被成功实施和未对消费者造成任何损失，其具有这种企图就已构成犯法行为，肯定会被判有罪，如美国阿彻・丹尼尔斯・米德兰德公司(Archer Daniels Midland)案。1996 年 10 月 14 日，这家庞大的跨国公司承认它曾在两种农产品价格上与竞争对手合谋提价，美国司法部为此判罚该公司 1 亿美元，这在美国反托拉斯历史上可谓是最高的。

2. 价格领导

价格领导是指某一产业市场中某个企业作为价格变动的领导者，率先调整价格，其他企业则根据其行为而确定自己价格的行为方式。价格领导型企业的领导力来源于规模经济效应、成本低、管理出色或对市场行情变化的准确把握等。价格领导型企业在经济活动中表现出来的价格行为特征有：价格政策比较稳定，调价周期比较长；是行业中最先调价的企业，从调价时间上领先于其他企业；价格高于行业内其他企业。

价格领导行为分为：①主导企业领导定价模式。主导企业规模很大，占据 50%～90%的市场份额。此情况下，小企业会自愿或被迫采取跟随策略。②串谋领导定价模式。市场集中度中等以上的产业市场多数适用于此定价模式。因为规模较大主导企业的市场份额多为 20%～30%，而且它们之间的成本结构大体相同，所以它们决定适宜的价格水平，并得到其他小企业的追随。③晴雨表式领导定价模式。市场集中度较低的产业市场适用于此定价模式。由于企业之间的实力差距不大，共同行动很难协调，领导企业经常发生变换。

3. 有意识的平行调整

有意识的平行调整是指价格调整时没有明显的追随调价现象，只体现为比较含蓄而默契的配合行为。例如，美国三大汽车公司的定价，一般被认为是最典型的有意识的平行调整形式，其使各个公司都可获得垄断利润。

三、广告行为

广告行为是企业在市场上经常采用的一种非价格竞争方式。

（一）广告行为对市场结构的影响

(1)广告行为与产业集中度。企业的广告行为将导致产业集中度的提高，因为成功的广告会使企业拥有更多的消费者，从而使市场份额提高。

(2)广告行为与产品差异化程度。广告是企业向消费者传递产品差异信息的重要手段。企业通过广告中的有效诉求，可以让消费者认识其产品的与众不同之处，从而与竞争者的产品区别开来。实证研究表明，广告活动是企业市场份额差异扩大的重要原因。

(3)广告行为与进入壁垒。广告会增强进入壁垒。产业内原有企业通过大量的广告投入影响消费者的偏好，建立起本企业及品牌的知名度。可以说，它们投入的广告费用已形成了无形资产。潜在的进入者必须大量做广告并且投入更大，才能克服原有企业所建立的商誉。这将使新企业在竞争中处于成本劣势。

（二）广告对不同行业市场的影响

美国学者凯维斯对非耐用消费品、耐用消费品和工业品这三种行业市场上的企业广告行为进行了研究，得出以下结论。

(1)在非耐用消费品行业中，广告对消费者的主观偏好影响很大，有利于形成产品差异。因此，该市场上企业常常通过大量的广告投入来影响消费者选择，建立品牌知名度。

(2)在耐用消费品行业中，产品差异程度主要由产品性能、质量和销售服务水平决定，消费者在购买过程中决策相当慎重，受广告影响程度相对于非耐用消费品来说为低。所以该市场上企业往往把广告费用占总销售费用的比例控制在一定范围内，把大部分销售费用用于销售组织的建立和完善上。

(3)在工业品行业中，产品标准化和规格化较强或完全根据客户的需要定制，购买者一般又是富有经验和鉴别能力的专家，所以消费品市场上的广告行为不适用此行业，企业投入的广告费用也很少，主要是做企业和品牌宣传广告，把大量的销售费用于人员推销。

四、兼并行为

（一）兼并的含义及特点

企业兼并是指两个以上的企业在自愿基础上，依据法律，通过订立契约而结合成一个企业的组织调整行为。企业兼并是社会化大生产的必然要求，是市场竞争机制发挥作用的必然结果，也是深化企业改革的重要内容。

企业兼并具有以下特点：生产要素在企业间整体流动；全部产权或基本、主要的产权部分在企业间有偿转移；要进行生产或技术上的专业化改组；兼并双方重新组成一个新的企业，多个法人合为一个法人。

(二)兼并的类型

从兼并过程来看，兼并分为：①新设合并，是指参加合并的各企业协商同意解散原企业，共同组建一个新企业；②吸收合并，是指参加合并的企业中有一个吸收企业，其余企业宣布解散并被吸收企业吸收；③控股式兼并，是指一个企业通过购买目标企业一定比例的股票或股权，达到控股以实现兼并的方式，被兼并企业的法人地位仍存在①。

从兼并企业所从事的产业关系来看，兼并分为：①横向兼并，又称水平兼并，是指进行兼并的企业属于同一产业、生产同一产品或处于同一加工工艺阶段；②纵向兼并，又称垂直兼并，是指进行兼并的企业之间存在着垂直方向(前向或后向)的联系，分别处于生产和流通过程中的不同阶段；③混合兼并，又称复合兼并，是指分属不同产业、生产工艺上没有关联关系、产品也完全不同的企业之间的兼并。

(三)兼并的动机

1. 主兼并企业的动机

(1)获得良好的经济效应。这是企业兼并的重要原因。通过兼并，企业可以扩大生产和销售的规模，获得规模经济效应，生产成本和销售成本进一步降低，获得更高的利润。同时兼并还会使企业获得协同效应。兼并后，两个企业可以联合进行互补性经济活动。这会使它们的生产效率都得到提高，使它们获得的总体经济效益大于兼并前它们各自独立经营所获经济效益之和。

(2)扩大市场权利。市场权利是指企业对市场的控制能力。兼并使企业的竞争对手减少，市场占有率提高，企业影响和控制市场的能力进一步加强，企业的市场权力扩大，获得某种形式的垄断。这种垄断既能使企业保持一定的竞争优势，又能给企业带来垄断利润。

(3)突破市场进入壁垒。如果企业采用新建企业的方法进入一个新市场，投入的资本量大，且会受到原有企业全方位的抵抗；同时总供给水平提高，可能会导致价格下降，引发价格战。但如果以兼并某企业的方式进入新市场，投入资本量相对较少，而且由于总供给水平不会提高太多，短期内产业内部的竞争结构会保持不变，引发竞争者进行价格战的可能性也会大大减少。

(4)经营者功利驱动。兼并是企业规模扩张最迅速、最有效的手段。所以它成为职业经理人最稳妥、最富有诱惑力的一条个人升迁途径。通过兼并扩张企业，经营者可以向社会夸耀自己的经营业绩和管理能力，获得更高的职业声望。

(5)战略性动机。在产品饱和点上，如果企业继续投资于原来的业务，一般不可能有力地吸收此业务所产生的过剩利润。因此，企业从战略角度考虑，兼并一家或数家所经营产品处于成长期的企业，可以避免企业处于产品进入衰退期的被动局面。

---

① 最高人民法院．关于审理与企业改制相关的民事纠纷案件若干问题的规定．中华人民共和国最高人民法院公报，2003，1：8～9。

2. 被兼并企业的动机

被兼并企业的动机包括：①减少资产经济风险。在经济不稳定时期，小企业总是最先受到不利影响，如果能被实力雄厚的大企业兼并，就可以大幅降低经营风险。②避免企业破产。避免破产是被兼并企业同意兼并的重要动机。企业的所有者和经营者通常对企业怀有深厚感情，不愿自己辛苦建立的企业破产。如果其他拥有雄厚资金和丰富管理经验的企业能使其企业免于破产，其就会选择让自己的企业被兼并。③回收资本。通过兼并，被兼并企业的所有者可以收回自己全部或部分的投入资本。

（四）兼并的效应

（1）兼并的积极效应。兼并是进行产业结构调整的重要手段。通过企业兼并，生产要素得以向优势企业集中，社会资源配置得到优化。新兴产业中的企业通过兼并衰退行业中的企业，使自身得以发展壮大。衰退行业中的企业通过被兼并，可以顺利地退出该行业。

（2）兼并的消极效应。兼并导致的市场集中如果超过一定限度，就会产生垄断势力，由此带来垄断的低效率和社会总福利的损失。

五、企业技术进步

（一）技术进步的内容

从狭义视角来看，技术进步包括：人的技能的提高；采用新机械设备，对旧设备的改进；采用新工艺，改进旧工艺；采用新原料；采用新能源；生产前所未有的新产品，对旧产品的改造；采用新设计；降低生产消耗，提高投入产出率。

从广义视角来看，技术进步不仅包括上述八条，还包括政策、社会条件、自然条件、组织结构、管理方式等和目的性方面的进化与革命。

（二）企业进行技术创新的动因

（1）利润动机。熊彼特(J. A. Schumpeter)认为企业家之所以愿意投资于某个新的技术领域，是因为他们看到了其他人所没看到的或虽然看到而不敢投资的盈利机会。所以追求利润是企业家进行创新的动机。

（2）需求拉动。施穆克勒(Schmookler)认为需求是解释投资波动的一个重要因素，发明活动的高涨也对应了需求的高涨。

（3）市场结构变动。卡曼(M. Kamien)和施瓦茨(N. Schwartz)认为竞争程度、企业规模和垄断力量这三个变量共同决定着技术进步。

（4）政府科技政策的功效。企业技术创新来自于企业家的偏好，企业家的行为动因是对利润的追求，同时科技进步的内在惯性机制促进技术研究、技术开发和技术应用。这些因素共同推动企业技术创新。

市场需求及市场结构引导着技术创新的方向，拉动技术创新的进展。政府政策和其他宏观经济政策成为推动企业技术创新的有效动力。可以说，企业追求自身发展的驱动力是技术创新的基本因素，而企业创新方向、水平及持久性决定于企业目标与市场环境和政府政策耦合的连接程度，如图 3.2 所示。

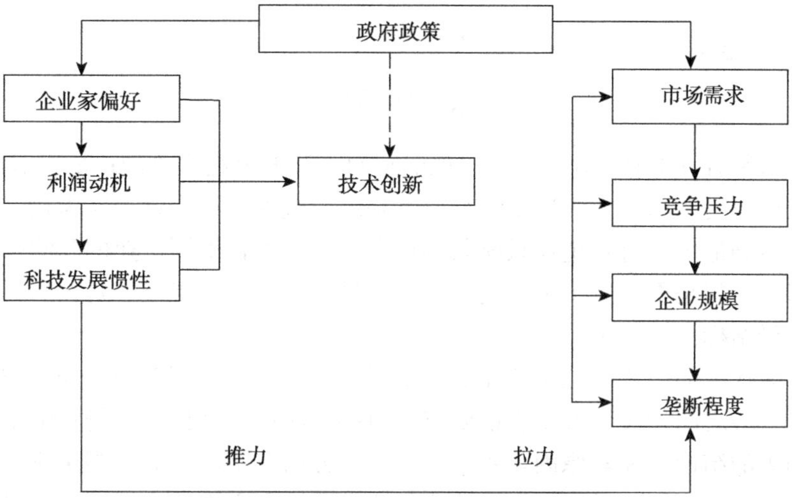

图 3.2　技术创新动因系统模型

（三）技术进步与市场结构

完全竞争市场的企业比完全垄断市场的企业具有更强的创新动力。在寡头垄断市场中，企业数量较多有利于加快技术创新的速度。虽然处于支配地位的寡头垄断企业创新速度通常很快，但占有较小市场份额的企业很可能是创新的推动者。所以说寡头垄断市场比完全垄断市场更有利于技术进步。

值得注意的是，企业致力于追求技术进步并不一定等于在市场竞争中一定会处于优势地位。很多时候技术优势并不等同于市场优势。企业在处理技术创新与市场开拓的关系上，要充分考虑技术的进步性与经济性的统一。如果一味地追求技术上的先进而导致投入过多、成本过大，则有可能导致技术上的领跑者成为市场上的失败者。

第三节　市场绩效

一、市场绩效的含义

市场绩效(performance)是指在一定的市场结构下，由一定的市场行为造成的某一产业在价格、产量、成本、利润、产品质量、品种及技术进步等方面的最终经济成果。它实质上反映的是在特定的市场结构和市场行为下市场运行的结果。

二、市场绩效的衡量指标

在产业组织理论中，衡量市场绩效是一个复杂的问题。这不仅是因为计量其较困难，而且因为其本身就是一个含有价值判断因素的概念。所以下述三个衡量指标并不是完美的，应用其只能粗略地反映出某一产业的市场绩效状况。

（一）利润率（收益率）指标

利润率（收益率）指标的计算公式为

$$R=\frac{(\pi-T)}{E}$$

式中，R 表示税后资本收益率；π 表示税前利润；T 表示税收总额；E 表示自有资本。

之所以可以用利润率来描述市场绩效，是因为微观经济学理论认为在完全竞争市场中资源配置达到最优，所有企业只能获得正常利润，而且不同产业的利润率水平也趋向一致，也即产业间是否形成了平均利润率是衡量社会资源配置效率是否达到最优的一个最基本的定量指标。

以贝恩为代表的产业组织学者相继对不同产业的长期利润率同市场结构的若干要素（如市场集中度）之间的关系做了实证研究，但都未能证实理论上市场集中度和行业长期利润率正相关的结论。究其原因，主要有二：一方面，不同行业不同企业，其计算成本及利润的方法通常不同；另一方面，造成行业、企业利润率偏高的因素很多，不仅仅是垄断势力的形成，作为风险性投资报酬的风险利润、不可预期的需求和费用变化形成的预料外利润、成功开发和引入新技术而实现的创新利润等也会引起超额利润的产生。

（二）勒纳指数

美国经济学家勒纳（A. Lerner）提出以企业为产品所定的价格与其边际成本的高出量之比作为衡量企业垄断势力的标准。勒纳指数度量的是价格与边际成本的偏离率。其计算公式为

$$L=\frac{(P-\mathrm{MC})}{P}$$

式中，L 表示勒纳指数；P 表示价格；MC 表示边际成本。

勒纳指数在 0 到 1 之间波动。在完全竞争条件下，价格 P 近似边际成本 MC，L 近似等于 0；在垄断情况下，L 会大一些，但不会超过 1。从直接视角来看，L 越大，市场的竞争程度越低。但勒纳指数无法反映企业为获得或巩固垄断地位而采取的限制性定价行为和掠夺性定价行为，因为在这两种情况下，L 接近 0，但并不能表明市场是竞争性的。同时在实际计算过程中，边际成本的数据很难获得，常用平均成本代替之，从而使所得结论常常失真。

（三）贝恩指数

贝恩曾提出通过考察利润来确立垄断势力的大小。他的理论依据是市场中如果持续存在超额利润（或经济利润），那么一般情况下就表明该市场上存在垄断势力，而且超额利润越高，垄断力量就越强。与测量边际成本相比，利润统计资料是较容易搜集到的。当然经济学家所说的经济纯利润与会计角度上的利润不是一回事。为能够计算超额利润，人们至少必须把会计上的利润换算成资本的机会成本或正常的收益率。

贝恩的会计利润计算公式为

$$\pi_A = R - C - D$$

式中，π_A 表示会计利润；R 表示总收益；C 表示当期成本；D 表示折旧。

超额利润或经济利润的计算公式为

$$\pi_E = R - C - D - iv$$

式中，π_E 表示经济利润；v 表示资本总额；i 表示正常的投资收益率。

贝恩指数 B 为

$$B = \frac{\pi_E}{v}$$

贝恩指数代表的是行业的超额利润率。与勒纳指数相比，贝恩指数要求的基础数据较容易取得，产生系统偏差的可能性减小。但和利润率指标一样，贝恩指数也是建立在不完全的理论假定基础之上的。企业或行业获得的高利润并不一定是通过垄断力量实现的。同时确实存在垄断力量的市场中，这些指标也不一定就会显得更高。因为垄断企业出于驱逐竞争对手和阻止新竞争者进入的目的，会制定低价格，使行业市场表面上显得无利可图。

三、市场绩效的综合评价

以上所述的市场绩效衡量指标虽然在量化计算上具有很好的理论意义，但在实际操作中却很难获得强有力的数据支持。所以在实际评价中，我们更多的是用一些易于观察的指标。

（一）产业资源配置效率

资源配置效率问题是产业经济学研究的核心内容之一，其包含两个层面的意义：一是广义的、宏观层次的资源配置效率，即社会资源的配置效率，通过整个社会的经济制度安排而实现；二是狭义的、微观层次的资源配置效率，即资源使用效率，一般是指生产单位的生产效率，通过生产单位内部生产管理和提高生产技术实现。现代经济学认为市场是资源配置的最重要方式，资本市场在资本等资源的配置中起着极为关键的作用。在此过程中，资金首先通过资本市场流向企业和产业，然后带动人力资源等要素流向企业，进而促进企业和产业的发展。总之，资金配置是资源配置的核心。

因为帕累托效率衡量方法在实践中难以应用，而且资源包括资金、技术和人力资源等多个方面，要想对资源配置效率进行全面而深入的研究殊为不易。基于资金配置是资源配置的核心，资金配置效率在很大程度上决定着资源配置效率，所以我们可以通过分析资本市场的资金配置效率来对产业的资源配置效率作大致判断。

资源配置效率理论指出，在完全竞争市场中，资本市场资源应按照边际效率最高的原则在资本市场之间进行配置。因此，衡量资本市场资源配置效率的重要标准就是看资本是否流向经营效益最好的企业和行业。

从理论上看，效益应与资金投入相对应，产业和企业的效益应与其获得的资金份额一一对应。一方面，效益最好的产业和企业应当获得最大份额的资金投入，效益次之者获得的资金投入次之，效益最差者获得资金的投入最少；另一方面，获得资金份额最大的产业或企业的效益也应最好，两者都实现最优时，资金配置效率达到最高。前者实际上反映了资金在产业和企业间的配置情况，后者则反映了产业和企业的资金使用效率状况。

（二）产业规模结构效率

产业规模结构效率，也称产业组织技术效率，是指产业经济规模的实现程度。它主要体现产业内达到最佳经济规模企业的比重及企业规模能力有效利用程度。

产业规模结构效率既与产业内单个企业的规模经济水平密切相关，也反映出产业内企业之间分工协作水平的程度和效率，主要用达到或接近经济规模的企业产量占整个产业产量的比例，以及垂直一体化的企业产量占流程各阶段产量的比例来反映产业内经济规模的实现程度。

产业规模结构效率可分为三种状态：①低效率状态，即达到或接近经济规模的企业产量占整个产业产量的比例低。这表明产业市场上未达到经济规模要求的企业是市场的主要供应者。②过度集中状态，即达到或接近经济规模的企业产量占整个产业产量的比例高。这说明产业市场上的供应者主要是规模超大的少数企业。由于这些企业的市场势力过于强大，这不利于产业资源配置效率的提高。③理想状态，即达到或接近经济规模的企业产量占整个产业产量的比例高，但又不存在过度集中现象。这既实现了产业的规模经济要求，又保持了适当的竞争压力。

此外，有一部分产业虽然长期处于产业规模结构的低效率状态，但市场中的企业仍能够获得一定利润。日本学者越后和典认为，这可能主要是产品差别化和廉价劳动力两个因素造成的。

（三）产业技术进步程度

产业技术进步是指产业内的发明、创新和技术转移。技术进步渗透于产业的市场结构和市场行为的各个方面，并最终通过经济增长表现出来。例如，产品差别与产业的技术特点密切相关，经济规模和进入壁垒与技术发展有关，价格和非价格竞争的类型和程度与产业的技术进步类型、技术进步程度及条件存在着密切关系。既然技术进步影响着产业的市场结构和市场行为，那么也就制约着产业的市场绩效。如果一个产业内的企业吸收创新成果的积极性强，那么产业技术进步速度就会快，产业的市场绩效就比较理想；否则，产业的市场绩效就会比较差。因此，我们可以以产业的技术进步程度作为衡量一个产业市场绩效好坏的标准。

（四）产品销售费用

产品销售费用，也称营业费用，是指企业在产品销售过程中所发生的费用以及为销售企业产品而专设销售机构经营的费用，包括广告费、展览费和运输费等。过高的产品销售费用一般被认为产业的市场绩效是不佳的。因为这对生产者和消费者而言都没有好处。例如，我国药品的生产与销售中就存在“两头叫中间笑”现象，药品生产企业的销售费用过高，利润空间受限，而药品消费者（患者）的负担也过重，社会意见很大。此外，产品销售费用过高，也挤占企业的创新资金积累，对产业的技术进步也毫无好处。

第四节　产业经济分析范式

产业经济分析范式的主体部分就是分析 SCP 三者的关系。对此，学界有着简单和复杂的不同理解。传统的 SCP 理论，即哈佛学派的产业经济学分析范式，认为市场结构决定企业在市场中的行为，企业行为又决定市场运行的经济绩效。但这种线形模型依据相对松散的经济理论，只能推测非常简单的因果关系。实际上，产业关系远非如此简单。根据现代复杂的 SCP 模型，市场结构、市场行为、市场绩效之间是相互作用、相互影响的。从长期来看，它们之间不是单向因果关系，而是双向因果关系。

一、传统的 SCP 理论

(一)传统 SCP 理论的主要内容

传统的 SCP 模型源自于 1959 年哈佛学派贝恩出版的《产业组织》一书。该书系统地提出了产业组织理论的 SCP 分析框架，认为结构、行为和绩效之间存在着简单的单向因果关系，即市场结构(卖方数量、产品差异化和进入难易程度等)在很大程度上解释或决定了市场行为(价格策略、产品策略、广告和投资等)，市场绩效(效率、技术进步)是市场行为的结果；市场结构被理解为外生因素，竞争仅仅是市场结构问题。在结构主义学派的产业组织理论看来，市场结构最重要。因为市场结构决定了产业中的企业行为，而企业的行为又决定了产业发展的绩效和质量。

(二)以传统 SCP 理论为基础的政策取向

传统 SCP 范式的基本逻辑是集中度-利润率假说。哈佛学派认为集中的市场结构(垄断或寡头)导致不良的市场行为，从而产生超额利润，破坏市场绩效，导致资源配置的低效率。因此，他们在政策上明确倾向于由政府干预来改变不良的市场绩效，并始终强调从形成和维护所谓有效竞争的市场结构入手。

(三)传统 SCP 范式的局限性

(1)集中度、企业数量和市场占有率并不能作为衡量竞争强弱的核心标准。

因为竞争源于企业家的竞争精神，只要确保自由的进入机会，充满旺盛创业精神的市场就能形成充分的竞争压力，而与该市场的集中度无关。而且市场集中度的提高和市场规模的扩大完全有可能是由技术因素或规模经济的内在要求决定的，并不会必然导致垄断利润。在一些存在低度进入壁垒的产业市场中，高集中度的市场结构并未伴随着传统 SCP 范式所预测的低竞争程度与超额利润率现象产生。这使传统 SCP 范式的“集中度-利润率”核心理论受到挑战。

(2)事实证明实行反垄断政策并不一定正确。

由于深受哈佛学派的影响，美国是世界上实施最严厉反垄断产业组织政策的国家之一。但进入 20 世纪 70 年代之后，其许多传统优势产业的国际竞争力不断下降的事实说明，在一些高度集中的市场结构中存在的高额利润未必源于垄断势力，而很可能源自大企业的高效率。这给传统 SCP 范式的反垄断政策主张提出了严峻挑战。

(3)一些新理论难以被纳入传统 SCP 分析框架。

在现代股份制大公司中，管理者主导型企业所占比重不断上升。由于所有权和控制权的分离，这类企业不再像股东控制型企业那样，仅以利润最大化为目标。企业目标和企业行为由于管理者对自身权利、声望和在职消费最大化的追求发生了变异。在这种情况下，传统 SCP 范式将不同企业类型带来的企业行为上的差异一同视为受市场结构决定的分析框架，使如企业产权结构与治理结构、信息不对称、有限理性和交易等新的重要因素难以被纳入传统 SCP 分析框架中。这很显然将影响该理论的解释力。

(4)传统 SCP 范式描述的研究框架是静态和单向的。

传统 SCP 范式描述的研究框架是静态的、单向的，要求市场行为和市场绩效完全内生。但实际上，较高的利润可能是组织实现规模经济的一种报酬，任何成本最低企业的规模都会不断扩大，从而在 S—C—P 的单向决定框架之外，又形成了一条 P—C—S 的反向通道。另外，SCP 范式的单向研究方法顶多只能反映某一时期既有市场结构下的市场行为和市场绩效之间的特定联系，而并不能说明该结构的形成原因及未来发展趋势如何。

(5)传统 SCP 范式所崇尚的跨部门研究存在数据采集和模型设计方面的先天缺陷。

传统 SCP 范式时期，在几乎所有跨部门研究中，研究者们都不得不使用政府部门的统计数据。但政府统计口径的产业(census industry)和产业组织理论所研究的产业(theoretical industry)之间存在重大差别。在模型设计方面，定位市场绩效存在多维概念问题，难以作为回归分析中的解释变量。传统 SCP 范式以生产者和消费者掌握有关的成本和需求的全部信息作为分析前提，也和现实不符。

以上问题产生了模型计量上的局限性，极大程度地降低了传统 SCP 范式的科学性和解释力。

(四)传统 SCP 范式理论的图形演示

传统 SCP 范式理论图如图 3.3 所示。

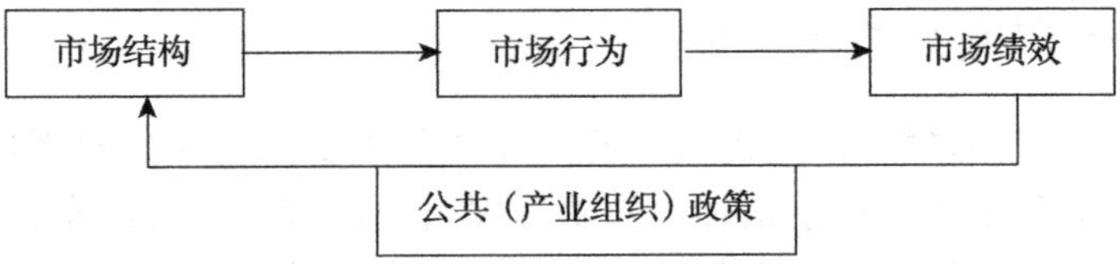

图 3.3 传统 SCP 范式理论

二、复杂的 SCP 模型

(一)复杂 SCP 模型的主要内容

复杂的 SCP 理论即现代主流产业组织理论中的 SCP 三段论范式，是由谢勒在贝恩两段论的基础上发展而成的。复杂的 SCP 模型开始关注市场结构、市场行为和市场绩效之间的逆因果关系，即市场行为可以影响将来的市场结构，企业通过研究与开发投资、影响潜在进入者进入的策略性行为都可能影响市场结构，SCP 之间存在互为因果的、更为复杂的动态联系。

(二)复杂 SCP 模型的基本特征

复杂 SCP 模型的研究重点从传统 SCP 理论时期的市场结构分析框架转向对市场行为的研究，即由“结构主义”转向“行为主义”。复杂 SCP 模型在研究方法上确立了双向的、动态的科学研究框架，建立了不完全条件下市场行为的分析模式，提高了实证研究的技术水平和理论结论的可应用性。

(三)复杂 SCP 理论的图形演示

复杂 SCP 模型如图 3.4 所示。

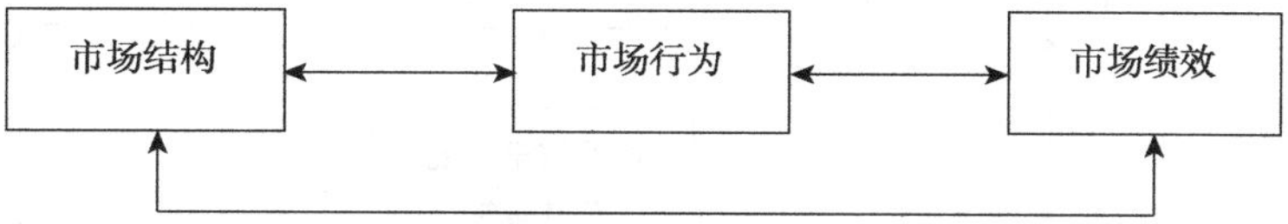

图 3.4 复杂 SCP 模型

三、产业经济分析范式

现实的产业经济分析在 SCP 范式基础之上增加了产业的基本环境和产业政策环境的内容，从而形成了五大模块的分析范式，如图 3.5 所示。按这五大板块内容来分析一个产业，可以较全面地认识其总体状况，从而可以为国家宏观决策、行业协会管理、企业战略决策和资本市场投资决策提供较完整的信息参考。

(一)产业经济基本环境分析

产业经济基本环境分析主要从产业的需求和供给两个方面展开。

产业需求方面需要分析的关键点有五个：一是产业产品的可替代性。如果替代性强，需求量就会受到其他产业的影响而具有不确定性；反之，需求量就不会受到其他产业的影响。二是需求的价格弹性。价格弹性大的产品，需求受价格影响大；反之，需求受价格影响就小。三是需求的交叉弹性。需求的交叉弹性越大，需求不稳定性越大；反之，需求不稳定性越小。四是产业的增长率，把握某产业或某些产业的增长趋势。五是产业的生命周期，分析某产业或某些产业处在生命周期的哪一阶段。

产业供给方面需要分析的关键点有五个：一是供给的价格弹性。供给价格弹性大的产业，供给量稳定性差；反之，供给量稳定性强。二是供给的交叉弹性。供给的交叉弹性大，则受其他产业影响就大；反之，受其他产业影响就小。三是产业的工艺水平。工艺水平决定产品质量甚至供给规模。四是原材料来源状况。这是对产业上游供给状况的把握。五是工会组织制度。工会力量强大，会不允许工人加班加点或加班加点会增加工

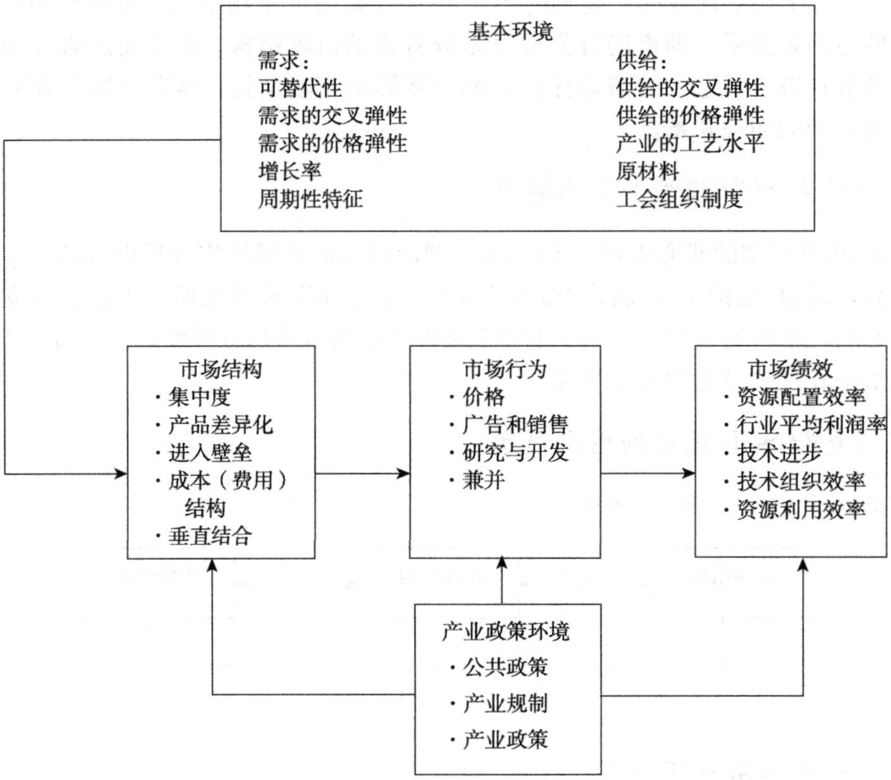

图 3.5 产业经济分析范式框架

资，从而影响供给量变化。

(二)SCP 分析

SCP 分析包括市场结构、市场行为和市场绩效三个方面，只要把握它们的关键内容，基本上就能了解一个产业的基本状况。市场结构的分析内容包括行业的集中度、产品差异化、进入和退出壁垒、行业的成本结构和行业内的垂直结合等。市场行为的分析内容包括价格策略、广告策略、销售策略、研究与开发、兼并等。市场绩效的分析内容包括资源配置效率、行业平均利润率、技术进步、技术组织效率和资源利用效率等。

(三)产业政策环境分析

凡是与产业发展有关的政策都可以称其为产业政策环境，主要包括公共政策、产业规制和产业政策。公共政策包括财政金融政策、环境保护政策、人才政策、收入分配政策和进出口政策等。产业规制是指政府或社会对产业经济主体及其行为的规制，其中政府规制包括直接规制和间接规制、法律规制和行政规制等。产业政策是国家(政府)为实现一定的经济和计划目标，对产业活动进行干预而制定的各种政策的总和。它包括产业组织政策、产业结构政策和产业布局政策等。

第四章

产业组织：寡头垄断

【本章概要】 本章在介绍博弈论的基础上，对古诺模型、斯塔克尔伯格模型、伯川德模型、埃奇沃斯模型、差别产品的伯川德模型和卡特尔模型等进行了推导，简要介绍了模型的应用。

【教学要求】 初步掌握博弈论的基本概念和基本原理及其在产业组织理论分析中的应用，重点掌握各种模型的推导过程及模型应用。

第一节 博弈论和战略

著名经济学家泰勒尔说：“正如理性预期使宏观经济学发生革命一样，博弈论广泛而深远地改变了经济学家的思维方式。”博弈论是研究产业组织的有效方法。

博弈论是研究决策者如何在相互依赖的决定中做出选择的决策以及这种决策的均衡问题。博弈论与传统经济学有关决策理论的区别在于：后者涉及的个人决策，是在给定价格参数和收入的条件下，追求效用最大化的决策；个人效用只依赖于自己的选择，而外在于他人的选择；个人最优选择只是价格和收入的函数，而不包含其他人选择的函数。而博弈论则认为个人效用不仅依赖于自己的选择，而且依赖于他人的选择；个人的最优选择是其他人选择的函数。

一、博弈论的基本知识

(一)博弈论的基本概念

博弈是指一些个人、团队或组织，面对一定的环境条件，在一定的规则下，同时或先后，一次或多次，从各自允许选择的行为或策略中进行选择并加以实施，各自从中取得相应结果的过程。博弈论研究参与主体的选择受到其他参与主体选择的影响，而且反过来影响其他主体选择时的决策问题和均衡问题。参与主体之间决策行为相互影响的例子很多，如在寡头垄断市场上，寡头选择它们的产量和价格；石油输出国组织(Organization of Petroleum Exporting Countries，OPEC)成员国家选择石油产量等。

博弈论的基本要素主要包括参与人(player)、行动(action)、信息(information)、战略(strategy)、支付(payoff)函数、均衡(equilibrium)。

(1)参与人是指博弈中选择行动以最大化自己效用(收益)的决策主体。它的目的是通过选择行动(或战略)以最大化自己的支付(效用)水平。参与人有时也称局中人，可以是自然人，也可以是企业、国家等团体。

(2)行动是参与人在博弈的某个时点的决策变量，参与人在博弈进程中轮到自己选择时所作的某个具体决策。参与人的行动可能是离散的，也可能是连续的。行动顺序对博弈结果很重要。同样的参与人，同样的行为组合，行动顺序不同，导致每个参与人的最优选择不同，得到不同的博弈结果。

(3)信息是指参与人有关博弈的知识，尤其是有关其他参与人的特征和行动的知识。

(4)战略是参与人在给定信息集的情况下的行动规则。它规定参与人在什么时候选择什么行动，即战略是指参与人如何对其他参与人的行动做出反应，因而战略是“相机行动”方案。

(5)支付函数是指在指定的战略组合下参与人从博弈中获得的效用水平，或者是参与人的期望效用水平。它是所有参与人策略或行动的函数，是每个参与人最关心的东西。

(6)均衡是所有参与人的最优策略或行动的组合。

(二)博弈类型

根据参与人行动的先后顺序，博弈可以划分为静态博弈(static game)和动态博弈(dynamic game)。静态博弈是指参与人同时选择行动或虽非同时但后行动者并不知道先行动者采取什么样的行动；动态博弈是指参与人的行动有先后顺序，且后行动者能够观察到先行动者所选择的行动。根据参与人对有关其他参与人的特征、策略空间和支付函数的知识掌握的不同，可以把博弈划分为完全信息博弈和不完全信息博弈。完全信息博弈是指每一个参与人对所有其他参与人的特征、策略空间和支付函数有准确的知识；否则，就是不完全信息博弈。综合考虑这两种分类方法，可以得到四类博弈，即完全信息静态博弈、完全信息动态博弈、不完全信息静态博弈、不完全信息动态博弈。与之相对应的四个均衡概念分别称为纳什均衡(Nash equilibrium)、子博弈精练纳什均衡(subgame perfect Nash equilibrium)、贝叶斯纳什均衡(Bayesian Nash equilibrium)、精练贝叶斯纳什均衡(perfect Bayesian Nash equilibrium)，如表 4.1 所示。

表 4.1 博弈的类型及其均衡概念

信息 \ 行动顺序	静态	动态
完全信息	完全信息静态博弈； 纳什均衡	完全信息动态博弈； 子博弈精炼纳什均衡

续表

信　息 \ 行动顺序	静态	动态
不完全信息	不完全信息静态博弈； 贝叶斯纳什均衡	不完全信息动态博弈； 精炼贝叶斯纳什均衡

资料来源：张维迎．博弈论与信息经济学．上海：上海三联书店，上海人民出版社，1996：13

另外，博弈还可以划分为合作博弈(cooperative game)和非合作博弈(non-cooperative game)。合作博弈与非合作博弈之间的区别主要在于人们的行为相互作用时，博弈参与各方能否达成一个具有约束力的协议(binding agreement)。如果存在这种协议，则称合作博弈，反之，则称非合作博弈。例如，寡头垄断市场上，如果各寡头之间达成一个协议，使联合利润最大化，并且各自按这个协议生产，就是合作博弈。各寡头面临的主要问题就是如何分享合作带来的好处。但是，一旦协议不具有约束力，即没有哪一方能够强制另一方遵守这个协议时，每个企业都只选择自己的最优产量或价格，这就是非合作博弈。

二、占优战略、劣战略和纳什均衡

(一)占优战略与劣战略

用表 4.2 来描述一个简单博弈。有两个参与者 1 和 2，参与者 1 有两种可能的战略 T 和 B，在表 4.2 中，用矩阵的横行来表示；参与者 2 也有两个可能的战略 L 和 R，用矩阵中的纵列来表示。

表 4.2　占优战略

参与者 1 \ 参与者 2	L	R
T	7，7	5，8
B	8，5	6，6

矩阵相对应的每个小格表示每位参与者采用不同的战略组合时所得到的收益：在每个小格左边的数字代表参与者 1 所得的收益，右边的数字则代表参与者 2 的收益。博弈的一个重要信息就是参与博弈的每方的收益函数都取决于其他参与者的战略选择。这是博弈的一种标准式表达。在该博弈中需要考虑的最后一点就是其中的规则：参与双方必须同时选择它们的策略，这个规则将适用于本章的很多例子。

下面对表 4.2 中的博弈进行分析。对参与者 1 来说，如果参与者 1 预期参与者 2 会选择 L，则对于参与 1 而言选择 B 要比选择 T 更好。因为选择 B 的收益是 8，而选择 T 的收益只有 7。同样的，如果参与者 1 预期参与者 2 会选择 R，则对于参与者 1 而言选择 B 要比 T 更好。因为选择 B 的收益是 6，而选择 T 的收益只有 5。也就是说，无论参与者 2 选择什么，参与者 1 的最佳选择是 B。当参与的一方拥有一种战略，该战略无论何时，无论其他参与者选择什么战略，都优于它可选择的其他战略时，我们就称该参与者拥有占优战略(dominant strategy)[①]。同样的可以发现参与者 2 有占优战略 R。那么该博弈所组成的集合(B, R)称为占优战略均衡。如果一位参与者拥有占优战略而且有理性，则我们预期它会选择占优战略。请注意，我们需要假设的只是该参与者是有理性的，而不需要假设其他参与者也有理性。实际上，我们甚至不需要假设该参与者知道其他参与者的收益。

再考虑表 4.3 的博弈，该博弈没有占优战略。实际上，通常只有很少的博弈有占优战略。因此，我们需要寻找其他方法来“求解”博弈。考虑参与者 1 的决策。虽然其没有占优战略，但存在劣战略 M。实际上，如果参与者 2 选择 L，则对于参与者 1 来说，选择 B 战略要比 M 战略好。参与者 2 选择 C 或 R 时，情况也是一样的。从参与者 1 的角度来看，B 战略要比 M 战略占优势(实际上，T 战略也比 M 战略占优势)，更为一般的，当存在一种战略，无论其他参与者选择何种战略，该战略的收益都比其他战略差时，我们就定义该战略为劣战略。如果给定的参与者有劣战略且有理性，则我们预期此参与者不会选择该战略。

表 4.3　重复剔除劣战略

参与者 1 \ 参与者 2	L	C	R
T	3，3	4，2	3，3
M	2，2	2，3	2，2
B	4，3	3，2	4，4

劣战略的概念比占优战略的概念要少很多“锋利”。如果参与者 1 有占优战略，我们知道它肯定会选择该战略。然而，当参与者 1 有劣战略时，我们所知道的只是它不会选择该战略；原则上说，仍然有许多战略可供参与者 1 来选择。但是，如果我们重复剔除劣战略，则我们可能知道的更多一些。

假设参与者 2 知道参与者 1 的收益，而且还知道参与者 1 是理性的。根据以上推理，参与者 2 预计参与者 1 应该不会选择战略 M。给定参与者 1 不会选择战略 M，参与者 2 发现 C 战略相对于 L 和 R 战略成为劣战略(剔除掉 M 战略后)。需要注意的是，严格来说，C 战略并不是劣战略；如果参与者 1 选择战略 M，则 C 战略要比 L 和 R 战略都要好。但是，在给定参与者 1 不选择 M 战略的情况下，C 战略相对于 L 和 R 战略则成为劣战略。两次剔除掉 M 和 C 战略后，通过划线法可以得到该博弈的纳什均衡解为(B，R)。

(二)纳什均衡

纳什均衡是完全信息静态博弈解的一般概念，是指假设有两个或两个以上的参与人参与博弈，给定其他参与人策略的条件下，每个参与人选择自己的最优策略，所有参与人选择的策略一起构成一个策略组合。纳什均衡可以理解为这样一种策略组合，这种策

① 卡布罗 L. 产业组织导论. 胡汉辉，赵震翔译. 北京：人民邮电出版社，2002：48～52。

略组合由所有参与人的最优策略组成，即给定别人策略的情况下，没有任何单个参与人有积极性选择其他策略，从而没有任何参与人有积极性打破这种均衡。从另一个角度可以理解为：假设有参与人 A 和 B，如果 B 的选择给定，A 的选择是最优的，以及 A 的选择给定，B 的选择是最优的话，我们就说这一对策略组合是纳什均衡。

下面用几个模型来解释纳什均衡。

1. 模型一：囚徒困境

囚徒困境(prisoners' dilemma)是博弈论里最著名的例子之一，几乎所有的博弈论著作都要讨论这个例子。这个例子是这样的：两囚徒被指控是一宗罪案的同案犯，他们被分别关在不同的牢房且无法互通信息，各囚徒都被要求坦白罪行。如果两囚徒都坦白，将各被判入狱 5 年；如果两人都不坦白，则很难对他们提起刑事诉讼，因而两囚徒可以期望被从轻发落入狱 2 年；如果一个囚徒坦白而另一个囚徒不坦白，坦白的这个囚徒就被无罪释放，而不坦白的囚徒将被判入狱 10 年。表 4.4 给出了囚徒困境的策略式表述。这里，每个囚徒都有两种策略，即坦白或不坦白。表 4.4 中的数字分别代表囚徒甲和乙的得益(这里的得益是负值)。

表 4.4　囚徒困境

囚徒乙 / 囚徒甲	坦白	不坦白
坦白	−5，−5	0，−10
不坦白	−10，　0	−2，　−2

在囚徒困境这个模型中，纳什均衡就是双方都坦白，给定甲坦白的情况下，乙的最优策略是坦白；给定乙坦白的情况下，甲的最优策略也是坦白。而且这里双方都坦白不仅是纳什均衡，还是一个占优均衡，即不论对方如何选择，个人的最优选择都是坦白。但其实上，如果两个囚徒都不坦白，他们各判 2 年，比都坦白各判 5 年的情况要好。因而囚徒困境反映了个人理性与集体理性的矛盾。

囚徒困境在经济学上有着广泛的应用，如寡头垄断厂商经常发现他们自己处于一种囚徒的困境。当寡头厂商选择产量时，如果寡头厂商们联合起来形成卡特尔，选择垄断利润最大化产量，每个厂商都可以得到更多的利润。但卡特尔协定不是一个纳什均衡，因为在给定双方遵守协议的情况下，每个厂商都想增加生产，结果是每个厂商都只得到纳什均衡产量的利润，它远小于卡特尔产量下的利润。

2. 模型二：智猪博弈

智猪博弈(boxed pigs)的例子讲的是，猪圈里有一头大猪和一头小猪，猪圈的一头有一个猪食槽，另一头安装一个按钮，控制着猪食的供应。每按一下按钮会有 10 个单位的猪食进槽，但谁按按钮谁就要付 2 个单位的成本并且晚到猪食槽。若大猪先到猪食槽，大猪吃到 9 个单位，小猪只能吃到 1 个单位；若小猪先到猪食槽，大猪吃到 6 个单位，小猪吃到 4 个单位；若同时到，大猪吃到 7 个单位，小猪只能吃到 3 个单位。表 4.5 列出了对应于不同策略组合的得益水平。例如，表 4.5 中第一格表示大猪、小猪同时按按钮，从而同时走到猪食槽，大猪吃 7 个，小猪吃 3 个，除去 2 个单位成本，得益分别为 5 和 1。

表 4.5 智猪博弈

大猪＼小猪	按	不按
按	5， 1	4，4
不按	9，−1	0，0

从表 4.5 可以看到，对于小猪来说，如果大猪按，它则不按更好；如果大猪不按，它不按也更好，所以，不论大猪按还是不按，它的最优策略都是不按。给定小猪不按，大猪的最优选择只能是按。所以，纳什均衡就是大猪按，小猪不按，各得 4 个单位猪食。

市场中的大企业与小企业之间的关系类似智猪博弈。大企业进行研究与开发，为新产品做广告，而对小企业来说做这些工作可能得不偿失。所以，小企业可能把更多的精力花在模仿上，或等待大企业用广告打开市场后再出售廉价产品。

上面讨论的博弈论例子中都是博弈参与人做出一个确定的选择或采取一种确定的行动，如囚徒的坦白或不坦白，大猪、小猪的按与不按。这种策略在博弈论中称为纯策略(pure strategies)。但是有时在博弈论中根本没有纯策略。表 4.6 中的例子就是这种情况。如果参与人 A 选择"上"的策略，那么参与人 B 想要选择的就是"左"；如果参与人 A 选择"下"的策略，参与人 B 就会选择"右"的策略。同样的，如果参与人 B 选择"左"，参与人 A 想选择的是"下"；如果参与人 B 选择"右"的策略，参与人 A 就会选择"上"的策略。

表 4.6 没有纳什均衡的博弈(混合策略)

参与人 A＼参与人 B	左	右
上	0，0	0，−1
下	1，0	−1， 3

虽然表 4.6 中的博弈不存在纯策略的纳什均衡，但如果扩大策略的定义的话，我们就能为表 4.6 所示博弈找到一种新的纳什均衡。考虑参与人策略选择的另一种方法，是允许参与人使它们的策略随机化——对每项选择都指定一个概率，按照这些概率做出它们的选择。例如，参与人 A 可能有 50%的机会选择"上"，有 50%的机会选择"下"，同时，参与人 B 可能有 50%的机会选择"左"，有 50%的机会选择"右"。这种策略叫做混合策略(mixed strategies)的纳什均衡。混合策略中的纳什均衡指的是这样一种均衡，在这种均衡状况下，每个参与人都选定了最优概率，并在另一个参与人的概率选择给定的情况下按照这个最优概率采取它的策略。在该例子中，可以证明，如果参与人 A 以 3/4 的概率采取"上"的策略，以 1/4 的概率采取"下"的策略，参与人 B 以 1/2 的概率采取"左"的策略，以 1/2 的概率采取"右"的策略，则这局对策构成一个纳什均衡。

三、序贯博弈

前面的例子介绍的是博弈的标准型表达。博弈的标准型表达有三个要素，即参与人、可选择策略及支付函数。除了标准型表达外，本章还介绍博弈的另外一种形式，即扩展式。

（一）博弈的扩展式表达

扩展式表达包括五个要素，即参与人、每个参与人选择行动的时点、每个参与人在每次行动时可供选择的行动集合、每个参与人在每次行动时有关对手过去行动选择的信息、支付函数。

考虑一个正处于垄断情况的行业的例子，如表 4.7 和图 4.1 所示。表 4.7 中，在位企业为参与人 2，潜在进入企业为参与人 1，根据该企业是否进入的决策，在位企业才考虑是否采取掠夺性定价。在位者的决策被看做进入者决策的函数，即在位者首先观察进入者是否真的进入，然后再决定是否采取掠夺性定价。在这种情况下，考虑顺序选择而非同时选择的模型将更为合理。具体的，模型需要有进入者参与者 1 首先行动，然后在位者参与人 2 第二个行动。

表 4.7　市场进入博弈

参与人 1 ＼ 参与人 2	不报复	报复
进入	10，20	−10，−10
不进入	0，50	0，　50

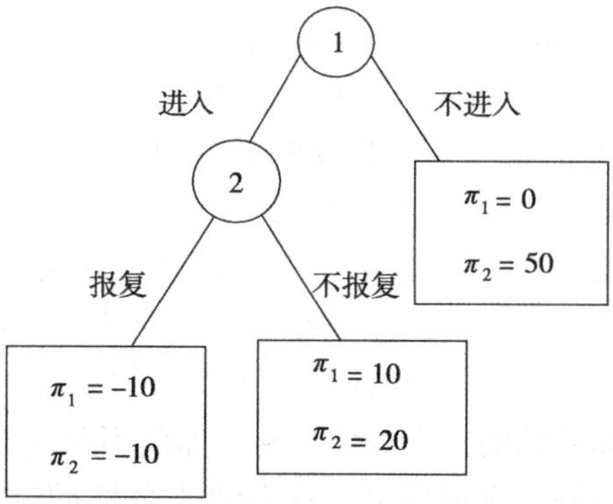

图 4.1　扩张式表述：序贯进入博弈

对于这种动态博弈一般采用博弈的扩展式表达。图 4.1 中，圆圈代表决策结。博弈从决策结 1 开始，在此结上参与者 1(进入者)在进入和不进入之间做出选择。如果选中后者，则博弈结束，收益为 $\pi_1=0$(进入者收益)，$\pi_2=50$(在位者收益)。但如果参与者 1 选择前者，博弈就进行到决策结 2。在此结上，参与者 2 在 r 和 r' 之间做出选择，可以分别解释为"报复进入"和"不报复进入"。在此博弈中存在两个纳什均衡，即(进入，不报复)和(不进入，报复)。(进入，不报复)是真正的纳什均衡，即给定博弈一方的选择，博弈的任何一方都没有动机去更改战略。第一，如果参与者 1 选择进入，则参与者 2 的最好选择是不报复(收益为 20，否则就是−10)，同样的，给定参与者 2 选择的不报复，则参与者 1 的最佳选择是进入(收益为 10，否则收益为 0)。

对均衡(不进入，报复)而言，给定参与者 2 选择报复，参与者 1 的最好选择是不进入，因为此时的收益为0，而如果选择进入，则收益为－10。至于参与者2，给定参与者1选择不进入，则无论如何选择，收益为50，所以报复是最优选择。

虽然两个解都是纳什均衡，但是第二个均衡没有任何意义。如果参与者1进入，参与者2是否会决定报复？显然答案是“不会”。因为如果报复，参与者2只能收益－10，而如果不报复，则收益为20。

(二)子博弈精练纳什均衡

图4.1显示了参与者行动的先后顺序，每位参与者可选择的策略以及不同行动组合下的收益。在动态博弈中，如果以前所有的行动成为“共同知识”，也就是说，每个人都对过去发生了什么(什么人在什么时候选择什么行动)很清楚，那么给定“历史”，从每一个行动选择开始至博弈结束所构成的一个博弈，称为“子博弈”，即子博弈由产生于原博弈的一个决策结点以及在该结点之后并与该节点紧密相连的其他决策结点和终结点构成。图4.1在参与者1选择进入之后，参与者2选择行动开始就是一个子博弈。泽尔腾认为，只有参与人的策略在每一个子博弈中都构成纳什均衡叫做精练纳什均衡。或者说，组成精练纳什均衡的策略必须在每一个子博弈中都是最优的。在市场进入博弈中，在给定参与者1已经进入的情况下，参与者2的“报复策略”已不再是最优的，这种“报复”是不可置信的威胁，因为报复的结果是－10，而合作会带来20个单位的利润。所以(进入，报复)不是一个精练纳什均衡，因而需要剔除这个均衡。同理分析(进入，不报复)是唯一的子博弈精练纳什均衡。应该强调的是，一个精练均衡首先必须是一个纳什均衡，且同时是那些不包含不可置信威胁的纳什均衡。

剔除这类“不合理”博弈的常用方法是反向求解博弈，即逆向归纳法。为了求解子博弈精练纳什均衡，可以从最后一个子博弈开始。给定博弈到达最后一个决策结，该决策结上行动的参与人有一个最优选择，这个最优选择就是该决策结开始的子博弈的纳什均衡。然后倒回至倒数第二个决策结，找出倒数第二个决策结的最优选择(假定最后一个决策者的选择是最优的)，这个最优选择与在第一步找出的最后决策者的最优选择构成从倒数第二个决策开始的子博弈精练的一个纳什均衡。如此不断倒推直到初始结，每一步都得到对应子博弈的一个纳什均衡。根据定义，这个纳什均衡一定是该博弈的所有子博弈的纳什均衡。因而最后一步得到的整个博弈的纳什均衡也就是这个博弈的子博弈精练纳什均衡。

在图4.1所示的博弈中，首先考虑决策结2，得出最佳决策为“不报复”，然后在决策结2已求得决策的情况下求解决策结1的决策。考虑到参与者2将选择“不报复”，很显然，在决策结1的最佳决策是“进入”。因此，(进入，不报复)为该博弈的子博弈精炼纳什均衡。

第二节 寡头产量竞争模型

一、古诺模型

在不同的条件下，寡头垄断市场有许多不同的竞争模型。古诺寡头竞争模型是纳什均衡最早的版本，它比纳什(Nash，1950)的定义早了100多年。古诺双寡头模型(Cournot duopoly model)是由法国经济学家奥古斯汀·古诺(Augustin Cournot)在1838年出版的《财富理论的数学原理研究》一书中首先提出来的。在古诺模型里，有两个参与人，即企业1和企业2；每个企业的战略是选择产量；支付是利润，它是两个企业产量的函数。

(一)模型假设

古诺双寡头模型对每个寡头的行为及有关条件做了假设：①两个寡头厂商生产的产品是同质的、无差别的；②每个厂商都根据对手采取的行动，并假定对手会继续这样做，来做出自己的决策；③设每个厂商的边际成本为常数，没有固定成本；④假设每个厂商的需求函数是线性的，并且它们都能准确地了解市场的需求曲线；⑤两个厂都通过调整产量以实现各自利润最大化；⑥两厂商不存在任何正式或非正式的串谋行为；⑦两企业没有生成能力限制，即企业可以无限地生产。

(二)模型推导

1. 基本模型

1)基本方程

用 Q_i 表示第 i 个企业的产量；$C_i(Q_i)$ 表示成本函数；$P=P(Q)$(其中 $Q=Q_1+Q_2$)表示逆需求函数。则两个企业的利润函数为

$$\pi_1=P\cdot Q_1-C_1(Q_1)$$
$$\pi_2=P\cdot Q_2-C_2(Q_2)$$

(Q_1^*, Q_2^*) 是纳什均衡，找出纳什均衡的一个办法是对每个企业的利润函数求一阶导数并令其等于0。

2)最优决策的一阶条件与反应函数

$\frac{\partial \pi_1}{\partial Q_1}=0\Rightarrow\frac{\partial \pi_1}{\partial Q_1}=\frac{\partial P}{\partial Q}\cdot\frac{\partial Q}{\partial Q_1}\cdot Q_1+P\cdot\frac{\partial Q_1}{\partial Q_1}-\frac{\partial C_1(Q_1)}{\partial Q_1}=0$，即 $\frac{\partial P}{\partial Q_1}\cdot Q_1+P=MC_1(Q_1)\Rightarrow Q_1=f(Q_2)$，即企业1的反应函数(reaction function)[意味着企业1的最优战略(产量)是企业2产量的函数]。

$\frac{\partial \pi_2}{\partial Q_2}=0\Rightarrow\frac{\partial \pi_2}{\partial Q_2}=\frac{\partial P}{\partial Q}\cdot\frac{\partial Q}{\partial Q_2}\cdot Q_2+P\cdot\frac{\partial Q_2}{\partial Q_2}-\frac{\partial C_2(Q_2)}{\partial Q_2}=0$，即 $\frac{\partial P}{\partial Q_2}\cdot Q_2+P=MC_2(Q_2)\Rightarrow Q_2=f(Q_1)$，即企业2的反应函数[意味着企业2的最优战略(产量)是企业1产量的函数]。

两个反应函数的交叉点就是纳什均衡：$Q^*=(Q_1^*, Q_2^*)$。

3)古诺模型的均衡解

古诺模型的均衡解为

$$\begin{cases}Q_1=f(Q_2)\\ Q_2=f(Q_1)\end{cases}\Rightarrow\ (Q_1^*, Q_2^*)$$

每个企业的反应曲线表明给定竞争对手的产量后它将生产的产量。两个企业产量的

反应曲线的交点是指两个厂商反应曲线相交时的一组产量水平。在这种状态下，两企业的行为是给定它的竞争对手行为时它能做的最优行为。所以，双方所做的产量决策都为给定对方所做的产量决策的前提下的最优决策，因而双方都没有改变其产量的动力。这实际上就是纳什均衡的定义，因而两个企业产量的反应曲线的交点也可称为古诺纳什均衡。

古诺纳什均衡具有稳定性。如图 4.2 所示，如果企业没有在古诺均衡点进行生产，它们会自动调整产量直到古诺均衡。

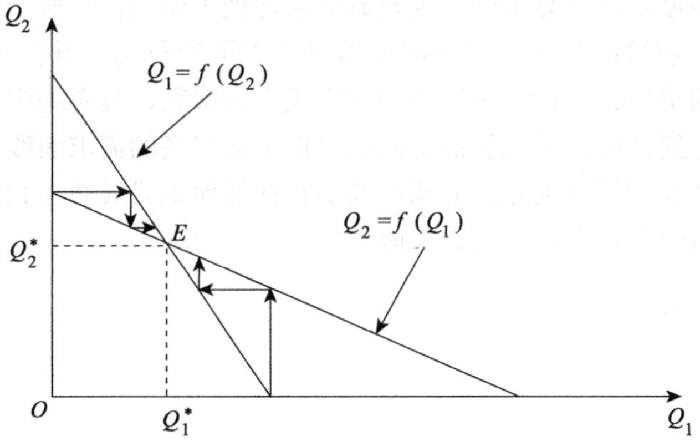

图 4.2 古诺均衡

2. 举例

现在用一个例子来说明。

假设双寡头面临如下一条线性需求曲线：

$$P=30-Q$$

式中，Q 表示两厂商的总产量，即 $Q=Q_1+Q_2$。

再假设边际成本为 0，即

$$\mathrm{MC}_1=\mathrm{MC}_2=0$$

厂商 1 的总收益 TR_1 由下式给出：

$$\mathrm{TR}_1=PQ_1=(30-Q)Q_1=30Q_1-Q_1^2-Q_1Q_2$$

厂商 1 的边际收益 MR_1 为

$$\mathrm{MR}_1=30-2Q_1-Q_2$$

利用利润最大化条件，得厂商 1 的反应函数或反应曲线为

$$Q_1=15-0.5Q_2$$

同理可得厂商 2 的反应曲线为

$$Q_2=15-0.5Q_1$$

联立两条反应曲线求得均衡产量水平就是两反应曲线交点 Q_1 和 Q_2 的值，可以求得古诺均衡时的均衡产量水平为 $Q_1=Q_2=10$。

因此，在本例中，两个寡头的总产量 Q 为 $Q_1+Q_2=20$，均衡价格为 $P=30-Q=10$。

上面讨论的是两寡头厂商相互竞争时的均衡产量。现在放松古诺双寡头模型假设⑥不能串谋的假设，假定两寡头可以产量串谋，共同确定产量以使总利润最大化。

这时，两厂商的总收益 TR 为

$$\mathrm{TR}=PQ=(30-Q)Q=30Q-Q^2$$

其边际收益 MR 为

$$\mathrm{MR}=30-2Q$$

根据利润最大化条件 MR＝MC＝0，可以求得当 $Q=15$ 时总利润最大。如果两厂商同意平分利润，每个寡头厂商将各生产总产量的一半，即 $Q_1=Q_2=7.5$。其实，任何相加为 15 的产量 Q_1 和 Q_2 的组合都使总利润最大化，因此，把 $Q_1+Q_2=15$ 称为契约曲线(图 4.3)，而 $Q_1=Q_2=7.5$ 是契约曲线上的一个点。

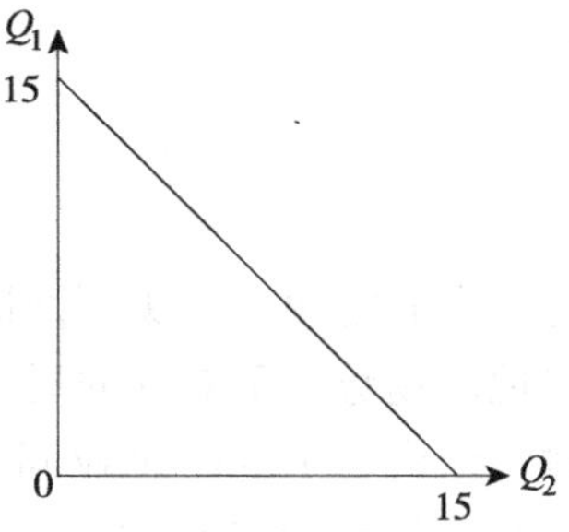

图 4.3 契约曲线

还可以求得当价格等于边际成本时，$Q_1=Q_2=15$，各厂商的利润为零。

将三个均衡结果表示在图 4.4 中，从三个均衡产量可以看到，竞争性均衡时，厂商价格最低，产量最高，利润为零；串谋均衡时，厂商价格最高，产量最低，利润最高。

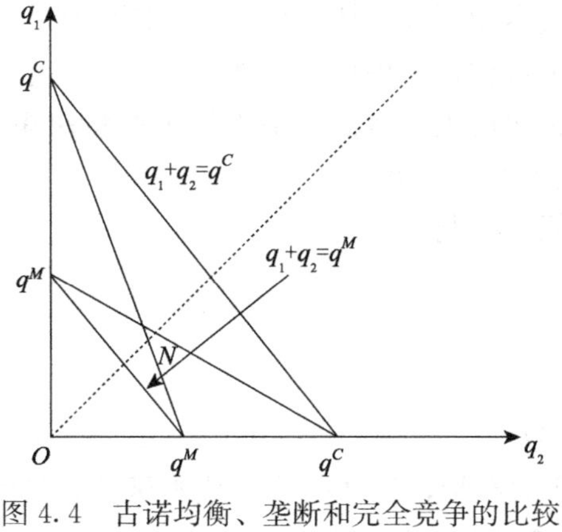

图 4.4 古诺均衡、垄断和完全竞争的比较

(三)多家企业的古诺均衡

假设现在处于古诺均衡中的企业数量超过两家，其他假设与双寡头古诺模型相似。假设有 n 家企业，则第 i 家企业的利润函数为

$$\pi_i=(p-c)q_i=[a-b(n-1)q-bq_i-c]q_i$$

当企业 i 的利润最大化时，它的利润函数的一阶导数等于 0，则有

$$a-c-b(n-1)q-2bq_i=0$$

$$q_i=q=\frac{a-c}{b(n+1)}$$

通过比较双寡头古诺模型和多企业古诺均衡解，可以得到如下结论：

第一，当行业中企业数目增加时，每个企业的产出水平会减少，但行业的总产出水平会增加。

第二，随着行业中企业数目的不断增加，价格水平会降低，并向边际成本趋近。当企业数目非常多，达到正无穷时，相当于完全竞争市场，则价格会等于边际成本。

二、斯塔克尔伯格模型

(一)模型假设

上述古诺模型的均衡解是建立在假定两个寡头厂商同时做出各自的产量决策的基础上的。但现实的经济问题往往出现市场势力不对称的局面，即在博弈决策时出现了参与主体行动有先后的情况。因而对古诺模型中的两企业同时进行产量决策假设进行调整。斯塔克尔伯格(Stackelberg)模型与古诺模型的假设不同的是假设企业 1 先决定它的产量，企业 2 观察到企业 1 的产量后再做出它的产量决策。因此，在确定自己产量时，企业 1 必须考虑企业 2 将如何做出反应；其他假设与古诺模型相同。斯塔克尔伯格模型可以看做子博弈精练纳什均衡的最早版本。具体而言，斯塔克尔伯格模型的基本假设有：

(1)产品同质：两企业面临相同的需求曲线，且是线性的。

(2)决策变量：产量。

(3)两个企业的边际成本相等且保持不变，没有固定成本。

(4)两寡头市场势力不对称：市场势力较强的称为主导企业，较弱的称为追随企业。

(5)贯序决策：主导企业占主导地位，率先做出产量决策；追随企业根据主导企业这一决策“相机行事”，做出产量决策。

(6)两企业没有生产能力限制。

(二)模型推导

1. 基本模型

1)基本方程和目标函数

用 Q_i 表示第 i 个企业的产量，$C_i(Q_i)$表示成本函数，$P=P(Q)$(其中 $Q=Q_1+Q_2$)表示逆需求函数。则两个企业的利润函数为

$$\pi_1=P\cdot Q_1-C_1(Q_1)$$

$$\pi_2=P\cdot Q_2-C_2(Q_2)$$

假定企业 1 是先行的主导企业，企业 2 是追随企业。对于斯塔克尔伯格模型描述的完全信息动态博弈，可以采用逆向归纳法求解该博弈的子博弈精练纳什均衡，即从博弈的第二阶段，追随企业的决策开始分析，然后倒推到博弈的第一阶段，主导企业的决策。

2)追随企业的产量决策

首先考虑给定 Q_1 的情况下，追随企业 2 的最优选择：

$$\max \pi_2 = P(Q_1+Q_2)\cdot Q_2 - C_2(Q_2)$$

最优化的一阶条件是 $\dfrac{\partial \pi_2}{\partial Q_2}=0$，$\Rightarrow \dfrac{\partial \pi_2}{\partial Q_2}=\dfrac{\partial P}{\partial Q}\cdot\dfrac{\partial Q}{\partial Q_2}\cdot Q_2+P\cdot\dfrac{\partial Q_2}{\partial Q_2}-\dfrac{\partial C_2(Q_2)}{\partial Q_2}=0$，即 $\dfrac{\partial P}{\partial Q_2}\cdot Q_2+P=MC_2(Q_2)\Rightarrow Q_2=f(Q_1)$，得到追随企业 2 的反应函数。

3)主导企业的产量决策

主导企业的目标函数为 $\max \pi_1=P\cdot Q_1-C_1(Q_1)$，追随企业的反应函数为 $Q_2=f(Q_1)$，主导企业将追随企业的反应函数纳入自己的目标函数，即将 $Q_2=f(Q_1)$ 代入主导企业的利润函数中，则有 $\max \pi_1=P(Q_1+f(Q_1))\cdot Q_1-C_1(Q_1)$。

4)斯塔克尔伯格模型的均衡解

由一阶条件 $\dfrac{\partial \pi_1}{\partial Q_1}=0$，可得 Q_1^* 和 $Q_2^*=f(Q_1^*)$，这就是子博弈精练纳什均衡结果(一般称为斯塔克尔伯格模型的均衡解)。

2. 举例

接前例，假设厂商 1 是市场主导企业，厂商 2 是追随企业，用逆向归纳法从博弈的第二阶段厂商 2 的决策开始考虑。厂商 2 在厂商 1 之后作自己的产量决策，因此它可以把厂商 1 的产量看做既定的，这样，厂商 2 的利润最大化产量由它的古诺反应曲线确定，厂商 2 的反应曲线为

$$Q_2=15-0.5Q_1$$

再考虑博弈的第一阶段厂商 1 的决策。厂商 1 为了使自己的利润最大化，所选择的产量 Q_1 必定使它的边际收益等于边际成本等于 0。厂商 1 的总收益 TR_1 为

$$TR_1=PQ_1=30Q_1-Q_1^2-Q_1Q_2=30Q_1-Q_1^2-Q_1(15-0.5Q_1)=15Q_1-0.5Q_1^2$$

厂商 1 的边际收益 MR_1 为

$$MR_1=15-Q_1$$

令厂商 1 的边际收益 MR_1 等于边际成本(等于 0)，可得厂商的最佳产量 $Q_1=15$。再根据厂商 2 的反应曲线，求得厂商 2 的产量 $Q_2=7.5$。厂商 1 的产量和利润均高于厂商 2 的产量和利润。这种由于首先行动带来的好处被称为“先行者利益”或“先动优势”(first mover advantage)。

下面把各种结果归纳一下，当双寡头面临的需求曲线为

$$P=30-Q$$

式中，Q 表示厂商 1 和厂商 2 的总产量，即 $Q=Q_1+Q_2$。

同样设两厂商都有零边际成本。其古诺均衡为 $Q_1=Q_2=10$，价格 $P=10$，各厂商获利润 100。如果两厂商串谋，它们会定产 $Q_1=Q_2=7.5$，$P=15$，各厂商获利 112.50。在斯塔克尔伯格模型中，先行动的厂商 1 定产量 $Q_1=15$，相应地，$Q_2=7.5$，$P=7.5$，两厂商分别获利 112.50 和 56.25。

可以把这些结果和其他一些结果归纳到表 4.8 中。从表 4.8 中可以看到，该博弈的古诺均衡是双方都生产 10 且都获利 100。如果厂商 1 先行动，那么它的选择将限制厂

商 2 的选择。从表 4.8 中可以发现，如果厂商 1 定 $Q_1=7.5$，厂商 2 的最佳策略是定 $Q_2=10$，这样厂商 2 可以获得 $Q_1=7.5$ 条件下的最大利润 125；如果厂商 1 选择 $Q_1=10$，厂商 2 将选择 $Q_2=10$，这样它能获得 $Q_1=10$ 条件下的最大利润 100；厂商 1 若选择 $Q_1=15$，厂商 2 将只好选择 $Q_2=7.5$，这样它才能获得 $Q_1=15$ 条件下的最大利润 56.25。这与古诺均衡相比较，当厂商 1 先行动时，它的结果能更好，而厂商 2 的结果则更差。

表 4.8 产量选择

厂商 2 / 厂商 1	7.5	10	15
7.5	112.50，112.50	93.75，125	56.25，112.50
10	125，93.75	100，100	50，75
15	112.50，56.25	75，50	0，0

古诺模型和斯塔克尔伯格模型是寡头垄断市场中两个有代表性的产量竞争模型。对于一个由大致相似的厂商构成，没有哪一个寡头具有较强的经营优势或领导地位的行业，古诺模型可能更适用一些；而对于有些由一个在推出新产品或生产方面领头的大厂商主导的行业，斯塔克尔伯格模型要更符合一些。

第三节 寡头价格竞争模型①

一、同质产品的伯川德模型

(一)模型假设

前面介绍的模型都是把厂商的产量作为决策变量，是一种产量竞争模型。而伯川德模型是价格竞争模型。在这种模型中，各寡头厂商通过选择价格进行竞争，而且各寡头厂商生产的产品是同质的，寡头厂商之间也没有正式或非正式的串谋行为。这一模型是由法国经济学家约瑟夫·伯川德(Joseph Bertrand)于 1883 年建立的。伯川德模型的基本假设有：

(1)产品同质：寡头面临相同的需求曲线 $Q=Q(P)$。

(2)所有寡头的成本函数相同，且平均成本等于边际成本等于常数 C_0，即 $AC=MC=C_0$。

(3)决策变量：价格。

(4)寡头间没有任何正式或非正式的串谋活动。

(5)寡头的生产能力不受限制。

① 详情参阅《寡头市场中价格和产量的决定》，中国经济学教育科研网，http://www.cenet.org.cn/upfile/55521.doc。

(二)模型推导

1. 基本模型

伯川德模型的基本模型为

$$Q_i(P_i,\ P_j)=\begin{cases}Q(P_i), & P_i<P_j\\ \dfrac{1}{2}Q(P_i), & P_i=P_j\\ 0, & P_i>P_j\end{cases}$$

由伯川德模型的结论可知，谁的价格低谁将赢得整个市场，而谁的价格高谁就将失去整个市场，因此寡头之间会相互削价，直至价格等于各自的边际成本为止，即均衡解为 $P_i=P_j=\mathrm{MC}=C_0$。根据伯川德均衡可以得到两个结论：其一，寡头市场的均衡价格为 $P=\mathrm{MC}$；其二，寡头的长期经济利润为 0。这个结论表明只要市场中企业数目不小于 2 个，无论实际数目多大都会出现完全竞争的结果，这显然与实际经验不符，因此被称为伯川德悖论。

2. 举例

继续使用上例的数据，设两个寡头构成的总市场需求曲线为

$$P=30-Q$$

式中，$Q=Q_1+Q_2$，与上例不同的是两个厂商有相同的、不为零的边际成本，假设 $\mathrm{MC}_1=\mathrm{MC}_2=3$。

现在要确定的不是同时选择产量时的均衡，而是双方通过同时选择价格竞争时的均衡状态。由于产品是同质的，消费者将只会从低价格的厂商处购买。一旦两个寡头定价不同，定高价的厂商将不能出售任何产品，而定低价的厂商则占据整个市场。最终两寡头厂商将定相同的价格。这样对消费者来说，从哪个厂商购货是无差别的。

现假设两个厂商竞争的结果是价格都是高于 3 元的某个值，那么在这种情况下，任何一个厂商稍微降价将占领整个市场，而另一个厂商将丧失所有的客户；如果两个厂商竞争的结果是价格都低于 3 元的某个值，双方都会亏损。只有当双方的价格都等于边际成本 3 元时(即 $P_1=P_2=3$)，双方再也没有改变这一价格的动力，此时市场的总产量为 27 个单位，假如双方各供给市场一半，即每个厂商都生产 13.5 个单位，双方都没有利润。在博弈论中，这种状态称为纳什均衡。

把伯川德模型的完全竞争均衡状态与古诺模型的古诺均衡状态相比可以发现，当把竞争策略选择变量从古诺模型的产量改为伯川德模型的价格时，每个厂商的产量从 9 单位增加到 13.5 单位，价格从 12 元降低为 3 元，利润从 81 元降为 0。

3. 伯川德悖论

伯川德模型的预测看上去并不是很现实。在现实的市场里，企业数目的增加(超过 2 个)通常意味着均衡价格的下降，而伯川德模型却认为价格不会改变。而且，大多数产业即使只有 2 个竞争者，它们也能获得超额利润。

根据伯川德模型的推导，可以看到超过边际成本的价格不是均衡价格。但市场上企业间的价格竞争实际上往往并没有使均衡价格降到等于边际成本这一水平上，而是高于

边际成本，这被称为伯川德悖论。

伯川德悖论可通过放松模型假设进行解释：

(1)产品差异。伯川德模型假定两个生产商销售相同的产品。但是，如果它们销售不同的产品，那么，在双寡头的垄断价格竞争中，就没有必要像在伯川德模型中所得到的那样把价格降到边际成本的水平。实际上，以低于对手的价格廉价出售产品并不能保证如伯川德模型中所述的那样获得整个市场的需求。

(2)动态竞争。在伯川德模型中假定企业只是在一个时期内展开竞争，即价格只制定一次。实际上，降价带来的一个可能后果是对手将价格制定得更低，从而引发价格战。这样，虽然在短期内也许可行，但削价并不能保证获得整个市场的需求。伯川德模型是静态的，所以没有考虑报复的可能性。从动态竞争的角度考虑，当企业考虑到对手报复的可能性时，它会将降价带来的短期收益与长期中由于降价而带来的损失进行比较。所以两厂商可能会在高于边际成本的某个同一价格点达成协议，形成合谋。

(3)生产能力的约束。通过制定比竞争对手更低的价格生产，伯川德模型中双寡头垄断的一方将获得所有的市场需求。但是，如果企业没有足够的生产能力来满足所有的需求，那又有什么用呢？换言之，伯川德模型的一个重要假定是企业没有生产能力的约束。

放松上述假设，则伯川德悖论就不复存在。差别产品价格模型通过取消引入产品差异假设解决了伯川德悖论；埃奇沃斯模型通过取消引入生产能约束假设解决了伯川德悖论。

(三)埃奇沃斯模型

埃奇沃斯模型采用生产能力约束条件来解开伯川德悖论。根据这一方法，企业不能销售它没有能力生产的产品。模型的基本假设有：

(1)产品同质，面临相同的需求曲线。

(2)决策变量：价格。

(3)寡头间没有任何正式或非正式的串谋活动。

(4)寡头的生产能力受限制，每个寡头的最大生产能力为$\overline{Q}$，这一产量不能满足整个市场的需求，且$\frac{1}{2}Q(P_i)\leqslant\overline{Q}$，$\frac{1}{2}Q(P_j)\leqslant\overline{Q}$。

(5)寡头的成本相同，且平均成本等于边际成本等于常数C_0，即$AC=MC=C_0$。

埃奇沃斯模型的基本模型是

$$Q_i(P_i, P_j)=\begin{cases}\overline{Q}, & P_i<P_j \\ \frac{1}{2}Q(P_i), & P_i=P_j \\ Q(P_j)-\overline{Q}, & P_i>P_j \text{ 且 } Q(P_j)>\overline{Q}\end{cases}$$

埃奇沃斯模型说明，寡头垄断价格在完全竞争市场价格与完全垄断价格之间来回波动，没有一个稳定的均衡。

二、差别产品价格竞争模型

上面讨论了同质产品的价格竞争和产量竞争，这里将改变同质产品这一假设，考虑差别产品的价格竞争问题。

1. 差别产品价格竞争模型的基本假设

(1)产品有差别：意味着寡头面临不同的需求曲线 $Q_1=Q_1(P_1, P_2)$，$Q_2=Q_2(P_1, P_2)$。

(2)决策变量：价格。

(3)寡头间没有任何正式或非正式的串谋活动。

(4)寡头的生产能力不受限制。

2. 基本模型

1)基本方程和目标函数

基本方程和目标函数为

$$\begin{cases} Q_1=Q_1(P_1, P_2) \\ Q_2=Q_2(P_1, P_2) \\ \pi_1=P_1 \cdot Q_1-C_1(Q_1) \\ \pi_2=P_2 \cdot Q_2-C_1(Q_2) \end{cases}$$

2)最优决策的一阶条件与反应函数

$$\frac{\partial \pi_1}{\partial P_1}=0 \Rightarrow \frac{\partial \pi_1}{\partial P_1}=\frac{\partial P_1}{\partial P_1} \cdot Q_1+P_1 \cdot \frac{\partial Q_1(P_1, P_2)}{\partial P_1}-\frac{\partial C_1(Q_1)}{\partial Q_1} \cdot \frac{\partial Q_1}{\partial P_1}=0, \Rightarrow P_1=$$

$g(P_2)$，即寡头 1 的反应函数。

$$\frac{\partial \pi_2}{\partial P_2}=0 \Rightarrow \frac{\partial \pi_2}{\partial P_2}=\frac{\partial P_2}{\partial P_2} \cdot Q_2+P_2 \cdot \frac{\partial Q_2(P_1, P_2)}{\partial P_2}-\frac{\partial C_2(Q_2)}{\partial Q_2} \cdot \frac{\partial Q_2}{\partial P_2}=0, \Rightarrow P_2=$$

$g(P_1)$，即寡头 2 的反应函数。

3. 差别产品的价格竞争模型的均衡解

差别产品的价格竞争模型的均衡解为

$$\begin{cases} P_1=g(P_2) \\ P_2=g(P_1) \end{cases} \Rightarrow \begin{cases} P_1^* \\ P_2^* \end{cases}$$

4. 举例

为了说明差别寡头垄断厂商价格竞争的均衡情况，仍然用一个简单的例子来解释。假定双寡头各有固定成本 24 元，但没有可变成本，并且它们具有相同的需求曲线。

厂商 1 的需求曲线为

$$Q_1=18-3P_1+P_2$$

厂商 2 的需求曲线为

$$Q_2=18-3P_2+P_1$$

式中，Q_1 和 Q_2 分别表示厂商 1 和厂商 2 的需求量；P_1 和 P_2 分别表示它们的价格。从上式可以看到，当某个厂商提高自己的价格时，它的销量减少，但使竞争对手的销量增加；反之，厂商降低自己的价格，能使自己的销量增加，而使竞争对手的销量减少。本例中我们讨论的是非串谋的差别产品的价格竞争。

如果两个厂商同时决定它们的价格，就可以利用古诺模型来确定其均衡状态。这时，各厂商把对手的价格当做固定的前提下选择自己的价格。厂商1的利润 π_1 应该是它的总收益 P_1Q_1 减去它的固定成本24元，即 $\pi_1=P_1Q_1-24=18P_1-3P_1^2+P_1P_2-24$。

当厂商1认为厂商2的价格 P_2 为某一固定值时(不论这个值是多少)，厂商1的利润最大化条件是其利润 π_1 对其价格 P_1 的一阶微分为0，即

$$18-6P_1+P_2=0$$

整理上式可得厂商1的反应曲线：

$$P_1=3+\frac{P_2}{6}$$

同理得厂商2的反应曲线：

$$P_2=3+\frac{P_1}{6}$$

这两条反应曲线的交点所处的状态在博弈论中称为纳什均衡，可以求得此时各厂商的价格为 $P_1=P_2=3.6$ 元。这个价格可通过解厂商1和厂商2的反应曲线所组成的方程组而求得。把价格代入厂商1和厂商2的需求曲线，可求出此时的产量 $Q_1=Q_2=10.8$。再利用每个厂商的价格、产量和成本可以求得此时每个厂商可获得利润 $\pi_1=\pi_2=14.88$ 元。在这种状态下，各厂商所做的是在给定它的对手已定价格的情况下所能做的最好的，因此没有哪个厂商有改变这种状态的动力。

三、赫特林模型

上述差别产品的价格竞争模型考虑的是产品在物理性能上是不同的，而在赫特林模型中，产品在物理性能上是相同的，但在空间位置上有差异。因为不同位置上消费者要支付不同的运输成本，而厂商和消费者关心的是价格和运输成本之和，而不单是价格。

1. 基本假设

(1)产品同质。

(2)决策变量：价格。

(3)成本函数相同，且平均成本等于边际成本等于常数 C_0，即 $AC=MC=C_0$。

(4)消费者分布在一条线性的市场上，市场总距离为 S 千米，每千米有一个消费者，每个消费者购买一件商品。

(5)消费者购买商品的交通成本与离商店的距离成比例，单位距离的交通成本为 t。

(6)寡头1的位置位于地点 A，寡头2的位置位于地点 B，则 $|AC|=a$ 为寡头1固有的地盘；$|BD|=b$ 为寡头2固有的地盘，$|AB|$ 为寡头1和寡头2须竞争的地盘，若最终寡头1争夺到的地盘为 $|AE|=x$，寡头2争夺到的地盘为 $|BE|=y$，如图4.5所示，则一定有

$$S=a+x+y+b$$

$$P_1+t\cdot x=P_2+t\cdot y$$

解以上方程组可得 $x=\frac{1}{2}\left(S-a-b+\frac{P_2-P_1}{t}\right)$；$y=\frac{1}{2}\left(S-a-b+\frac{P_1-P_2}{t}\right)$。

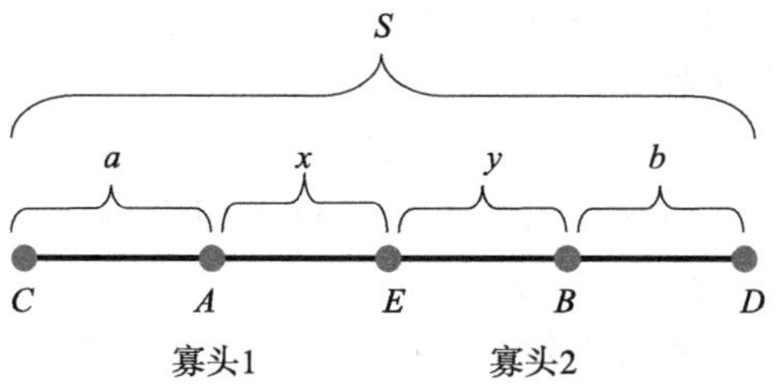

图 4.5　赫特林模型

2. 基本模型

1)目标函数

寡头 1：$\max \pi_1 = P_1(a+x) - C_0(a+x) = (P_1 - C_0)\left[a + \frac{1}{2}\left(S - a - b + \frac{P_2 - P_1}{t}\right)\right]$。

寡头 2：$\max \pi_2 = P_2(b+y) - C_0(b+y) = (P_2 - C_0)\left[b + \frac{1}{2}\left(S - a - b + \frac{P_1 - P_2}{t}\right)\right]$。

2)最优决策的一阶条件与反应函数

由$\frac{\partial \pi_1}{\partial P_1} = 0$，可得寡头 1 的价格反应函数为 $P_1 = \frac{t}{2}(S + a - b) + \frac{P_2 + C_0}{2}$。

由$\frac{\partial \pi_2}{\partial P_2} = 0$，可得寡头 2 的价格反应函数为 $P_2 = \frac{t}{2}(S - a + b) + \frac{P_1 + C_0}{2}$。

3. 赫特林模型的均衡解

联立寡头 1 和寡头 2 的价格反应函数，可得 $P_1^* = t \cdot \left(S + \frac{a-b}{3}\right) + C_0$，$P_2^* = t \cdot \left(S - \frac{a-b}{3}\right) + C_0$。

第四节　寡头勾结模型

一、竞争与勾结

假设两厂商串谋，即双方不是独立进行价格决策，而是共同确定一个价格，使它们的总利润最大化。

以差别产品的价格竞争模型中的例子为例，寡头 1 的需求函数为 $Q_1 = 12 - 2P_1 + P_2$；寡头 1 的成本为 $C_1 = 20$。寡头 2 的需求函数为 $Q_2 = 12 - 2P_2 + P_1$；寡头 2 的成本为$C_2 = 20$。

$$\pi_1 = 12P_1 - 2P_1^2 + P_1 P_2 - 20$$
$$\pi_2 = 12P_2 - 2P_2^2 + P_1 P_2 - 20$$

1)无勾结的情况：价格竞争

由 $\partial \pi_1 / \partial P_1 = 0$，$\partial \pi_2 / \partial P_2 = 0$，可得寡头 1 和寡头 2 的价格反应函数分别为

$$P_1 = 3 + (1/4) \cdot P_2$$
$$P_2 = 3 + (1/4) \cdot P_1$$

求解上述方程组可得 $P_1^*=P_2^*=4$，$\pi_1^*=\pi_2^*=12$。

2)勾结的情况：价格联盟

$$P_1=P_2=P$$
$$\max \pi=\pi_1+\pi_2=24P-2P^2-40$$

由 $\partial \pi/\partial P=0$，可得 $P_1^*=P_2^*=6$，$\pi_1^*=\pi_2^*=16$。

由此可见，在价格联盟两寡头勾结的情况下，两寡头的利润更高。

二、公开勾结：卡特尔模型

卡特尔是寡头之间公开勾结，根据协议共同确定价格、产量和划分市场的一种组织形式。

1. 基本假设

(1)寡头产品同质，且面临同一条需求曲线 $P=P(Q)$，其中 $Q=Q_1+Q_2$。

(2)决策变量：产量。

(3)寡头的成本函数不同：$C_1=C_1(Q_1)$；$C_2=C_2(Q_2)$。

2. 基本模型

1)目标函数

$$\pi_1=P(Q)\cdot Q_1-C_1(Q_1)$$
$$\pi_2=P(Q)\cdot Q_2-C_2(Q_2)$$
$$\max \pi=(\pi_1+\pi_2)=P(Q)\cdot(Q_1+Q_2)-C_1(Q_1)-C_2(Q_2)$$

2)卡特尔模型的均衡条件

由$\frac{\partial \pi}{\partial Q_1}=0$，有 $\frac{\partial P(Q)}{\partial Q}\cdot\frac{\partial (Q_1+Q_2)}{\partial Q_1}\cdot(Q_1+Q_2)+P(Q)\cdot\frac{\partial (Q_1+Q_2)}{\partial Q_1}-\frac{\partial C_1(Q_1)}{\partial Q_1}=\left[\frac{\partial P(Q)}{\partial Q}\cdot Q+P(Q)\right]-\frac{\partial C_1(Q_1)}{\partial Q_1}=0$，即 $MR=MC_1$。

由$\frac{\partial \pi}{\partial Q_2}=0$，有 $MR=MC_2$，因此均衡条件为 $MR=MC_1=MC_2$。

3. 举例

假设某市场仅有两个企业，它们面临共同的市场需求曲线 $P=100-0.5Q$，两企业的成本函数分别为 $C_1=5Q_1$，$C_2=0.5Q_2^2$，且两个勾结成卡特尔，求该卡特尔的均衡解。

解：

$$\begin{aligned}\pi&=\pi_1+\pi_2=(100-0.5Q)\cdot Q-(C_1+C_2)\\&=[100-0.5(Q_1+Q_2)]\cdot(Q_1+Q_2)-5Q_1-0.5Q_2^2\\&=100(Q_1+Q_2)-0.5(Q_1+Q_2)^2-5Q_1-0.5Q_2^2\end{aligned}$$

由$\frac{\partial \pi}{\partial Q_1}=0$，有 $95-Q_1-Q_2=0$；由$\frac{\partial \pi}{\partial Q_1}=0$，有 $100-Q_1-2Q_2=0$。可解得 $Q_1^*=90$，$Q_2^*=5$，$P=52.5$，$\pi_1^*=4\ 275$，$\pi_2^*=250$。

4. 违约冲动

寡头垄断厂商之间的串谋可能是秘密的或非正式的，也可能是公开的或正式的。当寡头垄断市场中的各厂商通过明确、正式的协议来协调其各自的产量、价格等事项时，就形成了卡特尔，卡特尔是一种公开和正式的串谋行为。如果一个卡特尔能够根据产品的需求情况和各厂商的成本状况，按照卡特尔利润最大化的原则确定整个市场的产品价格和产量，那么这个卡特尔就类似于完全垄断市场中的垄断者。

一个成功的卡特尔必须有两个条件：首先是其成员对价格和产量的协议必须遵守，特别是对于那些产量份额较大的厂商。但事实上对于每个卡特尔成员，如果假定其他成员遵守协议而自己稍微降低价格或增加产量时，它将能获得更大的市场份额或更多的利润，可以说，如果没有其他约束，卡特尔成员总存在违背协议的诱因。其次是要有潜在的垄断势力。一旦卡特尔成员面临的是一条高度弹性的需求曲线，它就只有很小的提价的空间。但如果潜在的垄断势力很大，合作的潜在利益很大，卡特尔成员就有很大的意愿结成卡特尔。

卡特尔曾经存在于许多行业，但由于各国反垄断法的出台，把卡特尔作为一种垄断组织而加以禁止，因此，现在的卡特尔常常是国际性的。例如，OPEC是一个著名的国际性卡特尔组织，它由中东的一些重要产油国组织，利用其在世界石油市场上的较大份额，成功地抬高了世界石油市场的价格 。但是，即使不考虑法律问题，从经济学角度看，卡特尔也具有不稳定性。影响这种不稳定性的因素可能包括三个方面：

其一，卡特尔成员具有违反卡特尔协议的诱因。卡特尔的高价格通常是通过限制产量来实现的，高价格给卡特尔成员带来了好处。如果某个成员偷偷增加它的产量而违反协定，那么它的利润将会有很大的增加，因此，从追求各自利润最大化出发，每个成员都可能偷偷增加产量，而指望别人遵守协议。要是每个成员都这样做，而又没有有约束力的威胁或惩罚来使卡特尔成员遵守协议时，卡特尔可能会崩溃。如何使每个成员遵守卡特尔协议可能是卡特尔面临的最大难题。这个问题也常被称为卡特尔的自我实施问题。

其二，卡特尔成员的协调问题。如果所有卡特尔成员的成本曲线是相同的，那么订立在成员之间平分产量、市场和利润的卡特尔协议可能较为容易；但当卡特尔成员的生产规模、成本水平各不相同时，虽然在理论上存在使卡特尔利润最大化的产量分配方案，但是，要达成这样的卡特尔协议可能是十分困难的。各成员之间的激烈争吵和对协议条款的讨价还价可能难以避免。

其三，市场进入问题。卡特尔成员的高额利润可能会吸引其他厂商进入该市场，或者会使非卡特尔成员增加产量。当卡特尔成员成功地通过限产来提价时，如果卡特尔又无法阻止外来厂商进入市场，进入者会迅速填补完全竞争产量与卡特尔产量之间的产量缺口，最终使卡特尔成员失去垄断利润和丧失市场份额。

三、暗中默契：价格领导模型

公开的勾结是各国法律所不允许的，因此寡头之间往往会采取暗中默契的形式进行勾结，以牟取更高的利润，暗中默契的最主要形式就是价格领导模型。

（一）基本假设

(1)有支配力企业(领导者)拥有主要市场份额，其余较小企业(追随者)则拥有剩余的市场份额。

(2)有支配力企业凭经验估计出所有较小企业的供给曲线，然后得出自己的市场需求曲线。

(3)有支配力企业根据 MR=MC 的原则确定价格(P)，小企业则像完全竞争的企业一样行事，将有支配力企业所决定的价格 P 作为给定的市场价格，并据此安排产量。

(二)基本模型

1. 追随者的行为与残差需求线

价格领导模型是完全信息动态博弈，因而采用逆向归纳法来求解。首先考虑博弈第二阶段的追随者的决策。假定领导者给定产品价格 P，追随者在均衡时必须接受领导者给定的价格。追随者能采取的行为，只能是选择一个产量水平。追随者按其边际收益(MR_2)等于边际成本(MC_2)的原则去决定产出量。这实质上是会决定追随者(企业 2)的供给线 $S_2(P)$的。

一旦追随者在领导者给定的价格(P)下决定了其供给函数 $S_2(P)$，那么，市场需求留给领导者企业(企业 1)的残差需求便为 $D(P)-S_2(P)$，记为 $R(P)$，即 $R(P)=D(P)-S_2(P)$。

2. 领导者的最优价格选择

领导者在决定价格水平 P 时，会充分考虑到，一旦 P 给出，自己将会面临的需求曲线只为残差需求线 $R(P)$，所以他必须从 $R(P)$ 出发，按边际成本等于边际收益的原则来决定产出 Q_1，最后解出相应的价格水平 P。具体的步骤是：

第一，按 $MC_2=P$ 的原则再定 $S_2(P)$。

第二，按 $D(P)-S_2(P)=R(P)$ 的原则来求出领导者面临的残差需求线。

第三，从残差需求线出发，按 $MR_1=MC_1$ 的原则来确定领导者的均衡产量 Q_1。

第四，按第三步解得的 Q_1，定出领导者得价格水平 P。

根据上述分析，可用图 4.6 表示价格领导模型的具体步骤与均衡结果。

(三)举例

假设反需求曲线是 $D(P)=a-bp$，其中 a、b 表示反需求函数的常数。追随者有成本函数 $C_2(q_2)=\frac{q_2^2}{2}$，领导者有成本函数 $C_1(q_1)=cq$。

对于任意价格 P，追随者将在价格等于边际收益的地方经营。如果成本函数是 $C_2(q_2)=\frac{q_2^2}{2}$，那么它的边际成本曲线就可以被证明是 $MC_2(q_2)=q_2$. 令价格等于边际成本，我们就有

$$P=q_2$$

求解追随者的供给曲线，得 $q_2=S(p)=p$。

领导者面临的需求曲线，即剩余需求曲线是

$$R(P)=D(P)-S_2(P)=a-bp-p=a-(b+1)p$$

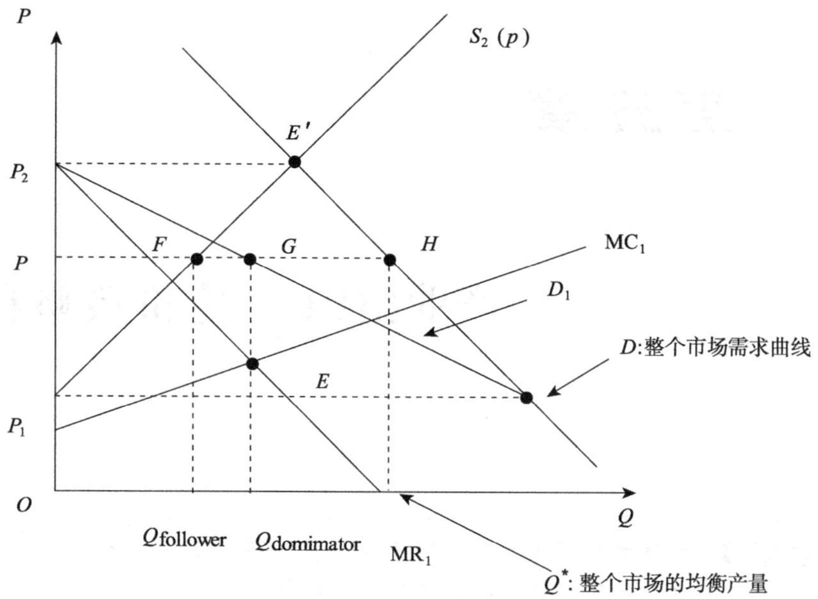

图 4.6 有支配力企业的价格领导模型

这里的问题从现在开始就像普通的垄断问题一样了。求解作为领导者产量 q_1 的函数的 p，我们有

$$p=\frac{a}{b+1}-\frac{1}{b+1}q_1$$

这是领导者面临的反需求曲线。相关联的边际收益曲线有相同的截距和二倍的斜率。这意味着它可表示为

$$MR_1=\frac{a}{b+1}-\frac{2}{b+1}q_1$$

令边际收益等于边际成本，则有方程

$$MR_1=\frac{a}{b+1}-\frac{2}{b+1}q_1=c=MC_1$$

求解领导者的利润最大化产量，则有

$$q_1^*=\frac{a-c(b+1)}{2}$$

进一步可得到此价格领导模型中的 $p=q_2=\frac{1}{2}\left(\frac{a}{b+1}+c\right)$。

第五章

产业组织：定价策略和行为

【本章概要】 本章主要回顾微观经济学中价格歧视的含义、类型，实施价格歧视的动机以及价格歧视的福利后果；介绍了两部收费制及其在自然垄断产业的运用、搭配销售方式的选择及其福利比较；阐明了限制性定价策略的内涵、类型、影响因素和福利后果，掠夺性定价策略的特征、实施条件、检验规则、竞争后果及其福利影响。

【教学要求】 了解和掌握价格歧视策略、两部收费制、搭配销售策略以及策略性定价行为。重点掌握两部收费制及其在自然垄断产业的运用、搭配销售方式的选择及其福利比较。

厂商的定价策略和行为是产业组织领域的一个重要研究主题，不同的定价策略和行为不仅对厂商有不同的影响，而且会产生不同的社会福利后果。在社会经济生活中，厂商常常根据自己的动机和消费者的类型以及竞争对手的实力，选择适当的定价策略和行为，以便实现预期的目标。本章主要对厂商的价格歧视策略、两部制定价行为、搭配销售策略以及限制性定价和掠夺性定价行为的有关问题进行阐述。

第一节 价格歧视策略

在日常生活中，我们常常发现这种现象：在超级市场购物时，有会员卡和没有会员卡的顾客为同一商品支付的价格不一样；铁路运输公司将火车票分为半价的学生票和全价的非学生票；电力公司对居民用电和企业用电每个单位的收费标准不一样；在饭馆，首次光顾和再次用餐所打的折扣不同……如此种种，举不胜举。这种现象在经济学上被称为“价格歧视”。

一、价格歧视的含义

粗略地说，价格歧视就是指对同一商品或服务制定不同的价格，不同学者对价格歧视内涵的理解有所不同，所下的定义也存在差异。哈尔·瓦里安认为价格歧视就是对同一消费者或不同消费者，以不同价格出售不同单位的同一商品[①]。可见，价格歧视既包括对不同消费者行使不同的价格，也包括对同一消费者的不同购买数量采取不同的价格。

若考虑到成本因素，则常会出现两种看似矛盾的现象。其一是同一商品或服务销售价格不同，但却不构成价格歧视，如某种型号的美菱冰箱在生产地合肥的售价是 2 080 元，低于在哈尔滨的售价 2 180 元，美菱冰箱在哈尔滨的售价包含了 100 元的运输成本。这种价格差别是由成本差异造成的，就不能认定为价格歧视。其二是同一商品或服务即使销售价格相同也存在价格歧视，假设美菱冰箱厂在全国范围内采取同一价格策略，近距离的消费者就承担了一部分本该由远距离的消费者所承担的运输成本，这种成本不同而销售价格相同的定价策略就存在价格歧视。因此《新帕尔格雷夫经济学大辞典》将价格歧视定义为，任何时候，一个商品的两个品种以不同净价格卖给两个买者，这里的净价格是指纠正了一个品种不同于另一个品种所产生的成本差异的价格。

有时质量相近、功能类似的商品或服务，价格却相差甚远，这是否存在价格歧视呢？对这个问题的回答不能简单化，这时价格歧视是否存在取决于相对价格而非绝对价格，如果价格差距恰好反映了商品或服务的差异程度则不存在价格歧视；如果价格差距偏离了商品或服务的差异程度就可以认定为存在价格歧视行为。平狄克、鲁宾费尔德指出，价格歧视就是对不同的顾客制定不同的价格，有时是对完全相同的产品，有时是对有微小差异的产品[②]。这个定义就考虑到了对相近商品或服务的价格歧视问题，对相近商品或服务价格歧视的判断可以依照斯蒂格勒对价格歧视的定义。斯蒂格勒认为，当两种或更多种相近商品在与边际成本有不同比率的价格水平上$\left(\frac{P_1}{MC_1}\neq\frac{P_2}{MC_2}\right)$出售时就是价格歧视。依据此定义，相应地当两种或更多种相近商品在与边际成本有相同比率的价格水平上$\left(\frac{P_1}{MC_1}=\frac{P_2}{MC_2}\right)$出售时则不是价格歧视。

二、价格歧视的动机和条件

无论是传统的还是现代的厂商理论都认为利润是厂商追求的重要目标之一，传统的厂商理论更是认为利润最大化是厂商追求的首要目标甚至是唯一性的目标[③]。生产者或经营者从事经济活动的目的，是尽可能地获得最大限度的利润。为了能够实现利润最大化的目标，厂商会采取各种各样的措施和策略，当然包括定价策略。因此，厂商推行价格歧视的动机就是获得最大化的利润，通过对同一或者相近的商品或服务制定不同价格的方式，把尽可能多的消费者剩余转化为生产者剩余，从而增加它们所获得的利润。除此之外，价格歧视还可以通过增加厂商销售量的途径来增加厂商的总利润。

价格歧视不是任何厂商在任何时候都可以无条件实施的，厂商不能随心所欲地实行

① 瓦里安 H. 微观经济学(高级教程)(第三版). 周洪等译. 北京：经济科学出版社，2004：256。
② 平狄克 R，鲁宾费尔德 D. 微观经济学(第三版). 张军等译. 北京：中国人民大学出版社，1997：324。
③ 戴伯勋，沈宏达. 现代产业经济学. 北京：经济管理出版社，2001：152。

价格歧视。价格歧视的实施必须具备一定的条件：

(1)厂商必须有一定的市场控制力。完全竞争的市场通行的是单一价格法则，完全竞争的厂商是既定价格的接受者，是没有可能进行差别定价的，因而价格歧视是非完全竞争市场上特有的厂商行为。非完全竞争厂商面对的是一条向右下方倾斜的需求曲线，产品的需求量与其价格成反比。非完全竞争厂商可以通过降低价格刺激需求增加销售量；也可以通过提高价格抑制需求减少销售量。这样，非完全竞争厂商就可以从利润最大化的目标出发，利用其市场影响力和价格控制力，运用价格歧视策略。

(2)厂商必须能够对不同的市场进行细分。厂商对商品或服务的定价如果超过消费者的支付意愿，就会引起消费者的反感而不去购买，厂商的利润目标就难以实现。不同消费者的年龄、性别、爱好等方面的差异，决定了他们对同一商品或服务的偏好程度不一样，因而需求价格弹性是不一样的。厂商面对价格敏感程度不同的消费者，要尽可能地利用所有可能获得的信息对其进行细分，进而对需求价格弹性不同的消费者制定不同的价格，需求价格弹性低者可以采取高价格策略；需求价格弹性高者则实施低价格措施，从而使价格歧视更有针对性和实效性。

(3)厂商必须能够有效地阻止套利(arbitrage)行为的发生。套利是指通过买卖从价格差中获取，如果购买者能以低价购买，再以高价转卖，则价格歧视的利润会被套利者抽走，厂商的价格歧视策略会因此而失灵。为了防止套利行为的发生，实施价格歧视的厂商必须能够成功地分离不同的市场，使在两个市场转卖行为的成本大于两个市场间的价格差异，从而使转卖行为无利可图。

三、价格歧视的类型

英国经济学家庇古把价格歧视分成三种类型。

(一)一级价格歧视

一级价格歧视，又称完全价格歧视。在这种价格歧视下，厂商对每一单位的同一商品或服务对不同的消费者收取不同的价格，而且这个价格是按照消费者所愿意支付的最高价，即消费者的保留价格来确定的。当商品或服务以消费者的保留价格来定价时，全部的消费者剩余被转化为生产者剩余，这时价格歧视是完全的(图 5.1)。图 5.1 中假设厂商生产的边际成本是不变的，如果不特别说明，下面的分析都是建立在这一假设的基础之上的。若采取统一定价原则，追求利润最大化的厂商会根据边际收益等于边际成本来确定价格和产量，即图 5.1 中 MR 与 MC 交点所决定的价格 P 和产量 Q。若采取一级价格歧视定价策略，厂商就可以对 Q_1 单位的产品按照由需求曲线 D 所代表的消费者的最大支付意愿收取价格 P_1；同理，厂商可以对 Q_2 单位的产品收取价格 P_2。在一级价格歧视下，如果需求曲线能够无限细分，每一产品都被索要消费者的保留价格直到 $P=$MC 时为止。

一级价格歧视是针对不同消费者的，所以这种价格歧视又被认为是一种个人化定价策略。然而在现实生活中一级价格歧视是很难做到的。其一，厂商一般面对的消费者为数众多，如果对每个消费者每一个单位的购买实施一个不同的价格，则同一商品或服务

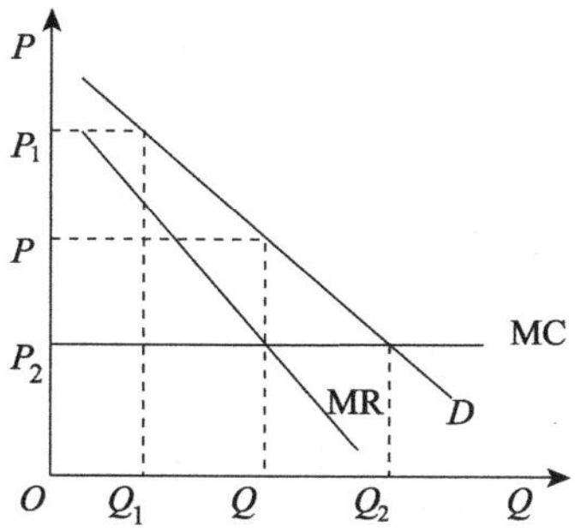

图 5.1　一级价格歧视

就会有成千上万个价格，这是不可能的。其二，厂商不能够完全获悉每个消费者的支付意愿。追求效用最大化的消费者总是想方设法地隐瞒或低报自己的保留价格。例如，购买服装时，有经验的购买者即使看中某种品牌和款式的时装，心里明知道这款时装将带给他很大的效用，表面上也会不露声色，摆出一副可买可不买的样子，耐心地与销售者讨价还价，尽可能地贬低自己对该时装的购买意愿和可能的支付价格，最终价格的确定就取决于双方的耐心程度，是双方讨价还价博弈的结果。其三，需求曲线，即消费者所要求的需求量是不能无限细分的，如轿车市场上我们就不能说需求或者购买 1.5 辆轿车。

（二）二级价格歧视

二级价格歧视，又称非线形定价。二级价格歧视不是根据不同的消费者而是根据不同的购买数量或购买时间来确定价格的。每个消费者面临相同的价格表，但此表对不同的购买数量或购买时间有不同的价格①。与一级价格歧视相比，二级价格歧视最显著的特征是价格与顾客身份无关。此外，二级价格歧视不是对每一单位而是对处于一定的数量段或时间段的产品设计不同的价格，因而价格种类也少于一级价格歧视下价格的种类（图 5.2）。图 5.2 是四段定价制，购买数量在 0 到 Q_1 之间，价格是 P_1；购买数量在 Q_1 到 Q_2 之间，价格是 P_2；购买数量在 Q_2 到 Q_3 之间，价格是 P_3；购买数量在 Q_3 到 Q_4 之间，价格是 P_4。

二级价格歧视使消费者进入一种自我选择机制，即根据厂商设计的不同价格选择自己的购买数量或购买时间。二级价格歧视在日常生活中比较常见，如数量折扣。通常情况下，顾客购买的数量越大，所享受的折扣率也就越高；水、电等公用事业部门往往对高峰时段和非高峰时段收取不同的费用。

（三）三级价格歧视

三级价格歧视，又被认为是一种群体性定价策略，指的是根据年龄、性别、职业、居住地等可观察到的特征将消费者分成不同的组别。同一商品或服务，消费者的组别不同，支付的价格也就不一样；组别相同，对每一单位的商品或服务，支付的价格相同。

① 瓦里安 H. 微观经济学(高级教程)(第三版). 周洪等译. 北京：经济科学出版社，2004：257。

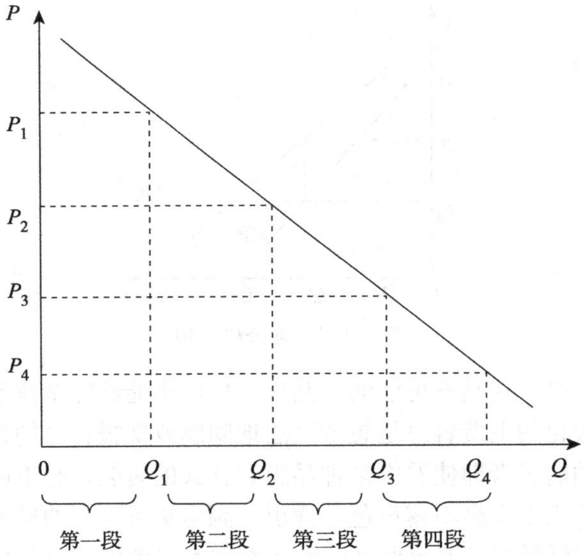

图 5.2 二级价格歧视

可见，与同一级价格歧视一样，三级价格歧视也是针对人的，但又不像一级价格歧视那样把消费者进行如此地细分，以至于每一个消费者为每一单位的购买支付的价格都不一样；三级价格歧视是根据消费者的需求弹性，对消费者进行大致地分类分组，每一组别都包括具有类似特征的消费者群体。

三级价格歧视最为普遍，例子到处可见。例如，火车票有学生票和非学生票之分；航空公司对商务人员和度假者的不同票价；餐馆为男士和女士准备不同价格的菜单；等等。

在三级价格歧视下，厂商是如何对不同组别确定不同价格的呢？为分析得简单起见，假定厂商面对的是两个不同的消费者组别，在由这两个不同组别消费者组成的市场1和市场2上，产量分别为 Y_1 和 Y_2，消费者的反需求函数分别为 $P_1(Y_1)$ 和 $P_2(Y_2)$，用 $C(Y_1+Y_2)$ 表示生产的成本。首先我们来分析厂商是如何在两个市场上分割其总产量以实现利润最大化的。在上面的假定下，厂商的利润 π 可以表示为

$$\pi=P_1(Y_1)Y_1+P_2(Y_2)Y_2-C(Y_1+Y_2) \tag{5.1}$$

根据利润最大化原则，式(5.1)分别对 Y_1 和 Y_2 求偏导数，并令偏导数等于0，则得

$$\frac{\partial \pi}{\partial Y_1}=\mathrm{MR}_1(Y_1)-\mathrm{MC}(Y_1+Y_2)=0\Rightarrow \mathrm{MR}_1(Y_1)=\mathrm{MC}(Y_1+Y_2) \tag{5.2}$$

$$\frac{\partial \pi}{\partial Y_2}=\mathrm{MR}_2(Y_2)-\mathrm{MC}(Y_1+Y_2)=0\Rightarrow \mathrm{MR}_2(Y_2)=\mathrm{MC}(Y_1+Y_2) \tag{5.3}$$

由式(5.2)和式(5.3)可以看出，厂商在两个市场上总产量的分割必须满足增加额外一个单位生产的边际成本，与两个市场上的边际收益相等，从而 $\mathrm{MC}(Y_1+Y_2)=\mathrm{MR}_1(Y_1)=\mathrm{MR}_2(Y_2)$。否则的话，厂商可以通过减少边际收益低的市场上产品的产量，相应地增加边际收益高的市场上产品的产量，以使总利润增加。

根据利润最大化原则，我们得出两个市场上边际收益相等，即 $MR_1(Y_1)=MR_2(Y_2)$的结论。根据这个结论及标准弹性公式，我们就可以推出三级价格歧视下厂商的定价原则，其中标准弹性公式可表述如下：

$$MR_1(Y_1)=P_1(Y_1)(1-\frac{1}{E_1}) \tag{5.4}$$

$$MR_2(Y_2)=P_2(Y_2)(1-\frac{1}{E_2}) \tag{5.5}$$

式(5.4)中的 E_1 和式(5.5)中的 E_2 分别表示市场1和市场2上消费者的需求弹性，由 $MR_1(Y_1)=MR_2(Y_2)$可得 $P_1(Y_1)(1-\frac{1}{E_1})=P_2(Y_2)(1-\frac{1}{E_2})$。当 $E_1>E_2$ 时，则 $P_1<P_2$；当 $E_1<E_2$ 时，则 $P_1>P_2$。这个结论在图5.3中可以得到直观的说明。

图5.3中，市场1上的需求曲线 D_1 相对于市场2上的需求曲线 D_2 来说较为陡峭，即市场1中消费者的需求弹性要低于市场2中消费者的需求弹性，在 $MR_1=MC=MR_2$ 的利润最大化条件下，市场1上产品的价格大于市场2上产品的价格。因而在三级价格歧视下，厂商遵循逆需求弹性定价原则，在需求弹性高的市场上执行低价策略；反之，在需求弹性低的市场上则执行高价策略。书店常常对学生打出高折扣，药店常常专门为老年人推出特价药品，如此等等，原因就在于这类群体对价格反应比较敏感。

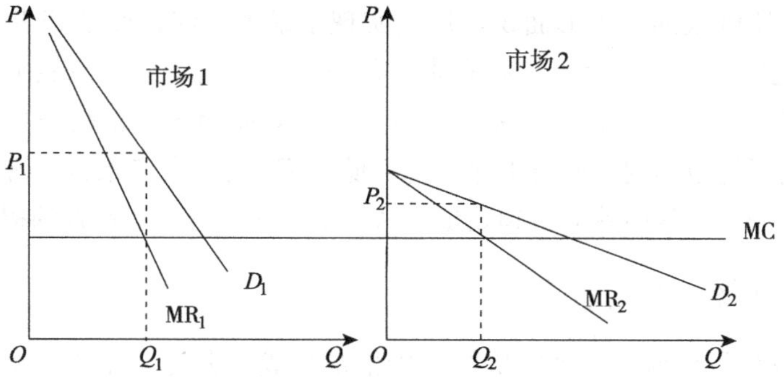

图5.3　三级价格歧视

四、价格歧视的福利后果

(一)一级价格歧视的福利

社会福利包括生产者福利和消费者福利，社会总福利等于生产者剩余和消费者剩余之和。在单一价格法则下，非完全竞争厂商必然在边际收益MR和边际成本MC相等时的价格和产量水平上进行生产，也就是图5.4中相应的 P_m 和 Q_m，这时 $P_m>MC$，资源配置是低效率的，生产者剩余为 P_mBCP_2 所围成的长方形的面积，消费者剩余则是由 ABP_m 所围成的三角形面积，而社会福利净损失为 BCE 所示的三角形面积，存在帕累托改进的余地。在 Q_m 与 Q_2 之间的产量水平上，消费者的支付意愿大于生产的边际成本，但厂商却不愿意生产，因为增加产量意味着市场价格的下降，乃至于当产量增加到 Q_2 时价格将下降为 $P=P_2=MC$，生产者剩余下降为0。

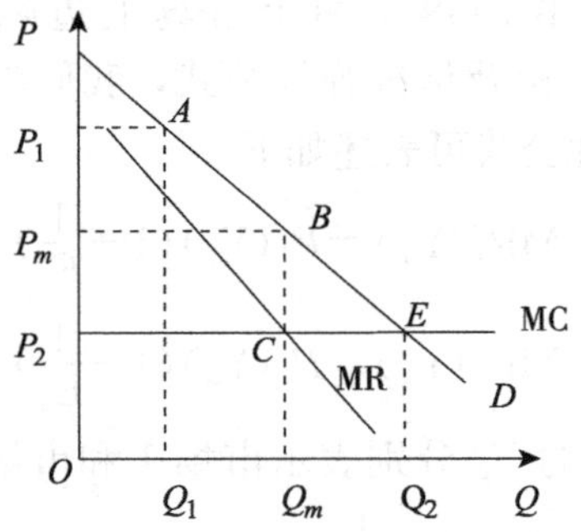

图 5.4 一级价格歧视的福利

但在完全价格歧视下，情况就不同了。厂商增加额外的产量不降低其在原有产品上所能得到的销售价格，而且完全价格歧视下厂商对每一单位的商品或服务是按消费者的最大支付意愿来定价的，因此只要由价格反映的消费者对商品或服务的评价大于生产的边际成本，即 $P>MC$ 时，厂商增加产量都是有利可图的。于是厂商会扩大产量直到价格等于边际成本时为止，产量为图 5.4 中的 Q_2，这个产量也是完全竞争市场所能达到的产量水平，因而价格歧视提高了非完全竞争市场的效率水平，优化了资源配置。这时社会总福利等同于完全竞争市场上的社会总福利，没有净福利损失；生产者剩余为图 5.4 中的 AEP_2 所围成的三角形面积，厂商实现了最大利润；而消费者剩余为零，消费者剩余全部转化成生产者剩余。如此看来，价格歧视对消费者来说似乎是不公平的，但是对于保留价格高于 P_m 的消费者来说，虽然消费者剩余被价格歧视抽走了，但价格还是在他们的支付意愿范围内；而对于保留价格低于 P_m 的消费者来说，现在能买到他们意愿支付的商品或服务，从而效应得到满足，从这个角度来看，消费者的福利也是增加的。

（二）二级价格歧视的福利

二级价格歧视是根据“段”来定价的，价格被分成几大类，如图 5.5 所示，价格被分成三大类。由于不像一级价格歧视那样把价格进行完全的细分，在二级价格歧视下，生产者不能完全把消费者剩余转化为生产者利润，只能占有部分的消费者剩余，图 5.5 中三段定价制下生产者剩余为 $P_1BCDEFGP_4$ 所围成的图形的面积；消费者剩余为 AP_1BCDEF 所围成的图形的面积，即 AP_1B、BCD、DEF 三个三角形的面积之和。

至于二级价格歧视能否实现完全竞争市场的资源配置效率，使社会总福利达到最大化，要取决于价格最低的那一“段”的定价是高于还是低于厂商生产的边际成本。若最低“段”的定价仍大于厂商生产的边际成本，则会造成社会总福利的净损失，如图 5.5 中第三段的价格线位于边际成本线之上，即 $P_3>MC$，生产没有达到帕累托最优状态，社会福利净损失为图 5.5 中所示的阴影三角形面积。若最低“段”的定价恰好等于厂商生产的边际成本，则二级价格歧视同完全竞争市场一样具有资源配置效率，社会总福利达到最大化，如图 5.5 中厂商若在购买数量为 Q_3 到 Q_4 之间再定一个价格 P_4，且 P_4 等于 MC，就没有社会福利净损失。

二级价格歧视下的消费者可以通过自我选择来尽可能地提高自身的效用，得到最大

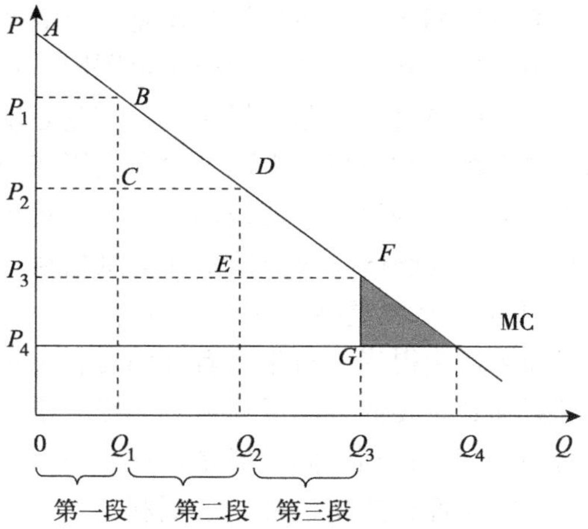

图 5.5　二级价格歧视的福利

化的满足。这种自我选择无疑是有利于消费者福利增进的，如对某种商品或服务更为偏好的消费者，他愿意增大其对该种商品或服务的购买以享受更多的数量折扣的好处；而对这种商品或服务偏好极小甚至没有的消费者，只是偶尔去购买该种商品或服务，即使支付了高价格，也不会觉得有多大的损失。赶时髦的消费者愿意在新款时装一上市就去购买，虽然他为此要支付很高的价格，但他认为这与新款时装给他带来的满足程度相比是值得的；讲究实惠的消费者则认为等到这款服装普遍上市大打折扣时再去购买才是划算的。因此，二级价格歧视通过设计一种“自我选择”机制，使消费者各取所需，各得其所。

（三）三级价格歧视的福利

由上述对三级价格歧视定价策略的分析可知，厂商根据消费者的需求弹性确定价格，既避免了统一定价下可能出现的对价格比较敏感的那部分消费者退出市场的局面，又能把具有较高支付意愿的消费者保留在市场内，从而厂商获得的总利润增加。如图 5.6 中市场 2 中的大多数消费者在统一价格 P_m 下就会退出市场，并且统一价格 P_m 还使厂商在市场 1 上损失了在价格歧视下可以通过制定高于 P_m 的价格 P_1 可获得的那部分利润，即图 5.6 中市场 1 上浅色阴影部分的长方形的面积。对于需求弹性比较高的消费者来说，三级价格歧视使他们的效用得到一定程度的满足，是福利增进的，特别是当三级价格歧视使非完全竞争厂商产量大幅度提高时更是如此。

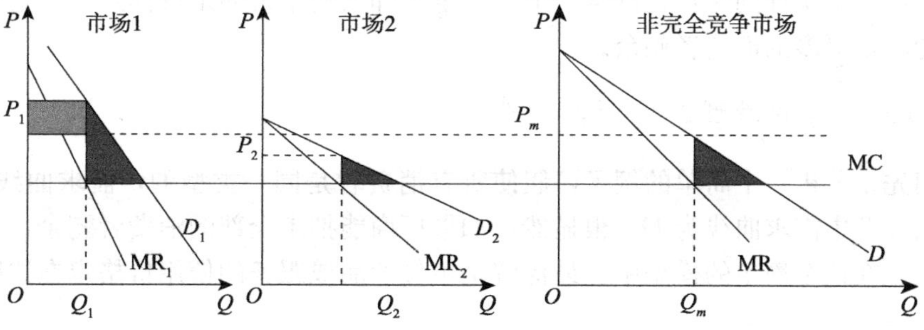

图 5.6　三级价格歧视的福利

毫无疑问，与完全竞争市场相比，三级价格歧视是缺乏效率的，因为它导致社会福利的无谓损失，即图 5.6 中市场 1 和市场 2 上两个深色阴影三角形的面积，因而资源配置没有达到帕累托最优状态。但与完全垄断市场相比，究竟是增加还是降低了社会总福利水平，则取决于图 5.6 中市场 1 和市场 2 上两个深色阴影三角形的面积之和与非完全竞争市场上深色阴影三角形的面积的比较。假设图 5.6 中三角形的面积从左到右依次为 A、B 和 C，若 $A+B>C$，则三级价格歧视降低了社会总福利，图 5.6 所示的就是这种情况；若 $A+B<C$，则三级价格歧视提高了社会总福利[①]。

综上所述，价格歧视如果运用得当，对生产者和消费者会是"双赢"的，生产者得到尽可能多的利润；消费者买到其想要的商品或服务。一级价格歧视和二级价格歧视对资源配置效率是显著改善的，社会总福利等同于或是接近于完全竞争市场的社会总福利水平；三级价格歧视满足一定的条件也能增进社会总福利。

第二节　两部收费与搭配销售

与同价格歧视一样，两部收费和搭配销售也是厂商剥夺消费者剩余的定价方法。厂商通常根据消费者的类型设计不同的两部收费制，以便从不同类型的消费者那里获得尽可能多的经济收益。自然垄断行业具有边际成本递减的特殊性，若采取边际成本定价方式厂商会面临一定的亏损额，两部收费制可以使自然垄断行业免于亏损，实现收支平衡条件下的经济福利最大化。搭配销售有纯粹搭售和混合搭售之分，搭配销售有效与否取决于消费者对搭售商品的偏好是否负相关，当消费者对搭配销售的商品偏好负相关时，搭配销售是有效的，厂商在使用搭配销售策略时，要对消费者的类型进行甄别，并分析不同搭配销售方式的福利后果。

一、两部收费

两部收费是指先向消费者收取一定数量的固定费用，然后再按消费数量向消费者收取使用费，如出租车的起步价和后来的按行驶里程计价、公园或游乐园的门票费和园内各个游乐项目的费用、电话的月租费和按照通话时间收取的话费等。

两部收费由两部分组成：其一是消费者为获得某种商品或服务的使用权而支付的固定费用，这部分费用与消费数量无关；其二是与消费数量直接相关的使用费。对厂商来说，面临着一个抉择问题：是制定一个高固定费和低使用费的定价模式，还是相反；怎样做才能获得更多的消费者剩余。

(一)消费者同类型时的两部收费

我们先来分析一个简单的例子，假使所有消费者是同一类型的，需求曲线相同(图 5.7)，图 5.7 中需求曲线为 D。很显然，如果厂商能抽走全部的消费者剩余，其利润将达到最大。在这个简单的模型中，最优解是单位商品或服务的使用价格定在边际成本水

① 王玉霞．价格歧视理论中的若干问题．财经问题研究，2001，(11)：18～21。

平上，即 $P=MC$，而固定费 T 则等于消费者在价格 P 下的总剩余 $CS(P)$，也就是图 5.7 中阴影三角形的面积。通过这样的两部制定价方法，厂商实现了等同于完全价格歧视的利润目标。

(二)消费者多类型时的两部收费

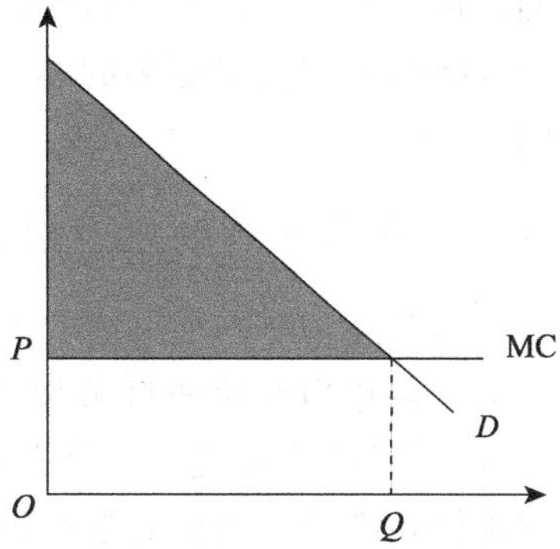

图 5.7　消费者同类型时的两部收费

现实生活中，消费者的偏好是千差万别的，不可能所有的消费者都具有相同的需求曲线。下面的模型就假设厂商面对的是两个不同类型的消费者，见图 5.8。图 5.8 中类型 1 的消费者是高需求的，需求曲线为 D_1，消费者剩余用 CS_1 表示；类型 2 的消费者是低需求的，需求曲线为 D_2，消费者剩余用 CS_2 表示。显然在统一定价下 $CS_1>CS_2$，这种情况下，如果厂商采取单一类型的两部收费，将使用费定在每单位 $P=MC$，这时，若固定费 $T=CS_1(P)$，则厂商就会失去类型 2 的消费者；若固定费 $T=CS_2(P)$，则类型 1 的消费者就会保留有一定的剩余，即图 5.8 中梯形 $ABCE$ 的面积，厂商获得的总利润 $\pi=2T+P(Q_1+Q_2)$。现实经济中，厂商常常会面临这样的两难选择，在游乐园的例子中，游乐园如果把入门费定得过高，就会失去一部分游园者，如果把入门费定得过低，则会损失原本可以从支付意愿较高的游园者那里得到的门票收入。

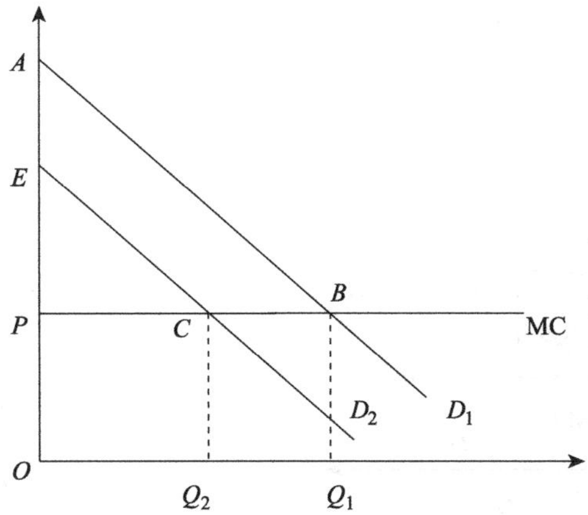

图 5.8　消费者多类型时的两部收费

当消费者呈现多种类型时，单一类型的两部收费制对厂商来说通常不是最佳的策略，厂商一般需要设计出不同类型的两部收费制，以使不同类型的消费者能进行自我选择。设计成功的自我选择机制必须满足两个基本原则：一是参与约束，即两部收费必须不能超过消费者的支付意愿，否则他们不会参与购买；二是激励相容约束，即每个消费者都会选择自己类型的两部收费而不是他人类型的两部收费。对于高需求的类型 1 消费者来说，由于购买数量比较大，低单位使用费的定价方式是其更乐意接受的；而对于低需求的类型 2 消费者来说，由于购买数量不大，或只是偶尔购买，则单位使用费高点他们也能接受，低入门费更为可取[①]。根据上述自我选择机制的设计原则，面对高需求、低需求两种类型的消费者时，厂商可以设定如下两种类型的两部收费制，即(T_1,P_1)和(T_2,P_2)，其中，$CS_2(P_2)<T_1=CS_1(P_1)$，$P_1=MC$；$T_2=CS_2(P_2)$，$P_2>MC$。高需求的类型 1 消费者会选择高固定费和低使用费的定价组合(T_1,P_1)；低需求的类型 2 消费

① 卡布罗 L. 产业组织导论．胡汉辉，赵震翔译．北京：人民邮电出版社，2002：179。

者会选择低固定费和高使用费的定价组合（T_2，P_2），遵循了激励相容约束原则；且这两种定价方式都没有超过他们各自的支付意愿，符合参与约束原则。同样道理，在面对多种类型的消费者时，厂商可以设计多种类型的两部收费制，让消费者进行自我选择，厂商从每个类型的消费者那里得到尽可能多的利润。例如，通信公司常通过低入网费或免费入网的方式吸引更多的客户，又通过给大客户更低的通话费来鼓励他们延长通话时间。

（三）两部收费制在自然垄断行业的运用

自然垄断行业，如电信、电力、煤气、自来水等行业，一般固定成本巨大，规模经济显著。在相当大的产量范围内边际成本是递减的，平均成本大于边际成本，见图5.9。如果根据边际成本定价方式，这时价格为 P_C，产量为 Q_C，这是帕累托条件下的最优价格和产量。遗憾的是在边际定价方式下厂商是亏损的，亏损额为图5.9中阴影部分所示长方形 ABP_CE 的面积，除非政府补贴这部分亏损，否则厂商不会维持这样的产量和价格水平，但是政府补贴容易导致资源配置的扭曲，损害经济运行的效率。两部收费制可以解决自然垄断行业的定价困境，在两部收费制下，单位使用费由 P_C＝MC 来确定，ABP_CE 的亏损额则作为固定费用收取。例如，假设某一自然垄断企业年亏损总额为 T，该年的消费者总数为 N，则分摊到每个消费者身上的年固定费用为 $F=T/N$，如果消费者 K 的年使用量为 Q_K，那么对消费者 K 的年两部收费总额就为 $T/N+P_CQ_K$，同理可以计算消费者 K 的月两部收费总额[①]。

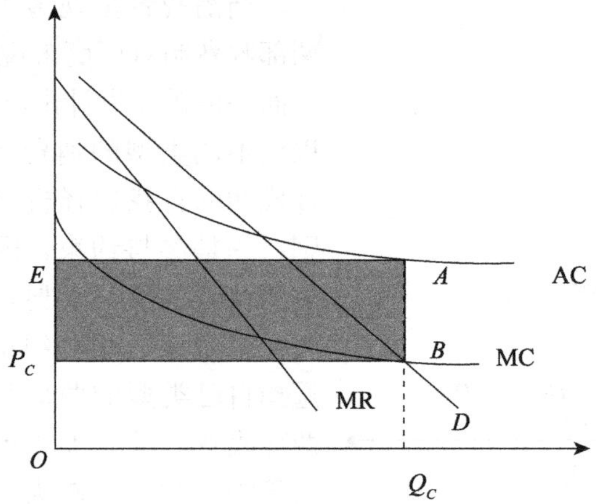

图 5.9 自然垄断行业的两部收费制

由分析可见，两部收费制在保证自然垄断行业收支平衡的前提下实现了社会福利最大化，符合有效定价原则。两部收费一方面使边际成本定价下厂商的亏损额由使用者来承担，另一方面使更多的消费者可以按等于边际成本的价格使用厂商提供的商品或服务。

① 植草益．微观规制经济学．朱绍文译．上海：中国发展出版社，1992：118。

二、搭配销售

搭配销售是指一种商品或服务的销售与另一种商品或服务的销售捆绑在一起，因而又称捆绑销售。搭配销售也是对消费者进行分类和价格歧视的一种方法，通过实施搭配销售策略，厂商可以甄别不同类型的消费者，以便从消费者那里获得尽可能多的剩余；消费者则根据偏好选择自己喜欢的商品或服务组合，使自己得到最大的满足。搭配销售可以分为纯粹搭配销售和混合搭配销售两种形式。顾名思义，前者是指厂商只以搭配销售的方式出售产品；后者是指厂商既搭配销售产品，也分开销售产品。消费者在购买电子制表软件的同时必须购买文字处理软件，否则两者什么也买不到，这是纯粹搭配销售的情况；如果消费者既可以同时购买电子制表软件和文字处理软件，也可以只购买其中的一种软件，就是混合搭配销售的情况。

(一)搭配销售有效的条件

搭配销售并非在任何时候都是有效果的，为了弄清搭配销售有效的条件，我们可以通过一个简单的例子来说明。假设一家软件公司开发了两种不同的应用软件，包括电子制表软件和文字处理软件，不同类型的客户对这两种软件的评价不同从而保留价格是不同的，表 5.1 列出了编辑人员和会计人员对这两种软件的保留价格。

表 5.1　编辑和会计的软件保留价格

客户类型	客户数量/个	电子制表软件/元	文字处理软件/元
编辑	50	360	600
会计	50	500	320

如果分开销售，软件公司对电子制表软件最高要价只能为 360 元，因为如果定价超过 360 元就会把编辑人员从它的客户中排除出去。同样的，该软件公司对文字处理软件的最高定价不能超过 320 元，否则它将失去会计人员这个购买群体。按照这一定价方式，分开销售时这家软件公司从电子制表软件的销售中获得收益 36 000 元，从文字处理软件的销售中获得收益 32 000 元，收益总量为 68 000 元。但是若这两种软件是搭配销售的，编辑人员对这套软件的估价是 960 元，会计人员对这套软件的估价是 820 元，软件公司可以对这套软件的最高定价为 820 元，获得总收益 82 000 元。因此，通过搭配销售，软件公司可以获得超过分开销售时的收益总量，搭配销售策略是有效的。

在表 5.1 中，编辑人员和会计人员对两种软件的评价是反向的，由此决定了他们对两种软件的需求是负相关的，搭配销售在这样的条件下是有效的。但是如果这家软件公司的客户主要是作家和编辑人员，作家和编辑人员都更偏好于文字处理软件，他们对这两种软件的保留价格见表 5.2。

表 5.2　编辑和作家的软件保留价格

客户类型	客户数量/个	电子制表软件/元	文字处理软件/元
编辑	50	360	600
作家	50	300	550

这种情况下，若分开销售，软件公司对电子制表软件最高要价只能为 300 元，因为如果定价超过 300 元就会把作家群体从它的客户中排除出去。同样的，该软件公司对文字处理软件的最高定价不能超过 550 元，否则它也将失去作家这个购买群体。分开销售时这家软件公司从电子制表软件的销售中获得收益 30 000 元，从文字处理软件的销售中获得收益 55 000 元，收益总量为 85 000 元。如果采取搭配销售方式，编辑人员对这套软件的估价是 960 元，作家对这套软件的估价是 850 元，软件公司可以对这套软件的最高定价为 850 元，获得总收益 85 000 元，等同于分开销售时可以获得的利润总量。

由以上分析可知，搭配销售的效果取决于不同类型消费者需求的负相关程度，当不同类型消费者的需求零负相关时，即不同类型消费者的需求完全正相关时，搭配销售无效果；消费者需求的负相关程度越大，搭配销售的效果越好，当不同类型消费者的需求完全负相关时，搭配销售的效果最为理想。因此如果厂商具备对消费者类型的完全信息，就可以有效地实施搭配销售策略。

(二)搭配销售下厂商对消费者类型的甄别

当厂商向众多的消费者分开或搭配销售两种产品时，厂商可以设计不同的单个产品价格或搭配价格，然后根据消费者在不同价格下的消费决策来对消费者进行分组，进而决定是实行纯粹搭售策略还是混合搭售策略。

在图 5.10 中，横轴代表不同消费者对产品 1 的保留价格，用 R_1 表示；纵轴代表不同消费者对产品 2 的保留价格，用 R_2 表示。如果厂商分别以价格 P_1 和 P_2 对产品 1 和产品 2 进行分开销售，则全部消费者被分成四种类型，其中区域Ⅰ的消费者对两种产品的支付意愿都超过两种产品各自的价格，因而他们两种产品都购买；区域Ⅱ的消费者对两种产品的支付意愿都低于两种产品各自的价格，他们两种产品都不购买；区域Ⅲ的消费者对产品 1 的支付意愿低于它的价格 P_1，对产品 2 的支付意愿高于它的价格 P_2，因而他们只购买产品 2；区域Ⅳ的消费者的支付意愿恰好与区域Ⅲ的消费者相反，他们对产品 1 的保留价格高于 P_1，对产品 2 的保留价格低于 P_2，因而只购买产品 1。

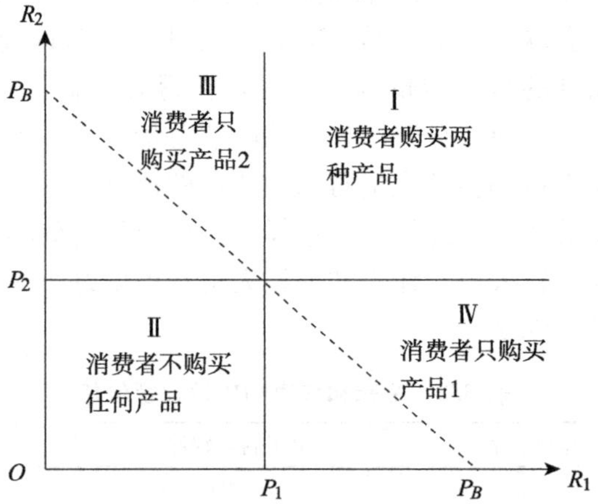

图 5.10 消费者类型的甄别

现在厂商对两种产品以价格 P_B 进行搭配销售，则全部消费者被分成两种类型，所有对产品 1 和产品 2 的保留价格之和大于 P_B，即 $R_1+R_2>P_B$ 的消费者，就会购买这两种产品组合，也就是图 5.10 所示的直线 P_BP_B 右上方区域所代表的消费者类型；而所有对产品 1 和产品 2 的保留价格之和小于 P_B，即 $R_1+R_2<P_B$ 的消费者，则不会购买这一产品组合，也就是图 5.10 所示的直线 P_BP_B 左下方区域所代表的消费者类型。从图 5.10 中，我们可以看出实施搭配销售策略，厂商失去了区域Ⅲ和区域Ⅳ中原本只购买其中一种产品的部分消费者。

既然搭配销售可能使厂商失去一部分消费者，那么厂商在进行搭配销售时，必须确保搭配销售给它带来的利超过消费者减少所造成的损失，那么厂商该如何决策才能使搭配销售更为有利可图呢？这要求对搭配销售的福利进行分析。

三、搭配销售的福利

前面已经分析，当消费者需求负相关时，搭配销售是比分开销售更为有效的策略。至于混合搭售和纯粹搭售哪个更为有利可图，则要根据具体情况做出判断。以下我们分几种情况对分开销售、纯粹搭售和混合搭售进行比较研究，以得出搭配销售的福利结果。

(一)消费者需求完全负相关，边际成本非零时

在图 5.11 中，四个消费者 A、B、C、D 的需求是完全负相关的，假定生产产品 1 的边际成本为 20 元，生产产品 2 的边际成本为 30 元。如果分开销售，厂商对产品 1 制定价格 $P_1=80$ 元，对产品 2 制定价格 $P_2=90$ 元，在这样的价格下，消费者 A 只购买产品 2，因为其对产品 1 的保留价格 10 元低于产品 1 的销售价格 80 元；同样道理，消费者 D 只购买产品 1，因为其对产品 2 的保留价格 20 元低于产品 2 的销售价格 90 元；至于消费者 B 和 C 则由于他们对两种产品的保留价格都低于产品的销售价格而什么也不购买。假设每个消费者对产品的购买量是一个单位，则分开销售厂商获得的利润总量为 $1\times(80-20)+1\times(90-30)=120$(元)。如果分开销售，厂商对产品 1 制定价格 $P_1=60$ 元，对产品 2 制定价格 $P_2=60$ 元，则消费者 A 和 B 会购买产品 2，但不购买产品 1；消费者消费者 C 和 D 会购买产品 1，但不购买产品 2，则厂商获得的利润总量为 $2\times(60-20)+2\times(60-30)=140$(元)。如果厂商只以 100 元的价格搭配销售，则纯粹搭配销售下厂商获得的利润总量为 $4\times(100-20-30)=200$(元)。如果厂商既以 $P_1=80$ 元、$P_2=90$ 元的价格分别对消费者 D 出售产品 1、对消费者 A 出售产品 2，又以 100 元的价格对消费者 B 和 C 进行搭配销售，则这种混合搭售厂商获得的利润总量为 $1\times(80-20)+1\times(90-30)+2\times(100-20-30)=220$(元)。比较这三种销售方式，混合搭售是最为有利可图的策略。

(二)消费者需求完全负相关，边际成本为零时

这种情况改变了厂商生产的边际成本不为零的假定，假定厂商生产两种产品的边际成本都为零。这时仍按照上面混合搭配的价格销售，厂商获得的利润总量为 $1\times80+$

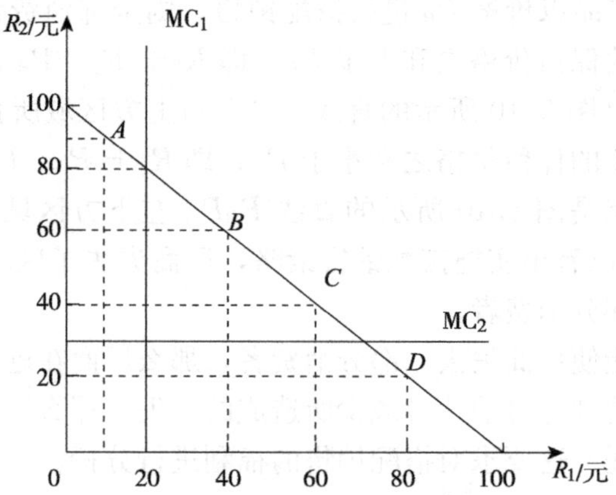

图 5.11 需求完全负相关时的混合搭售和纯粹搭售

1×90+2×100=370(元)，而按 100 元的价格纯粹搭配销售，厂商获得的利润总量为 4×100=400(元)，混合搭配下厂商获得的利润总量低于纯粹搭配销售下厂商可获得的利润总量，因而纯粹搭售更为可取。

(三)消费者需求非完全负相关，边际成本为零时

与图 5.11 所示的四个消费者 A、B、C、D 的需求完全负相关不同，图 5.12 中，消费者的需求并非完全负相关，其中消费者 B 和 C 的保留价格更高了，现在假定消费者 B 和 C 对两种产品的保留价格之和为 130 元。在生产的边际成本为零时，如果分开销售，$P_1=80$ 元，$P_2=80$ 元，消费者 C、D 会购买产品 1；消费者 A、B 会购买产品 2，则分开销售厂商获得的利润总量为 2×80+2×80=320(元)。如果厂商采取纯粹搭售策略，对搭配的最高定价只能是 100 元，则纯粹搭售厂商获得的利润总量为 4×100=400(元)。如果厂商仍以 $P_1=P_2=80$ 元的价格分别对消费者 D 出售产品 1、对消费者 A 出售产品 2，又以 130 元的价格对消费者 B 和 C 进行搭配销售，则混合搭售厂商获得的利润总量为 1×80+1×80+2×130=420(元)。由此例可以得出，当边际成本为零，消费者需求非完全负相关时，混合搭配销售策略要优于纯粹搭配销售策略。但这一结论得出的前提是消费者对两种产品的偏好差距必须足够大，如果上述消费者 B 和 C 对两种产品的保留价格之和为 100～120 元，即消费者 B 和 C 对两种产品的保留价格之和与消费者 A 和 D 对两种产品的保留价格之和的差距小于 20 元，则混合搭配销售策略优于纯粹搭配销售策略的结论不成立。

类似地，可以结合图 5.11 和图 5.12 来比较分析当消费者需求非完全负相关，边际成本非零时搭配销售的福利结果，读者可以自行练习一下。

以上我们分析的是搭配销售对厂商的福利影响。对于消费者来说，搭配销售特别是混合搭配销售可以使消费者有更多的选择机会，去饭馆用餐时，消费者可以根据自己的喜好选择开胃汤加主食、主食加饮料、主食加饭后甜点等多种套餐服务。另外，在通常情况下搭配销售的价格要低于分开销售的价格之和，在主食加饮料的例子中，若分开销售，一份主食的价格是 15 元，一份甜点的价格是 5 元，两者之和是 20 元，但当主食与

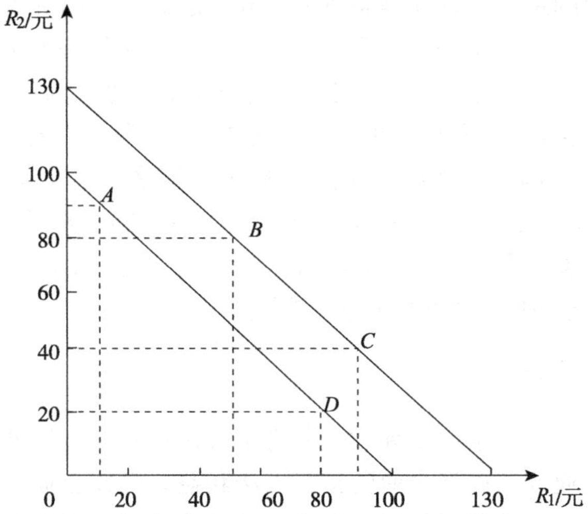

图 5.12　需求非完全负相关时的混合搭售和纯粹搭售

甜点搭配时可能的售价为 18 元，与分开销售相比，消费者现在享受同样的商品或服务，支出却降低了。因此，从这些角度来看，搭配销售对消费者也是有利的。

第三节　价格策略性行为

策略性行为是新产业组织理论研究的核心，最早对策略性行为进行界定的是美国学者托马斯·谢林(Schelling，1966)，他在《冲突的战略》一书中指出策略性行为是企业通过影响竞争者对该企业行动的预期，使竞争者在预期的基础上做出对该企业有利的决策行为①。策略性行为有非合作策略性行为和合作策略性行为之分，典型的合作策略性行为是厂商之间的串谋，这在本书第四章已经做了阐释，本节要介绍的是非合作策略性行为中的价格策略性行为。在完全竞争的市场环境下，企业只能被动地接受价格，而在不完全竞争的市场环境中，企业可以根据市场环境的变化，灵活地变动产品价格，以期达到企业的经营目标，因此价格策略性行为就成为市场微观经济主体——企业在不完全竞争环境中经常使用的竞争手段。一般来讲，典型的价格策略性行为主要分为限制性定价(entry limit pricing)策略和掠夺性定价(predatory pricing)策略，而实施这两种价格策略性行为的主要是一些在市场上具有一定市场势力和市场控制力的企业，因此，对这两类价格策略性行为的分析对于区分在正常的市场竞争活动中企业的价格策略和损害市场的垄断行为有着重要的作用。

一、限制性定价策略行为

限制性定价策略行为是一种短期非合作策略性行为，一般是指在位企业通过在市场上实施价格策略来影响潜在企业对进入市场后收益的预期，从而影响潜在厂商的进入决

① Schelling T. The Strategy of Conflict. Harvard：Harvard University Press，1966：5.

策。对于限制性定价的定义，存在静态意义上和动态意义上两种不同的理解。静态意义上对限制性定价的解释以贝恩等学者为代表，贝恩等认为限制性定价即遏止进入定价，是指在位企业在制定价格策略时，是以完全阻止潜在企业进入为目的而制定的最高价格。动态意义上对限制性定价的解释以卡米恩、施瓦茨[①]等学者为代表，他们把限制性定价理解为在位企业通过跨时期收益现值之和最大化的价格策略来减少或消除潜在企业的进入，即最优限制性定价。相比而言，动态限制性定价考虑到时间因素对在位企业利润及潜在企业进入决策的影响，这种限制性定价可以不设在完全阻止进入的水平上，通常处于完全阻止进入的价格水平之上和短期垄断价格水平之下[②]。

（一）静态限制性定价

静态限制性定价集中考察了主导性企业为了维持自身的市场地位，最大限度地压低价格，使新进入的企业或从属性企业的扩张无法获益。潜在企业决定进入的基本因素是利润，如果预期进入后能够获得超过正常报酬的经济利润，则潜在企业将进入市场，而进入后能否获得收益决定于进入后的价格和成本。静态限制性定价中假定潜在的进入企业相信进入后，在位企业不会改变产量，因此潜在进入的企业认为进入后行业的总产量是自己产量和在位企业产量之和。假定在位企业和潜在进入企业的平均成本函数相等，即图 5.13 中的 AC 线，如果在位企业生产 Q_1 单位，并在潜在进入企业进入后仍然保持不变，新企业面对的则是行业需求曲线减去 Q_1 后所得到的剩余需求曲线。如果新企业决定不进入时，在位企业则以价格 P_1 出售 Q_1 单位的产量。当新企业进入后，行业的总产出为 Q_1+Q_2，价格则降为 P_2。如果在位企业将其产量定在 Q_1，新进入的企业生产 Q_2 单位时，价格 P_2 刚好等于新企业的平均成本，这时新企业进入与不进入的收益是一样的。

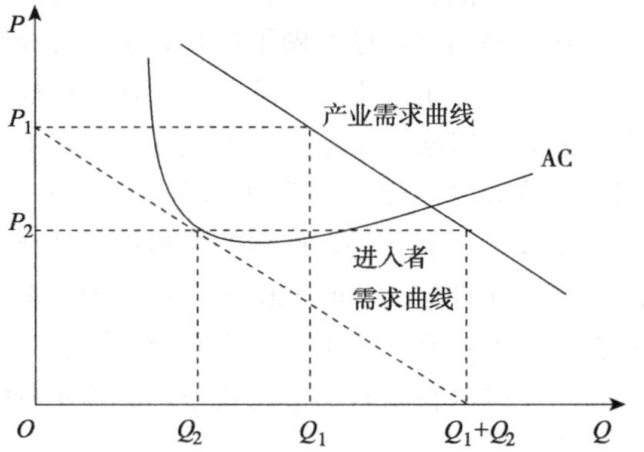

图 5.13 静态限制性定价

如果在位企业将产量定在 Q_1，以致潜在新进入的企业面临的剩余需求曲线恰好低于或等于它的平均成本曲线，那么潜在新进入企业就无从生产出能使它盈利的产量。如

① Kamien K，Schwarts N. Limit pricing and uncertain entry. Econometrica，1971，39(3)：441～455.

② 干春晖，刘平．限制性定价理论研究．上海管理科学，2004，(3)：25～27。

图 5.13 所示，在位企业能够在价格 P_1 上出售 Q_1 数量的产品，P_1 高于其平均生产成本但又能清除新企业进入的诱因。换句话说，潜在的阻止进入价格 P_2 阻止了新企业的进入①。

一般来讲，静态限制性价格的高低取决于以下几个主要方面的因素：①市场的初始规模。市场规模越大，在位企业就必须生产更多的产品来阻止进入，因此限制性价格就相应降低；反之，如果市场规模越小，在位企业无需生产较多的产品就能阻止进入，相应的限制性价格就会提高。②进入者的平均成本。如果潜在进入企业在任意产量的平均成本较高，则需要更高的价格才能获得收益，因此，限制性价格也相应提高。③非价格进入壁垒。如果市场不是完全竞争的，则任何非价格进入壁垒都将使潜在进入企业的进入成本不同程度地加大，限制性价格也可以相应地提高。

(二)动态限制性定价

如果在位企业能够通过设定阻止进入价格成功地维持住原来的市场地位，就可以获得长期收益；当然在位企业也可以设置一个较高的垄断价格，这就会吸引新企业的进入。这样在位企业就面临着或者获取短期较高利润但失去垄断地位，或者长时期地获得较低利润而保持其垄断地位的选择。以利润最大化为目标的在位企业就必须在短期利润和长期利润之间进行平衡，进而采取跨时期利润总额最大化的定价策略。

1. 影响动态限制性价格的因素

当考虑把时间因素加入限制性价格之后，动态限制性价格也就成为使长期利润最大化的价格。决定动态限制性价格的主要因素有：①折现率。折现率较高的话，现期收入转换为未来收益的机会成本将会提高，这会使未来收益的现值下降，在位企业更愿意获取短期收益，而放弃长期市场份额，最优限制性价格会被提高，反之亦然。②在位企业的风险偏好。有关的研究表明，在位企业对风险的偏好有着不同的认识，因而对同一限制性价格下的潜在企业的进入可能性有着不同的估计，在位企业的不同风险偏好会使最优限制性价格的制定表现出如下规律：风险偏好企业会抬高最优限制性价格；风险厌恶企业则往往倾向于降低当前的最优限制性价格，以换取低的进入可能性。③非价格进入壁垒的作用。非价格进入壁垒在动态限制性价格的决定中表现较为复杂，并非如在静态情况下一样，非价格进入壁垒总是与静态限制性价格存在正相关关系。动态情况下，非价格进入壁垒对最优限制性定价的作用在不同的前提条件下会得出不同甚至截然相反的结论，因此，在分析非价格进入壁垒的影响时一定要严格限制前提条件的适用范围。例如，时滞的长短通常会使非价格进入壁垒对限制性价格的影响变得复杂，如果进入的时间较长，在位企业在短期内提高价格，而潜在企业也很难在此时间内进入该市场中，这时即使非价格进入壁垒很低，在位企业也会把限制性价格根据时滞的长短而正相关地不同程度地提高。④市场需求增长的速度。市场需求增长的快慢会使潜在进入企业产生不同的预期，市场需求增长越快，则潜在进入企业会认为越早进入，获得收益的增长速度越快于可能损失的增长速度，这时在位企业将会降低阻止进入价格；反之，市场需求增长越慢，在位企业越可能提高最优限制性价格。⑤成本结构。相对于潜在进入企业，在

---

① 卡尔顿 D. 现代产业组织. 黄亚钧译. 上海：上海三联书店，上海人民出版社，1998：572。

位企业的成本优势越明显，提高最优限制性价格获取利润的余地越大；反之，如果在位企业仅有微弱的相对成本优势，则只能降低限制性价格，获取少量利润。此外，初始竞争的激烈程度、潜在进入企业对价格的敏感程度、产业内企业的数量等也会影响限制性价格水平的高低。

2. 动态条件下在位企业的限制性价格策略

动态条件下在位企业限制性价格的决定既取决于市场结构，又与潜在企业的进入速度有关。在一个有大量接受价格的厂商能够自由及时进入，且它们的成本不比在位企业的成本高出多少的可竞争市场结构中，理性的在位主导厂商不会不惜代价地把所有的竞争性从属厂商逐出市场，潜在企业的进入威胁使在位主导厂商不能索取比完全竞争市场高出多少的价格，此时的最优限制性定价会明显低于垄断厂商的价格。而在一个潜在企业不能自由及时进入，且沉没成本很大的高进入壁垒市场上，在位主导厂商具有显著的成本优势和市场势力，理性的在位企业会尽力提高最优限制性价格，以尽可能地驱逐竞争性从属企业，且消除潜在企业进入市场的诱因。

对潜在企业或从属企业进入速度的理论模型主要有结团进入模型(Kamien and Schwarts，1971；Debondt，1976)和连续进入模型(Baron，1973)。当潜在进入企业面对一定价格并预期盈利时，则它们将在一段时间内同时进入市场，且预期收益越大，这些企业进入的速度越快，许多潜在企业的同时进入，使在位企业的收益持续大幅度地下降，这时只要阻止进入的成本不高，在位企业将坚决进行阻击。如果在一个时间段内，潜在企业选择逐渐进入的策略，在位企业则在开始制定一个较高的价格，然后慢慢地降低价格，当价格降到使最后一位潜在进入的企业退出该市场时，在位企业再将价格提高并维持在最高阻止价格水平上，从而防止新企业的进入。

(三)不完全信息下的限制性定价

随着博弈论和信息经济学在策略性行为理论中的广泛应用，不完全信息被应用到了限制性定价理论中来，从而使限制性定价的策略行为更加接近现实。在现实的市场环境中，市场信息往往是不完全的，在位企业和潜在进入企业普遍存在着信息不对称的情况，竞争者对彼此的成本及其战略决策、整个市场的需求状况等存在着非对称的了解，因此，潜在进入企业只有通过一个先验概率来进行信息估计，并通过实际观察来进行修正，在这种情况下在位企业的价格策略行为会影响潜在进入企业对在位企业的成本及其他方面的信息估计。例如，在不完全信息情况下，在位企业如果具有高成本的特征，则其往往会通过低价策略来干扰潜在进入企业的判断，从而使潜在进入企业做出在位企业是低成本企业的错误判断，潜在企业在决定是否进入在位企业市场时会谨慎行事。不完全信息下在位企业限制性价格的决定在很大程度上取决于在位企业和潜在进入企业的成本信息分布状况，如果在位企业对自己的成本信息实施了成功的保密，潜在进入企业自身的成本信息因具有相对的透明性而处于信息弱势地位，这时高成本的在位企业可以通过降低最优限制性定价把自己伪装成低成本的企业，达到误导潜在企业、使其不敢贸然进入的目的。米尔格罗姆和罗伯茨(Milgrom and Roberts，1982)在不完全信息的分析结构中对限制性价格进行了研究，他们认为在不完全信息条件下，在位企业的价格会起到信号传递的作用，实际发生进入的概率既可能比完全信息条件下要低，也可能等于甚至高于完全信息条件下的实际进入概率，对在位企业的成本判断是决定何种结果出现的一个非常关键的因素①。

二、掠夺性定价

掠夺性定价是指一家企业为了将竞争对手排挤出市场或者吓退打算进入相关市场的潜在企业，在一定的市场上暂时降低价格，待竞争对手退出市场后再提高价格，以期获得较高的收益。

(一)掠夺性定价的特征

根据掠夺性定价的定义，我们可以从实施的目的、降价的幅度、提价的依据等角度来把握掠夺性定价的特征。首先，从实施的目的来看，通常情况下在位主导企业施行掠夺性定价的目的不外乎三个方面：其一是驱逐或者消灭现有的竞争对手，将其赶出市场；其二是警告准备进入的潜在企业，使其不敢轻易进入；其三是教训不合作的其他在位企业，使其按照主导在位企业的意志行事。其次，从降价的幅度来看，掠夺性定价的价格下降幅度通常很大，一般要求价格降至成本水平以下，发起掠夺性定价的企业是要承担亏损的，因此掠夺性定价是暂时的，待把竞争对手驱逐出市场之后，发起企业往往会再度把企业价格提高到获得收益的水平，可见掠夺性定价是一个“先亏损后盈利”的过程。最后，从提价的依据来看，施行掠夺性定价的厂商不是要通过暂时性降价来扩大市场需求量，而是要借助暂时性降价驱逐竞争对手来缩减市场供给量，进而在控制市场供给量的前提下提高市场价格。

(二)实现掠夺性定价的条件

对于掠夺性定价的掠夺方来说，要想成功实现掠夺性定价策略，必须具备以下条件：首先，施行掠夺性定价的在位企业必须释放出强有力的信号，使潜在进入者相信进入该市场将会受到重大的打击，在位企业可以在一个或若干个市场做出示范，使潜在进入者放弃进入所有相关市场，从而使在位企业在其他市场获得较高的收益。如果在位企业能够表明自己可以获得金融机构强有力的支持，而进入者在获得金融机构支持方面相应不具备更强的条件，则有利于在位企业实施掠夺性定价策略。其次，在位企业在成功实施掠夺性定价策略行为后，必须有能力把价格提高到既能够弥补上一阶段降价带来的损失又能够获得较高的收益，这种提价能力将受到在位企业所处的市场结构、相关法律法规的影响，在位企业要避免遭到反垄断机构的调查和相关法律法规的制约。最后，价格提高后往往又会吸引新的企业进入，这就要求掠夺性定价的施行企业必须通过一定的方式来表达自己将会把价格降到足够低水平的决心，从而使欲进入的企业谨慎行事。如果掠夺性定价行为使竞争对手出现经营困难甚至破产，这就需要掠夺企业通过兼并、收购等将竞争对手的资产控制起来，防止其被新的潜在进入者利用，从而为下一次掠夺性

---

① 干春晖．产业经济学教程与案例．北京：机械工业出版社，2007：63～64。

定价策略行为做好准备。

对于掠夺性定价的被掠夺方来说，如果进入在位企业想通过提价来获取高收益的市场，则会使在位企业无法达到预期的目的，即在位企业释放的信号不具有高置信度。如果潜在进入者通过市场调查等方式发现在位企业是具有高成本的企业，则会通过信贷、与消费者订立联盟等方式来弱化在位企业的策略；或者以逸待劳，当在位企业消耗得差不多时再进入市场，这时候进入成功的可能性就比较大。

（三）判定掠夺性定价的检验规则

在现实经济中，存在着短期内以低于成本价销售商品或劳务但却与掠夺性定价没有必然联系的市场行为。例如，当市场萧条或对市场需求估计错误时，企业可以在平均变动成本以上、平均成本以下的价格水平上销售，以便继续维持生产避免退出市场；在市场在位企业本身生产多种产品时，其可能通过多产品交叉价格补贴策略或捆绑定价策略，以一种产品的低价或免费赠送来达到整体价格最优，单个产品的低价或免费带来的损失会在整体价格收益中得到补偿，这个低价或免费赠送的产品价格要明显低于其他厂商的同类产品价格。在一些规模经济或“学习曲线”比较明显的产业中，低价格策略会使企业的销售量增加，而销售量的增大反过来又会促进企业不断地积累生产经验，使进一步降低企业的生产成本成为可能，这种良性的循环常常会使产品的价格表现出较低的水平。在一些技术进步非常快的行业，如信息产业中，数字产品的无形损耗的速度越来越快，原有的成本支出无法衡量现在的市场供求状况，产品大幅度降价可能也是正常的市场行为。如此种种现象说明，现实市场中的低价格并不等同于掠夺性定价，科学地判断掠夺性定价需要了解和掌握相关的检验规则。目前关于掠夺性定价判定的主要规则有平均变动成本规则、产量规则、平均增加成本规则、两阶段检验规则和占优规则等。

阿瑞达和特纳（Areeda and Tumer，1975）的平均变动成本规则指出，任何高于合理预期短期边际成本的价格应被认为是合法的，反之则是非合法的，但由于在实际生活中边际成本难于测量，因而用平均变动成本来代替边际成本进行检验。该规则主要的缺点在于在实际中平均变动成本与边际成本往往存在较大的不一致性；此外，该规则是建立在静态基础上的，没有考虑到时间因素，从而对在位企业的长期市场行为无法做出准确判断。威廉姆森（Willamson，1997）基于策略性反竞争行为的思路提出了产量规则，他认为掠夺性定价是在位企业面对新进入者做出扩大产量决策的直接结果，因为如果新进入者进入在位企业的市场后，在位企业维持或限制自己的产出，则不会出现掠夺性定价行为。从实践的操作难易来看，判断一个企业是否增加产量通常要比判断一个企业是否进行低于成本的定价相对要容易得多。在鲍默尔和伯尔顿的平均增加成本规则中，鲍默尔（Baumol，1979）基于进退无障碍理论提出了价格不能低于平均增加成本的规则，伯尔顿（Bolton，2000）则把平均增加的成本定义为企业为了进行掠夺性销售而增加产出的单位成本，由于该成本仅仅用于掠夺的增加产出，既包括变动成本增加也包括增加的固定成本，因而相对能更准确地反映掠夺性销售的成本。乔斯科和克莱沃里克（Joskow and Klevorick，1979）提出了两阶段检验规则，在该规则中，第一阶段先检验在位企业是否具有市场势力，如果存在市场势力，则随后在第二阶段进行价格和成本的分析，如果价格高于平均成本应该被认为是合法的；如果价格低于平均成本但高于平均变动成本也应该被认为是合法的，但原告负有举证义务；如果价格低于平均变动成本则被认为是非法的，被告具有举证义务。而在奥德沃和威利戈(Ordver and Willing，1981)的占优规则中，基本思想是在位企业在面对多种策略行为时，掠夺性定价行为是否是成本最低的策略性行为依赖于是否存在其他更好的策略选择，如果还有更好的策略性行为，则不认为掠夺性定价行为会发生。在实践中，该规则要求对多种可能的策略性行为进行检验，因而检验的难度比较大。目前，国际上许多国家在对掠夺性定价的检验中往往采用乔斯科和克莱沃里克的两阶段检验规则，主要原因在于该规则有着明确的操作标准和执法成本低且效率高的特点。

上述各种检验掠夺性定价的规则都存在不同程度的缺点，因而在实际情况中制定反掠夺性定价的相关法律有着很大的难度，在判定是否存在掠夺性定价时，一些国家(如加拿大)往往将两阶段规则中的成本和动机及其他因素综合起来加以考虑；美国的有关机构在分析掠夺性定价时，则根据市场的变化在不同时期采用不同的标准进行参照。欧盟的不同之处在于其以滥用市场势力为核心进行参照，强调主导厂商排挤竞争对手的降价行为，而不仅仅是价格低于成本的行为。

(四)掠夺性定价策略的市场竞争后果

在市场竞争态势日益复杂和激烈的现代经济中，企图通过实施掠夺性定价策略来获取较高收益的目的越来越难以实现，正如上述分析的那样，如果在位企业通过伪装策略来制造进入在位者的市场并无收益的信号以后，潜在进入企业识别了在位企业的伪装策略，这种无收益的信号就是虚假的，则潜在进入企业不会轻易放弃进入。如果在位企业在现有市场的众多企业中不占有特别的市场竞争优势，即不是市场的主导者，当非主导在位企业实施掠夺性定价策略时，只会使竞争实力与其相差较大的潜在进入企业或其他在位企业感到不安，而实力与其相差无几的潜在进入企业或其他在位企业则会等待时机，等到掠夺性定价的实施者资源耗费到一定程度时才会乘虚而入或乘机反击，抢夺其市场，从而实施者的掠夺性定价不仅没能扩大其市场份额反而削弱了其原有的市场势力。如果市场存在巨大的退出障碍，被实施掠夺性定价的企业退出市场遭受的损失可能比不退出市场还要大，则它们不会选择轻易退出；在被掠夺性企业的设备存在多用途时，它们可能会在掠夺期内利用其多用途的设备生产其他的产品以尽可能地减少损失，等待实施者攻势减弱时再恢复生产原来的产品。如果市场足够大，降价行为会带来市场需求的增加，在位企业如果没有足够的生产能力满足增加的市场需求，则会使市场价格上升，从而吸引潜在企业进入市场使掠夺性定价策略失败；如果在位企业仍坚持增加投资以满足增长的市场需求可能会因为时间上的滞后而遭受更大的损失。此外，在一些公共产品领域，政府对相关产品规定了价格下限，从而在一定程度上限制了掠夺性定价策略的实施。应该看到，实施掠夺性定价后，如果在位企业把价格提高到较高的水平，就会吸引新的进入者，从而引发新一轮的掠夺与被掠夺。

三、价格策略性行为的福利含义

为了保持正常的市场竞争，就必须对价格策略性行为进行规制，规制的基本依据就是价格策略性行为对生产者福利、消费者福利以及社会总福利变化的影响，但是从上面对两类价格策略性行为的分析中我们可以看到影响限制性定价和掠夺性定价的因素是多方面的，要想从理论上对价格策略性行为的福利影响做出全面准确的判断是非常困难的。

在限制性定价理论中，静态限制性定价理论表明，限制性定价阻止了潜在企业的进入，这对竞争企业是不利的；但从另一个角度来看，限制性定价降低了产品的价格，消费者可以从中获益，净福利效应是不明确的。在不完全信息的条件下，信息的分布状况对限制性定价福利的影响作用是很大的：如果潜在企业进入在位企业的市场，增加了市场竞争，并且产品的价格也下降了，则净福利效应是正的；反之，如果限制性定价没有使产品的市场价格下降，潜在企业也被阻止进入市场，则净福利效应是负的。对于动态限制性定价，其福利效应的判断就更加复杂了。

对于掠夺性定价福利影响的判断的一个主要问题是要准确地识别正常的市场竞争行为和带有垄断目的的市场竞争行为，如果我们明确地知道在位企业是以获取超出正常报酬的垄断利润为目的的，则我们可以依据在位企业的势力大小，用有关的完全垄断市场或寡占市场中的福利分析方法来对掠夺性定价策略行为的福利影响进行分析。对消费者来说，在掠夺性定价的初始阶段，掠夺厂商在主观上并未考虑到消费者的利益，只是在客观上给消费者带来了低价格的好处；在掠夺性定价的第二阶段，消费者却是最大的受害者，由于其他竞争厂商或是被赶出市场或是不敢进入市场，消费者失去了选择其他可替代产品或服务的权利，不得不接受在位厂商的垄断高价，因此，从掠夺性定价的全过程及其后果来看，掠夺性定价总体上是损害消费者福利的。对于厂商来说，掠夺性定价也未必就能使它获得垄断利润或者是获得的利润超过实施掠夺策略的损失。根据芝加哥学派的观点，掠夺性定价可能使掠夺方蒙受更大的损失，掠夺方必须有足够的生产能力满足低价格下对自己产品增加的新需求，以及因低价格下竞争对手不愿增加产量甚至缩减产量而从对手那里转移过来的市场需求，而且这些需求都必须以低于成本的价格供给。这些损失是否可以得到补偿取决于掠夺是否能够成功，如果被掠夺方能够获得资本市场上的资金支持，掠夺策略的胜算将大大降低；即使掠夺能够成功，垄断利润是否可以补偿掠夺损失还要视垄断价格维持时间的长短而定，因而掠夺性定价策略能否给掠夺厂商带来垄断利润具有很大的不确定性。

第六章

产业组织： 企业纵向关系

【本章概要】 前面章节里，我们在讨论市场结构的时候，只涉及最终产品。本章分析扩展到中间产品领域，即研究企业间的纵向关系，内容主要包括上下游企业间的纵向一体化(vertical integration)和纵向约束(vertical restraints)。

【教学要求】 了解纵向一体化和纵向约束的含义，理解企业实行纵向一体化的原因，重点掌握纵向约束的形式和纵向一体化的福利效应及立法。

商品生产通常包括组成纵向产业链的多种经济活动，这些活动往往始自上游的原材料供应商，依次流向下游的生产商、批发商和零售商。企业可以通过竞争市场组织交换，也可以选择在企业内部组织交换——纵向一体化，还可以采取部分纵向一体化或者通过订立复杂的纵向约束契约等形式进行交换。事实上，企业究竟采用哪种形式组织交换取决于其成本与收益的对比关系，并因此影响其他关联企业随后的策略行为。企业纵向关系也是政府立法与规制的重要领域。

第一节　纵向一体化

一、纵向一体化的内涵与形式

(一)纵向一体化的内涵

纵向一体化是指企业从事商品或服务一个以上连续生产或分销阶段的活动，自己提供生产或分销过程中所需的全部投入品或服务[①]。而非纵向一体化的企业则是从其他企业那里购买生产或分销过程中所需的投入品或服务。前者使用的是企业内的科层命令制度，而后者使用的是企业间的市场交易制度。刘志彪(1996)认为纵向一体化应包括两层

① 于立，吴绪亮．纵向限制的经济逻辑与反垄断政策．中国工业经济，2005，(8)：22～28。

含义：一是指企业组织结构的演变过程，即企业在产品的生产或经销各阶段上的延伸；二是指企业的资产调整行为，即企业通过纵向兼并进入投入和产出的另一阶段[①]。帕瑞(Perry，1989)指出，出现下述两种情况之一的，即可认为上下游生产过程是一体化的(vertically integrated)：上游生产过程的全部产出都被用做下游生产过程的一种中间投入，它可以是下游的全部投入，也可以是部分投入；下游生产过程的某种中间投入全部来自上游生产过程，它可以是上游的全部产出，也可以是部分产出。

为了便于理解，我们来看一个纵向一体化的典型实例。珀杜公司(Perdue)是一家著名的鸡肉供应商。20世纪50年代，弗兰克·珀杜开始自己配制饲料，而不是购买市场上销售的他认为劣质的混合饲料。1961年，他收购了一家大豆加工厂生产饲料。1968年，他通过收购拥有了第一家珀杜加工厂，使他的企业可以宰杀、包装和配送鸡肉，而并不依赖于肉类包装商。1969年，珀杜开始出现在自己的电视广告中。珀杜公司实行的就是一体化战略，其经营范围包括鸡肉产业链上下游的多个环节。

纵向一体化这种产业组织形式的特征以纵向一体化的企业组织为边界。在企业组织内部，由管理机制或企业家协调经济活动；在企业组织外部，由市场机制或价格机制协调企业之间的经济活动。事实上，在企业内部，价格机制已被企业家对经济活动的控制所替代，意味着企业承担投入要素的生产或使用自己的产品，而不是在市场上购买投入品或出售产出品。因此，是否发展纵向一体化的组织形式这个问题，可以归结为是利用市场价格决策还是利用企业家机制决策，或可简单归结为内部生产或购买的决策问题。

(二)纵向一体化的形式

纵向一体化具有两种形式，包括前向一体化(vertically integrate forwards)和后向一体化(vertically integrate backwards)。当企业进入最终产品生产和分配阶段时，称为前向一体化；当企业进入投入要素或原材料生产阶段时，称为后向一体化。在实践中，纵向一体化可能表现为两种方式：一种是以产品、信息、技术、人事、服务等内容的企业间纵向联系；另一种是以资产为纽带的纵向联系。后一种联系更紧密，更有典型意义。本章所述的纵向一体化往往是指后一种方式，但这并不意味着前一种方式不需要。

二、纵向一体化的动机

企业选择纵向一体化的大多数原因是节约交易成本、减少机会主义行为、消除外部性和获得规模经济等。企业只有当自己能够以比其他厂商更低的成本完成必需的生产过程时，才会选择纵向一体化。也就是说，只有当收益超过成本时，企业才会进行纵向一体化。通常，纵向一体化可以带来以下好处。

(一)降低交易成本

企业可以通过纵向一体化来降低交易成本。根据新制度经济学原理，交易成本理论揭示了企业存在的原因，即企业内部交易费用小于市场交易费用。科斯认为，企业是市

---

① 刘志彪：产业经济学．南京：南京大学出版社，1996：132～133。

场机制的替代物，市场和企业是资源配置的两种可以互相替代的手段。企业通过一体化形成规模庞大的组织，使组织内部的职能相分离，形成一个以管理为主的内部市场体系。市场交易费用和企业内部管理成本之间的平衡关系决定了企业和市场的边界。当交易成本特别高时，企业选择自己采取行动而不是依赖于市场。纵向一体化使企业之间的相互监督问题转化为企业对员工的监督问题。在企业内，雇主可以协调不同部门的决策，以企业完全独立时不可能使用的方式来监督员工。另外，拥有固定工资的员工在工作时将不如分包合同企业的所有者那样努力。

以下四类交易的成本可能非常高，以至于企业进行纵向一体化是合理选择。它们包括专用性资产(specialized assets)、使监督更为困难的不确定性(uncertainty)、涉及信息的交易(transactions involving information)以及广泛的协调(extensive coordination)。

1. 专用性资产

威廉姆森(Williamson，1985)指出，交易所涉及的资产专用性、不确定性和交易发生的频率对交易费用本身都具有影响，交易费用的主要决定因素在于资产的专用性(包括特定有形资本、特定人力资本以及特定地点资本)及其所造成的机会主义行为(opportunistic behavior)——当环境允许时利用他人①。这种机会主义行为造成了现货市场交易的高成本。企业会通过"契约"形式来固定交易条件，但这种"契约"却往往会约束企业自身的适应能力。当这一矛盾难以解决的时候，通过一体化将合作者变为内部机构，就可以消除上述问题。

2. 不确定性

现实世界充满了不确定性。虽然完备的契约可以消除机会主义行为，但将所有权益都在契约中进行明晰的成本很高，所以契约不可能是完备的。契约的不完备性对交易费用起着决定性作用。纵向一体化能够消除或减少由资产专用性所造成的机会主义行为和不确定性的存在，企业实际上就成为为了解决连续的生产过程间不完备契约所导致的纵向一体化实体。假设购买者不能确定耐用机器能用多久，预测质量(寿命)的最好方法是观察机器建造的方法。但如果外部企业不能对建造质量进行监督，那么当质量非常关键时，企业就可能选择纵向一体化。

3. 涉及信息的交易

很难构建一个合约能给供应企业合理的激励以获取信息。如果一个企业支付给另一个企业一笔固定费用来获得新开发市场的信息，受雇用的企业将缺乏努力工作以发现所有信息的激励，购买者也没办法确定供应商是否很好地完成了工作。同时还会产生有关支付的分歧，这也是一个很难解决的问题。这些问题都可以通过纵向一体化来规避。

4. 广泛的协调

广泛的协调是纵向一体化有关交易成本的另一个原因，如拥有网络的航空和铁路产业。铁路在很大程度上依赖于全路网的反馈型交通控制。虽然在网络的每个节点开发基于反馈型交通的价格系统是可能的，但是该系统会非常复杂。因此，铁路企业就存在通

① Williamson O E. The Economic Institutions of Capitalism: Firms, Markets, Relational Contracting. New York: Free Press, 1985: 95～96.

过兼并来处理这些协调问题的激励。

(二)保证要素供给

企业纵向一体化可能是为了在不确定的市场交易中获得关键投入品的稳定供给。在价格并非唯一产品配置工具的市场上，保证供给非常重要。为了达到这一目的，企业会后向一体化，购买或新建生产该投入的能力。这样可以减少配送问题，因为通常企业内信息的交换比在企业间进行更容易。事实上，在许多常见的情况下都会出现非价格配置(nonprice allocation)。例如，面包店的面包经常在一天营业快结束时脱销，而它并不会提高价格。类似地，杂货店的商品经常会脱销，但它们也不会提高价格。

现实的市场不是那种所有投入品和产出品都可以按市场决定价格的公开买卖的完全竞争市场，而是存在诸多不确定性(价格、信息、质量、供货及时度等)，由此导致了运用纵向一体化来改善资源配置的可能性。例如，在实践中，就原材料市场来说，产出或供货企业显然要掌握比需要这种投入的企业更多的信息。这种信息不对称会极大地影响需要投入品的企业的生产决策。如果后续生产企业能够把更多的前续企业兼并进来，其对原材料的信息处理能力就会得到提高，从而后续企业实行后向一体化的兼并倾向特别强烈。

(三)增强市场势力

企业可以通过纵向一体化更好地利用和创造市场势力。例如，唯一的关键投入品供应商可以前向一体化，通过购买制造企业来垄断最终产品市场，从而增加垄断利润。同样，试图购买唯一投入供应商的企业可以增加组合利润。通过纵向一体化，企业可以通过价格歧视、消除竞争和前向进入关闭来创造或增加垄断利润。

与此相反，被另一家企业垄断势力损害的企业也可以通过纵向一体化来消除该垄断势力。例如，世纪之交的奶牛场农民抱怨他们面临唯一的加工商，以一个较低的垄断性价格购买产出的牛奶。为了提高牛奶的价格，奶牛场的农民前向一体化形成了他们自己的加工厂。

(四)增加垄断利润①

通过纵向一体化，企业能够以两种方式增加垄断利润：一种情况是关键投入品的垄断供应商可以通过前向一体化垄断生产来增加利润，或者作为买者的企业可以从收购其专业供应商，即后向一体化中获益；另一种情况是纵向一体化的垄断供应商可以成功地进行价格歧视。

先看第一种情况。假设生产函数规模报酬不变，投入品按固定不变的边际成本生产，上游只有一家垄断能源供应商，下游产业是竞争性的，而且纵向一体化是有成本的。消费者按价格 p 购买 Q 单位的竞争性市场上的商品。竞争性产业的生产函数 f 取

---

① Carlton D W, Perloff J M. Modern Industrial Organization(4th Edition). San Antonio: Pearson Education, Inc., 2005: 405～410.

决于能源投入E和劳动投入L，即$Q=f(E, L)$。这些投入品分别按照价格e和w(工资)卖给竞争性企业，见图6.1。那么，能源E的垄断供应商在什么条件下才会前向一体化来接管下游生产呢？这取决于生产函数中要素组合比例是固定的还是可变的。

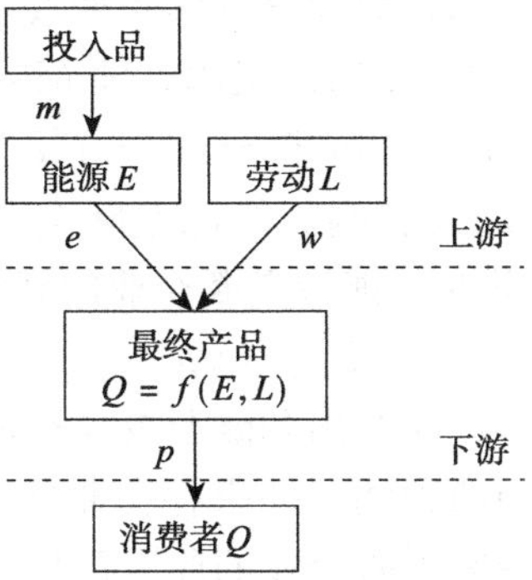

图6.1　产业的纵向组织结构

固定比例生产函数(fixed-proportions production function)下通常以相同比例使用投入品，它独立于相关要素价格。我们来比较能源垄断商纵向一体化与否的利润差异(图6.2)。考虑一个简单的里昂惕夫生产函数：$Q=\min(E, L)$。一体化垄断企业生产1单位Q的成本为$(m+w)$，即企业需要耗费1单位的E(企业生产能源花费m)和1单位的L(雇佣成本为w)。根据微观经济学原理，一体化垄断企业在边际收益等于边际成本$MC_Q=m+w=MR_Q$时，通过生产Q^*单位的产品，实现垄断利润最大化。企业使用$E^*=L^*$单位的投入品，其索取的价格为p^*，所获得的垄断利润为

$$\pi^*=[p^*-(m+w)]Q^*$$

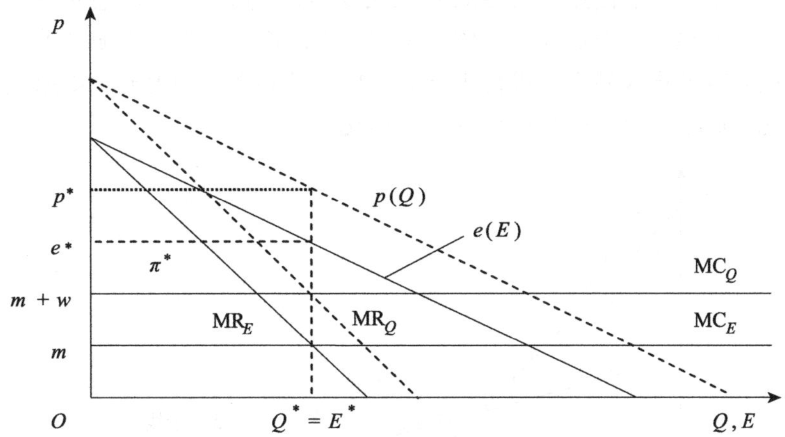

图6.2　固定比例生产函数一体化前后的利润

我们比较纵向一体化产业和能源垄断企业向竞争性产业提供产品的情况。非一体化的能源垄断者生产E的边际成本MC_E为m，它面临的来自竞争性产业的反需求函数曲线为$e(E)$，相应的边际收益曲线为MR_E。下游垄断者面临的需求曲线可以从竞争性下游产业的需求曲线推导出来。垄断者将需求曲线看成它能向下游企业收取给定E单位

产量的最高价格。竞争性下游企业每单位产出收取的价格为 p。为了生产该单位产出，下游企业必须耗费 w 单位的劳动。这样它为一单位 E 所愿意支付的最高价格为 $e=p-w$。因此，投入垄断者面临的需求曲线等于竞争性产业面对的需求曲线减去 w。正如图 6.2 所示，垄断者的需求曲线 $e(E)$ 恰好是产业需求曲线 $p(Q)$ 下移 w 单位。能源垄断者将产出设定在点 E^*，使边际收益等于边际成本，即 $MR_E=MC_E=m$。能源垄断企业可以实现最大化利润：$[e(E)-m]E=[(p(E)-w)-m]E$。由于 $E=Q$，能源垄断企业的最大化利润等于纵向一体化的最大利润。能源垄断企业所取得的价格为 e^*（即 p^*-w），但单位生产成本仅为 m。此时，能源垄断企业的利润为

$$\pi^*=(e^*-m)E^*=[(p^*-w)-m]E^*$$

无论是否进行纵向一体化，产业产出和能源投入量是相等的。这样，由于上游厂商无论是否进行一体化都赚得相同的利润，如果存在兼并成本，它将不实行纵向一体化。而非一体化垄断企业能够完全控制下游企业的原因正是下游企业无法替代垄断企业生产的投入品。

可变比例生产函数(variable-proportions production function)下一种要素可以在某种程度上由另一种要素所替代，因此使用的要素比例对于相对要素价格是敏感的。这时，当垄断者提高价格时，下游产业可以用其他投入品来替代垄断投入品。图 6.3 所示的可变比例等产量线表明产品是可(不完全)替代的。因此，随着投入品价格的相对变化(用等成本线的移动表示)，企业可以用现在较为廉价的投入来替代昂贵的投入。如果下游企业拥有这种投入品替代的能力，那么上游垄断者就不能完全控制下游企业。垄断者每次提高价格，下游产业就会替代该投入品。虽然这样会限制垄断者的势力，但是效率要求等产量线的斜率等于等成本线的斜率，因此会导致无效率的生产。斜率等于投入品边际成本之比。下游企业使用了太多的 L 和太少的 E。这一无效率意味着垄断者能攫取的利润变少了。如果上游企业前向一体化来垄断下游产业，那么上游企业可以实现完全控制并使用最有效的投入品组合进行生产。这样，其利润就会上升。如果利润的增加大于纵向一体化的成本，企业就会进行纵向一体化。

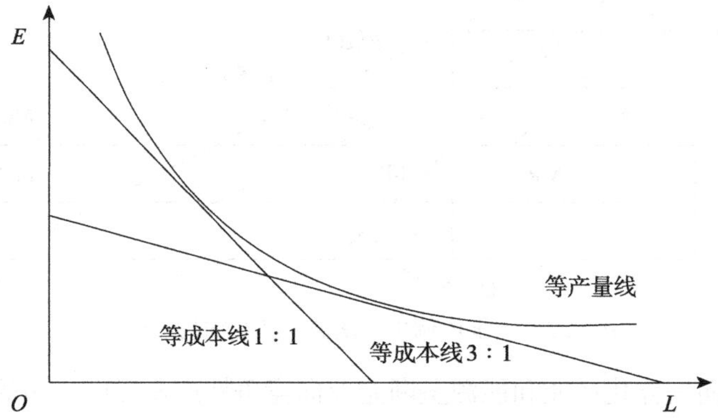

图 6.3 可变比例的等产量与等成本曲线

再看第二种情况。一个垄断供应商可以通过纵向一体化来成功地进行价格歧视。而成功进行价格歧视的一个基本要素是具有在低价购买者和高价购买者之间转售的能力。

如果不能阻止转售，那么就不可能进行价格歧视。例如，假设铝锭可以用来生产铝线和飞机两种产品。电缆中的铝线存在许多替代品(如铜)，但飞机制造中的铝并没有很好的替代品。因此，线材制造商对铝锭的需求弹性要比飞机制造商高得多，对飞机制造商收取高价比对铝线生产商收取高价要更有利可图。如果非一体化的铝垄断者向飞机制造商收取高价，那么铝线生产商就会在相对较低的价格下购买铝锭，并以低于铝锭制造商销售价的价格转售给飞机制造商。为了阻止这一转售，铝垄断者会前向一体化，成为铝线的唯一生产者，这样它就可以向飞机制造商收取很高的价格，而不担心铝线的转售问题。

(五)提高技术效率

生产过程中技术的相互依赖性会促使纵向一体化行为的发生。一个常见的纵向一体化例子是自己生产生铁的钢铁厂，熔化后的生铁可以直接进入炼钢炉。虽然使生铁先冷却而后运往炼钢厂重新加热是没有效率的，但一家企业也没有必要同时生产生铁和钢：两家企业可以紧挨着。但是由于生铁的生产和钢的生产相关性很大，如果涉及两个分开的企业就会产生潜在的机会主义行为。为了尽量缩短技术经济上紧密关联的炼焦、熔结、制铁、制钢、轧钢等阶段的距离，降低处理和加热成本，提高技术经济效益，当生产过程的不同阶段紧密相关时，通常会实行纵向一体化的生产方式。

(六)纠正市场失灵

企业纵向一体化或许是为了通过内部化外部性来纠正由于外部性而产生的市场失灵。例如，通过拥有或控制所有的餐厅，麦当劳(McDonald's)可以保证统一的质量，并提供标准化的服务，产生正面声誉(正外部性)。无论消费者到哪里旅行，人们都知道可以在任何麦当劳连锁餐厅中得到某种有最低质量标准限制的商品或服务。

销售公司之所以采取前向一体化策略是因为缺乏合格的独立经销商，或认为对销售和服务的完全控制能为它们带来竞争优势——正的信誉外部经济。例如，辛格缝纫机公司(Singer Sewing Machine Company)为了向顾客提供开发家庭缝纫必需的培训和安装服务，发展了自己的零售商店网络。同样，美的集团股份有限公司为了更好地提升品牌形象和控制销售市场，在各大中城市开设了许多专卖店。

(七)规避政府控制

企业可以通过纵向一体化来规避政府限制、税收和管制。政府干预的例子包括价格控制(price control)、收入税(taxes)与利润税以及限制利润率的管制(government regulations)。

1. 规避价格控制

当政府对某些产品进行价格控制时，企业往往设法通过纵向一体化的内部销售来避免价格控制。例如，自第二次世界大战以来，美国联邦政府对钢产品实施了数次价格控制，制定了钢产品可收取的最高价格。在约束性价格控制下，生产者宁愿选择分配钢材而不是按控制价格供应与需求一样多的钢材，购买钢材的厂商无法按控制价格购得它想要的全部钢材。由于企业内部的交易不受价格控制的影响，真正需要钢材的买主可通过购买钢铁公司并生产其所需的全部钢材而满足需求。于是购买钢铁公司成为避免价格控制的一个简单易行的方法。

2. 享受优惠税收

根据企业选址区域的不同，企业的税收体系、税率也会随国家或地区的不同而存在差异。一家纵向一体化的企业通过简单地改变其部门间出售的内部生产的物资的转移价格，即可将利润从一地移往别地的公司，通过将利润从一高税收管辖区（tax jurisdiction）转移至一低税收管辖区，企业便提高了它的利润。

3. 逃避政府管制

当企业的某个部门的利润受到管制时，它往往以纵向一体化的形式转移利润，即将利润从受管制的部门转移到未受管制的部门，从而提高企业的总利润。在地区间贸易与国际贸易中，企业可以通过纵向一体化绕过区域进入壁垒或关税壁垒。

三、纵向一体化的负面效应

企业推行纵向一体化可能出自降低交易成本、提高效率、增强竞争能力等目的，然而，纵向一体化行为往往也会带来一定的负面效应。

（一）实施价格压榨

如果一个产业中的某一体化企业控制了生产某种最终产品的中间投入品，则当与之在最终产品市场上竞争的其他独立经营企业必须从该一体化企业这里购买中间投入品的时候，往往会面临该一体化企业的“价格压榨”：一体化企业通过提高中间投入品价格和低价销售最终品的策略对其他独立经营企业进行两头挤压。

美国铝业巨头 Alcoa 公司案例就是一个典型的例子。1940 年以前，Alcoa 公司垄断着铝锭的供给。它当时采用两种办法处理铝锭，即自己将一部分铝锭加工成铝板并制成铝制品，同时将另一部分铝锭出售给独立的铝制品加工企业。这样，独立的铝制品加工企业的生存和利润空间就依赖于它们所支付的铝锭价格和铝制品的销售价格。Alcoa 公司利用自己纵向一体化的优势，采取纵向交叉补贴（vertical cross-subsidization）的策略，即一方面在上游提高铝锭的价格，同时又在下游降低铝制品的销售价格。这样，独立的铝制品加工企业就会受到原料高价、产品低价的“价格压榨”，受到致命的打击。而 Alcoa公司在下游铝制品市场上的损失却可以从上游铝锭的高价中得到补偿。因此，Alcoa公司在铝锭市场上横向垄断力量延伸到铝制品市场，从而对独立的铝制品加工企业造成了“价格压榨”，使 Alcoa 公司和独立的铝制品加工企业处于不平等的竞争地位。

（二）形成进入壁垒

如果某种产品的生产是高度纵向一体化的，企业实行纵向一体化策略可以把关键投入资源和销售渠道控制在自己手中，从而使行业的新进入者望而却步，防止竞争对手进入本企业的经营领域。因为潜在进入者必须在多个生产阶段同时进入，而同时进入不同的生产环节需要更多资金，并存在更大的经营风险，使纵向一体化企业的垄断地位不易被打破。

IBM公司即采用纵向一体化限制进入的典型。该公司生产微机的微处理器和记忆芯片，设计和组装微机，生产微机所需要的软件，并直接销售最终产品给用户。IBM公司采用纵向一体化的理由是，该公司生产的许多微机零部件和软件都有专利，只有实行一体化策略在公司内部生产，竞争对手才不能轻易获得这些专利，从而形成该产业的进入障碍。

（三）增加经营风险

实行纵向一体化，要求企业通过兼并、收购或者内部发展等方式使其经营范围扩展到向前的产品销售领域或者向后的原材料生产、供应领域，这会在一定程度上增加企业的资金负担。同时，企业经营范围的扩展，一方面使企业难以集中资源优势、技术优势在相对擅长的领域建立自己的核心竞争力；另一方面也使企业的经营管理过程从产业价值链的单个或几个环节扩大到整个价值链的管理，这显然使管理过程更为复杂。另外，企业在投入全部资源、建立自己产业价值链的同时，也逐步丧失了其适应市场的快速反应能力。

大型化学公司英国帝国化学工业公司（Imperial Chemical Industries Ltd.，ICI）在纵向一体化理念的指导下，经营范围向后延伸至石油生产领域，向前延伸到纺织品的生产领域，但后来其总裁琼斯发现，“垂直化不仅是我们已经建立的一切的风险隐患，而且控制生产的每一阶段使我们失去了灵活性和实践”。20世纪初期，美国经历了汽车产业的一体化浪潮。汽车大王福特曾指出，“获得高品质的方法就是自己生产”。但毕竟市场是一个分工的市场，过分强调“自己生产”，其结果必然是低效率。因此，丰田汽车公司的执行副总裁、丰田汽车生产线的设计者 Taiichi Ohno 也曾说过，“获得高品质的方法就是到市场上去购买”，从而更大程度地降低经营风险。

（四）导致成本损耗

纵向一体化企业自己供给生产要素或分销自己产品的成本可能高于竞争性市场的企业，竞争性市场可以更有效地满足这些需求。这是因为：第一，纵向一体化增加了企业的固定成本部分。如果企业在某一竞争市场购买一种产品，其所有的成本都是可变动的。第二，弱化激励。纵向一体化意味着通过固定的关系进行购买与销售。上游企业的经营激励可能会因为在内部另一个单位购买产品时，企业不会像与外部供应商做生意时那样激烈地讨价还价。同时，对内部扩大生产能力的计划或者内部购买与销售合同的审查要比与外界顾客与供应商所签的合同宽容，引起“烂苹果”问题。如果上游企业或下游企业是病态的（战略上或其他方面），它的问题可能会蔓延到其他健全部分。第三，降低改换伙伴的灵活性。纵向一体化意味着一个企业的命运至少部分的由其内部供应者及顾客（可能是它的销售渠道）的成功竞争的能力决定。技术、产品设计（包括零件设计的变化）、战略上的失败，或者管理问题等，都会使内部供应者提供高成本、低质量或者不合适的产品和服务，或者内部顾客或销售渠道失去它们应有的市场地位。与同某些独立实体签约相比，纵向一体化提高了改换其他供应商及顾客的成本。

随着纵向一体化企业逐渐变大，由组织结构、技术和管理上的原因导致管理的难度和成本增加，而在竞争性市场中交易会有其他人监督生产。例如，金属生产和金属加工厂不同，一个具有完全的资本密集性，另一个则需要对生产的严密监督和对服务及市场营销的分权。Milgrom 和 Roberts(1990)认为大型组织机构的高层决策者或领导者拥有的权威会导致所谓的“影响成本”(influence cost)，这些领导者具有较大的权限介入低层的决策过程，而且他们的决策通常不会被组织中的其他人推翻。一个能够很好地管理一部分纵向链条的管理者并不一定能有效地管理其他部分。因此，领导者的决策会带来一定的经营风险与成本损耗。同时，如何保持纵向一体化企业内部各生产或分销阶段生产能力的平衡，还会相应增加管理的计划协调成本。

企业进行纵向一体化兼并另一些企业时，还需要牵涉大量的法律、会计问题，这需要聘请专门的人才、咨询公司来处理。例如，在美国，纵向一体化需要聘请律师在联邦贸易委员会或者司法部面前为兼并行为进行辩护。而在我国，纵向一体化还可能受到地方政府或其他管理部门的干预。为此，纵向一体化通常需要一笔庞大的费用支出，这也是个不容忽略的问题。

四、纵向一体化程度的测量

纵向一体化程度的测量没有统一的标准，而且测量的结果只能大体上反应企业纵向关系的情况。度量纵向一体化可以采取以下尺度。

(一)纵向一体化率

纵向一体化率(vertical integration ration，VI)是计算一个企业的产品增加值与该产品对消费者的最终成本的比例，能够反映出该企业(作为一个纵向一体化实体)在产品生产过程中的重要性[①]。增加值是企业通过生产资料附加在来自外部的价值物上的价值，它是衡量企业在经济上对社会贡献大小的指标，同时也构成据以对各方面的利害相关者分配工资、利息、地租、税金和利润等的企业收入的源泉，是企业总销售额扣除全部采购额(原材料、零配件、能源等)后的剩余。这样，增加值占销售额的比率可表示为

$$\text{纵向一体化比率(VI)}=\frac{\text{企业增加值}}{\text{最终销售额}}=\frac{\text{最终销售额}-\text{采购额}}{\text{最终销售额}}$$

类似地，这一比率还可以用来计算一组企业或一个区域的产业一体化程度，从而确定它们在整个产业中的重要性。但这些比率可能存在这样的问题：增加值并不必然等同于纵向一体化；一家企业可能源于一系列上游和下游的收购或兼并，是大量纵向一体化过程的结果，但是它增加的价值可能少于只为产品转变过程的某一阶段服务的企业。例如，产品设计产生的增加值可能比装配、配送和零售加起来还要多。另一个问题是我们并不总能简单地区分企业一体化和产业一体化。

一般地，在连续生产过程中，企业要完成的经营阶段越多，上述的比值也就越大，

---

① 安德鲁索 B，雅各布森 D. 产业经济学与组织——一个欧洲的视角(第二版). 王立平等译．北京：经济科学出版社，2009：259。

即纵向一体化程度越高。在实际计算过程中，要对这一比率作适当调整，因为增加值中包含净利润，而净利润的来源、投入和产出价格的变化会引发增加值增加。与此同时，纵向一体化程度可能并没有同步增加。哈佛大学罗伯特·巴泽尔(Robert D. Buzzell)等确立的战略与绩效分析(profit impact of market strategies，PIMS)原则中提出了调整的增加值与销售额的比率：

$$\text{利润调整后的 VI}=\frac{\text{实际增加值}-\text{净利润}+\text{正常利润}}{\text{最终销售额}-\text{净利润}+\text{正常利润}}$$

（二）存货销售额比率[①]

这一指标中隐含的假定，即一个厂商在生产过程中所占有的阶段越多，该厂商的存货水平也就越高。在一定程度上，当厂商通过节省存货而从纵向一体化中获利时，这一指标就失效。可以想见，纵向一体化的增加必定会导致一个较小的存货销售比率。此外，随着最终产品价格和存货价格的变动率的不同，即使厂商结构实际上没有发生变化，指标也会发生变化。最后，在各产业间周期阶段不同的情况下，存货形式也会大不相同。

$$\text{存货销售额比率}=\frac{\text{存货价值}}{\text{销售额}}$$

（三）购买量比率

厂商间购买量比率是某阶段厂商间对投入的购买量与该阶段所用投入的价值总量的比值，这一指标反映了厂商在任何生产阶段上都必须依赖市场为其提供投入的程度，是一种度量后向一体化的尺度。

$$\text{购买量比率}=\frac{\text{某阶段厂商间对投入的购买量}}{\text{该阶段所用投入的价值总量}}$$

（四）产出转移量比率

厂商间产出转移量比率是厂商间产出的转移量与产出总量的比值，这一比率显示出厂商在那一阶段上依赖市场处理产出的程度，可用于度量某一特定生产阶段上的前向一体化程度。

$$\text{产出转移量比率}=\frac{\text{某阶段厂商间产出的转移量}}{\text{该阶段的产出总量}}$$

第二节　纵向约束

纵向约束是企业纵向关系的另一种常见形式。由于外部性和不确定性等因素的存在，上下游企业在进行市场交换时具有纵向控制的积极性。在很多情况下，非纵向一体化企业可以通过签订长期的、具有约束力的契约，列明交易价格、行为方式及其他条

① 刘志彪，安同良．现代产业经济分析．南京：南京大学出版社，2009：370～371。

款，实行纵向约束。虽然实施纵向约束不会使企业替代市场，但同样可以达到纵向一体化类似的效果，而且还可以在一定程度上避免纵向一体化的弊端。事实上，现实中纵向约束的例子远比纵向一体化普遍。

一、纵向约束的内涵与构成要件

（一）纵向约束的内涵

纵向约束，又称纵向限制或垂直约束，是纵向一体化的一种替代方式，是介于纵向一体化和没有管制的市场交换两个极端之间的一种纵向关系。制造商与销售其产品的分销商(distributors)签订契约时，除了要求分销商支付产品的批发价格外，还会要求分销商应销售最低数量的产品、分销商之间不能相互邻近、分销商不能销售竞争性产品以及分销商的价格不能低于某一特定价格等。这些限制分销商销售行为的约束条件都属于纵向约束的范畴。

纵向约束是交易双方签订的长期的、具有约束力的，且不同于单位价格固定的简单合同的合同条款。纵向约束往往以某种方式约束了交易的一方(上游企业或下游企业)，但这种约束又没有纵向一体化那么严格，因此其性质介于科层命令制度与市场交易制度两者之间[①]。谭国富(2004)也有类似的定义，他把制造商、批发商和零售商间的纵向关系中所包含的复杂合约安排称为纵向约束。刘志彪和安同良(2009)认为，具有投入产出关系的厂商之间采用纵向约束形式同样可以取得近似纵向一体化的战略效果，而且方式更加灵活。他们把纵向约束定义为具有投入产出关系的厂商之间以契约(复杂合同)为纽带进行长期行为约束的关系状况[②]。事实上，这些纵向约束的内涵解释是一致的。

纵向约束往往发生在制造商和销售商之间，经济学家将制造商和销售商的关系描述为一种委托-代理关系：委托人雇佣代理人，代理人以一种委托人不能完全控制的方式从事商业活动。由于信息不对称及监督成本过高，销售商(代理人)往往有“搭便车”的行为。为此，制造商以详细的合同约束销售商的销售行为，如产品价格、广告数量和店铺布局等，见图 6.4。

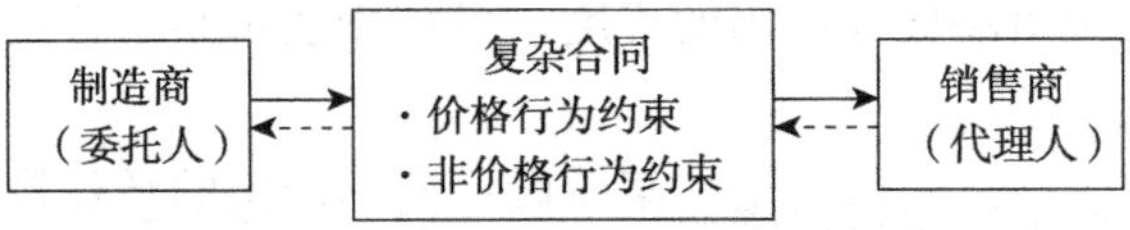

图 6.4 委托-代理关系的纵向约束

纵向约束的推行者包括专利药品、汽车、书籍、布料及其他产品的制造商。拥有较小市场份额的新企业、现有的主导企业和中等集中度水平市场上的寡头企业也常实行这种策略[③]。至于纵向约束的经济效果，经济学家们的看法各有不同，因此褒贬不一。有关经验性证据多数表明，用串谋和市场失灵来解释纵向约束的适用性是有限的，但纵向

---

① 于立，吴绪亮．纵向限制的经济逻辑与反垄断政策．中国工业经济，2005，(8)：22～28。

② 刘志彪，安同良．现代产业经济分析．南京：南京大学出版社，2009：372。

③ 马丁 S. 高级产业经济学(第 2 版)．史东辉等译．上海：上海财经大学出版社，2003：407。

约束同时也许可以使产品质量得到保障，或者可以激励零售商销售更多品种的产品，或者本身就是对不确定性的一种反应。

(二)纵向约束的构成要件[①]

根据发达国家企业纵向关系立法(尤其是反垄断法)的实践，纵向约束的构成要件可归纳为以下几个方面。

1. 主体要件

纵向约束的主体是存在纵向关系的企业，即上下游企业，且它们之间存在买卖关系。

2. 客体要件

纵向约束行为的客体是纵向企业各自所在的生产阶段的竞争。因为纵向约束的行为目标并不在于对同行业处于不同经济层次的各企业间有效竞争的限制，而在于对同一行业不同经济层次上的有效竞争的阻挠。

3. 主观方面

纵向约束绝大多数以明确协议为实施限制的开端，极少数是通过密谋的手法，无论是协议还是密谋，纵向企业之间为限制竞争而采取相应措施的主观故意是确定无疑的。证明主观故意，可以以协议、密谋为直接证据，也可以凭借企业实际上采取的相应措施为间接证据。

4. 客观方面

纵向协议、纵向密谋和限制竞争的具体做法作为纵向约束客观方面的构成是缺一不可的。缺少协议、密谋，纵向约束就不会发生；缺少限制竞争的具体做法，法律也没有规制的必要。

5. 损害结果

不管是本身违法的纵向约束，还是不合理地限制了竞争才违法的纵向约束，都是损害竞争的行为。一般情况下，纵向的价格限制属于本身违法，纵向的非价格限制只在不合理限制竞争的前提下方属违法。

二、纵向约束的基本形式

从约束手段来看，纵向约束可以分为纵向价格约束和纵向非价格约束。下面我们分别就这两种形式加以介绍。

(一)纵向价格约束

纵向价格约束是指在特定流通渠道内的上下游企业通过各种方式对各方的采购、分销价格进行限制，从而达到控制渠道关系、分配渠道内利润的目的。常见的价格约束的形式有转售价格维持(resale-price maintenance，RPM)、歧视性价格折扣(discriminatory price discounts)、特许费(franchising)、通道费(slotting allowances)等。

---

① 曹士兵．反垄断法研究．北京：法律出版社，1996：219～220。

1. 转售价格维持

转售价格维持是指上游的制造商与下游的零售商以契约的形式限定最终零售价格水平的行为，包括最高限价(price ceiling)和最低限价(price floors)两种形式。制造商要求所有零售商维持相同或相近零售价格，是为了降低零售商之间由于竞争造成的价格混乱和“搭便车”行为。当环境确定与信息对称时，制造商可完全了解零售商自己定价时的情形。但是，当信息不对称时，就会存在道德风险和逆向选择问题，因而观察零售商的实际销售情况是很困难的。当存在几个零售商时，如果价格不统一，就会出现一些零售商转售给其他零售商的套利活动，则制造商的价格歧视就无法实现。不过，当出现零售商给顾客隐形折扣的行为时，维持转售价格的约束力就会大打折扣。

2. 歧视性价格折扣

制造商给予不同零售商歧视性的特别价格折扣，有的是根据采购数量而给予的，有的是给予固定客户的诚信折扣，有的是双方因有特别的交易条件而给予的，有的则是大型批发零售企业根据自身的市场势力获得的。后者的折扣要比一般靠规模采购所得到的折扣更多，也比其他不具有买方势力的零售商所获得的更多。

3. 特许费

特许经营是特许方(franchisor)向特许经营人(franchisee)出售已被证明可行的经营方法、商标或品牌等，并收取一定的渠道利润的商业模式。通常，制造商通过给予零售商部分需求的垄断地位，让零售商成为渠道利润的剩余索取者，从而做出有利于渠道利润扩大的决策，然后再向零售商收取一个等于或小于渠道利润的特许费。当环境确定和信息对称时，制造商能够准确预见零售商收取的最终价格，从而获得更多的渠道利润。而如果最终需求不确定，零售商风险太大，制造商应分担一些零售商风险，不能完全收走零售商利润。如果零售商掌握不为制造商所知的关于零售成本和最终需求的信息，则特许费应等于当需求处于低水准时或者零售水准处于高水平时零售商的利润。一般来说，特许费很难让制造商完全实现其渠道利润，总会给零售商留下一部分。

4. 通道费

零售商尤其是大型连锁零售商往往向供货商收取大量附加费用，包括一次性的渠道占用费(进场费)和一系列的促销费用，如节日促销费、店庆费、新店开张费、上架费、中柱费、特别位置费、合作广告津贴、特别促销费等。这些费用有强迫性，而且一般与销售业绩不挂钩，构成一定的渠道进入壁垒。通常，经济越是发达，连锁店的规模越大，通道费也就越高。

(二)纵向非价格约束

为了控制渠道内交易，上下游企业会采取如限制经营范围、区域和经营对象等非价格约束的措施。常见的非价格约束的形式有排他性经营区域(exclusive territories)、排他性购买(exclusive dealing)、排他性销售(exclusive distribution)和搭售(tying)等。

1. 排他性经营区域

排他性经营区域，也称独占区域，是指制造商限制销售商的顾客覆盖范围。经营区域可以是空间的，也可以是从顾客细分角度来区分的。例如，计算机产品可以按大客户市场，也可以按个人计算机市场来区分。区域的限制形式包括完全限制与利润转让协议等多种形式。前者要求下游销售企业完全不得跨区域经营，后者则要求跨区域经营者向当地经营者提供利润分成。排他性区域限制实质上限定了品牌内的竞争，有利于形成批发商和零售商在一定市场区域内的垄断。独家代理就是一种典型的排他性经营区域的限制。

2. 排他性购买

排他性购买，也称排他性经营范围，是制造商规定销售商不许经营与制造商商品直接竞争的商品，其实是为了限制品牌间的竞争。制造商对零售商实施排他性购买的限制，可能会损失零售商销售多种相关品牌的规模经济性和范围经济性，同时，还会增加消费者的搜索成本。但是，这种排他性限制可以诱使制造商为零售商提供促销服务，制造商为了换取品牌间竞争的减少，会增加对零售商的广告投入、促销服务支持。特许权限制就是一种排他性购买，制造商通过特许协议准许流通企业经营其品牌、利用其统一的品牌形象，并提供各种附加行销服务，但同时限制对方的经营范围与经营方式。

3. 排他性销售

排他性销售主要是指销售商对供货商采取的限制其销售对象的行为。例如，限制供货商向其他中小型零售商或新进入的零售商供货，并联合抵制不接受其交易条件的供货商。由于大型连锁集团往往有能力阻断供货商进入零售市场的渠道，供货商不得不就范。有些大型流通企业还通过建立统一采购分销体系，将供货商纳入其统一采购体系中，通过联合发展集中、高效的物流系统和快速信息反应系统，降低流通成本。这种形式更接近纵向一体化，一般伴随着部分取代供货商的分销权，使其在经济上依附于销售商。

4. 搭售

搭售是制造商强迫销售商购买其他产品，还常常为这些产品收取不同于市场的价格。

三、纵向约束的动机

对于制造商和零售商来说，上述不同的纵向约束形式的采用往往是出于不同的动机，广义上可以分为效率动机、反竞争动机和租金转移动机。效率动机主要是指由于某些横向或纵向外部性的存在，采取纵向约束的手段可能是增进效率的，如零售商之间或制造商之间的“搭便车”问题。反竞争动机是指为了解决零售商之间或者制造商之间的竞争问题。租金转移动机是指为了解决双重垄断加价问题或者确定最优数量的经销商问题。不同问题的出现伴随着不同的纵向约束的解决办法[①]，如表 6.1 所示。

---

① 杨公朴．产业经济学．上海：复旦大学出版社，2005：179～183。

表 6.1　纵向约束的相关问题及其解决方案

供给和经销中出现的问题	解决方案
双重垄断加价问题	特许费、转售价格维持、两部收费制
零售商间的竞争	转卖价格维持、独家经营
零售商间的"搭便车"问题	转卖价格维持、独家经营
零售商最优数量与密度问题	转售价格维持、排他性销售
制造商间的竞争	独家经营、搭售
制造商间的"搭便车"问题	独家经营、排他性经营范围

企业纵向约束通常包含复杂的契约安排。本节就常见的双重垄断加价(double monopoly markup)、零售商间的"搭便车"和制造商间的"搭便车"等纵向约束问题进行分析。

(一)纵向外部性：双重垄断加价

我们先看制造商和零售商之间的纵向外部性问题。泰勒尔(Tirole)把纵向外部性定义为零售商所做出的任何使其对中间产品需求增加一单位的决策，都为制造商带来一个利润增量，但以自身利润最大化为目标的零售商并不考虑制造商的利润增量，因而倾向于做出使中间产品的消费水平太低的决策，从而使纵向一体的总体利益受损①。换句话说，如果垄断制造商收取的批发价格高于其边际成本，并且在给定这个批发价格的条件下，制造商更希望零售商销售尽可能多的产品。同样，零售商在零售市场上也会收取一个高于自身边际成本的零售价格。这样，双重垄断加价情况就出现了。显然，这种双重加价会导致需求萎缩，使行业总利润下降。

我们以经典的制造商-零售商模型来分析双重垄断加价带来的损失，见图 6.5。假定制造商的边际成本为 c，并以批发价格 p_w 出售商品给零售商，而零售商再以 p_r 的零售价格将商品转售给消费者。假定最终品市场的需求函数为 $q=1-p$。为了分析方便，我们还假定上游制造商和下游零售商都具有垄断的市场势力。

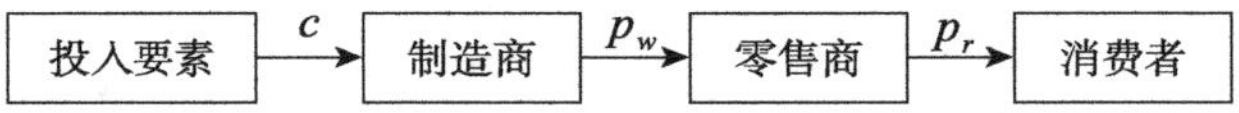

图 6.5　制造商-零售商的纵向关系

在非一体化情况下，零售商的利润函数为 $\pi_r=(p_r-p_w)(1-p_r)$。由最大化的一阶条件可知，此时最优的零售价格和最终品(中间品)需求分别为 $p_r^*=\dfrac{(1+p_w)}{2}$ 和 $q_r^*=\dfrac{(1-p_w)}{2}$，进而，零售商得到 $\pi_r=\dfrac{(1-p_w)^2}{4}$ 的利润。类似地，由制造商的利润函数 $\pi_w=(p_w-c)q_r$ 容易得到最优批发价格为 $p_w^*=\dfrac{(1+c)}{2}$。这样，最终品(中间品)需求数量为 $q_r^*=\dfrac{(1-c)}{4}$。于是，分权结构下的最优零售价格和总利润水平分别为

① 泰勒尔 J. 产业组织理论. 张维迎译. 北京：中国人民大学出版社，1997：222。

$$p_r^* = \frac{(3+c)}{4}$$

$$\pi_t = \pi_w^* + \pi_r^* = \frac{3(1-c)^2}{16}$$

然而，如果制造商前向一体化或零售商后向一体化为一个纵向企业，该企业将以边际成本 c 生产最终产品。那么，一体化企业的利润变成 $\pi=(p-c)(1-p)$。由 p 的一阶条件即可得到垄断价格 $p^m=\frac{(1+c)}{2}$，及相对应的利润水平为 $\pi=\frac{(1-c)^2}{4}$。

比较上述结果可以看出，由于 $\pi>\pi_t$ 和 $p^m<p_r^*$（因为 $c<1$）纵向一体化可以得到比非一体化条件下更高的利润和更低的价格。对于消费者而言，这种非一体化的分权结构导致的双重垄断加价使消费者支付更高的价格，从而造成消费者的福利损失。产生这一现象的本质原因是：一体化时是一次加价，而分权结构(非一体化)时则是二次加价。但对于制造商而言，纵向一体化是一种消除纵向外部性的有效途径。然而，纵向一体化过程可能由于成本高昂而变得行不通，如制造商和零售商分处不同国家。

制造商可以采取两部制收费来消除这种外部性。考虑两部定价 $T=F+cq$，其中 F 表示特许费，q 表示零售商的需求函数。不难得到，制造商和零售商的利润分别为 $\pi_w=F$ 和 $\pi_r=(p-c)q-F$。如果 c 等于整个纵向结构的边际成本，而且制造商收取的也正是等于边际成本的边际价格，这时制造商成为纯粹的“剩余索取者”，零售商也有足够的动机最大化利润 π_r，从而得到相应的纵向一体化价格 p^m。这样，制造商可以通过收取一个等于纵向一体化结构利润的特许费而解决纵向外部性问题。

制造商还可以采取转售价格维持政策获得最优利润水平。它以等于最优零售价格水平的批发价格销售商品，并使零售价格维持在这个水平上。零售商获得零利润，制造商获得最优利润水平。另外，随着环境变得越来越复杂，制造商也具有使用不同纵向约束的动机。例如，当制造商提供几种不完全替代的产品、零售商具有有限的货架空间并且可以决定是否购买制造商的产品和购买多少时，一个多产品制造商可能使用包括搭售、品牌折扣、总量折扣和最大转售价格维持等方法来消除和最小化双重加价问题。

(二)零售商横向外部性：品牌内竞争

再看零售商之间的横向外部性问题。品牌内竞争(intra-brand competition)是指一个制造商与多个零售商进行交易时，制造商对竞争的零售商施加限制的行为。这往往导致零售商之间的“搭便车”现象。因为不同的零售商拥有一个共同的品牌，每个零售商都会有利用其他零售商的促销服务而增加自己的产品需求量的动机。从制造商的角度看，这有可能导致零售商的销售努力不足。这也就是通常所说的横向外部性(即零售商对制造商施加的外部性，也就是零售商没有提供制造商所希望的促销服务和努力水平)。按照泰尔塞(Telser，1960)的观点，一个提供了促销服务的零售商可能会由于成本的上升而收取更高的价格，消费者会从高价零售商处获得信息，然后再到价格较低的零售商处购买。

考虑一个制造商和两个同质零售商的情况。假定需求函数 $q=q(p, e)$，其中 e 表示零售商促销服务的最高努力水平。在产品同质的情况下，消费者也仅仅关心促销服务的总量。在两个零售商进行伯川德竞争的情况下，均衡价格必然等于批发价格 p_w。如果只有一个零售商进行促销努力，假设其促销成本为 $\varphi(e)$，那么该零售商最低零售价格就不能低于 $p_w+\varphi(e)$。不进行促销努力的零售商可以用低于该价格的手段侵害进行促销服务零售商的利益，从而导致零售商促销努力的不足。

在纵向和横向外部性同时出现时，上述两部制收费并不能保证厂商获得一体化情况下的利润。因此，制造商为了尽可能获得更多的利润，就存在限制零售商之间竞争的动机。为此，制造商可以采取多种方法。下面我们讨论两种选择①：

一种是划分排他性区域。制造商可以按地域划分经销权，规定两个零售商的经销区域，通过消除零售商之间的竞争，并授予垄断地区一个等于制造商边际成本的批发价格，给零售商设定价格和服务的正确激励。例如，肯德基使其各连锁店相隔“相当”的距离，从而弱化它们之间的竞争。考虑极端的情况，假设由于“距离遥远”，某个零售商区域内的消费者不会到另一个零售商的区域内去购买。那么，制造商和每个零售商之间的关系就和单个制造商-零售商一样，即零售商在营销努力方面不会存在“搭便车”问题。

另一种是转售价格持平。制造商对零售商规定一个最低价格下限，确保最优零售价格的选择，借此来弱化零售商之间的竞争。然后调整批发价格使其低到足够诱使零售商去选择最优的服务水平。假设制造商以价格 p_w 向两个经销商提供产品，但在转卖价格持平约束中规定经销商出售最终产品的价格下限为 $p_f>p_w$。此时，两个经销商依然进行同质产品的伯川德竞争，但是由于价格下限约束的存在，价格无法降到 p_w，而且显然就等于价格下限 p_f。由于价格相同，根据有效配给规则，每个经销商的需求为总需求的一半。单个经销商选择销售努力 e 进行利润极大化：

$$\max_{e}\pi=\frac{q(p_f,\ e)}{2}(p_f-p_w)-e$$

根据最优化条件，有 $\dfrac{\partial q(p_f,\ e)}{\partial e}=\dfrac{2}{p_f-p_w}>0$，得到均衡的总努力水平 $e^*>0$。也就是说，在一个制造商和多个零售商的情况下，如果制造商在转售价格持平约束中规定零售商的出售价格下限 p_f 大于提供价格 p_w，则每个零售商的经营努力均为正，而且零售商的营销努力随着 p_f 的提高而增加。

（三）制造商横向外部性：品牌间竞争

下面我们分析制造商之间的横向外部性问题。品牌间竞争(interband competition)是指多个制造商分别生产不同品牌产品在市场上进行竞争的情况。当存在几个生产不同品牌的制造商进行竞争时，往往会出现新的横向外部性，包括制造商批发价格选择引起的竞争效应和制造商之间的“搭便车”现象。

制造商间的竞争效应源于制造商提高批发价格的行为，它导致了零售商对该制造商竞争对手产品需求的提高，从而使竞争对手获益。当一个制造商试图通过提高批发价格获得更高边际利润时，就会产生正外部性。因为这会促使零售商降低该品牌产品的销

---

① 石磊，寇宗来．产业经济学(卷一)．上海：上海三联书店，2003：103～105。

售，而转向销售其竞争对手的品牌产品，从而增加竞争对手的市场份额。因此，制造商倾向于制定较低的批发价格，获得较低的利润。从制造商的角度来看，品牌竞争越激烈，竞争效应就会越严重，它们之间的横向外部性表现越明显。

正如单个制造商的多个零售商之间会发生销售服务（如广告）的"搭便车"行为，如果一个零售商同时销售多个制造商的产品时，制造商之间也会出现销售服务的"搭便车"问题。因为制造商在与零售商建立交易关系时经常会做出一些投资，这些投资或者会促进需求增加，或者会降低零售商的促销成本。例如，制造商可以向零售商提供潜在消费者的信息、促销的技术支持、销售培训、售后服务或维修设施等。再如，一个电脑行承销各种品牌的电脑。任何一家制造商提供的广告相当于一种公共产品，其好处是它不能独享的。每个制造商都希望其他制造商做广告而自己坐享其成，这就带来制造商之间的"搭便车"问题。事实上，这种横向外部性会降低制造商的投资激励，使实际投资低于最优水平。

在解决横向外部性方面，制造商可以采用一个两部定价方案。将其批发价格定在边际成本，然后用特许费来补偿损失。如果每个制造商都采取这种定价方式，"搭便车"问题将会得到消除。但是，两部定价也有其缺陷。如果制造商还有其他的零售商，那么批发价格降低会加剧品牌内各零售商之间的价格竞争，降低它们的销售努力。也就是说，两部定价在消除制造商"搭便车"的同时，却加剧了每个制造商品牌内零售商之间的"搭便车"问题。

抽成（royalties）约束也可用来缓解制造商间的"搭便车"问题。抽成表示经销商向每个制造商的支付是零售商总销售量的函数，而不是零售商从销售该制造商所得收入的函数。此时，不管经销商出售哪一种品牌，做广告的制造商都能获得一部分收益。但是，抽成并不能完全解决"搭便车"问题，因为做广告的厂商不能完全内部化自己的营销努力。此外，制造商还可以通过排他性经营来消除多个制造商间的外部性问题。制造商可以在纵向约束契约中规定其经销商不得同时营销其他制造商的产品。由此，如果它做广告，其收益就可以完全内部化了，从而鼓励制造商做广告，以最大化自己的利润。

四、纵向约束的福利效应

垂直约束的效应在实践中并不能完全肯定。如果垂直约束增加对竞争的限制，就可能提高市场势力并降低社会福利；如果通过降低价格或提高服务品质使消费者受益，或者鼓励销售努力的增长提高了现有企业的产出，或鼓励新企业进入了市场，那就是应该给予肯定的。下面我们来分析纵向约束的福利效应。

（一）理想效果[①]

理想效果（desirable effects）是指纵向约束所达到的既有利于消费者又有利于企业的经济效果。纵向约束具有保障市场进入、减少"搭便车"、抑制价格上涨和改善售后服务等方面的作用。

---

① 刘志彪，石奇．垂直约束．产业经济研究，2004，（5）：73～79。

1. 保障市场进入

一种商品或服务进入市场，无论是生产商还是销售商都得花费一定的成本，特别是进入外国市场，要花费比进入国内市场更大的成本，除了要支出市场调研费、广告费外，还要克服国际贸易中的一些不可预见的风险，如汇率、投资前景不确定、政府及政策变化等。这些成本或投资绝大部分属于沉淀成本。较高的沉淀成本往往使许多生产商或销售商不得不推迟或放弃它们开发新市场的计划。在这方面，纵向约束方法的推行可以为生产商或销售商进入外国市场提供一定的保障。

欧盟对此有一个著名的案例。由于第二次世界大战期间德国入侵法国四年，法国人憎恨德国人，从而不愿意购买德国的产品。为了让德国电器生产企业格鲁恩迪科公司的产品顺利进入法国的市场，1957 年，格鲁恩迪科公司和法国销售商考恩斯腾公司订立了垂直限制竞争协议，让考恩斯腾公司独家销售格鲁恩迪科公司的产品。这样，一方面，考恩斯腾公司的利益与格鲁恩迪科公司的产品在法国的销售具有直接的关系，考恩斯腾公司自然会大力推销格鲁恩迪科公司的产品。另一方面，考恩斯腾公司只有具有独家销售权利的保证，才可能为格鲁恩迪科公司的产品在法国销售进行宣传和投资，才能防止其他销售商“搭便车”和得到可观的销售利润，同时格鲁恩迪科公司才能在考恩斯腾公司的帮助下顺利进入法国市场，避免自己进入法国市场的风险。从大的方面看，这个纵向约束协议对于推动欧盟市场一体化也是有利的。

2. 减少“搭便车”

纵向约束可以减少“搭便车”现象，使外部经济内部化。在纵向约束案例中，格鲁恩迪科公司承诺不向考恩斯腾公司以外的任何其他法国公司提供商品，不允许它在德国的任何销售商向法国转售商品，而考恩斯腾公司则承诺不经营与格鲁恩迪科公司竞争的其他产品。这种地域限制在经济上具有一定的合理性，因为如果格鲁恩迪科公司允许多家法国企业经营自己的产品，那么考恩斯腾公司的销售努力就可以同时让其他法国企业受益，出现其他法国企业搭考恩斯腾公司销售努力的便车的情况。要避免这种外部经济情况出现，使考恩斯腾公司的销售努力内部化，最好的办法是在一定的地域范围内给予个别销售商独家销售的权利，以促使其努力地进行商品的推销工作，降低交易费用。这不仅有利于扩大生产和销售，而且也有利于消费者。

3. 抑制价格上涨

任何制造商，即使具有强大的市场势力，也都希望自己的产品能以最低成本分销出去。对同一品牌商品，生产商限制销售商的转卖价格，要求其不能超过一定的价格水平，虽然会使同一品牌的销售商之间的竞争受到限制，但同时也会抑制具有市场势力的销售商对零售价格进行不适度加价行为。更何况，由于纵向约束刺激了对每一种品牌的销售努力，品牌之间的竞争也得到了鼓励。

4. 改善售后服务

有时候制造商在向销售商供货的时候，会要求销售商提供售后服务，如安装、调试和维修服务，或者要求商品在出售后承担对商品的保修、保退和包换等法律责任，或者在商品出售前后向消费者提供某些有关商品使用等信息。制造商对销售商的这些售后服务要求，往往用纵向约束协议方式进行。这些约束虽然约束了销售商的行为，但是它们有利于扩大商品的品牌效应，既有利于生产者和销售者，也有利于消费者，对市场竞争起到了积极的推动作用。如果没有这种售后服务，虽然可能商品的价格较低，但是这种商品内涵的价值要比具有优良服务的商品的价值低许多。

（二）模糊效果[①]

模糊效果（ambiguous effects）表明纵向约束的实际效果视具体运行情况而有所不同。一项纵向约束是否合意所取决的因素同影响商品选择的社会合意性的因素相同。考虑掌握产品使用知识和不了解使用知识的两组消费者。若不提供产品知识培训或展示（如对汽车、相机、计算机和音响设备的消费），有经验的使用者会在 p 的价位上购买商品，而新手则不会购买产品。而若制造商通过纵向约束协议规定了分销商具有指导新手消费的约束，那么两组消费者会以一个高于 p 的价位购买商品。有经验的购买者在纵向约束下花钱更多却没有从培训中得到收益，因此他们的境况变差。但是新手的境况却变好了，因为如果他们购买商品，对他们而言该商品至少值 p 的价位，从而，消费者剩余增加。

纵向约束也可以用来进行价格歧视。假设加利福尼亚的消费者对某种产品的价格弹性很低，而伊利诺伊的消费者对该产品具有较高的弹性。制造商希望对加利福尼亚的经销商收取较高的批发价格，对伊利诺伊的批发商收取较低的批发价格。但是，如果制造商试图这样做，那么独立的伊利诺伊经销商可以在加利福尼亚转售其从制造商处购得的产品。通过向独立经销商授予排他性权利来交换不进行转售的协议，制造商可以在伊利诺伊收取低批发价格，而在加利福尼亚收取高批发价格。但这种不完全价格歧视的福利效应是模糊的，相对于简单的垄断定价，其福利可能增加也可能减少。

各种纵向合约可能会削弱竞争。如果产品 A 的垄断生产商纵向一体化到拥有固定生产比例的竞争性下游市场的产品 B，那么产品 A 的垄断生产商将什么也得不到。如果市场 B 不是竞争性的，以至于存在对产品 B 价格的进一步加成，那么纵向一体化（或者涉及非线性定价的纵向合约）到 B 消除了双重加成的低效率，使消费者受益。但是，至少存在两种可能的抵消效应：一是生产过程是可变比例生产函数；二是市场 B 中的企业差异化它们的产品。这样，投入品的垄断者可能无法限制 B 的最终价格，此时很难判定价格会是下降还是上升。而且，现有有关的纵向关系的经验研究也都是建立在一定的假设前提下得出的，一旦这些假设稍有变化，纵向约束的实际效果也将随之变化。

（三）消极效果

消极效果（undesirable effects）是一些情况下纵向约束（或纵向一体化）带来的反竞争的效果，如它们可以被用来阻止进入或卡特尔化一个产业，或者通过提高对手的成本来伤害竞争对手等。

---

① 卡尔顿 D W，佩洛夫 J M. 现代产业组织（第四版）. 胡汉辉等译 . 北京：中国人民大学出版社，2009：404～407。

1. 阻止进入

在上述格鲁恩迪科公司和考恩斯腾公司的案例中，格鲁恩迪科公司向考恩斯腾公司承诺不向法国其他销售商提供商品，而且承诺自己不向法国出口该类商品，也不允许自己在德国的销售商向法国转卖商品，这就排除了法国其他销售商在法国进行相同品牌的竞争；考恩斯腾公司承诺除格鲁恩迪科公司的产品之外，不经营与格鲁恩迪科公司竞争的其他产品，这就排除了其他品牌的商品进入考恩斯腾公司销售网络的可能性。据此欧盟委员会和欧洲法院一致认为，它们之间的纵向约束协议具有排他性，特别是其中禁止出口的规定，有着严重的限制竞争的目的和后果。

2. 形成价格卡特尔

制造商对销售商最低转售价格的限制，使同一品牌的一群经销商之间不能展开竞争，因而可能抬高该品牌的价格，导致经销商或制造商的卡特尔化。在市场上没有替代产品或者这些产品在市场上具有垄断地位的情况下，实施最低转售价格的后果实际上是在相关的经销商之间建立起类似于价格卡特尔的组织。因为在竞争性市场中，对转售价格的纵向约束不可能持续下去，所以维护最低转售价格的协议一般只能产生于垄断市场，目的是获取垄断利润。

纵向约束(或纵向一体化)同时有助于制造商卡特尔化的存续。假设一群制造商希望进行合谋。对这些制造商来说，如果它们不能纵向一体化进入分销领域，将很难观察到每个经销商的价格。但是，如果它们协议收取同样的零售价格，并且利用和经销商的纵向约束(如转售价格维持)来实施这一协议，那么，如果任何制造商通过降低价格进行欺诈的话，它们会很容易察觉到，因为观察零售价格要比观察批发价格容易得多。

综上所述，企业进行纵向一体化或纵向约束的理由同企业最初形成的原因本质上是一致的。当企业不准备进行纵向一体化时，它们会向与其交易的企业提出纵向约束，可以增加利润。当纵向约束有助于解决纵向层面上的双重边际化问题和横向层面上的“搭便车”问题时，可以提高效率。但同时，纵向约束中的一些做法也会损害竞争，因为它们会在制造层面上或零售层面上消除竞争，并且减少顾客的选择与福利。这两个相反的效应哪种效应会占主导和哪类纵向约束会被采用，严格取决于信息环境(如制造商能观察到什么和执行什么)和市场结构①。另外，在一定环境中，企业也可能因纯粹的反竞争理由采取纵向一体化和纵向约束。虽然存在一些例外，但通常很难表明企业纵向关系一定会降低消费者的福利。

第三节 企业纵向关系立法

各国法律都对企业纵向关系进行了限制，以预防和制止垄断行为，保护市场公平竞争，提高经济运行效率。虽然从不同环境的情况来看，厂商采取的纵向约束手段有可能是有效率的，但也有可能是降低社会总体福利水平的。下面我们就企业纵向关系的立法原则出发，对西方发达国家和中国的纵向约束立法进行简单介绍。

---

① 谭国富．纵向约束的经济理论．产业经济评论，2004，(2)：1～23。

一、企业纵向关系立法的基本原则

反垄断法对于交易限制的法律规制，从根本上是基于对其经济效果的评估。在纵向约束的反垄断法规制中，如果一个限制行为影响经济效率和消费者福利则违法，反之则合法。在反垄断法中，对于消极经济效果明显的限制行为，往往采取本身违法原则，直接认定其危害性和违法性，而对于经济效果不好评估的行为类别，则通过个案考察，即合理原则来判断。纵向约束行为即典型的后一种行为。纵向约束较之横向关系往往更为复杂，其经济效果和对竞争的危害性模棱两可。

从现代各国反垄断立法和执法实践来看，均未能通过经济分析为纵向约束提供一个反竞争的或者促进竞争的简单标准，而执法的松紧程度也因国别、时期不同差别很大。但是，总体而言，纵向限制反垄断法规制仍然是如何妥当平衡本身违法原则(per se illegality rule)和合理原则(rule of reason)的适用。本身违法原则与合理原则是反垄断法的两大基本原则[①]。

(一)本身违法原则

本身违法原则是指任何企业只要出现结合、共谋等垄断状态或者行为就视为违法，就应该加以限制或禁止。该原则是美国反垄断法初始时期的产物，反映了法律对垄断的高度警觉和严厉的态度。在司法中，一旦某一行为适用本身违法的原则，会对案件至少起到两方面的效果：第一，对于原告，可以最大限度地减小其举证责任。原告只需要证明被告有该种垄断行为，而不用进一步地证明被告行为对于市场竞争自由度的损害程度。第二，对于审理案件的国家机关，无论是行政机关还是司法机关，可以为它们节省大量的人力、物力，它们不必大费周折地调查被告行为的主观目的和危害后果。对于这些行为，需要证明的只是其曾经发生，至于它对竞争产生的具体影响和当事人的具体意图，都不需要进行广泛的调查。而且，一旦法院认定某行为属于自身违法的范围，就不再允许当事人证明在特定案件中没有反竞争的后果。

美国《谢尔曼法》(Sherman Act)颁布的早期，最高法院的判决都坚决对该法第一条关于“限制竞争行为”的规定采取了字面解释：该法明确的和普通的含义是“任何”此类合同均予以禁止。任何合同，不管其具有直接的还是间接的限制贸易的后果，都予以谴责。当时，美国最高法院确立了无论所固定的价格有无“合理性”，卡特尔和其他固定价格的协议都属于非法这一原则。最高法院认定，共谋定价是无效率的，应当被禁止。合理的价格是竞争价格，这和对垄断问题的经济分析是一致的[②]。

(二)合理原则

合理原则是指企业的结合与共谋等垄断状态或行为本身不一定构成违法，而只有当该种状态或者行为确实限制了竞争，造成垄断弊害时才应加以禁止或限制。这是美国的

---

① 古红梅．纵向限制竞争的反垄断法规制．北京：法律出版社，2011：30～33。

② 波斯纳 R A. 反托拉斯法．孙秋宁译．北京：中国政法大学出版社，2003：40～41。

判例法在其发展过程中确立的一个原则。直到现在，该原则仍然是美国反托拉斯法的一个最基本也是最重要的原则，并为世界各国的竞争法或反垄断法广泛接受。

根据合理原则，《谢尔曼法》的措辞在司法上的解释只包含那些不合理的贸易限制。合理原则的方法是一项标准，按照该标准评价协议对竞争的影响，而据此进行判断的合法性，只能通过分析特定的商业事实、限制的历史以及限制的原因而予以评估。它要求在判断某一垄断或限制性商业行为是否予以禁止时，必须考虑该行为是否有害于公共利益，以及行为是否具有相应的动机。在将反垄断法的一般性规定具体化方面、在划分允许竞争方式方面，合理原则是可以发挥一定作用的。但是也应该看到，合理原则本身具有一定的不确定性，各个法官在各自不同时期对它所做出的解释有所不同。

应该强调的是，这两种不同分析方法具有共同的目的：两者都寻求测度被指控行为的竞争后果。两种原则之间不存在根本冲突，合理原则可以作为本身违法原则的简化规则(truncated rule)。反垄断法作为调节社会经济生活的基本法，不可能规定得过于具体，应该给法官一定自由裁量的空间，以应付复杂多变的经济情况，而只有两种原则并用，才能达到这样的效果。

二、西方主要国家或地区的企业纵向关系立法①

(一)美国反垄断法

美国是现代反垄断法的发源地，反垄断为其经济发展奠定了坚实基础。在美国，虽然反垄断法以制定法作为基本法和判决准则，但是因其制定法条文简约，所以只有通过判例才能真正理解美国反垄断法的原理，了解反垄断法规则的生长及其变化。

美国的反垄断法肇始于1890年的《谢尔曼法》，发展到今天已经形成了一个由诸多反垄断法律、法规和判例组成的较为成熟的系统。在美国，关于《谢尔曼法》、《克莱顿法》(Clayton Act)等美国成文的反垄断法律的执行，有一个逐渐变化的过程。大体而言，在《谢尔曼法》通过立法之后，最高法院历经了一段普通法上的摸索及造法时期，在20世纪30年代经济大恐慌期间，执法明显宽松了。第二次世界大战之后，则逐渐加强其执法的严厉。1977年，在大陆电视公司诉通用电话电气西尔弗尼亚公司案后其渐趋宽松。在该案中，最高法院对非价格的垂直交易限制改为采用合理原则。里根主政之后的20世纪80年代，反托拉斯法的执行更加宽松。

在美国反托拉斯法中，关于纵向约束竞争协议的成文法主要是《谢尔曼法》第1条和第2条。美国最高法院在其1911年Dr. Miles案的判决中，依据《谢尔曼法》第1条认定纵向价格约束是违法行为。法院指出，生产商与销售商之间如果订立固定转售价格的协议，这个协议会妨碍销售商之间的价格竞争，其结果就是如同这些销售商之间订立了固定价格的卡特尔。禁止纵向约束的成文法规还见于《克莱顿法》第3条。它指出，在商业交易中，不管一种商品是否被授予专利，如果这个商品是在美国司法管辖的地域内所使用、消费、零售、出租、销售或者订立销售合同，只要该合同是以买方不与卖方的竞争

① 古红梅．纵向限制竞争的反垄断法规制．北京：法律出版社，2011：33～38。

对手进行交易为条件而固定价格或者给予折扣或者回扣，如果该行为实质上会减少竞争或者旨在形成商业垄断，这个交易就是非法的。

为了避免和减少法律的不稳定性，提高当事人对案件后果的可预见性，美国司法部在 1985 年 1 月 23 日还发布了一个《纵向约束指南》。这个指南是依据美国最高法院适用合理原则对一些纵向约束所做的判决而制定的，特别是依据了美国最高法院 1977 年关于大陆电视公司诉西尔维尼亚公司一案的判决。该指南分析了纵向销售地域约束、客户约束、排他性约束以及搭售及其他附条件交易协议，分析了它们的经济效益以及对市场竞争的影响。但是这个指南没有涉及纵向价格约束。该指南指出，所有的纵向约束，包括具有推动竞争的纵向约束，都会直接或者间接地对价格发生影响。但是，这并不意味它们都得适用本身违法的原则。该指南明确指出，它的法律依据是《谢尔曼法》第 1 条、第 2 条以及《克莱顿法》第 3 条。

（二）欧盟竞争法

欧盟作为特殊国际组织，其竞争法体系比较复杂，就制定主体来划分，是由欧盟和各成员国共同构成的；欧盟制定的竞争方面的条约、规则等在效力上高于成员国的竞争法，可以由各成员国直接实施欧盟竞争法，也可以通过纳入本国的竞争法律间接实施。欧盟的竞争法侧重于调整垄断与限制竞争行为，从《欧洲煤钢联营条约》、《罗马条约》到新颁布的企业兼并单行法令，均着重于对企业垄断及限制竞争行为做出明确的规定。欧盟理事会为实施这些规定而有针对性地颁布的若干规定与条例，自然也主要是属于反垄断与限制竞争的内容。这些法律与欧盟委员会、欧盟法院审理垄断、限制竞争案件所形成的决定与判例一起，构成了欧盟内比较完整统一的反垄断与限制竞争法。

《欧共体条约》(Treaty Establishing European Community)第 81 条第 1 款不区分横向限制竞争协议和纵向约束竞争协议。因此，如果生产商和销售商之间的买卖协议可能影响成员国之间的贸易，并且以妨碍、限制或者扭曲共同市场上的竞争为目的，或者具有这样的后果，这个协议就是违法的。如果一个纵向协议涉及下列内容：①直接或间接地固定购买或者销售价格或者其他任何交易条件；②限制或者控制生产、市场、技术发展或者投资；③分割市场或者货源(share markets or sources of supply)；④对相同情况下的交易对象适用不同的交易条件，由此置其于不利的竞争地位(competitive disadvantage)；⑤要求交易对方接受在本质上或者在商业惯例上均与合同标的无关的附加条件，并将此作为订立合同的前提条件，便可以认定这个协议是违法的。除了上述禁止性规定外，《欧共体条约》第 81 条第 3 款的豁免规定同样也适用于纵向约束竞争协议。

由于纵向协议与横向协议相比对经济发展有着更积极的意义，欧盟委员会依据欧共体理事会 1962 年第 17 号条例所发布的集体豁免条例中，大多数是涉及纵向的限制竞争协议，如 1983 年的《独家销售协议集体适用条约第 81 条第 3 款的第 1983/83 号条例》，1983 年的《独家购买协议集体适用条约第 81 条第 3 款的第 1984/83 号条例》，1988 年的《特许经营协议集体适用条约第 81 条第 3 款的第 4087/88 号条例》。欧盟委员会 1999 年发布的《纵向协议和纵向协调行为适用欧共体条约第 81 条第 3 款的第 2790/99 号条例》，是关于纵向协议集体豁免的一个综合性条例，而且也是这方面最重要的规定。该条例于

2000年1月1日生效，2000年6月1日开始适用。它不仅适用于独家销售、独家购买和特许经营，在没有例外规定的情况下还适用于其他类型的纵向协议。根据该条例第3条的规定，一个纵向约束竞争协议涉及的市场份额如果不超过相关市场的30%，协议可以得到豁免，这反映了欧盟委员会对限制竞争协议的豁免中注重经济分析。

为了协助欧盟及其成员国的机构、各种团体以及企业能够更好地理解和掌握这个关于纵向协议的集体豁免条例，欧盟委员会于2000年5月24日还通过了一个《纵向协议集体豁免条例适用指南》。这个指南虽然对欧盟法院和成员国法院不具有法律约束力，但在实践中有着非常重要的意义。因为它不仅解释了欧盟委员会的纵向协议集体豁免条例，而且在许多方面发展了这个条例。在纵向约束竞争协议方面，比较重要的还有欧盟委员会1996年1月31日发布的《技术转让协议集体适用欧共体条约第81条第3款的第240/96号条例》。

(三)德国反限制竞争法

德国的反限制竞争法明确地对纵向约束做出了规定。但是，与该法中关于横向协议的第一章不同，关于纵向约束竞争的第二章没有总则性的规定，也没有普遍禁止的原则。它除了在第14条中对纵向的价格约束以及其他交易条件的约束做出禁止性规定外，其他的排他性约束包括限制使用商品、独家销售、独家购买以及搭售及其他附条件交易，都是通过第16条采取了滥用监督的法律措施。仅当这些排他性约束使相关市场的竞争受到实质性的损害，联邦卡特尔局才会宣布此类协议在法律上无效。

由于纵向的价格约束和纵向的其他交易条件约束在德国并不多见，德国学者指出，对排他性约束的滥用监督是反对限制竞争法中关于纵向约束的核心内容。此外，《反对限制竞争法》第15条规定了出版物的价格约束可以从第14条的禁止性规定中得到豁免；第17条和第18条对知识产权转让协议中的限制竞争性约束做出了规定。

三、中国的企业纵向关系立法

中国现有的反垄断法律规范主要存在于四部法律和两个规章中。四部法律分别是《反不正当竞争法》、《价格法》、《对外贸易法》和《反垄断法》；两部规章分别为《制止价格垄断行为暂行规定》和《外国投资者并购境内企业暂行规定》。下面就我国纵向关系立法中较密切的几部法律法规作简要介绍。

(一)《反不正当竞争法》

1993年9月2日，第八届全国人民代表大会常务委员会第三次会议审议通过《反不正当竞争法》，并定于1993年12月1日起执行，这是一部旨在规范社会主义市场经济秩序、倡导公平有序竞争的法律。此法对一部分限制竞争行为做出了规定，但并没有直接明确规定纵向约束竞争。根据推论，该法存在与规制纵向约束竞争行为有关的规定。

该法第6条规定："公用企业或者其他依法具有独占地位的经营者，不得限定他人购买其指定的经营者的商品，以排挤其他经营者的公平竞争。"这种限制竞争的典型表现是一些公用企业利用其特权地位或市场优势，强迫用户或消费者购买由它们指定的商品。公用企业的这种行为限制交易对手的经营自主权，将某些经营者置于不利的竞争地位。该法第12条规定："经营者销售商品，不得违背购买者的意愿搭售商品或者附加其他不合理的条件。"该条款可以视为对搭售及其他附条件交易行为的规定。

该法第15条还规定："投标者不得串通投标、抬高标价或者压低标价。投标者和招标者不得相互勾结，以排挤竞争对手的公平竞争。"这是对串通投标行为的规制，投标者与招标者串通投标可视为纵向合谋的行为。其行为方式是个别投标人向招标人行贿，招标人向其透露标底，从而阻碍其他投标人平等地参与竞争，这种限制竞争现象在中国建筑界可谓比比皆是。可见，《反不正当竞争法》的上述规定仅仅是模糊地涉及了纵向约束竞争，尚未对限制转售价格等企业纵向关系行为做出明确规定。

(二)《价格法》

《价格法》是为了规范价格行为，发挥价格合理配置资源的作用，稳定市场价格总水平，保护消费者和经营者的合法权益的一项法规，于1997年12月29日，于第八届全国人民代表大会常务委员会第二十九次会议通过，并于1998年5月1日起施行。

《价格法》第14条第1款规定，经营者不得"相互串通，操纵市场价格，损害其他经营者或者消费者的合法权益"。《价格法》在法律层面上首次对联合操纵市场价格的垄断市场价格行为做了禁止性规定。价格垄断行为分为滥用市场优势控制市场价格的行为和联合控制价格的行为。后者又包括联合价格行为和限制转售价格行为。因此，该条规定对于规制纵向价格限制行为有一定的积极作用。但是，至此法律上仍然没有明确"纵向价格限制行为"。同时，《价格法》第14条第1项将"损害其他经营者或者消费者合法权益"作为构成操纵市场价格行为的构成要件。只有在达到了损害其他经营者或者消费者合法权益时，才适用《价格法》和相关的处罚规定。可见，中国对于限制转售价格行为，并没有采取本身违法的原则，而是依据是否损害其他经营者或者消费者的合法权益做出"合理性"分析。

(三)《制止价格垄断行为暂行规定》

国家发展和改革委员会(以下简称国家发改委)于2003年6月18日公布了《制止价格垄断行为暂行规定》，并于2003年11月1日起正式施行。该规定第2条把价格垄断行为界定为"经营者通过相互串通或者滥用市场支配地位，操纵市场调节价，扰乱正常的生产经营秩序，损害其他经营者或者消费者合法权益，或者危害社会公共利益的行为"。

在纵向约束方面，该规定第4条规定："经营者之间不得通过协议、决议或者协调等串通方式实行下列价格垄断行为：①统一确定、维持或变更价格；②通过限制产量或者供应量，操纵价格；③在招投标或者拍卖活动中操纵价格；④其他操纵价格的行为。"第5条还规定："经营者不得凭借市场支配地位，在向经销商提供商品时强制限定其转售价格。"

我国上述三个法律或规定在调整企业纵向关系方面存在一定的不足，主要表现在：①没有专门、完整的法律规制，规章权威性不足。在法律层面上，对纵向价格限制行为没有直接明确的规定，《反不正当竞争法》中没有涉及，《价格法》中也没有明确指出。只是在国家发改委公布的《制止价格垄断行为暂行规定》中才有所提及。②立法上对于违法行为界定不清晰，司法上违法判断原则缺位。国家发改委公布的《制止价格垄断行为暂行规定》对于什么是限制转售价格及其认定没有明确的界定和分类，难以界分。而司法实务中也未能区分不同的行为类型、区别适用"本身违法"与"合理性判断"原则。③已有规定没有明确违法行为的法律责任，实践中可操作性不强[①]。因此，急需出台中国的反垄断法。

(四)《反垄断法》

中国第一部《反垄断法》是2007年8月30日第十届全国人民代表大会常务委员会第二十九次会议上审议通过并于2008年8月1日实施的。我国《反垄断法》充分借鉴了国际反垄断立法的有益经验，保持同大多数国家反垄断法的基本一致性，确立了禁止垄断协议、禁止滥用市场支配地位以及控制经营者集中三大制度。同时，立足于中国国情，每一项制度都体现了鲜明的中国特色，反映了中国目前经济发展阶段和发展水平、市场竞争状况、市场主体成熟程度等实际情况的要求[②]。中国反垄断法共8章57条，主要内容包括：第一章是总则；第二、三、四章规定了垄断协议、滥用市场支配地位、经营者集中三类垄断行为；第五章是有关行政垄断的规定；第六章是对涉嫌垄断行为的调查；第七章是法律责任；第八章是附则。

1.《反垄断法》的适用范围

中国反垄断法平等地适用于市场主体，即经营者。任何经营者，无论是国有企业还是民营企业，无论是内资企业还是外资企业，在经济活动中都要遵守反垄断法的规定；对违反规定、实施垄断行为的，都要依法追究法律责任。《反垄断法》第2条规定，中国反垄断法既适用于在中国境内发生的垄断行为，也适用在中国境外发生的对中国境内市场竞争产生排除、限制影响的垄断行为，具有域外效力。中国反垄断法没有把国有企业排除在《反垄断法》适用之外，国有企业不能从事《反垄断法》禁止的垄断行为。参照国际通行做法，中国反垄断法不直接规制垄断状态，而规制垄断行为。《反垄断法》第3条把垄断行为归为三类，即"经营者达成垄断协议，经营者滥用市场支配地位，具有或者可能具有排除、限制竞争效果的经营者集中"的行为。第6条还规定："具有市场支配地位的经营者，不得滥用市场支配地位，排除、限制竞争。"同时，《反垄断法》第8条还将"行政机关和法律、法规授权的具有管理公共事务职能的组织不得滥用行政权力，排除、限制竞争"的行为纳入该法调整范围。

2. 垄断协议

中国反垄断法界定的垄断协议是指排除、限制竞争的协议、决定或者其他协同行为。《反垄断法》不仅对横向垄断协议和纵向垄断协议分别做出禁止规定，而且对行业协

---

① 古红梅．纵向限制竞争的反垄断法规制．北京：法律出版社，2011：196。

② 详情参阅《中国反垄断法的主要内容》，中国工商行政管理法制网，http：//www.saic.gov.cn/fgs/llyj/200904/t20090421_50952.html，2012-11-20。

会组织本行业经营者实施垄断协议做出禁止性规定。《反垄断法》第 13 条规定：“禁止具有竞争关系的经营者达成下列垄断协议：①固定或者变更商品价格；②限制商品的生产数量或者销售数量；③分割销售市场或者原材料采购市场；④限制购买新技术、新设备或者限制开发新技术、新产品；⑤联合抵制交易；⑥国务院反垄断执法机构认定的其他垄断协议。”第 14 条规定：“禁止经营者与交易相对人达成下列垄断协议：①固定向第三人转售商品的价格；②限定向第三人转售商品的最低价格；③国务院反垄断执法机构认定的其他垄断协议。”第 16 条还规定：“行业协会不得组织本行业的经营者从事本章禁止的垄断行为。”

《反垄断法》还根据中国的实际情况，规定了垄断协议的豁免条件。通常，竞争者之间达成的关于固定价格、限制产量、划分市场以及串通招投标等垄断协议被称为核心卡特尔，核心卡特尔是世界很多国家反垄断执法机构严厉打击的对象。在中国，核心卡特尔也很难满足《反垄断法》第 15 条有关垄断协议的豁免条件所规定的“不会严重限制相关市场的竞争”与“能够使消费者分享由此产生的利益”这两个条件，是经营者经营行为的禁区。

3. 滥用市场支配地位

中国反垄断法不反对经营者具有市场支配地位，但严格禁止其滥用市场支配地位实施排除、限制竞争，损害消费者利益的垄断行为。市场支配地位是经营者在相关市场内具有能够控制商品价格、数量或者其他交易条件，或者能够阻碍、影响其他经营者进入相关市场能力的市场地位。《反垄断法》第 17 条规定：“禁止具有市场支配地位的经营者从事下列滥用市场支配地位的行为：①以不公平的高价销售商品或者以不公平的低价购买商品；②没有正当理由，以低于成本的价格销售商品；③没有正当理由，拒绝与交易相对人进行交易；④没有正当理由，限定交易相对人只能与其进行交易或者只能与其指定的经营者进行交易；⑤没有正当理由搭售商品，或者在交易时附加其他不合理的交易条件；⑥没有正当理由，对条件相同的交易相对人在交易价格等交易条件上实行差别待遇；⑦国务院反垄断执法机构认定的其他滥用市场支配地位的行为。”事实上，这一条款列举了大多数国家反垄断法所禁止的垄断价格、掠夺性定价、拒绝交易、强制交易、搭售、差别待遇等典型的滥用市场支配地位行为。

为了增加反垄断法的操作性，我国反垄断法还规定了认定经营者有市场支配地位应当依据的因素和市场支配地位推定制度。不管是新成立的还是成熟的反垄断执法机构，无论是市场支配地位的界定，还是滥用行为的分析，都是反垄断执法中极具挑战性的领域，在执法中也需要很多专业的经济分析。

4. 经营者集中

从经济学角度来看，经营者集中一方面有利于形成规模经济，提高经济效率和企业的竞争力；另一方面又可能产生或者加强市场支配地位，导致排除或限制竞争。因此，各国反垄断法都对经营者集中实行必要的控制。《反垄断法》第 20 条规定：“经营者集中是指下列情形：①经营者合并；②经营者通过取得股权或者资产的方式取得对其他经营者的控制权；③经营者通过合同等方式取得对其他经营者的控制权或者能够对其他经营者施加决定性影响。”

我国反垄断法鼓励经营者通过依法实施集中等方式扩大经营规模，同时，依法规制经营者集中行为。《反垄断法》第21条规定："经营者集中达到国务院规定的申报标准的，应当事先向国务院反垄断执法机构申报，未申报的不得实施集中。"但是，我国反垄断法并未直接规定经营者集中的申报标准，而授权由国务院规定。从发达国家反垄断法实践来看，经营者集中申报标准的指标应当客观、明了、可量化，如以资产额、销售额以及集中的交易额等为指标来规定申报标准，使经营者和反垄断执法机构能够清楚地判断出其拟进行的集中行为是否需要申报。同时，各国反垄断法都是根据本国经济的发展水平、市场竞争状况并结合一定时期的产业政策，确定各自的申报标准的，具体的标准差别很大。中国现阶段经济发展中的一个主要问题是产业集中度不高，许多企业达不到规模经济要求，竞争力不高。因此，我国反垄断法中经营者集中的申报标准应合理适度。

5. 滥用行政权力排除和限制竞争

针对我国市场经济中存在的行政机关及公共组织滥用行政权力排除、限制市场竞争的行政性垄断的具体表现及其危害，《反垄断法》第五章对滥用行政权力排除、限制竞争行为进行了专门规定，列举了强制交易、地区封锁(包括限制商品在地区间流通、阻碍外地经营者参加本地招投标活动、以不公平方式设定市场准入等)、强制经营者从事垄断行为等滥用行政权力排除、限制竞争行为，比较全面地涵盖了我国目前存在的滥用行政权力排除、限制竞争行为的主要表现形式。同时，《反垄断法》第37条还专门针对含有限制竞争内容的抽象行政行为做了专门规定，要求"行政机关不得滥用行政权力，制定含有排除、限制竞争内容的规定"。需要指出的是，应将政府为调控经济生活或相关正常的管理措施同"滥用行政权力排除、限制竞争"的行为区别开来，保证政府部门的合理执法权。

第七章

产业结构：演变与优化

【本章概要】 本章主要介绍产业结构理论的形成与发展；产业结构理论的研究对象及理论体系；产业结构的演变及其规律；产业结构变动的影响因素以及产业结构优化等。重点掌握产业结构演变规律的理论；需求因素对产业结构变动的影响以及产业结构的合理化。

【教学要求】 了解产业结构理论的形成与发展过程；知道产业结构理论的研究对象及理论体系；掌握产业结构的演变及其规律和产业结构变动的影响因素；熟悉产业结构优化过程和主导产业选择方法。

一个国家或地区的产业结构合理与否，直接决定着其经济发展水平。产业结构理论以产业构成及其内在相互关系为研究对象，分析一个国家或区域产业结构的历史演变过程，探索总结产业结构发展演变的一般规律性，寻求推进产业结构优化的路径，为规划未来的产业发展提供理论依据和实践指导。

第一节　产业结构概念及理论演化

产业发展和产业结构演变是一个历史过程，产业结构理论是随着产业发展和产业结构演化而产生的理论。

一、产业结构的含义

产业结构的概念始于20世纪40年代。在最初利用产业结构这个概念分析经济问题时，其含义还不规范，它既可以用来解释产业内部之间的关系和产业与产业之间的关系，也可以用来解释产业内部的企业关系和产业的地区分布。随着对产业经济研究的不断发展和深入，产业结构的概念和研究领域逐渐明确下来，产业结构理论逐步形成体系。

狭义的产业结构，是指在社会再生产过程中，国民经济各产业之间的生产、技术、经济联系和数量比例关系，即产业间比例关系及其变化形态。其内涵在于：产业结构是在社会再生产过程中形成的，以国民经济为整体，将国民经济划分成若干个产业；产业之间的生产、技术、经济联系主要反映产业间相互依赖、相互制约的程度和方式；产业间的数量比例关系反映的是各类经济资源在各产业间的配置情况，如资金、劳动力、技术等生产要素在各产业之间的分布；产业间的产出比例关系反映的是国民经济总产出在各产业间的分布情况，如一定时期内的总产值、总产量和劳务、利税额在各产业间的分布。

广义的产业结构，包括产业的质态关系，即狭义的产业结构，还包括：产业数量关系，即产业联系；产业空间关系，即产业布局；产业内部关系，即产业组织，或称为市场结构。

世界上有两种划分国民经济部门的方法：一是按照物质部门和非物质部门划分；二是按照三次产业划分。西方国家广泛使用三次产业划分方法。我国两种方法兼容并用。

三次产业这一概念，是由英国经济学家、新西兰澳塔哥大学教授阿·费歇尔在《安全与进步的冲突》一书中(1935 年出版)首先提出的。之后，英国经济学家科林·克拉克在他所著的《经济进步的条件》一书中更加广泛地使用了三次产业这一概念。1957 年在第三版《经济进步的条件》一书中，克拉克以“服务性产业”代替“第三产业”这个术语，并在书中明确地将产业结构划分为三大部门。随人均国民收入的提高，劳动力首先由第一产业向第二产业转移；当人均国民收入水平进一步提高时，劳动力便向第三产业转移。劳动力在不同产业之间流动的原因在于各产业之间收入的相对差异。

我国关于三次产业的划分，根据全国国民经济核算协调委员会提出的方案，在统计工作中已试用多年。第一产业为农业(包括种植业、林业、牧业、副业和渔业)；第二产业为工业(包括采掘工业、制造业、自来水、电力、蒸汽、热水、煤气)和建筑业；第三产业为除第一产业、第二产业以外的其他各行业。第三产业包括的行业多、范围广，根据我国的实际情况，第三产业可分为两部分：一是流通部门，二是服务部门。其具体又可分为四个层次：第一层次为流通部门，包括交通运输业、邮电通信业、商业、饮食业、物资供销和仓储业；第二层次是为生产和生活服务的部门，包括金融业、保险业、地质普查业、房地产业、公用事业、居民服务业，以及咨询服务业和综合技术服务业等；第三层次是为提高科学文化水平和居民素质服务的部门，包括教育、文化、广播电视、科学研究、卫生、体育和社会福利事业等；第四层次是为社会公共需要服务的部门，包括国家机关、政党机关、社会团体以及军队和警察等。

我国国民经济行业分类有国家标准(GB/T 4754—2011)，该标准基本规定如下。

1. 范围

本标准规定了全社会经济活动的分类与代码。本标准适用于在统计、计划、财政、税收、工商等国家宏观管理中对经济活动的分类，并用于信息处理和信息交换。

2. 术语和定义

下列术语和定义适用于本文件：

(1)行业(industry)。行业(或产业)是指从事相同性质的经济活动的所有单位的集合。

(2)主要活动(principal activity)。当一个单位对外从事两种以上的经济活动时，占其单位增加值份额最大的一种活动称为主要活动。如果无法用增加值确定单位的主要活动，可依据销售收入、营业收入或从业人员确定主要活动。与主要活动相对应的是次要活动和辅助活动。次要活动是指一个单位对外从事的所有经济活动中，除主要活动以外的经济活动。辅助活动是指一个单位的全部活动中，不对外提供产品和劳务的活动。辅助活动是为保证本单位主要活动和次要活动正常运转而进行的一种内部活动。

(3)单位(unit)。本标准中的单位是指有效地开展各种经济活动的实体，是划分国民经济行业的载体。

(4)产业活动单位(establishment)。产业活动单位是法人单位的附属单位。产业活动单位应具备下列条件：在一个场所从事一种或主要从事一种经济活动；相对独立地组织生产、经营或业务活动；能够掌握收入和支出等资料。

(5)法人单位(corporate unit)。具备下列条件的单位为法人单位：依法成立，有自己的名称、组织机构和场所，能够独立承担民事责任；独立拥有和使用(或授权使用)资产，承担负债，有权与其他单位签订合同；会计上独立核算，能够编制资产负债表。

3. 分类的原则和规定

1)划分行业的原则

本标准采用经济活动的同质性原则划分国民经济行业，即每一个行业类别按照同一种经济活动的性质划分，而不是依据编制、会计制度或部门管理等划分。

2)行业分类的基本单位

根据联合国《所有经济活动的国际标准产业分类》(ISIC Rev. 4)，本标准主要以产业活动单位和法人单位作为划分行业的单位。采用产业活动单位划分行业，适合生产统计和其他不以资产负债、财务状况为对象的统计调查；采用法人单位划分行业，适合以资产负债、财务状况为对象的统计调查。在以法人单位划分行业时，应将由多法人组成的企业集团、集团公司等联合性企业中的每个法人单位区分开，按单个法人单位划分行业。

3)确定单位行业归属的原则

本标准按照单位的主要经济活动确定其行业性质。当单位从事一种经济活动时，则按照该经济活动确定单位的行业；当单位从事两种以上的经济活动时，则按照主要活动确定单位的行业。

4. 编码方法和代码结构

(1)本标准采用线分类法和分层次编码方法，将国民经济行业划分为门类、大类、中类和小类四级。代码由一位拉丁字母和四位阿拉伯数字组成。门类代码用一位拉丁字母表示，即用字母 A、B、C……依次代表不同门类；大类代码用两位阿拉伯数字表示，打破门类界限，从 01 开始按顺序编码；中类代码用三位阿拉伯数字表示，前两位为大类代码，第三位为中类顺序代码；小类代码用四位阿拉伯数字表示，前三位为中类代码，第四位为小类顺序代码。

(2)本标准的中类和小类，根据需要设立带有“其他”字样的收容项。为了便于识别，原则上规定收容项的代码尾数为“9”。

(3)当本标准大类、中类不再细分时，代码补“0”直至第四位。

(4)本标准的代码结构图如图 7.1 所示。

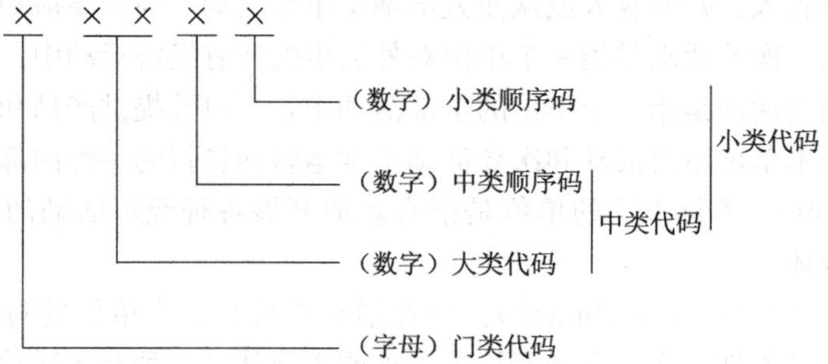

图 7.1 行业分类代码结构图

二、产业结构理论的形成与发展

1. *产业结构理论的产生*

产业结构理论的思想渊源可以追溯到 17 世纪。英国资产阶级古典经济学家创始人威廉·配第(William Petty)早在 17 世纪就第一次发现了世界各国国民收入水平的差异和经济发展的不同阶段，其关键原因是产业结构的不同。

2. *产业结构理论的形成*

20 世纪 30～40 年代是现代产业结构理论的形成时期。这一时期对产业结构理论的形成做出突出贡献的主要有日本经济学家赤松要、美国经济学家库兹涅兹、列昂惕夫和英国经济学家克拉克等。

3. *产业结构理论的发展*

产业结构理论在 20 世纪 50～60 年代得到了较快发展。这一时期对产业结构理论研究做出突出贡献的代表人物有库兹涅兹、里昂惕夫、刘易斯、赫希曼、罗斯托(Walt Whitman Rostow)、钱纳里、霍夫曼(W. G. Hoffmann)等。21 世纪以来，理论界对产业结构的研究进一步得到了丰富，有大量的理论研究和实证研究成果，主要集中在产业升级、产业高技术化、全球产业价值链、产业供应链、服务业外包、新兴产业、产业空心化等方面，特别是对科技革命和产业革命的关系研究较多，尤其是美国杰里米·里夫金著的《第三次工业革命》，深刻影响着理论界和实践界。

三、产业结构理论研究对象及理论体系

产业结构理论运用经济学基础知识和其他相关知识，解释和阐明了产业经济活动过程和规律性，在理论发展历程中，形成了比较系统的理论体系。其理论体系包括四个方面：产业结构形成理论；产业结构变动规律的研究；产业结构优化理论；产业结构调整的研究、主导产业的选择以及产业关联分析的理论。

第二节 产业结构演变及其规律

产业结构演变是影响经济发展的主要因素，一国经济发展的过程其实就是产业结构

演变的过程。推动产业结构升级，是促进国家或区域经济结构升级的核心内容，是促进国民经济发展和提升国家竞争力的重要手段。

一、产业结构演变一般趋势

从工业化发展的阶段来看，产业结构的演变经历了前工业化时期、工业化初期、工业化中期、工业化后期和后工业化时期五个阶段。在每一个阶段，三次产业所占地位各不相同。

从三大产业内部来看，产业结构的演变体现为三大产业内部由低级向高级的发展。

从资源结构来看，产业结构的演变经历了劳动密集型产业—资本密集型产业—知识技术密集型产业的演变。

从市场导向来看，产业结构的演变经历了封闭型—进口替代型—出口导向型—市场全球化的演变。

从产业结构演进的顺序看，产业结构由低级向高级发展的各阶段是难以逾越的，但各阶段的发展过程可以缩短。从演进角度看，后一阶段产业的发展是以前一阶段产业充分发展为基础的。只有第一产业的劳动生产率得到充分发展，第二产业才能得到应有的发展，只有第二产业的快速发展，第三产业的发展才具有成熟条件和坚实的基础。

二、产业结构演变规律

世界各国经济发展的历史经验表明，伴随着经济的发展和国民收入水平的提高，各国的产业结构发生了相应的变化，这种变化具有鲜明的规律性，产业结构演变规律有多种理论，不同的理论其解释不同，但其解释的内在规律性基本一致，即都具有由低水平均衡向高水平均衡的阶段性演化的特征。

(一)配第-克拉克定理

在产业结构理论中，最著名的学说就是英国经济学家克拉克在计算了 20 个国家的各部门劳动投入和总产出的时间序列数据之后，提出的有关经济发展中就业人口在三次产业中的分布结构变化的理论，即劳动力在三次产业中的分布规律。该理论有三个重要前提。

第一，克拉克对产业结构演变规律的研究，以若干国家产业劳动力在时间的推移中发生的变化为依据，说明了产业劳动力就业结构和不断提高着的人均国民收入水平相对应。

第二，克拉克分析产业结构演变时，以劳动力就业为指标，研究随着经济发展，劳动力在各产业中的分布状况所发生变化的过程。

第三，克拉克研究的产业结构依据三次产业分类法，将全部经济活动分为第一产业、第二产业和第三产业，考察劳动力就业分布及其变化。

根据以上三点，克拉克搜集和整理了若干国家按照年代的推移，劳动力在第一、二、三产业之间移动的统计资料，得出了如下结论：随着经济的发展、人均国民收入的提高，劳动力首先由第一产业向第二产业移动；当人均国民收入水平进一步提高时，劳动力便向第三产业移动。劳动力在产业间的分布状况为：第一产业将减少，第二、三产业将增加。这就是配第-克拉克定理。

克拉克认为，劳动力从第一产业转向第二、三产业，是由经济发展中各产业间出现收入(附加价值)的相对差异造成的。人们总是由低收入的产业向高收入的产业移动。这不仅可以从一个国家经济发展的时间序列分析中得到印证，而且还可以从处于不同发展水平上的国家在同一时点的横断面比较中得到类似的结论。人均国民收入水平越高的国家，第一产业劳动力在全部劳动力中所占的比重相对来说就越小，而第二、三产业中劳动力所占的比重相对来说就越大；反之，人均国民收入水平越低的国家，第一产业劳动力所占比重相对越大，而第二、三产业劳动力所占比重相对越小。

第一产业国民收入及劳动力的相对比重趋于减少的原因：①第一产业主要是生产人民生活必需品，而生活必需品的需求特性是当人们的生活水平、收入水平达到一定程度后，个人收入中用于支付生活必需品的比例减少，即农产品的需求收入弹性下降。这种产业间收入弹性上的差异，不仅影响国民收入的支出结构，使国民收入在产业间的相对比重发生变化，而且还会影响产品价格。从供求关系变化对价格的影响来看，需求高增长的产业一般能够维持较高的价格，从而获得较高的附加价值；反之，需求低增长的产业则只能维持较低的价格和获得较少的附加价值。因此，低收入弹性使农产品在价格和获得附加价值上处于不利地位，从而使农业实现的国民收入的份额趋于减少，在第一产业的国民收入相对比重不断减少的情况下，若不把该产业的劳动力转移出去，不把劳动力就业的比重降下来，相对国民收入就要减少。这就是农业人口减少的原因之一。②在第一产业和第二产业之间，如农业和工业之间，其技术进步可能性存在很大的差别。农业技术进步的困难性和生产周期长的特点，使农业呈现报酬递减，从而出现增产不增收的现象，而第二产业在多数情况下会出现投资递增，两者的差异也使农业在国民收入增长中处于不利地位。③农业本身也会提高劳动生产率。土地的有限性和农业劳动生产率的提高相结合，必然导致农业劳动力相对比重减少。

第二产业国民收入的相对比重上升的原因，在上文中已做了一些阐述。要补充的是，不仅人们的消费结构的变化趋势使工业的收入弹性处于有利地位，而且国民收入中支出与投资的部分的增长在不断扩大着工业市场。因此，整个国民收入的支出结构的演变都支持着工业的高收入弹性，从而导致第二产业所实现的国民收入在全部国民收入中的比重上升。

第三产业劳动力相对比重上升的原因：第三产业提供的服务，从发展的观点看，比农业产品具有更高的收入弹性，随着人均国民收入水平的上升，人们追求消费“服务”的需求将越来越大，出现人们的消费需求的“超物质化”取向，第三产业的国民收入的相对比重上升，由此吸引了劳动力向第三产业转移。

(二)库兹涅茨法则

美国著名经济学家库兹涅茨擅长国民经济统计，特别是国民收入统计，在西方获得过“GNP 之父”的美名，1971 年由于他在研究产业结构理论方面的成就，获得诺贝尔经济学奖。库兹涅茨在继承克拉克研究成果的基础上，对产业结构的演变规律做了进一步探讨，阐明了劳动力和国民收入在产业间分布结构演变的一般趋势，从而在深化产业结构演变的诱因分析方面取得了突出成就，他从国民收入和劳动力在产业间的分布两个方面，对伴随经济发展的产业结构变化做了分析研究，收集和整理了20多个国家的庞大数据，把三次产业分别称为“农业部门”、“工业部门”和“服务部门”。

根据对各产业中相对国民收入变化趋势的分析，得出以下结论：

(1)第一产业的相对国民收入(比较劳动生产率)在大多数国家都低于1，而第二产业和第三产业的相对国民收入则大于1。从时间分析来看，农业相对国民收入下降的趋势说明，在劳动力相对比重和国民收入相对比重下降的情况下，国民收入相对比重下降的程度超过了劳动力相对比重下降的程度。因此，在大多数国家农业劳动力减少的趋势仍没有停止。农业劳动力相对比重的减少以及农业实现的国民收入相对比重的减少，是任何国家在经济发展的一定阶段上的普遍现象。

(2)第二产业的国民收入相对比重的上升是普遍现象。劳动力相对比重的变化，由于不同的国度工业化的水平不同而有差异，综合起来看是微增或没有大的变化，显然，相对国民收入(比较劳动生产率)就是上升的。特别是进入20世纪以后，在欧美发达国家里，劳动力的相对比重一直保持着大体不变的状况。这说明工业化达到一定的水平以后，第二产业不可能大量吸收劳动力。然而，从相对国民收入来看，唯独第二产业是上升的，说明在一个国家的经济发展上，在国民收入特别是人均国民收入的增长上，第二产业有较大贡献。

(3)第三产业的相对国民收入(比较劳动生产率)从时间系列分析来看，一般表现为下降趋势，但劳动力的相对比重是上升的，说明第三产业具有很强的吸收劳动力的特性。但是，劳动生产率的提高并不快。第三产业具有对劳动力的强吸附特性，因此，往往被人们称为劳动力的大蓄水池。特别值得提出的是，第三产业是这三个产业中规模最大的一个，无论是以劳动力的相对比重，还是以国民收入的相对比重来看都占一半以上。

(三)霍夫曼定理

德国经济学家霍夫曼对工业化问题进行了许多开创性的研究，提出了被称为“霍夫曼工业化经验法则”的工业化理论。他将消费资料工业净产值与资本资料工业净产值之比称为霍夫曼系数，霍夫曼定理表明，随着工业化的进程，霍夫曼系数是不断下降的。

根据霍夫曼系数的变化趋势，工业化的过程可以分为四个阶段，如表7.1所示。

表7.1　霍夫曼的工业化阶段

工业化阶段	霍夫曼系数
第一阶段	5(±1)
第二阶段	2.5(±1)
第三阶段	1(±0.5)
第四阶段	1以下

第一阶段：消费资料工业发展迅速，在制造业中占有统治地位；资本资料工业则不

发达，在制造业中所占比重较小，消费资料工业净产值平均为资本资料工业净产值的5倍。

第二阶段：资本资料工业发展较快，消费资料工业虽也有发展，但速度减缓，而资本资料工业的规模仍远不及消费资料工业的规模，但前者的净产值仍是后者的净产值的2.5倍。

第三阶段：消费资料工业与资本资料工业在规模上大致相当。

第四阶段：资本资料工业在制造业中的比重超过消费资料工业并继续上升。整个工业化过程，就是资本资料工业在制造业中所占比重不断上升的过程，后者的净产值将大于前者。

（四）罗斯托理论

美国经济学家罗斯托对于国家或地区经济及产业研究方面贡献卓著，首先提出了主导产业及其扩散效应理论，并结合对经济发展史、社会发展史的研究，形成了经济成长阶段理论。

1. 经济成长阶段理论

罗斯托根据科学技术和生产力发展水平，将经济成长过程划分为六个成长阶段：

一是“传统社会阶段”。这是对人类近代科学技术出现之前的社会的泛化概念。他认为“传统社会是这样一个社会，其结构是在生产功能有限的情况下发展起来的，是以牛顿以前的科学和技术以及牛顿以前对物质世界的态度为基础的”。这种划分有浓厚的西方历史色彩，并且该起点应该贴近于近代思想形成完整科学体系和理性实验研究之前，该阶段社会停留在传统的单一农业为主导的产业结构，没有近现代科学技术引入，生产力水平低下，社会发展保守、缓慢而平稳。

二是“起飞前的准备阶段”，即向“起飞”发展的社会过渡期，以社会进入工业化的前期为时间划分点。该阶段，近代科学技术开始在工农业中发挥作用，农业产业有一定增长率，人们的生活有更丰富的食品供给，农业的剩余的大部分被投入工业、交通、商业和服务业的发展中，占总就业人口75%的农业劳动力逐渐转移到工业、交通、商业和服务业，投资率的提高明显超过了人口增长的水平。

三是“起飞阶段”，相当于产业革命阶段。以产业革命的发生为起始，投资率在国民收入中所占比例由5%以下增加到10%以上，由此产生了一个或几个能够迅速利用的新技术，并接受技术扩散的经济主产业部门，带动整个国民经济的快速增长以及生产力发展水平的突飞猛进。人类社会发展方式和人们的生活方式发生了巨大的变化，各国经济及政治发展格局出现重大变化。罗斯托将此阶段看做近现代社会的分水岭，在一个社会的历史发展中是具有决定意义的阶段。

四是“成熟阶段”。这是继产业革命之后较长且波动发展的经济成长时期，也是工业化完成阶段。这时一系列现代技术已经有效地应用于大部分资源开发利用，投资率也提高10%～20%。现代技术全面应用和不断改进，推动了各个领域的产品革新和新兴工业的发展，经济结构发生了相应的变化。

五是“高额大众消费阶段”。这是产业革命支撑近现代技术发展成熟后的时期，工业已经高度发达，主导产业部门已经转移到耐用消费品和服务业部门。

六是“追求生活质量阶段”。在高额大众消费阶段，汽车的广泛使用出现了空气和水源的污染以及城市拥挤，人们开始向往更健康舒适的生活环境，并且随着人们物质生活水平的提高，对有形产品的需求得以充分满足后，消费的重点转向对精神生活的追求。这个阶段经济主导部门已经不再是耐用消费品工业，而是提高生活质量的产业，包括教育、医疗、保健、社会福利、娱乐和旅游等服务业。

2. 主导产业扩散效应理论

主导产业扩散效应理论是对于经济增长机制的探讨。罗斯托认为无论任何时期，甚至在一个已经成熟并继续成长的经济体系中，经济增长事实上是为数不多的主导产业部门迅速扩大的结果，而且这种扩大又产生了具有重要意义的对其他产业部门的影响作用，即产生了主导产业的扩散效应，包括回顾效应、旁侧效应和前向效应。经济增长是国民经济中各个部门之间的比例关系变化的过程，反映在实际变化中的各个部门不同程度的增长率，根据推动经济增长作用的不同，可以将经济部门划分为主导部门、补充的经济增长部门、派生的经济增长部门三部分。经济增长首先由主导部门开始，通过主导部门的回顾效应、旁侧效应和前向效应形成技术及经济扩散带动整个经济增长。

（五）赤松要的雁形形态理论

雁形形态理论(图 7.2)是由日本经济学家赤松要在 1932 年根据日本棉纺工业的发展史实而提出来的产业发展理论，是指后发国家通过“国外引进—国内生产—产品出口”的循环实现产业结构工业化、重工业化和高加工度化的学说。

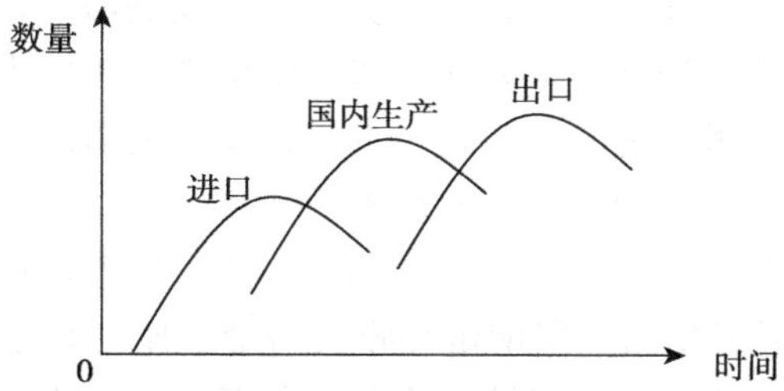

图 7.2 雁形形态理论

日本的产业通常经历了“进口—当地生产—开拓出口—出口增长”四个阶段并呈周期循环。随着某一产业产品进口量的不断增加，国内生产和出口逐渐形成。雁形形态理论表明，后发国家可以通过产品进口，引进消化吸收先行国家的资本和技术，发展本国的同类产业，最终利用低工资成本竞争优势将产品出口到发达国家市场。这种由于后发国家通过引进先行国家资本和技术，扩张生产能力，使先行国家已有产业受到国外竞争压力威胁的现象，叫做“反回头效应”。如果后发国家善于把握好时机，就能在“进口—国内生产—出口”的循环中缩短工业化乃至重工业化、高加工度化的过程。

雁形形态理论主要用来说明日本的工业成长模式。赤松要先生认为，本国产业发展要与国际市场紧密地结合起来，使产业结构国际化；后发国家可以通过四个阶段来加快本国工业化进程；产业发展政策也应根据雁形形态理论的阶段特点制定。人们常以此表述后发国家工业化、重工业化和高加工度化的发展过程。在一国范围内，雁形形态理论先是在低附加值的消费品产业中出现，然后才在生产资料产业中出现，继而在整个制造业的结构调整中都会出现雁形变化格局。

后来日本学者山泽逸平对赤松要的雁形形态理论进行了扩展，提出了“引进—进口—替代—出口成长—产业成熟—逆进口”六个发展阶段，从而更加详尽地展示出后发国家如何通过进口先行国家产品和引进技术，建立自己的工厂进行生产以满足国内需求，不仅可实现同类产品出口，而且可以后来居上成为取代“领头雁”地位产业发展的先锋。

第三节 产业结构变动的影响因素

产业结构的现状及其变动对经济发展的影响很大，研究和了解制约产业结构及其变动的因素，正确认识产业结构现状和变动的原因、规律和趋势，制定合理的产业结构政策，有效地调整和优化产业结构，对促进经济发展具有重要作用。

一、需求与产业结构

需求的变化及其结构性的分布是决定产业结构的根本性因素。

首先，个人消费结构。个人消费结构强烈地影响生产消费资料的产业的构成，而影响个人消费结构的因素是相当复杂的。众所周知，人的需要是多种多样的。这种无限而多样的需要按人们所赋予的重要程度，可以划分为各个不同的层次。按照恩格斯的划分，人的需要有三个层次，即生存需要、享受需要和发展需要，每一层次又包含了对同属一个需要层次的不同商品的需要。因此，需求结构就是按照人们需要等级的先后次序排列的有机构成。我们这里所说的需求是指有支付能力的需求。因而它与可支配收入之间通常存在着某种函数关系，即消费可看成是收入的函数 $c=f(y)$，其中 y 表示收入，c 表示消费。消费倾向又可以分为平均消费倾向和边际消费倾向。前者是指总消费量和总收入量之比(C/Y)；后者是指消费增量和收入增量之比($\Delta C/\Delta Y$)。消费倾向与产业结构的变化有很大的关系，当代发展经济学家如刘易斯、钱纳里等，在研究发展中国家工业化过程中的结构变化问题时，都充分利用了消费倾向理论。他们指出，伴随着收入水平提高而出现的边际消费倾向递减以及边际储蓄倾向递增的现象，是发展中国家工业化过程的启动以及制造业中资本密集型部门逐步增加的基本因素。显然，当收入有限而不能满足所有层次需要时，人们自然倾向于首先把有限的收入用于购买满足生存需要的商品；随着收入的增长，人们也自然倾向于在满足最基本需要后，把增加的收入用来购买满足更高层次需要的商品。因此，需求结构的一个基本特征是：对各类商品供给水平具有不同的反应。随着人均收入水平的不断提高，需求的重点会逐步向更高的层次实现转移。

需求具有引导生产的作用，因而需求结构的变动会导致产业结构的变动。大量的统计分析表明，需求结构的变化与产业结构的变化是相对应的。在人均产值 300 美元以下的低收入阶段，恩格尔系数较大，人们的生活处于温饱水平，对吃穿所需的产品需求占主导地位，同时居民储蓄较少，无力发展资本集约型产业。在人均产值300美元以上阶段，人们的温饱问题基本解决，需求结构的重点从必需品转向非必需品，特别是耐用消费品，这种变化拉动了产业结构的变化，要求资本物品的生产迅速增加。因而，以农业和轻工业为中心的产业结构转向使用工业原料的以设备、耐用消费品制造为中心的基础工业和重加工业为主的产业结构。同时，在这阶段，农业、轻工业的充分发展和劳动生产率的大幅度提高，提供了超过它们自身需要的过剩资金和劳动力，使资源向非必需品生产的转移成为可能。在人均收入进入高水平阶段，物质产品已相当丰富，人们的消费选择余地大为扩展，人们对精神生活、生活质量和生活环境的要求大大提高，人们的需求趋向多样化、个性化。为了适应多变的市场需求，少品种、大批量的生产方式日渐由多品种、少批量的生产方式取代。同时售前、售后服务空前发展，这就促进以信息咨询业等高科技产业为中心的现代服务业的大发展，使产业结构迅速走向服务化。

其次，最终需求和投资(即中间需求)的比例。所谓中间需求就是各个生产部门对一次就将其本身的全部价值转移到产品中去的生产资料的需求，如原材料、零部件等的需求。这些生产资料就叫中间产品。所谓最终需求就是个人消费、设备投资、增加库存、出口、政府采购等构成的需求的总和，满足最终需求的产品是最终产品，一个国家的最终产品的价值合计便是这个国家的国民收入。中间需求和最终需求的比例决定了生产中间产品的产业和生产最终产品的产业的比例关系。当然，中间需求的结构也决定了生产中间产品的产业的内部结构，最终需求结构和规模的变化则是推动产业结构演变最重要的动因之一。

最后，投资的产业流向变化。投资不仅是现实最终需求的一个重要条件，而且必将形成新的生产能力。因此，投资在各产业部门的分配是改变既有产业结构的直接原因。投资结构的变化，一般来说是和整个需求结构的变化相一致的，同时，还将受到生产工艺、生产技术以及资本有机构成变化的影响。

二、要素与产业结构

自然资源是社会生产过程所依赖的外界条件。一个国家或地区的自然资源的禀赋状况(包括地理位置、土地状况、矿藏总量及分布、水资源、气候等)对其产业结构和经济发展有重要影响。资源禀赋直接影响一个国家或地区农业的发展，矿藏资源状况直接影响采掘工业、燃料动力工业的结构。例如，OPEC成员国的产业结构与澳大利亚、新西兰等国家在产业结构转换的过程中，确实受惠于其国内的自然资源禀赋。但自然资源禀赋绝不是产业结构的决定性因素，自然资源条件相似的国家经济发展差别可能很大。随着科学技术的进步，许多原来难以采掘的资源得到开发，并能通过开展综合利用和节约替代等技术应用克服自然资源的局限；或通过国际贸易弥补国内资源的短缺，缓解自然资源对一国或一地区产业结构的制约。从纵向发展过程看，对于大部分国家而言，作为工业化发展与经济增长的初始条件或先决条件，自然资源禀赋在一国产业结构转换过程中的不同阶段，其作用与影响是不同的。越是在初、中期阶段，其影响与作用可能越大。当初级产品生产的比较优势被制造业所取代，从而完成了“起飞”与初期阶段向中期阶段过渡时，它的作用与影响会趋于减小。

要素的流动与集聚并不会直接对产业的发展和经济的增长产生作用，而必须被产业的微观主体——“企业”吸纳之后，才形成对经济发展的积极作用。这种作用主要体现为：加速了企业规模的壮大，改变了现有产业结构；要素在增长潜力大、效益高的企业迅速集中，大大促进了本地区主导产业的形成；扩大了当地市场容量，提高了本地区收入水平，有利于在全国空间范围内形成层次分明、梯度明显的产业分工格局。

三、贸易与产业结构

所谓区际贸易，是指在一国疆域的空间范围内，通过地区产品的出口刺激本地区需求增长和其他区域产品的进口以增加本地区供给来影响区内产业结构。通过区际贸易有利于各地区发挥自身的优势，获得比较利益。

区际贸易作为一种经济行为，是影响产业结构的重要外部因素。传统理论认为，区际贸易取决于以下两点：一是区域之间的需求；二是区域之间的贸易障碍。如果说区域之间的需求与区际贸易成正比的话，那么区域之间的贸易障碍与区际贸易就构成反比例关系。

区际贸易的逐步加强，必然强化空间的分工格局。而分工作为区际贸易的伴生物，不仅涉及区域内部产业发展，而且由于经济活动在空间上的联系还涉及区域之间的协调发展问题。

四、技术进步与产业结构

技术进步对产业结构的影响主要体现在以下几个方面：

(1)技术进步影响需求结构，从而导致产业结构的变化。科学技术进步使产品成本下降、市场需求扩大，促使技术进步快的产业迅速发展；技术进步将使机器设备、原材料和能源的需求量不断增加，要求优先发展重工业；技术进步使机器设备效率提高，又使单位产品所消耗的固定资产下降。由于技术进步和工艺的改进，单位产品所需的原材料和能源也会减少，这些都使社会扩大再生产对生产资料的需求相对缩小，抑制重工业的发展；技术进步可以替代资源消费的增加，改变原材料的生产结构；技术进步使消费品升级换代，必然要改变消费品生产的产业结构。

(2)技术进步影响供给结构，从而导致产业结构的变化。技术进步会促进社会劳动生产率的提高，从而导致产业分工的深化；现代化的科学技术创造了新劳动工具、新工艺、新材料、新能源，导致新兴产业不断出现，促进产业结构高级化；技术进步还会影响国际分工，改变国际竞争格局，从而影响一国产业结构的变化。

技术进步之所以能够引起产业结构的变化，关键是通过各产业产品需求价格弹性的不一致性来实现的。

五、国家政策与产业结构

产业结构的变化除了受到上述因素影响外，还受到政府经济政策的影响。产业政策是指导产业发展和产业结构调整的最主要依据。为了实现政府制定的经济发展目标，政府通过制定产业发展战略和政策来鼓励或限制某些产业的发展，产业结构也因此发生相应变动。由于各国经济发展的阶段、文化与历史条件、国际环境及政治经济表现得不同，产业政策在各个国家相差很大。即使在一个国家，由于经济发展的阶段不同，产业政策也不相同。产业政策的制定必须充分考虑产业政策所处的历史现实，同时要把握产业发展的基本趋势，引导或支持产业结构升级。

第四节　产业结构优化理论

产业结构的优化主要包括两方面的内容，即产业结构的合理化和产业结构的高级化。产业结构高级化必须以产业结构合理化为基础，产业结构合理化则必然有利于产业结构的高级化进程。产业结构高级化、合理化既是产业演进的过程，也是产业发展的目标。

一、产业结构优化的内涵

产业结构优化是指推动产业结构合理化和产业结构高级化发展的过程，是实现产业结构与资源供给结构、技术结构、需求结构相适应的状态。在产业结构的不断变动过程中，遵循一定的运动规律，从而会出现产业结构由合理化向高级化方向的演进。产业结构优化过程就是产业结构演化过程，有其自身的规律性。产业技术进步、资本进入或退出、不同产业之间的自发式协调和互动发展，引致产业结构整体素质和效率向更高层次不断演进，实现资源在不同产业之间优化配置的趋势和过程，就是产业结构优化的过程。政府主要依据产业技术经济关联的客观比例关系遵循再生产过程比例性需求，可以通过产业政策调整影响产业结构变化的供给结构和需求结构，使产业与产业之间协调能力加强和关联水平提高，推进产业结构的合理化和高级化发展，促进国民经济各产业间的协调发展，使各产业发展与整个国民经济发展相适应。

二、产业结构的合理化

(一)产业结构合理化的含义

产业结构的合理化是指产业与产业之间协调能力的加强和关联水平的提高，它是一个动态的过程。产业结构的合理化要解决的问题包括三个方面：一是供给结构和需求结构的相互适应问题；二是三次产业间以及各产业内部部门之间发展的协调性；三是产业结构效应如何充分发挥的问题。产业结构不合理主要是两个方面的问题：一是供给结构的变化不能适应需求结构的变化；二是需求结构的变化不能适应供给结构的变化。产业结构趋于合理化的标志在于能够充分有效地利用本国的人力、物力、财力以及国际分工的好处，使国民经济各部门协调发展，社会的生产、交换和分配顺畅进行，社会扩大再生产顺利发展，使国民经济持续稳定地增长，社会需求得以实现，实现人口、资源、环境的良性循环。

产业结构合理化是经济持续稳定增长的必要保证。因为只有产业间保持一致协调的发展关系，产业发展才能推动经济协调增长，否则只能阻碍经济增长。

(二)判断产业结构是否合理的依据

产业结构是一个相互联系、相互影响的有机整体，考察其是否合理，依据的标准必须科学合理，而且要结合一国或一地区的具体情况。

1. 看产业素质之间是否协调

各产业间的素质是否协调，即产业之间是否存在技术水平的断层和劳动生产率的强烈反差，如果存在断层和强烈反差，产业之间就会产生较大的摩擦，表现为不协调。可以从劳动生产率的比较来大体衡量产业间的协调程度。一般而言，如果各产业之间劳动生产率数值分布得比较集中而又有层次性，则说明各产业的素质比较协调；如果各产业之间劳动生产率数值分布得比较离散而又无层次性，则说明各产业的素质不协调。

2. 看产业之间的联系是否协调

产业之间存在的投入与产出的联系表明产业之间相互依赖和相互影响的关系。协调的产业之间的相互联系方式有两个基本特征：一是相互服务，即各产业部门在投入产出联系的基础上互相提供帮助，如农业的发展为工业提供劳动力和原材料，工业反过来又为农业的发展提供机械装备和技术；二是相互促进，这意味着一个产业的发展不能以削弱另一产业的发展为代价，如果各产业之间能够做到相互服务和互相促进，那么它们之间的这种联系就是协调的，反之，则不协调。

3. 看产业之间的相对地位是否协调

在一定的经济发展阶段上，各产业的经济作用以及相应的增长速度是不同的，因而各产业在产业机构中所处地位也是不同的，从而形成了各产业的排列组合具有比较丰富的层次性，各产业之间的主次与发展的轻重缓急关系比较明确和适宜。如果各产业主次不分、轻重无序，甚至出现产业结构逆转，则说明各产业之间的相对地位是不协调的。

4. 产出是否能满足社会有效需求

在需求正常变动的前提下，产业结构的协调将使其具有较强的适应性和应变能力，即通过自身结构的调整适应新的需求变动，使供给和需求之间无论是在数量上还是在结构上的差距都逐渐缩小，并且使供需之间的矛盾弱化。相反，如果对于需求的正常变动，供给迟迟不能做出反应，造成长时间的供需不平衡，则说明产业间的结构是不协调的。

5. 产业结构合理化的测定方法

1)国际比较法

以钱纳里等倡导的标准产业结构为依据，判断经济发展不同阶段的产业结构是否达到合理化。以钱纳里的标准产业结构为基准，将某一时期某国的产业结构与相同时期标准的产业结构的国民生产总值相比较，偏差较大时即认为此时的产业结构是不合理的。但这种“标准结构”的参照系，至多只能作为判断产业结构是否合理的一种粗略的依据，而不能成为一种绝对的判断标准。标准产业结构是通过对多国同一发展阶段上(人均国民收入)产业结构统计资料分析得出的，而各国在不同经济时期，其经济发展环境差别很大，如所处的国际经济环境、国内资源禀赋、劳动力的素质和技术水平，以及所选择的发展战略是各不相同的，因而很难有统一的发展模式和产业结构，不可能用一种标准模型来判断不同时期各国产业结构是否合理。

2)影子价格分析法

按照西方经济学的理论，当各种产品的边际产出相等时，就表明资源得到了最充分的利用，各种产品供需平衡，产业部门达到最佳组合。影子价格，即用线性规划法计算出来的反映各产业资源最优使用效果的价格。可用各产业部门的影子价格与其整体影子价格平均值的偏离程度来衡量产业结构是否合理，偏离越小，产业结构就越趋于合理。用微积分描述资源的影子价格，即当资源增加一个数量而得到目标函数新的最大值时，目标函数最大值的增量与资源的增量的比值，就是目标函数对约束条件(即资源)的一阶偏导数。用线性规划方法求解资源最优利用时，即在解决如何使有限资源的总产出最大的过程中，得出相应的极小值，其解就是对偶解，极小值作为对资源的经济评价，表现为影子价格。

3)需求适应性判断法

以产业结构与需求结构相适应的程度判断，即判断产业结构能否随着需求结构的变化而自我调节，使产业结构与需求结构相适应，实现社会生产的目的。产业结构和需求结构两者适应程度越高，则产业结构越合理；相反，两者不适应或很不适应，则产业结构不合理。畸形的产业结构意味着它同需求结构的严重背离。判断方法为：分析计算每一产业产品的需求收入弹性和生产收入弹性，若两者相等，说明此产业与社会需求有充分的适应性；若每一产业的需求收入弹性和生产收入弹性都相等，则说明整个产业结构与需求结构是相适应的，产业机构是合理的。以此基准来判断产业结构是否合理具有一定的相对性，因为首先要确定需求是否正常，在需求正常的前提下，才可以对产业结构是否合理进行判断；若需求畸形，则供需之间发生差距是正常的。

4)结构效果法

结构效果法，即以产业结构变化引起的国民经济总产出的变化来衡量产业结构是否在向合理的方向变动，若结构变化使国民经济总产出获得相应增长，则产业结构的变动方向是正确的。

三、产业结构的高级化

(一)产业结构高级化的含义

产业结构高级化是指一国经济发展重点或产业结构重心由第一产业逐次向第二产业和第三产业转移的过程，标志着一国经济发展水平的高低和发展阶段与方向。产业结构高级化往往具体反映在各产业部门之间的产值、就业人员和国民收入比例变动的过程上，体现为产业结构从较低水平向较高水平状态发展的一个动态过程。

(二)产业结构高级化的体现

从三大产业发展的方向看，产业结构由第一产业占优势向第二产业、第三产业占优势的方向演进。

从产业的资源结构发展方向来看，产业结构的发展由劳动密集型产业占优势顺次向资本密集型、技术(知识)密集型产业发展，由低附加值产业向高附加值产业发展。

从产品制造的结构上来看，由加工工业中初级产品制造占优势向中间产品制造和最终产品制造占优势方向发展。

(三)产业结构高级化的测定标准

1. 标准结构法

库兹涅茨、钱纳里、赛尔奎因等所归纳总结的标准产业结构被称之为产业结构的“发展型式”。产业结构高级化可表现为四个方面的内容：产值结构的高级化；资产结构的高级化；技术结构的高级化；劳动力结构的高级化。

2. 高新技术产业比重法

在工业内部，衡量产业结构高级化程度可以用高新技术产业比重法。通过计算和比较不同年代高新技术产业、产值、销售收入等在全部工业中的比重，可以衡量产业结构高级化的程度。发展中国家可以以发达国家为参照对象，通过比较高新技术产业比重，来发现发展中国家产业结构高级化的相对水平与发达国家的差距。目前国际上关于高技术产业没有统一标准，国内高技术产业包括医药制造业、航空制造业、电子及通信设备制造业、电子计算机及办公设备制造业、医疗设备及仪器仪表制造业五大类产业。但是，各高技术产业园区都为高新技术产业园区，包括了一些新技术产业。

(四)产业结构高级化的机制

产业结构的高级化是通过产业间优势地位的更迭来实现的。产业结构的高级化，是各个产业变动的综合结果。它是以单个产业部门的变动为基础的，因为只有单个产业部门的变动才会引起并导致整个产业结构的变化。因此，我们先从单个产业部门的变动入手，通过分析单个产业部门扩张与收缩的运动过程，来考察产业结构的高级化机制。

从单个产业部门的变动来看，一般会经历一个“兴起—扩张—减速—收缩”的运动过程。产业的兴起，往往与新产品的开发相联系。随着新产品的优点逐渐被人们所认识，人们对它的需求将日益增大；同时创新又成功地大幅度降低了该产品的成本，使该产业迅速扩张，进入一个高速增长阶段。但是，当这种高速增长达到一定临界点之后，加入该产业就会出现减速增长的趋势。库兹涅茨通过对大量资料的分析，发现了这种产业部门增长速度终究减缓的现象，并且认为从长期看其存在着一定的规律性。正如他指出的那样，总生产中大多数部门的增长率过了一点时间后的确下降了，从而它们在全国总产值中占的份额也随之下降了。因此，虽然对于总产值和人均产值来说，没有出现增长减速的趋势，这是典型的，但对一国经济中许多部分来说，它就不是典型的。产出部门增长之所以会发生减速趋势一般是由以下原因引起的：

(1)技术进步速度缓慢。增长较慢产业的阻尼效应和增长较快产业竞争的压制使可利用的产业扩张资金的相对规模下降。

(2)受到新兴国家相同产业的竞争性影响。从一个产业较长的生命周期看，任何一个产业部门的增长减速趋势，都不是偶然的，都或多或少显示出一定的规律性。

第五节　主导产业的选择与发展

在经济发展中对其他产业起引导、带动作用，对国民经济增长贡献较大的产业就被称为主导产业。罗斯托是主导产业理论研究的先驱者，他认为，无论在任何时期，甚至在一个成熟并继续成长的经济体系中，经济增长之所以能够具有或保持“前进的冲击力”，是若干“主要成长部门”迅速扩张的结果。

一、主导产业与产业发展

主导产业具有以下特征：①引入了创新成果，获得了新技术；②具有大大超出国民经济总增长率的持续的部门高增长率；③拥有巨大的市场潜力和光明的发展前景；④具有显著的关联带动和扩散效应，对其他产业的发展具有极大的引导和带动作用。以上四个方面的特征是一个有机整体，缺少其中一个，就不能成为主导产业。

主导产业对经济发展和产业结构的引导和带动作用，主要通过其带动和扩散效应表现出来，主导产业的带动和扩散效应有三种形式：一是回顾效应；二是前向效应；三是旁侧效应。

二、主导产业选择的标准

根据主导产业的特征，选择主导产业一般应遵循以下原则：一是比较优势明显，市场前景光明；二是经济效益好，增长速度快；三是关联效应强。在遵循主导产业选择的原则下，主导产业选择应该遵循以下基准。

(一)国情基准

每个国家的主导产业首先是由国情决定的，不同的国家主导产业也不完全相同，必须从每个国家的资源禀赋、比较优势、经济发展程度、产业结构的现状和所处的发展阶段等实际情况出发，正确地选择主导产业。否则，脱离本国实际选择的主导产业，不仅不能发挥主导作用，甚至会造成结构失衡、比例失调、效益低下。

(二)筱原基准

日本产业经济学家筱原三代平在20世纪50年代中期为日本规划产业结构时，提出了规划日本产业结构选择应遵循的两个基准，即收入弹性基准和生产率上升率基准。

1. 收入弹性基准

产品的收入弹性，是指在价格不变的前提下，产业的产品(某一商品)需求的增加率和人均国民收入的增加率之比。

$$某一产业的产品收入弹性系数=\frac{某一产业的产品的需求增加率}{人均国民收入的增加率}$$

通过对收入弹性系数的观察，生产高收入弹性产品的产业由于人均收入的增加，对其需求增加将较多。从供求关系同价格的关系看，需求高增长的产业就较易维持较高的价格，从而获得较高的附加价值。这必将使这些产业在产业结构中能够占有更大的份额。一般来说，农产品的收入弹性持续低于工业品的收入弹性；轻工业产品的收入弹性又低于重工业产品的收入弹性。在工业化的不同阶段，不同产业的产品其收入弹性是不同的。因此产品的收入弹性揭示了工业结构在某一时点上变化的趋势和方向，揭示了各工业部门在不同时点上的阶段性和结构性的变化。因而产品的收入弹性是判定某产业发展前景和对经济牵动度的一个重要指标。

2. 生产率上升率基准

生产率上升较快的产业，即技术进步速度较快的产业，大致和该产业生产费用(成本)的较快下降是相一致的。同时这一产业也是投入产生效率较高的产业，其受有限资源的限制也较小，在这种情况下，这一产业就可能在相对国民收入中占有越来越大的优势，资源要向这个产业移动。因此，具有较高生产率上升率的部门将在产业结构中占有更大的比重。一般来说，工业比农业、重工业比轻工业、组装加工工业比原材料工业在生产率上升率上逐渐形成越来越大的优势。因而生产率上升率是主导产业选择的另一个重要基准。

从以上分析可见，产品的收入弹性基准是基于社会需求结构对产业结构的影响而言的，生产率上升率是从社会供给结构对产业结构的影响来说的，两者不是孤立无关的，而是有着内在的联系。首先，从供给方面看，如果仅有较高的技术进步率，未必能支持较高的生产率上升率，较高的生产率上升率是以较好的销售条件为基础的，也就是说要以不断扩大的需求为基础。如果生产费用的下降与价格下降同步，则劳动生产率也不会上升。其次，从需求方面看，收入弹性较高的部门，意味着它有广阔的市场，广阔的市场是大批量生产的先决条件。而工业部门的技术进步和大批量生产存在着必然的联系。同时，大批量生产带来的生产成本下降又是扩大需求的必不可少的条件。也正因为两个基准之间的这种内在联系，两者表现的特性是一致的，要么都高，要么都低。

(三)赫希曼基准

美国发展经济学家艾伯特·O. 赫希曼在其名著《经济发展战略》一书中，依据投入产出的基本原理，对产业间关联度与工业化的关系做了进一步的研究，认为对资本相对不足和国内市场相对狭小的发展中国家来说，应当优先发展后向关联度较高的最终产品产业，并提出了依后向联系水平确定主导产业的基准，其理由是：①在发展中国家经济不发达、资本投资能力差、产业间相互依存度低的情况下，必须采取不平衡发展战略；②向前连锁不能独立形成发展的诱导机能，它要伴随累计“需求压力”同时出现，向后连锁的效果则要强得多，因此，在初级产品(原料等)、中间产品产业未充分发展的情况下，优先建立从国外进口原件进行组装的最终产品加工业，既可以积累资本，又可以对其他产业产生关联诱发作用，为中间产品制造业规模经济的发展提供市场需求，因此，只要国内市场稳定，进口就会被逐渐取代。赫希曼指出，事实上许多国家的工业化正是从发展“最后加工”阶段开始，继而从事中间产品制造，最后发展基本原料工业的。显然，这是以需求和劳动供给增长(后向连锁诱发)的非均衡结构的选择战略。

（四）动态比较优势基准

各国由于资源禀赋和经济发展状况不同，具有不同的比较优势。只有发挥比较优势，才能更好地利用国际分工和地区分工取得比较利益，提高本国资源的利用效率，积累资本，改进技术，促进经济更快发展。并且，各国拥有的比较优势又会随着资源的开发利用和经济发展水平的提高而变化。因此，选择主导产业时应该尽可能选择更能发挥本国比较优势的产业，而且随着比较优势的变化进行调整。

（五）过密环境基准和丰富劳动内容基准

这是日本产业结构审议会议在20世纪70年代提出的。过密环境基准要求选择能满足提高能源的利用效率、强化社会福利和改善公共服务的能力，并具有扩充社会资本能力的产业为主导产业。其着眼点是经济的长期发展与社会利益之间的关系。

丰富劳动内容基准要求在选择主导产业时要考虑到经济发展能为劳动者提供舒适安全和稳定劳动场所的产业。该标准的提出反映人们已经认识到发展经济的最终目的是提高社会成员的满足程度，但这只是在经济发展水平较高的条件下才可能真正做到的。

（六）短缺替代弹性基准、增长后劲基准和"瓶颈"效应基准

实践和研究发现，上述几条标准在运用时需要有一些必备的条件，如产业基础比较扎实，产业的比例关系比较正常，不存在严重的瓶颈制约；整个产业结构具有良好的同质性，不存在二元经济的结构性矛盾：企业素质较高，具有较强的自我调节能力；产业间要素流动顺畅，不存在严重的要素流动障碍等。当这些条件得不到满足时，上述的选择标准就会失去效用。为此，一些中国学者提出了适合于发展中国家选择主导产业的三项标准：重点扶植那些无法替代的短缺性产业，也就是替代弹性小的短缺性产业，以满足社会需求迫切而又必不可少的短缺替代弹性基准；重点支持那些对整个产业体系的发展有深刻和长远影响的产业，也就是增长潜力大、后劲足的产业，以保持整个经济的持续稳定的增长后劲基准；重点发展那些瓶颈效应大的产业，也就是其短缺严重影响整个国民经济发展的产业，以减少因"瓶颈"而造成的妨碍效应的"瓶颈"效应基准。

三、主导产业的发展

主导产业与其他产业有着密切的技术经济联系，有着较强的引动性和制约作用，主导产业与其他产业之间存在着相互促进、相互影响、相互制约的关系。主导产业的性质和发展水平，决定着整个产业结构的性质和发展水平；主导产业的变化发展，决定着整个产业结构的变化发展，从而对国民经济总体的发展水平具有相当大的作用；作为国民经济链条中的一环，其发展也离不开其他产业部门的支持，因而必须与其他产业部门保持协调发展。

产业结构成长的基准并不是一个规范产业发展的永恒标准，随着经济的发展和科学技术的进步，旧的主导产业带动整个经济发展的使命一旦完成，就会出现主导产业的更替。旧的主导产业的衰落和新的主导产业的形成，标志着产业结构成长的不同阶段，罗

斯托把纺织工业说成是“起飞”阶段的古典式的主导产业，钢铁、电力、煤炭、通用机械、化肥工业是成熟阶段的主导产业，汽车制造业是高额消费阶段的主导产业。可见，主导产业的更替呈现出有序的方向性，那么从这种主导产业更替的序列性出发，可以把产业划分为新兴产业、成熟产业和衰退产业。

(1)新兴产业是在产业结构系统中处于形成和发展阶段的产业，它往往代表科学技术产业化的新方向和新水平，满足或创造最新的社会需求，有着正在形成或不断扩张的市场前景。

(2)成熟产业是指在结构系统中具有技术成熟性和市场成熟性的产业，该类产业的生产和需求都具有相当大的稳定性，它们构成了一定时期内特定产业结构系统的主体和支柱。

(3)衰退产业，一般是指市场需求处于饱和或衰退阶段，其生产技术主要是传统老技术的产业。有人认为这是夕阳产业，但事实上，只有夕阳技术或夕阳产品，却没有夕阳产业。只要不断进行技术创新或产品创新，能够跟着市场需求，就会有产业发展的机会。

第八章

产业布局：区位与集聚

【本章概要】 本章主要讲述了产业布局理论的形成和发展，重点介绍了杜能的农业区位论、韦伯的工业区位论和克里斯塔勒的中心地理论；介绍了以新古典经济学为基础的产业集聚理论、以传统和现代经济地理学为基础的产业集聚理论、新经济地理理论、波特的新竞争优势理论。

【教学要求】 了解产业布局理论的形成和发展过程，掌握原材料、市场、劳动力、交通运输、资本、土地、环境和政府政策对产业布局的影响；知道新中国成立以来我国的产业布局政策的演变过程。

产业布局是人类从事社会生产和经济活动的地域体现，是一个国家或一个地区产业各部门、各环节在地域上的动态组合和分布。产业布局理论是研究产业的空间分布规律的科学。产业区位理论和产业聚集理论是产业布局理论的核心。产业布局政策是指政府根据产业的经济技术特性、经济发展战略的需要、各地区的综合条件，对若干重要产业的空间分布进行科学合理的引导和调整的直接和间接的措施。

第一节　产业区位理论的形成与发展

“区位”一词源于德语“standort”，英文译为“location”，日文译成“立地”。区位是指某种事物占据的场所或者空间，是人类行为活动的空间。经济学把区位定义为企业、产业、设施等在空间经济格局的最优经营位置。西方区位理论是在古典政治经济学的地租学说、比较成本学说基础上吸收其他学科的理论成果发展起来的。在区位论的发展史上，德国经济学家杜能(Johan Heinrich von Thunen，1783—1850 年)最早研究了农业区位问题。

一、杜能的农业区位论

19 世纪初，德国进行了农业制度改革，农业开始向资本主义商品农业发展，在这种情况下杜能提出了农业生产的空间合理布局问题。作为学者和农场主，杜能根据他在德国北部麦克伦堡平原长期经营农场的经验，于1826年出版了《孤立国对于农业及国民经济的关系》一书。该书标志着区位论的产生，杜能被后人称为区位论的鼻祖。杜能所创立的农业区位论，是最早阐明生产空间分布规律的经典理论。他所提出的农业土地利用类型空间变化法则，至今仍被经济学家、农业学家视为研究农业地域分异规律、农业经营优化模式的基础理论，一直得到很高的评价。

杜能在《孤立国对于农业和国民经济的关系》一书中反驳了当时流行的关于农业空间布局的种种观点，运用了抽象演绎的分析方法，提出在一个围绕城市的均质平原上，农业生产的合理布局取决于地租大小，而地租则由生产成本、农产品价格和运费共同决定，在前两者既定的条件下，农业生产空间的合理布局取决于农产品生产地与消费中心距离的远近。杜能根据自己多年生产经营实际获得的资料，通过大量计算分析，提出了围绕消费中心、不同类型的农业生产成圈层分布的思想。在杜能的农业区位论中，运费是决定农业空间分布的唯一因素。

为了使研究简化，杜能将复杂的地理环境假设为一个简单的“孤立国”，假设条件如下：

第一，孤立国中唯一的巨大城市位于沃野平原的中央，周围为其农业腹地，距城市50英里(1英里=1 609.344米)之外是荒野，与其他地区隔绝。

第二，城市是其腹地多余产品的唯一市场，并且不从其他区域获得产品供应。

第三，孤立国内马车是唯一的交通工具(当时无火车，暂假定无通航河流)。

第四，具有均质性，即认为各地土壤肥力、气候等地理环境相同。

第五，腹地各农业经营者的能力和技术条件相同。

第六，腹地经营者是追求利润最大化，并且有能力按市场要求调整其农业经营类型的农民。

第七，运费与距离成正比，并且由产品生产者——农民负担。

在这些假设条件下，孤立国中不同经营类型的农业将围绕着这个城市呈同心圆环状分布。各同心圆圈上作物带到城市的最大距离受市场的价格、产地的生产成本和两地间的运费三个要素决定。农民获得的利润取决于上述三个变量之间的关系，如下式：

$$P=V-(E+T)$$

式中，P表示利润；V表示农产品的市场价格；E表示农业生产成本；T表示把农产品从产地运到市场的运费。

杜能已经假设全国商品农产品只有一个市场，即孤立国唯一的中心城市，农产品的市场都要由这个中心城市来确定，因此，在特定时期内，孤立国各种农产品的市场价格应该是固定的，V是一个常数。杜能还假设各地发展农业的条件完全一致，因此，各地同一种农产品的生产成本也是固定的，E也是个常数。这就是说，利润加运费是个常数，用K表示。因此，只有把运费支出压缩到最小，才能将利润增加到最大。因此，杜能的农业区位论要解决的主要问题归结为一点，就是如何通过农业合理布局来达到节约运费，从而最大限度地增加利润。所以杜能的公式还可改写成

$$P+T=V-E=K$$

在上述假设的条件下，表示农业生产经济的利润只受体现空间地理位置的距离这一因素的影响。于是我们可以得出如下结论：第一，不论一个地块与中心市场距离远近，只要将它用来种植某种特定作物，其农产品的市场价格与生产成本之差($V-E$)恒为常数。P(利润)$+T$(运费)$=V$(市场价格)$-E$(生产成本)$=K$。第二，运费(T)是决定利润(P)大小的唯一变量。所以当任何一种作物的种植区扩展得距中心市场太远，以至运费大于或等于市场价格与生产部门成本之差时，利润就会降低到零点，在这样的地区以及比这更远的地区再要种植作物来出售，显然就会造成亏损。因此，当以城市为中心市场区来布局农作物时，各种作物的种植范围与城市的距离，都不得超过由 $T=V-E$ 所确定的极限。第三，两种作物分布圈的实际界线并不取决于其中任何一种作物的最大种植极限，而是取决于在同一地点种植不同作物的比较利益。

以这种理论为依据，杜能确定了围绕一个城市市场出现的六个同心环状的农业地带，见图 8.1。

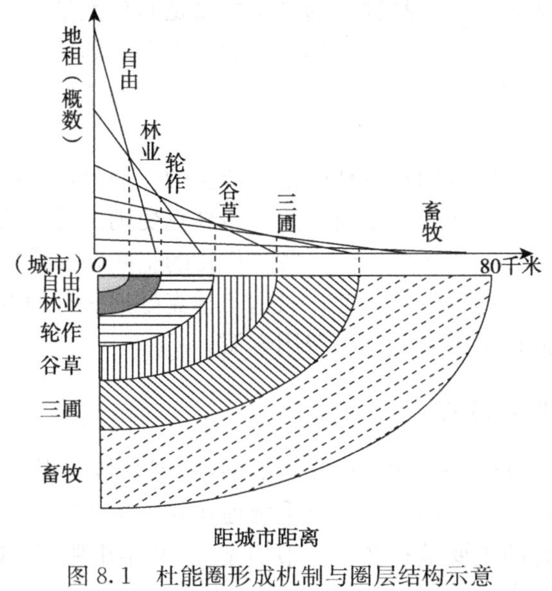

图 8.1　杜能圈形成机制与圈层结构示意

第一带：自由农作带。它最接近于城市市场，土地用于生产不易运输和易腐食品，以蔬菜、牛奶、鲜花为主。杜能还把这个农作带分成内外两层。内层紧靠城市，主要发展鲜嫩易腐蔬菜，外层主要生产比较便于保管和运输的土豆、洋白菜等。这一农作带在经营方式上突出的特点是集约化程度很高。

第二带：林业带。此带农民专门从事林业产品生产。在杜能时代，城市主要燃料是木柴。这一地带的外限，根据城市对木柴的需求量而定。

第三带：轮作农业带。采用轮栽作物制，无休闲地，六区轮作，办法是将土地分成六区，第一区种土豆，第二区种燕麦，第三区种苜蓿，第四区种黑麦，第五区种野豌豆，第六区种黑麦。到第二年再依照顺序更换作物，周而复始轮作。谷物种植面积占50%。商品农产品以谷物、土豆与牲畜为主。

第四带：谷草农作带。这一带所提供方便的商品农产品与第三带相同，特点是经营比较粗放，在轮作中增加了牧草谷物的比重，而且出现了休闲地。在农业总产值中，畜产品的比重明显增大。本带地租比较低，农民倾向于多租种土地。土地的14%为休闲地，谷物种植面积占43%。杜能认为这一圈以采用七年轮作为宜，办法是将土地分成七区，第一区种黑麦，第二区种大麦，第三区种燕麦，第四区、第五区、第六区均种牧草，第七区休闲。到第二年再依照顺序更换作物。

第五带：三圃农作带。这一带处在整个谷物种植带的外围，农业经营粗放，土地大量休闲。杜能主张在这里实行三圃农作制，即把土地的三分之一用来种黑麦，三分之一种燕麦，另三分之一休闲，离农舍远的地方为永久牧场。

第六带：畜牧带。这一带为家畜养殖区，经营畜牧业。一是家畜可赶往市场，无需运费；二是加工的干酪不易腐坏而且便于运输从而尚可获利。

第六带以外的土地已无经济开发价值，只能是荒地。另外，杜能也讨论了一条可航河流或一个卫星城市的出现而使同心圆带局部变化的情况。

杜能之后，对农业区位论贡献较大的经济学家是布林克曼，他从集约度和经营方式出发来研究农业区位布局。他认为影响集约度的因素有农场的交通位置、农场的自然情况、社会经济发展水平和经营者本身的特征等，集约度的高低影响农业的收益和土地利用方式。

布林克曼与杜能理论的区别是：杜能把生产费的一部分，即所谓的“谷物部分”作为距离的函数，而“货币部分”认为与距离无关，布林克曼则把所有的生产费都作为距离的函数来研究。另外，在杜能的区位论中，各种作物的空间布局取决于节约指数或地租指数。两者的相同之处是重视费用的研究，只是布林克曼把所有的费用跟距离联系到了一起，但总的看来，他的理论也属于最小费用学派。

二、韦伯的工业区位论

1885年，龙哈德发表《国民经济的数学基础》一书，最早提出最小费用理论，但是没有形成完整的理论体系。韦伯是第一个系统地建立了工业区位论体系的经济学者。他的区位论是经济区位论的重要基石之一。韦伯于1909年出版了《工业区位论》一书，对工业区位进行了系统研究。

（一）区位因子

韦伯对区位论的一个重要贡献是明确地提出了“区位因子”这一概念。韦伯的工业区位论所研究的是各种区位因子对工业分布的吸引作用。区位因子即决定工业空间分布于特定地点的因素、原因。区位因子分为一般因子和特殊因子：一般因子与所有工业有关，如运费、劳动力、地租等；而特殊因子与特定工业有关。经过反复分析、筛选，韦伯将影响工业区位的因子抽象为运费、劳动力成本和集聚效益。韦伯提出了决定工业区位的最小成本原理，并提出了一系列有关区位分析的概念和工具，如区位因素、区位指向、原料指数、等运费线等，对区位论发展有很大影响。韦伯是古典区位论中成本学派的典型代表。韦伯把工业寻求最优区位的工作分成三个阶段进行。

为了简化研究，韦伯还做出了几个重要假定：①原材料产地是已知的；②消费地的位置和规模也是给定的；③劳动力不具有流动性，每个有可能发展工业的地点，都有相应的劳动力供给，而且每类工业的工资率是固定的，在此工资率下，劳动力可充分供给。

第一阶段：不考虑运费以外的一般区位因子，即假定不存在运费以外的成本区域差异，影响工业区位的因子只有运费一个，即韦伯工业区位论中的运费指向论。由运费指向形成地理空间中的基本工业区位格局。

第二阶段：将劳动费用作为考察对象，考察劳动费用对由运费所决定的基本工业区位格局的影响，即考察运费与劳动费合计为最小时的区位，即韦伯工业区位论中的劳动费指向论。劳动费指向论可以使在运费指向所决定的基本工业区位格局发生第一次偏移。

第三阶段：将集聚与分散因子作为考察对象，考察集聚与分散因子对由运费指向与劳动费指向所决定的工业区位格局的影响，即韦伯工业区位论中的集聚指向论。集聚指向可以使运费指向与劳动费指向所决定的基本工业区位格局再次偏移。

(二)运费指向论

在给定原料产地和消费地条件下，如何确定仅考虑运费的企业区位，即运费最小的区位，是运费指向论所要解决的问题。运费主要取决于重量和运距，而其他因素，如运输方式、货物的性质等都可以换算为重量和距离。工业生产与分配中的运输重量主要来源于原料(包括燃料)以及最终产品的重量。韦伯从原料(包括燃料)入手，讨论工业区位的问题。

按原料的空间分布状况可分为遍在原料和局地原料。遍在原料即任何地方都存在的原料，如普通砂石等；而那些只有在特定场所才存在的原料，如铁矿石、煤炭、石油等则为局地原料。根据局地原料生产时的重量转换状况不同，将其分为纯原料和损重原料。纯原料即在工业产品中包含有局地原料的所有重量，而损重原料其部分重量被容纳到最终产品中。

运费指向论使用原料指数(material index)判断工业区位指向。原料指数为局地原料重量与产品重量之比。

$$原料指数(Mi)=局地原料重量(Wm)/产品重量(Wp)$$

从上式中可知，原料指数是生产一个单位产品时，需要多重的局地原料。而在整个工业生产与分配过程中，需要运送的总重量为最终产品和局地原料的和。每单位产品需要运送的总重量为区位重量。

$$区位重量=(局地原料重量(Wm)+产品重量(Wp))/产品重量(Wp)=原料指数+1$$

在生产过程不可分割、消费地和局地原料地只有一个的前提下，依据最小运费原理的区位为：仅使用遍在原料时，为消费地区位；仅使用纯原料时，为自由区位；仅使用损重原料时，为原料地区位。这里，可以用上述的原料指数以及区位重量来得出一般的区位法则：原料指数(Mi)＞1(或区位重量＞2)时，企业区位在原料地；原料指数(Mi)＜1(或区注重量＜2)时，企业区位在消费地；原料指数(Mi)=1(或区注重量=2)时，企业区位在原料地、消费地均可。

在生产过程不可分割、原料地为两个且同市场不在一起时，其区位图形为一三角形，即区位三角形，如图 8.2 中(a)所示。而当原料地为多个并不同市场在一起时，其区位图形为一多边形(区位多边形)，如图 8.2 中(b)所示。

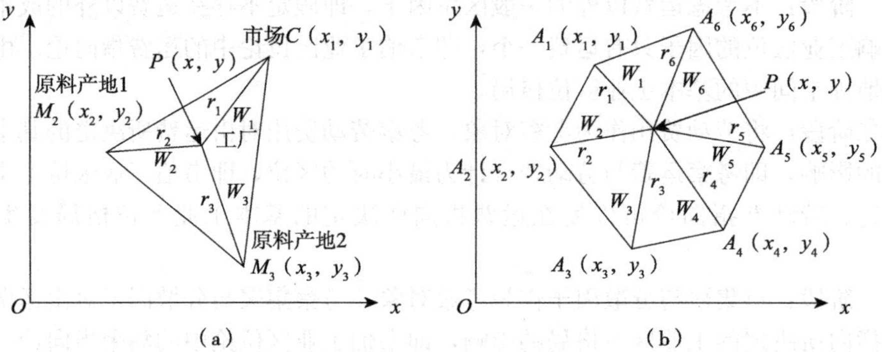

图 8.2　二维坐标中的区位三角形和区位多边形

最小运费指向是韦伯工业区位论的骨架，韦伯用综合等费用线来形象地加以说明。综合等费用线是运费相等点的连线，如图 8.3 所示。图 8.3 中，设在单一市场 N 和单一原料 M 下，运输一个单位重量的原料，每千米需 1 个单位货币；而运输一个单位的产品，每千米只需 1/2 个单位货币；这样表示相同运输费用线将分别围绕 N、M 呈同心圆状分布。同心圆的一个货币单位的间隔就 N 而言，则为 2 千米；对 M 而言，则为 1 千米。这种呈同心圆状的线为等费用线。而综合等费用线则为全部运费相等地点的连线，图 8.3 中 A、B、C、D、E、F 各点的连线，就是运费为 7 个货币单位的综合等费用线。A 点是原料地 M 的 2 个单位、市场 N 的 5 个单位的等费用线的交点；而 B 点是原料地 M 的 3 个单位、市场 N 的 4 个单位的等费用线的交点，依次类推。

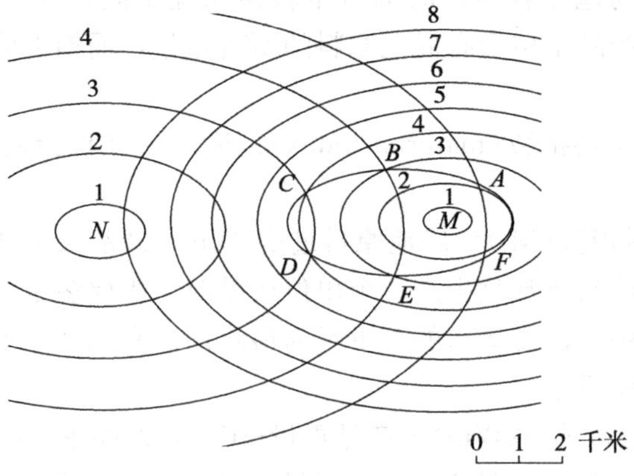

图 8.3　综合等费用线示意

(三)劳动费指向论

韦伯劳动费指向论的思路是：工业区位由运费指向转为劳动费指向仅限于节约的劳动费大于增加的运费，即在低廉劳动费地点布局带来的劳动费用节约额比由最小运费点移动产生的运费增加额大时，劳动费指向就占主导地位。对此，韦伯用临界等费用线进行了分析。如图 8.4 所示，围绕 P 的封闭连线，即从运费最小点 P 移动而产生的运费增加额相同点的连线，理论上说以 P 为中心可划出无数条线，这即相当于图 8.4 中的综合等费用线。在这些综合等费用线中，与低廉劳动供给地上的劳动费节约额相等的那条综合等费用线称为临界等费用线。

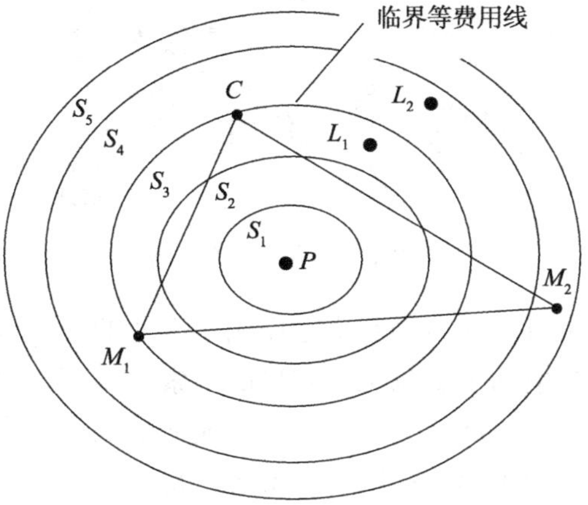

图 8.4　劳动费用最低区位的图解

在图 8.4 中，P 为运费最小地点，劳动力低廉地为 L_1、L_2，如果在 L_1、L_2 处布局工厂，分别比 P(最小运费地点)处劳动费低 3 个单位。临界等费用线为标记为 3 的综合等费用线，因 L_1 在临界等费用线的内侧，即增加运费低于节约的劳动费，企业区位将移向 L_1 处；相反，由于 L_2 在临界等费用线的外侧，则不会转向 L_2 处。

（四）集聚指向论

集聚因子就是一定量的生产集中在特定场所带来的生产或销售成本降低。与此相反，分散因子则是集聚的反作用力，是随着消除这种集中而带来的生产成本降低。集聚因子的作用分为两种形态：一是由经营规模的扩大而产生的生产集聚，这种集聚一般是由“大规模经营的利益”或“大规模生产的利益”产生的；二是由多种企业在空间上集中产生的集聚，这种集聚利益是企业间的协作、分工和基础设施的共同利用所带来的。分散因子的作用是集聚结果所产生的，可以说是集聚的反作用。其作用主要是消除由集聚带来的地价上升造成的一般间接费、原料保管费和劳动费的上升。

韦伯进一步研究了集聚利益对运费指向或劳动费指向区位的影响。他认为，集聚节约额比运费(或劳动费)指向带来的生产费用节约额大时，便产生集聚。一般而言，发生集聚指向可能性大的区域是多数工厂互相临近的区域。如图 8.5 所示，五个工厂不考虑集聚情况下的费用最小地点在图 8.5 中的各处，假定当三个工厂集聚可由集聚利益使单位产品节约成本 2 个货币单位。为得到这一集聚利益，工厂必须放弃原有费用最小地点，从而增加运费。工厂的移动的前提必须是增加的运费低于 2 个货币单位。图 8.5 中围绕各工厂的封闭连线，是同由集聚利益而节约的成本相等的运费增加额曲线，也即临界等费用线。在斜线部分三个工厂集聚可以带来 2 个单位成本的节约，并且又都在临界等费用线内侧，是最有可能发生集聚的区域。

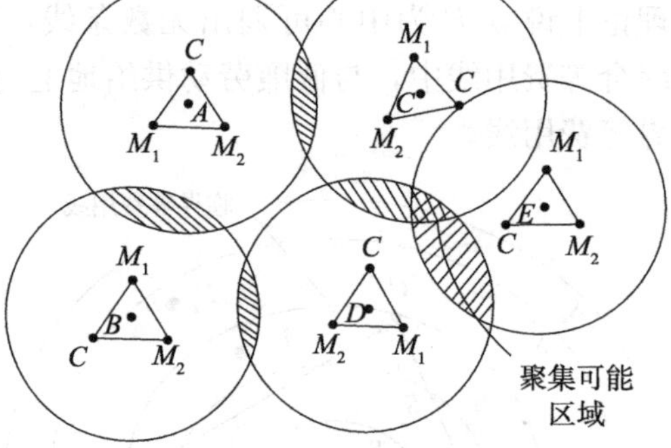

图 8.5　聚集指向的图解

韦伯认为，运输费用对工业布局起决定作用，工业的最优区位通常应选择在运费最低点上。韦伯还考虑了其他两个影响工业布局的因素：第一，对劳动费在生产成本中占很大比重的工业而言，运费最低点不一定是生产成本最低点，当存在一个劳动费最低点时，它同样会对工业区位产生影响；第二，聚集力是指企业规模扩大和工厂在一地区集中所带来的规模经济效益和企业外部经济效益的增长。

韦伯首次将抽象和演绎的方法运用于工业区位研究中，建立了完善的工业区位理论体系，为他之后的区位论学者提供了研究工业区位的方法论和理论基础。韦伯区位论的最大特点或贡献之一是最小费用区位原则，即费用最小点就是最佳区位点。他之后的许多学者的理论仍然脱离不开这一经典法则，仅仅是在他的理论基础上的修补而已。韦伯的理论不仅限于工业布局，对其他产业布局也具有指导意义。

三、克里斯塔勒的中心地理论

进入 20 世纪后，资本主义由自由竞争的资本主义发展到垄断资本主义阶段，企业间的市场竞争日益激烈，区位论对影响产业区位的市场因素进行了深入研究。美国经济学家费特尔于 1924 年提出贸易区边界理论，瑞典经济学家帕兰德在 1935 年将不完全竞争概念引入区位论，提出了市场竞争区位论。德国经济学家克里斯塔勒(Walter Christaller，1898—1969 年)于 1933 年出版了《德国南部的中心地》一书，提出了中心地理论。克里斯塔勒认为中心地的空间分布形态受市场因素、交通因素和行政因素的制约，形成不同的中心地系统空间模型。克里斯塔勒书中的中心商品(服务)是指在少数的地点(中心地)生产、供给，而在多数的地点消费的商品。中心地是指供给中心商品职能的布局场所。中心性是指就中心地的周围地区而言，中心地的相对重要性，也可理解为中心地发挥中心职能的程度。中心性可用中心地供给其周围区域的中心商品的数量来表示。

(一)市场原则基础上的中心地系统

克里斯塔勒认为在市场原则基础上形成的中心地的空间均衡是中心地系统的基础。市场原则基础上的中心地系统以下列条件为基本前提：第一，中心地分布的区域为自然条件和资源相同且均质分布的平原。中心地人口均匀地分布，且居民的收入和需求以及消费方式都相同。中心地在区域内的任何地方都可布局。第二，具有统一的交通系统，且同一规模的所有城市，其交通便利程度一致。运费与距离成正比。第三，消费者都利用离自己最近的中心地，即就近购买，以减少交通费。第四，相同的商品和服务在任何一个中心地价格和质量都相同。消费者购买商品和享受服务的实际价格等于销售价格加上交通费。第五，供给中心商品的职能，尽量布局于少数的中心地，并且满足供给所有的空间(所有居民)的配置形式。第六，中心地职能在同一中心地集聚。

基于上述前提，克里斯塔勒认为，对于一个孤立的中心地，其理想的服务范围是圆形。每个孤立的中心地控制的市场区，在理论上是一个圆形区域，其大小取决于中心地厂房所要获得的经济补偿。我们把满足中心地厂商生存下去所必须获得的基本收益的市场区范围，叫做市场门槛范围。如果市场区小于这个门槛范围，则厂商无法生存(即平均成本 AC>平均收益 AR)，中心地也不能维持下去。圆形面域在市场区之间会留很多“空白”，空间竞争会导致更多厂商进入，区分中心地直至各中心地的圆形市场区彼此相切，但还会留有“空白”，因此，某种商品任意两个生产者的市场区间的交界线必定是直线，圆形市场部分重叠，以市场圆的交点做弦，则可以把市场区划分为正三角形、正四边形和正六边形，其中正六边形表现为相同半径圆内接正六边形面积最大，可使厂商利益最大化，所有的居民都可享受到服务。

因而，当一个区域内具有多个同级中心地的时候，中心地的理想服务范围就会变为呈蜂巢状的正六边形，如图 8.6 所示。其具有数学上的最佳结构，也符合仿生学原则。中心地所在的正六边形就构成了最基本的地域细胞。克里斯塔勒认为，在一个中心地域之中，除中心地，还有次一级的中心地，不同等级的中心地按一定的数量关系和功能控制关系构成一个等级体系。一个区域内中心地个数之和为 K，被用做中心地空间组织体系的特征量。

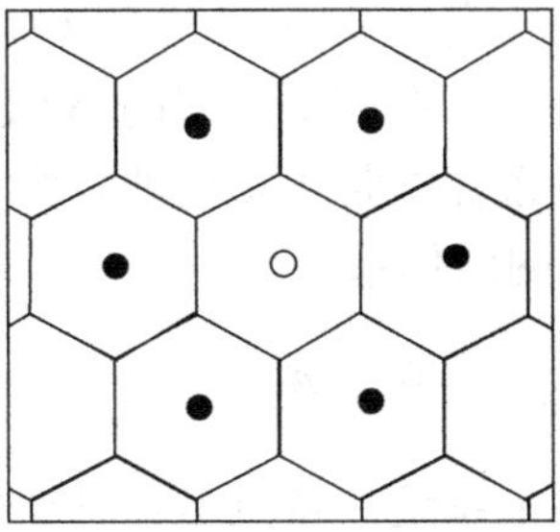

图 8.6　正六边形中心地

克里斯塔勒认为，在市场原则下形成的中心地系统(图 8.7)，各中心地的市场区域比其低一级的中心地市场区域大 2 倍。也就是说等级 $m(m>1)$中心地的市场区域内包含着 3 个等级 $m-1$ 中心地的市场区域。如图 8.7 所示，B 级中心地的市场区域包括 1 个完整的 K 级中心地的市场区域(中心部)，在其周围还有 6 个 K 级中心地的市场区域的 1/3 部分。这样 1 个 B 级中心地的市场区域等于 $1+1/3\times6=3$ 个 K 级中心地的市场区域。以此类推，可以得出各等级中心地间的区域数量关系。各等级中心地的市场区域数具有如下关系，即1，3，9，27，81，…从这一数字排列关系可看出，是按3的倍数在变化。因此，在市场原则基础上形成的中心地系统也成为$K=3$的中心地系统。

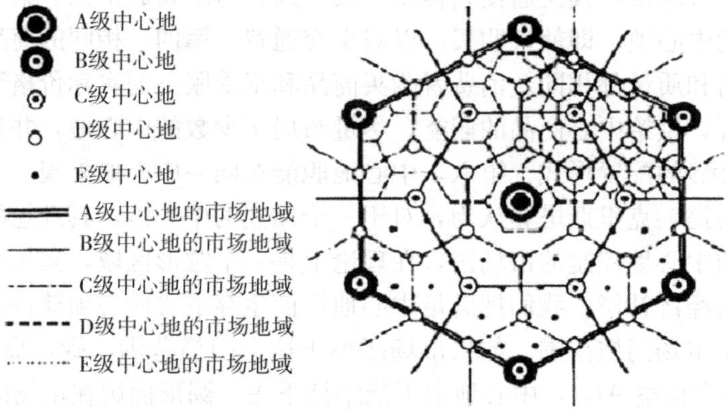

图8.7 市场原则下的中心地系统

$K=3$等级体系，称为市场最优原则。$K=3$适合于城市内部和发达地区的商业联系，即高级中心地服务的聚落个数是低一级中心地所服务的聚落个数的三倍；高一级中心地的市场面积是低一级中心地市场面积的三倍。市场区系列为1，3，9，27，81，…；中心地的系列为1，2，6，18，54，…，即一个高一级的中心地，就有2个次一级中心地，有6个更低一级的中心地……

实际上，市场原则的最大缺陷在于难以合理布局交通系统。围绕A级中心布局的六个B级中心正好位于A级中心市场位的六个角的顶端。因此，以A级中心为枢纽的交通干线系统在布局上就应采用从中心点向六个角的顶端辐射的形式，以便通过最近的线路把A级中心与B级中心连接起来。但这样的布局，线路连接的中心点最少。由A级中心向外延伸的交通线完全不经过C级中心，只通过一部分D级中心，这就使交通干线的作用受到很大的限制，而且会使从A级与B级中心到许多C级与D级中心的客货运输都必须绕道。尤其严重的是，在两个相邻的A级中心之间没有直接的线路相通。而实际上，大都市之间的交通联系往往是很重要的。为了克服这种缺点，克里斯塔勒又设计了一种$K=4$的城市与市场网络体系。

（二）交通原则基础上的中心地系统

交通原则基础上形成的中心地系统的特点是：各个中心地布局在两个比自己高一级的中心地的交通线的中点。例如，$m-1(m>1)$级中心地是布局在两个m级中心地连接线的中点，如图8.8所示。因此，如果同一级的中心地间铺设一条交通线，那么在这条交通线上布局着比它等级低的所有中心地。

在交通原则基础上形成的各等级中心地的市场区域具有什么关系呢？如图8.8所示，1个m级中心地的市场区域内包含着1个完整的$m-1$级中心地和6个1/2(总数为$1+6\times1/2=4$)的$m-1$级中心地的市场区域。各等级中心地的市场区域关系为1，4，16，64，256，…因此，在交通原则基础上形成的中心地系统也称为$K=4$的中心地系统。

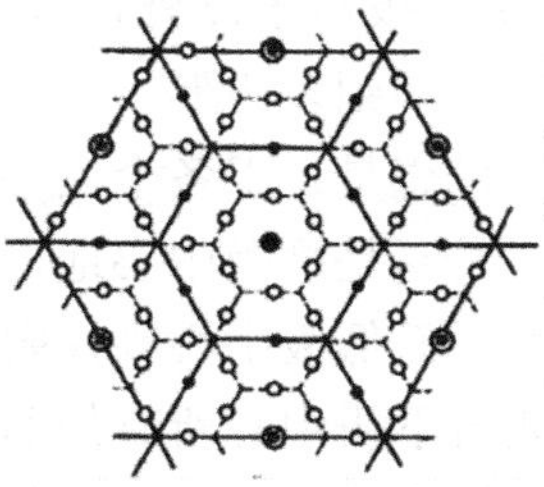

图 8.8 交通原则下的中心地系统

在这一条件下，各等级中心地的数量关系又如何呢？由图 8.8 可见，每个 $m-1$ 级中心地(图 8.8 中黑点加一个圆圈)包含在 2 个等距离的 m 级中心地中，而每个 m 级中心地(大黑点)共包含着 6 个类似的 $m-1$ 级中心地。也就是说，m 级中心地在自己的市场区域内包含着 $1/2\times6=3$ 个 $m-1$ 级中心地。而且，每个 m 级中心地的市场区域拥有 12 个 $m-2$ 级中心地(小黑点)，及 48 个 $m-3$ 级中心地(小圆圈)。这样在交通原则基础上形成的中心地系统的中心地的数量关系为 1，3，12，48，192，…$K=4$ 适合于交通线网控的城市地区或新开发区，中心地到次中心地的距离短。交通最优原则在两相邻同级中心地之间有一条交通线，在线路中点会产生一个次级中心地，但交通联系更方便。每一低级中心地都从属于两个高级中心地，因而一个高级中心地有包括共自身在内的 4 个完整的低级中心地，成立一级中心地的市场区面积是低一级市场区的 4 倍，所以 $K=4$ 的市场区级别为 1，4，16，64，…；中心地系列为 1，3，12，48，…

克里斯特勒把 B 级中心的位置从 A 级中心市场区的六个角上移到了六条边的中点上。这样从 A 级中心经 B 级中心向外辐射的交通线就可以联系到更多的 C 级中心与 D 级中心，并且可以直接把相邻的 A 级中心联系起来。这时，每个 A 级中心的市场区的面积相当于 4 个 B 级中心市场面积、16 个 C 级中心市场区面积。这样布局可以便利交通系统的布局，因而被称为“交通原则”。

无论采用 $K=3$ 或 $K=4$ 原则都会遇到一个问题：按市场区划分的经济区的界线不可能与行政区的界线一致。当采用 $K=3$ 原则时，在 A 级中心市场区范围内仅包括一个完整的 B 级中心市场区，另外包括有其他 6 个 B 级市场区的 1/3 的面积，其结果，绝大部分 B 级中心市场区的面积都跨越着三个相邻的上一级市场区。当采用 $K=4$ 时，同样会遇到这一问题。而行政区划体系中却绝对不允许有跨界现象。例如，不允许一个县同时属于三个省。所以作为这种市场区的中心地的城市也难以兼任地区政治中心。

(三)行政原则基础上的中心地系统

为了解决上述矛盾，克里斯塔勒又设计了一种 $K=7$ 的城市与市场区网络系统。办法是在六边形的中心建立一个 A 级中心，而在它的六个角上分别建立六个 B 级中心。但这样一来，A 级中心以下的各级中心都不能保有正六边形的市场区，而且由于 K 值太大，许多商品仅在 A 级中心设点销售会留下大片供应不到的空隙，但一下增加六个 B 级中心销售点，市场区又可能小于商品的最小销售限界，因而不得不采取一些变通措施。有的商品除了在 A 级中心设点销售外，还在部分 B 级中心设点销售。B 级中心实际上也没有6个，有的只有3个。而且除A级市场以外，其余各级市场已经不能保持正六边形，而是五边形或其他接近圆形的不规则多边形。

克里斯塔勒的中心地与市场区的布局设想是：①各个大小城市及其市场区形成大小不同的层层六边形，构成一个多极系统；②越是高级中心地，所能提供的商品与劳务种类越齐全，其中包括那些昂贵的高级商品，而低级中心则仅限于提供少数几种需要频率高的居民日常生活必需品，上级中心应兼备下级中心所有的职能，而下级中心不能兼备上级中心所专有的职能；③同一等级中心城市的市场区面积都是完全相等的，两个相邻的同一等级中心地之间的距离也是相等的，越是低等级的中心城市之间的距离越短。

行政原则基础上形成的中心地系统不同于市场原则和交通原则作用下的中心地系统。前者的特点是低级中心地从属于一个高级中心地，因而在行政区域划分时，尽量不把低级行政区域分割开，使它完整地属于一个高级行政区域。如图8.9所示，m级中心地的市场区域大致包含了7个$m-1$级中心地的市场区域，而且m级中心地的市场区域内拥有$m-1$级中心地的数量为6个。因此，各等级的中心地的市场区域数为1，7，49，343，…以7的倍数增加。因此，在行政原则基础上形成的中心地系统也称做$K=7$的中心地系统。中心地间的数量关系为1，6，42，294，2 058，… 由一个高级中心地和六个次中心地组成的中心地系统最适于行政管理。高级市场区是低级市场区面积的7倍，中心地市场区系列为1，7，49，343，…；各级中心地系列为1，6，42，294，…自给自足的经济条件下，产品交换不发达，适合$K=7$。

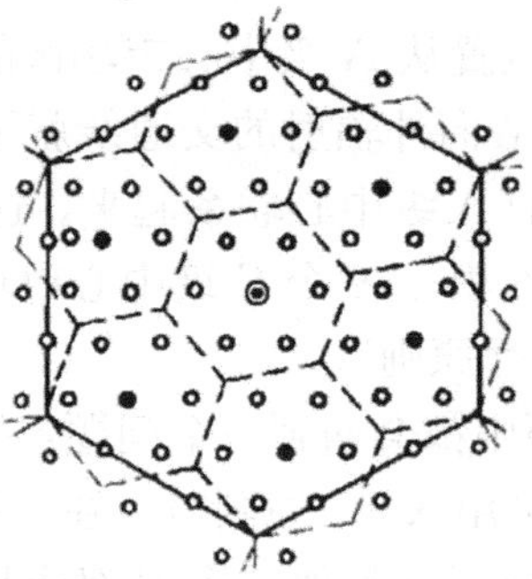

图8.9　行政原则下的中心地系统

在三原则中市场原则是基础，而交通原则和行政原则可看做对市场原则基础上形成的中心地系统的修改。克里斯塔勒进一步分析了三原则的中心地系统在怎样的条件下能够发挥出更大的作用。他认为，市场原则适用于由市场及其市场区域构成的中世纪的中心地的商品供给情形。交通原则适用于如19世纪交通大发展时期以及新开拓的殖民地国家。另外，也适用于新开发区、交通过境地带或聚落呈线状分布的区域。克里斯塔勒还认为，在文化水平高、工业人口多(人口密度高)的区域，交通原则比市场原则的作用大。行政原则比较适用于具有强大统治机构的绝对主义时代，或者像社会主义国家以行政组织为基础的社会生活。另外，自给性强、与城市分离的山间区域内形成的以某一中心地为核心的自给区域，其行政原则的作用相对较强。克里斯塔勒进一步强调，高级中心地对远距离的交通要求大。因此，高级中心地按交通原则布局，中级中心地布局行政原则作用较大，低级中心地的布局用市场原则解释较合理。

四、第二次世界大战以后区位理论的发展

第二次世界大战后，区位论从古典阶段发展到现代阶段。现代区位论在研究方法和对象上与古典区位论有较大的差异，学科交叉、学派林立是其显著特点。从总体上看，现代区位论主要是沿着宏观区域研究和微观区位决策两个方面发展的。在宏观方面，一些经济学家突破了古典区位论以单个企业最优区位为研究对象的传统，根据区域经济社会发展的要求，区位论发展成为区域总体经济结构及其模型研究，在20世纪50～70年代还形成了以研究区域综合开发和组织为主要研究对象的区域科学。在微观方面，现代区位论不再满足于古典区位论关于企业最优区位的分析，而是着重研究了企业区位决策是如何做出的问题；区位决策的动机和目标不再仅仅是成本最低或利润最大，而且包括各种非货币收益和效用最大化；在影响区位决策的因素上，传统区位论尚未涉及的信息成本、不确定性、制度、政策等因素也被引入区位决策的分析中。因此，区位理论在微观方面更转变成为广泛的行为分析。

第二次世界大战后，特别是20世纪60年代以来，产业布局理论又以其崭新的姿态得到了迅速发展，从国民经济的整体发展出发，研究空间经济特征，着眼于区域经济活动的最优组织。现代产业理论虽然仍以古典和近代产业理论为基础，却有了明显差别，大致分为五大学派：

(1)成本-市场学派。他们以成本与市场的相依关系作为理论核心，认为最大利润原则是确定区位的基本条件，并系统地提出了选择工业厂址的七大指向。

(2)行为学派。该学派最大特点是确立以人为主题的发展目标，主张现代企业管理的发展、交通工具的现代化、人的地位和作用是区位分析的重要因素，运输成本则降为次要因素。

(3)社会学派。他们推行政府干预区域经济发展，认为政策制定、国防和军事、人口迁移、市场因素、居民储蓄能力等因素都在不同程度地影响区位配置。

(4)历史学派。其理论核心是空间区位发展的阶段性，认为区域经济的发展是以一定时期生产力发展水平为基础的，具有很明显的时空结构特征。不同阶段空间经济分布和结构变化研究是理想区域发展的关键。

(5)计量学派。该学派以定量研究的可能性和准确性作为其理论核心，认为现代区位研究涉及内容多、范围广、数据众，人工处理已经显得无能为力，必须建立区域经济数学模型，借助计算机等科学技术工具进行大量的数据处理和统计分析。如今，这方面的应用已相当广泛而普遍了。

第二节　产业聚集理论的形成与发展

西方关于聚集经济(economies of agglomeration)理论的研究最早可追溯到亚当·斯密关于分工和市场经济的理论，他在《国民财富的性质和原因的研究》一书中首先提到了集群一词。古典经济学主要是以分工为基础的，研究与产业集群相关的比较优势，通

常采用规模收益不变和完全竞争的假设前提来推导区域间的比较优势和产生产业集群的原因。新古典产业集群理论注重地理邻近性导致的知识外溢以及静态和动态的空间外部性，典型的传导介质是促使集群地域内人力资源与人才的交流。新经济地理理论则以不完全竞争和报酬递增为基础来研究产业聚集现象。波特的新竞争优势理论则把产业聚集与竞争优势联系起来加以研究。最新的进展是把企业异质性因素引入新经济地理理论分析框架中，考察异质企业的空间选择行为对产业聚集经济空间分布的影响机制，这为分析产业空间集聚提供了新视角和新的研究方法。

一、以新古典经济学为基础的产业集聚理论

马歇尔从新古典经济学的角度，通过研究工业组织，间接表明了企业为追求外部规模经济而集聚。他曾把经济规模划分为两类：第一类是产业发展的规模，这和专业的地区性集中有很大关系；第二类则取决于从事工业的单个企业和资源、它们的组织以及管理的效率。他把第一类的经济规模称为外部规模经济，把第二类的经济规模称为内部规模经济。马歇尔认为，外部规模经济是指企业利用地理接近性，通过规模经济使企业生产成本处于或接近最低状态，使无法获得内部规模经济的单个企业通过外部合作获得规模经济。

马歇尔将产业区的集聚归结为企业追求外部规模经济，并指出这种外部规模经济给集聚企业带来如下几个方面的好处：①市场规模扩大的外部性。同行业的企业利用地理接近性，通过合资、合作或建立联盟等方式共同进行生产、销售等活动，如大批量购买原材料，不仅使原材料价格降低，也节约了单位运输成本；集聚带来的外部效应增加了投入资料或中间产品的可获得性，市场容量越大，分工越细，并具有正反馈效应，具有累积循环的过程；建立共同销售中心，通过批发和零售业务，吸引了国内外客户和经销商前来购买，降低了企业成品的运输、库存成本，使平均成本明显降低，从而有利于价格竞争。②有规模的劳动力市场。一方面，随着集群的扩大，本地人员通过培训就业，外地技工被吸引过来，形成劳动力供给充足的区域性市场，企业在长期雇用管理和技术人员的同时，可以根据自身生产的需要，及时调整工人的数量，减少工资成本和工人劳动保障方面的费用；另一方面，劳动力在区域内企业间自由流动，企业内部劳动力变换率提高，劳动力快速流动对其自身素质要求加大，也促进了信息、思想的传播和扩散，所以在数量和质量上提高了集群内劳动力供给的效率。③信息交流与技术扩散。共同的地域文化背景，提供了协同创新的环境，形成了马歇尔所说的“新鲜的产业空气”。集群内企业可以免费获得有关上游供应商、同行竞争对手、下游客户的相关信息，可以更好地洞察市场需求、产业发展趋势、新市场开拓状况以及技术演变和革新的信息等，从而提供了协同创新的环境。

新古典经济时代产业集聚还处于萌芽状态，其主要特点是许多在物质上具有密切联系的企业和相关机构在地理上的集中而产生的外部经济性，因此，此时产业集群的时代烙印是地理集中和外部经济性。马歇尔研究集聚虽然也重点强调了产业集群的这一特性，但马歇尔是从企业组织的角度探讨外部规模经济的，同时，他所处时代的企业联系基本上局限于物质上的投入产出联系，信息、创新和文化等非物质联系几乎不存在。因

此，马歇尔产业空间集聚理论存在时代上的局限性。

二、以传统和现代经济地理学为基础的产业集聚理论

韦伯主要从经济地理的角度研究了产业集聚。德国经济学家阿尔弗雷德·韦伯(Alfred Weber)在1909年出版的《工业区位论》一书中，从工业区位理论的角度系统地阐述了产业聚集问题。韦伯认为产业集聚的一般原因是多个企业聚集在一起与各自分散相比，能给企业带来更多的收益，节省更多的成本，集聚的收益比分散的收益高，因而企业愿意集聚在某一区域。在他看来，聚集实际上是一种工业企业在空间集中布局的形式。韦伯强调聚集经济的产生至少要有两个条件：首先，聚集经济的产生是依赖于存在种种内外联系的主体；其次，聚集经济产生必须是聚集达到一定的规模。他认为集聚的收益主要有以下四个方面：一是集聚强化了技术设备专业化的整体功能；二是集聚强化了劳动力市场的优化配置和使用效率；三是集聚大大地提高了批量购买和出售的规模，得到更为低廉的信用，甚至消灭"中间人"，从而降低了交易费用；四是集聚可以做到基础设施共享，减少经常性开支成本。例如，专门的机器修理厂、靠近的原料供应点、大规模的劳动力市场、公用设施道路等有助于生产成本的节约。他认为聚集经济效应主要取决于聚集区域面积、企业规模以及区域内企业的数量。

$$G=g(S,\ T,\ Q)$$

式中，G表示聚集经济效应；S表示聚集区域面积；T表示企业规模；Q表示区域内企业数量。

韦伯所研究的产业集聚重点也是强调因企业在地理上的集中而产生的外部经济性。从理论上看，韦伯运用模型量化分析了产业集聚优势的因素，研究成果具有较高的理论价值，但一方面他把视角集中于企业间的物质联系，弱化了信息、创新等非物质联系的研究；另一方面脱离了一切制度、社会、文化、历史因素，单纯从资源、能源的角度加以考察，而现实经济生活中，前者对产业集聚的形成更为重要，韦伯却将它抽象掉了。

法国经济学家佩鲁(Francois Perroux)在1950年发表的《经济空间：理论与运用》一文中首先提出了增长极概念，其后经过不断完善，形成了系统的增长极理论。该理论认为，主导部门和有创新能力的企业在某些地区或大城市聚集发展而形成生产、贸易、金融、科技、人才、信息、交通运输、服务、决策等经济活动的中心，这个中心便是增长极。增长极不仅加快了自身的发展，通过向外扩散还带动了其他部门和所在地区以至周边地区的经济增长，即它具有吸引和扩散的作用、技术的创新与扩散作用、资本的集中与输出作用、获取巨大规模经济效益的作用、产生聚集经济效果的作用。增长极的出现使人口、资本、生产、技术、贸易、信息等要素高度聚集，产生"城市化"趋向，形成经济区域。佩鲁认为，促进经济发展的主要动力是技术进步与创新，而创新总是倾向集中于一些特殊的产业，这特殊的产业就是领头企业，它的增长速度高于其他产业，也高于国民生产总值和工业产值的增长速度，它是创新源。因而这种产业最具活力，佩鲁称之为活动单元。这种产业具有很强的连锁效应和推动效应，通过自身的迅速发展能带动其他产业发展，后来佩鲁又称之为推进型产业和增长诱导单元。这些产业在某区域聚集便形成增长极。受增长极影响的产业为被推进型产业，这种推进型产业与被推进型产业通

过经济联系建立起非竞争性的联合体，通过前向、后向联系，最终实现区域发展的均衡。佩鲁增长极理论的核心有三个问题，即占支配地位的企业的支配效应、支配企业与其他企业之间的连锁效应、这种连锁效应形成乘数效应。占支配地位的企业通过乘数效应带动其他产业和周边地区的发展，最终实现经济均衡。

佩鲁的增长极理论所研究的产业集聚的重点依然是地理集中而形成的集聚效应，不过这种集聚效应开始强调区域各企业之间的物质联系，乃至技术联系。从理论本身看，增长极理论侧重于推进型产业—集聚—经济增长的研究。按照布代维尔的观点，推进型产业能引发两种增长效应：一是乘数效应，它通过现有部门之间的相互联系来产生；二是极化效应，当推进型产业生产的增加导致区域外的其他活动产生时，这种效应就产生了。当政府在一区域内植入推进型产业时，将产生围绕推进型产业的聚集，在乘数效应和极化效应的作用下，推进地区经济发展。从上述增长极理论的分析中我们可以看出，一个地区要加快经济增长，关键是培育和发展一系列推进型产业，而推进型产业的发展又依赖于当地政府的力量。这对于区域经济发展具有很强的现实意义，在一定程度上指出了政府在产业集聚形成和发展中的作用，但同时也将政府在产业集聚形成和发展中的作用放大了。事实上，政府的作用也是有限的。

三、新经济地理理论

20 世纪 90 年代，以保罗·克鲁格曼(Paul Krugman)为代表的新经济地理理论为产业集聚的产生提供了新的解释。新经济地理理论最新的研究主要集中于两个方面：一个是经济活动的空间聚集，另一个是区域经济增长收敛的动态变化。在传统的经济增长理论中，报酬递减与完全竞争是最基本的前提假设条件。然而，现实经济的增长动力很多来源于技术因素和制度因素，这是传统经济增长理论无法解决的。由此，克鲁格曼以规模报酬递增和不完全竞争的市场结构为假设前提，在迪克西特-斯蒂格利茨(Dixit-Stiglitz，简称 D-S 模型)垄断竞争模型的基础上，认为产业集聚是由企业的规模报酬递增、运输成本和生产要素移动通过市场传导的相互作用而产生的。以往经济学对报酬递增理论的分析是非空间的或是虚拟的空间，当克鲁格曼把报酬递增和空间地理位置联系起来后，报酬递增就有了新含义。新经济地理理论的报酬递增是指经济上互相联系的产业和经济活动，因为在空间位置上的相互接近性而带来的成本的节约，或由于规模经济带来的产业成本节约。而空间聚集与报酬递增密切相关，主要是指产业或经济活动由于集聚所带来的成本节约而使产业或经济活动在某一区域上进一步集中的现象。企业和产业一般倾向于在特定的空间集聚，而不同的产业又倾向于集聚在不同地方，产业专业化与该产业的市场需求互相促进，呈正反馈效应。不过这种要素报酬递增只在集聚发生的有限空间发生，即要素报酬递增是有界的。新经济地理理论与区位论一样，重视运输成本的作用，但这里的运输成本是广义的，它既包括看得见的有形运输成本，也包括地方保护引起的非关税贸易壁垒等无形成本。克鲁格曼是第一位把产业集聚与国际贸易因素紧密联系起来研究的经济学家。他指出，产品的贸易活动实际上间接地起到了生产要素贸易的作用，无论生产要素最初的分配状态如何，通过贸易活动，总会使某些产品的生产集中于某些工业区。新经济地理理论认为，经济活动的空间聚集核心内容主要集中于三个方面，即报酬递增、空间聚集和路径依赖(path dependence)。新经济地理理论在研究空间问题时沿袭了经济学的传统方法，大量采用了数学方法，将现实中的现象高度抽象化、模型化。这些模型主要包括核心-周边模型、国际专业化模型、全球和产业扩散模型以及区域专业化模型。

保罗·克鲁格曼于1991年在《政治经济学杂志》上发表的《递增收益与经济地理》一文中将地理因素纳入经济学的分析中，提出核心-周边模型。该模型展示了外部条件原本相同的两个区域是如何在报酬递增、人口流动与运输成本交互作用的情况下导致两个起先完全相同的地区演变成一个核心与外围的产业集聚模式的，其中的关键是保持对劳动力流动的高度弹性。模型假设世界经济中仅存在两个地区与两个部门，两地区最初是完全相同的，两个部门分别是报酬递增、产品具差异性的制造业与报酬不变、产品同质的农业部门。其中，两部门使用的生产要素都是劳动力，同一地区内的农民不能向制造业部门流动，反之亦然；但制造业部门的工人却可以在同一部门内实现跨地区的流动。克鲁格曼认为，制造业之间有上下游联系的产业如果能集聚在一起，则能减少中间投入品的在途损耗，缩小运输成本，从而降低中间投入品的价格，因此厂商有内在的冲动集聚在一起共同分工协作，这种产业集聚效应的力量称做“价格效应”或“制造业前向联系”。另外，厂商具有内在冲动集聚在一起生产，形成产业集群，各专业化分工的工人也集聚在同一区域内，产品种类数增多、市场规模扩大；制造业产品从出厂到消费者手中，运输成本降低，工人的名义、实际工资均高于其他非产业集聚区，非产业集聚区的劳动力受工资的诱惑而向集聚区内迁移，这一集聚力量称为“市场规模效应”或“制造业后向联系”。模型显示，在中等水平的运输成本下前向与后向联系的效应最强：一个区域的制造业份额越大，价格指数越低，厂商能够支付的工资越高，越能吸引更多的制造业工人。在这种情况下，经济的对称结构变得不可持续，从制造业原本均匀分布的经济中将逐渐演化出一种“核心-周边”结构。

新经济地理理论认为，由于外在环境的限制，如贸易保护、地理分割等原因，产业区集聚的空间格局可以是多样的，特殊的历史事件将会在产业区形成的过程中产生巨大的影响力。现实中的产业区的形成是具有路径依赖性的，而且产业空间集聚一旦建立起来，就倾向于自我延续下去。克鲁格曼的模型为人为的产业政策扶持提供了理论依据，产业政策有可能成为地方产业集聚诞生和不断自我强化的促成因素，包括贸易壁垒也可以改变产业分布的现实格局，不过产业政策或贸易保护措施只不过是各种影响地方产业集群形成与演变的因素之一，并不能必然导致政策制定者的预期愿望，产业集群发展所依赖的不确定因素是很多的。

克鲁格曼将最初的产业集聚归于一种历史的偶然，初始的优势因路径依赖而被放大，从而产生锁定(lock-in)效应，因此不存在空间上各要素报酬趋于相等的自动均衡，集聚的产业和集聚的区位都具有“历史依赖”性。内部的和外部的规模经济，给集群内企业带来的集群外企业无法取得的收益诱使集群外企业纷纷携带资金、技术、劳动力等资源向集群靠拢，使路径依赖更为强烈。外部经济规模的存在和路径依赖的存在，使在集群形成前就进入的企业可能面临着更多的成本，产生出更多的外部性，而后来的企业往往可以免费享有这种外部性。

克鲁格曼的新经济地理理论把运输成本纳入经济理论分析框架中，将因运输成本的减少引起的集聚经济、外部性、规模经济等要素放在企业区位选择、区域经济增长及其收敛和分散性问题的分析上，得出了比传统经济地理理论更为科学的集聚理论。克鲁格曼的新经济地理理论也为产业政策扶持提供了理论依据，产业政策有可能成为地方产业集聚诞生和发展的促进因素。但新经济地理理论同样面临现实经济问题的考验，如现实的网络经济大大降低了运输成本在生产成本中的比重，从而弱化了运输成本在集聚形成中的作用。克鲁格曼比较强调大型公司的内部增长和组织间能量化的市场联系，而忽视了公司活动所产生的难以量化的非物质联系（如信息、技术联系）和非正式联系（如人际关系间基于信任的联系）。他认为产业集聚空间格局的形成及锁定效应，是经济活动收益递增和运输成本相互作用的产物。他虽然也承认制度、文化、社会因素在产业集聚过程中的重要性，但认为这些因素难于捉摸，并很难模型化，因而应把对它们的分析留给社会学家。

克鲁格曼以外的其他新经济地理理论学者对新经济地理理论的发展也做出了重要贡献，他们不断地拓展这一逐渐走向经济学主流的研究领域。鲍德温和福斯里德通过将罗默的内生增长模型引入中心-外围模型，建立了一个将长期增长与产业区位相结合的模型，通过分析得出结论：增长是一个具有较大影响的非稳定性因素，而区域内的知识溢出效应是一个稳定性因素。马丁、奥特维埃诺、鲍德温、藤田和蒂斯都将中心-外围模型与罗默的内生增长模型相结合而提出一系列的修正模型。马丁和奥特维埃诺创造了一个将内生增长和产业区位选择特征整合在一起的模型，通过在区位选择模型中引入明确的动态因素，分析了动态增长和动态的产业区位选择如何相互影响。鲍德温和大久保放松了新经济地理理论中企业同质性的假设，将异质性企业理论引入产业集聚的研究中，从微观企业层面把握产业集聚的规律，这是近些年来该领域的新进展①。

四、波特的新竞争优势理论

1990年，迈克·波特（M. E. Porter）在《国家竞争优势》一书首次提到产业集群（industrial cluster）一词，并对集群现象进行了分析。集群和产业聚集有什么区别和联系呢？对于产业聚集或者说空间聚集（spatial agglomeration），《简明牛津地理学辞典》解释为“空间聚集是产业、资本、人口向空间的集中”。从经济学角度认识，“空间聚集”指的是一个空间范围内部，某种或者某几种产业大量出现，形成专业化的产业地区或者产业带。聚集不是产业或者企业的目的，企业在自己的发展过程中，在空间追求能够导致自己最大利益的最佳区位导致了产业聚集。集群或者是产业集群，指的是在一个产业区中，企业或者经济组织在一定的相对小的空间范围内集中，这些集中的区域，有某种外部性关系或知识溢出联系，形成产业群落。这里有两个本质特征：第一，集群的是企业不是产业；第二，因为按照经典的企业空间过程理论，相同企业之间存在霍特林过程，由于企业竞争，它们不可能集中到一个小区域内部，因此集群的特征中，某种溢出共生关系导致的经济效益超过了竞争关系导致的经济损失。产业聚集带往往分布有多个

---

① 王丹．新经济地理理论研究的新进展．经济理论与经济管理，2011，(5)：36～39。

集群区，集群总是发生在产业聚集带的某些区位上。聚集在微观结构上由集群来实现，集群的宏观表象是聚集。

波特对产业集群研究是结合其对国家竞争优势研究而展开的。1998 年，波特在哈佛《商业评论》上发表了《产业集群和新竞争经济学》一文，系统提出了以产业集群为主要研究目标的新竞争经济理论。他认为，“集群是特定产业中互有联系的公司或机构聚集在特定地理位置的一种现象”。集群包括一连串上、中、下游产业以及其他企业或机构，这些产业、企业或是机构对于竞争都很重要，它们包括了零件、设备、服务等特殊原料品的供应商以及特殊基础建设的提供者。集群通常会向下延伸到下游的通路和顾客上，也会延伸到互补性产品的制造商以及和本产业有关的技能、科技，或是共同原料等方面的公司上。另外，集群还包括了政府和其他机构——像大学、制定标准的机构、职业训练中心以及贸易组织等——以提供专业的训练、教育、资讯、研究以及技术支援。

波特根据调查的丹麦、德国、意大利、日本、英国和美国等 10 个重要贸易国的情况，认为国家竞争优势主要不是体现在比较优势上而是体现在产业集群上，产业集群是国家竞争的主要来源，国与国在经济上的竞争主要表现在产业集群上的竞争。他认为，创新是企业竞争优势获得的根本途径，也是企业保持持续竞争能力和国家保持竞争优势的核心，而产业集群则正是企业实现创新的一种有效途径，因为产业集群本身就是一种良好的创新环境。这实际上是从竞争力的角度探讨产业集群概念的，并指出“企业-产业-国家”三个层次之间竞争力的关系。波特认为，产业集群所产生的持续竞争优势源于特定区域的知识、联系及激励，是远距离的竞争对手所不能达到的。集群既促进竞争又促进合作。竞争对手为取胜和保留客户而展开激烈的竞争，如果没有激烈的竞争，集群就会走向衰落。与此同时，竞争对手也会有合作，这种合作大多是垂直的，介于相关产业中的公司和本地机构中。竞争与合作并存，成为集群的本质内容。波特所研究的产业集群的主要特征是居于企业间长期稳定的竞争合作关系而带来的成本的降低和持续创新能力的提高。波特认为有三个原因可以解释为什么产业集群对竞争优势是至关重要的。其一，产业集群能够提高集群内企业的生产率，使每个企业在不牺牲大规模企业所缺少的韧性的条件下从集群中获益，集群内企业之间的竞争及相互模仿推动了成本的下降与操作方法的优化；其二，产业集群能够提高集群内企业的持续创新能力，并日益成为创新的中心；其三，产业集群能够降低企业进入的风险，促进企业的产生与发展。

第三节 产业布局的影响因素①

影响产业布局的因素很多，包括地理位置因素、自然条件和自然资源、劳动力、社会经济条件、科学技术状况等。各个因素对产业布局的作用各不相同，但又往往同时起作用。在考虑产业布局时，不能孤立地、机械地看待各个因素，要因时、因地、因产业部门制宜，把各个因素统一起来进行分析。以下分别探讨影响产业布局的主要因素。

---

① 王缉慈．现代工业地理学．北京：中国科学技术出版社，1994。

一、原料和消费市场对产业区位的影响

原料地与消费市场是企业区位的两个主要区位因素。对于使用大量原料的制造产业来说，特别是那些在生产制造过程中将大大减低原料的重量、体积及使用易变质原料的产业，将该产业建于原料产地附近会大大降低运输成本。在生产制造过程中，最终产品的重量、体积将大大增加，或产品易变质的情况下，将该类产业建在消费市场附近就比较有利。从整个工业发展进程来看，原料地对企业区位的影响是逐渐减弱的。由于技术进步和交通运输条件的改善，原料地对企业区位的影响在减弱，市场对企业区位的吸引力正在加强。

根据原料地在生产过程中的失重和增重情况，可以把原料分为三类：第一，纯原料，即这种原料在生产过程中，其重量几乎都转移到产品中去。使用这种原料的工厂从运费角度考虑可以配置在原料地和市场之间的任何地方，因此往往接近市场或劳动力供应地。第二，失重原料，即在加工过程中只有部分重量转移到产品中去，其余重量转化为废渣等。使用失重性原料的工业，其区位主要受原料地吸引以保持较少的运费。第三，有些原料经加工后甚至会增加重量，称为增重原料。使用增重原料的工业往往趋向市场。

原料和产品的易腐性会影响产业布局。某些工厂，特别是食品加工厂，所用的原料很容易腐烂变质，如新鲜水果、蔬菜、牛奶、甘蔗等，在变质之前必须加工完毕，因此，这些工厂配置在原料地附近。另一些工厂，其产品容易腐烂变质，或者必须保持新鲜状态，这些工厂(如生产面包、肉类熟食等食品加工厂)靠近市场。

原料和产品的可运性会影响产业布局。从原料的可运性来说，某些原料易燃、易爆或易碎，某些液体和气体原料不宜长距离管道运输，它们相对于产品来说可运性差，因而工厂的区位指向原料地。从产品的可运性来说，一些不便于远距离运输的产品，如易燃、易爆、易碎的产品，散装的粉状产品，以及一部分气体或液体产品，其制造工厂趋向市场区位。有时加工后产品体积的变化也会影响运费，如机器装配厂、金属构件厂、家具厂等，虽然原料和产品的重量差不多，但原料(零部件)装箱体积较小，便于运输，而产品体积庞大，难以运输。

原料和产品的价格会影响产业布局。原料单位重量的价值越高，则运费所占原料成本的比重越小，可运距离越远。低价产品远运是不合理的，因为其运费可能超过产品本身的价值，因此，低价产品的生产区位应选在消费区。例如，水泥是大宗、廉价、沉重的产品，运费占产品成本的比重却很高，其原料比较普遍，它的合理区位在市场附近，运距一般不超过200千米。

原料的可替代性会影响产业布局。由于技术的进步，原料替代的可能性增大。随着自然资源的耗用，新材料不断研究与开发出来，以替代不可更新的资源。因此，在区位选择时，既要考虑传统原料，又要考虑新原料替代的可能性。在具有替代原料的情况下，传统原料对企业区位的吸引力减小。当传统原料耗尽时，替代原料的使用，使工业区位的惯性增大。工业生产中很少只用一种原料。所用的原料种类越多以及原料地越分散，每种原料对企业区位的影响就越少。在生产中用量大的原料，其产地对工厂的吸引

力也大。例如，微电子工业所用原料种类很多，原料可运性又大，各个原料地对其生产区位影响较小，这种工厂属于自由布局型工业。

市场需求因素会影响产业布局。地方新闻日报可以看做地方性极强的产品，而且它的时间性也很强，包含本地当日的大量信息，也可看做“易腐”的产品。新闻日报的印刷厂必须设置在便于将产品尽快投递到订阅者手中的区位，即市场中心。此外，民族服装及某些乐器等，都是有较强地方性的，其制造厂是指向市场的。一些消费品的生产者必须随时了解消费者的需求变化，随时改进产品和开发新产品，使生产不断创新升级，以获得和保持竞争优势。妇女时装的式样设计、颜色、装饰等经常翻新，设计者、生产商和销售商之间需要传递大量信息，这是高级时装集中在巴黎、纽约、伦敦和东京等特大城市中心的重要原因。大众化服装则往往选择廉价劳动力的区位以降低成本。

市场的容量和性质会影响产业布局。每个市场的容量都是有限的。通常，工业达到一定生产规模可以节约成本，提高劳动效率，达到规模经济的效果。但是，当工厂生产规模超过当地市场容量时，产品远销所追加的运费就可能抵消规模经济所带来的利益，从而变成不经济。因此，不适宜小规模生产的工业必须选择在市场容量大的地区。为此，欠发达国家和地区发展小型钢铁、汽车、乙烯等工业遭到异议。另外，对于有大量副产品的工业，还要考虑副产品的市场容量，如用联合制碱法生产纯碱可产生氯化铵，而氯化铵的销售范围有限，在布局时必须考虑这一点。市场容量除影响企业区位外，主要影响工厂的生产规模，因此建厂前必须进行市场容量的调查。市场是由消费者组成的，市场的性质是由消费者的特点决定的，其中包括四个方面：第一，消费水平。购买力大小往往取决于消费者的人均收入水平，高级消费品的生产趋于购买力大的区位。第二，市场的稳定性。某些工厂，如面包厂，特别需要稳定的市场，市场变化太大不利于吸引工业。第三，消费结构。例如，炼油厂的产品有汽油、煤油、柴油、润滑油等几百种，建厂前要根据所在市场区对各种油品的消费结构进行调查，确定炼油厂的类型。第四，消费经验。有经验的、挑剔的消费者对于在本地建立该项产品的生产厂家以及刺激产品升级换代具有重要作用。

二、劳动力对产业区位的影响

劳动力因素对产业布局的影响包括两个方面，即劳动力成本和劳动力质量。劳动力成本是产业布局中需要考虑的重要因素。一方面，不同的工业，其劳动工资占产品成本的比重不同；另一方面，不同的地区，其劳动工资的空间变化幅度也是不同的。在劳动力不完全流动的情况下，那些劳动密集型工业对劳动工资的空间变化比较敏感。

广义的劳动力包括技术熟练劳动力（专门技术人才）和非熟练劳动力两类。企业家往往兼有劳动管理技能，因此一般被包括在熟练劳动力范畴之内。各种工业由于产品种类、性能、生产历史不同，对劳动力技能的要求也不同。同种工业的不同工序也有不同的技能要求。对于同一个工业部门内的不同产品，也可能要求不同的劳动技能。工业区位的确定与所属部门对劳动力技能的不同要求有关。越是需要熟练的技术劳动力的工业，越可能集中在经济发达的地区。这些熟练劳动力除对收入的要求较高以外，还要求良好的社交生活、科学文化生活和家庭生活的便利程度以及子女受教育的环境等。如果主要依靠大量的非熟练劳动力，那么在选择企业区位时，首先应考虑非熟练劳动力的供应程度。在经济欠发达地区，非熟练劳动力较多，工资相对水平较低，对需要大量非熟练劳动力的工厂有一定的吸引力。

劳动力技能在各地区有明显的差异，这种人才分布不均的现象主要是历史原因造成的。较早发展工业、较早建立教育科研机构，或较早成为政治经济中心的地区，必定较早地产生人才集聚，逐渐演变为现在技术劳动力集聚的地区。技术创新使机械代替劳动力，又需用劳动力控制机械，新产品的研究与开发、设计，机械的维修，以及工厂的规划与管理需要专门的科学家、工程师、设计师、机械师、规划师、企业家等。由此看来，工业对劳动力技能的需求是不断增加的。对于发展中国家和地区来说，本地劳动力素质(包括文化水平、道德修养、卫生习惯等)往往成为吸引外资，尤其是吸引技术先进的大型跨国资本到该地办厂的重要因素之一。产业区位的选择需要把工业对劳动力的数量和质量的需求与地球上散布的劳动力数量和质量特点适当地配合起来。

三、交通运输对产业区位的影响

广义的基础结构概念，是为工业、农业等基本物质生产部门提供服务并成为其共同基础的部门和各项活动的总和，包括运输通信系统、动力系统、仓库储备系统、供排水系统以及教育、科研、卫生等部门。运输是基础结构的主要内容之一，优良的运输基础结构对于吸引工业十分重要。运输基础结构包括港口、机场、道路、高速公路、仓库等设施。对现代工业尤为重要的“三 P”(port，airport，communication port，即海港、空港、通信港)设施中，前两“P”均为运输基础结构。工业区位的运输基础结构因素不仅与运费有关，而且与运输投入的其他非金融方面(如服务质量)有关；不仅考虑原料、产品运输，而且注意到工业生产过程所需要的人和信息资料的运输往来便捷。第二次世界大战以后蓬勃发展的各种工业园区、免税出口加工区、科学园区等都十分注意运输基础设施的建设，以吸引流动的资本来发展工业。交通运输因素对于产业区位的选择、企业地理分布和空间结构、工业区域的形成和发展具有很大意义。近 20 年以来，交通运输方式的增加和技术的进步，相对缩短了空间距离，增大了工业区位的灵活性，交通运输因素在工业布局中的重要性相对下降。

运输方式有水运、公路、铁路、航空、管道、多式联运等。选择合理的运输方式，对于降低原料的成本，提高产品的价格起着重要作用。不同的运输方式有不同的特点和适用范围，一般来说，水运适合远距离大宗沉重货物运输。如果没有水运，大宗货物运距离运输则用铁路。公路适于短距离运输，高速公路和集装箱的发展使公路负担的经济距离加长。定向、定量的液体运输用管道较好。空运是远距离运输最快捷的方式，但价格昂贵，适于小批量高价值的货物运输。在选择运输方式时，除考虑运输成本、运行速度外，还要考虑所运原料和产品的性质、数量、运输距离、市场需要的缓急、风险程度等。例如，鲜活品和贵重品可用空运以争取时间，中转环节多的可用集装箱加速中转，大宗货物可租赁整船。近年来，铁路尤其是高速铁路，已经成为解决污染和交通拥挤问题的重要运输方式，它甚至优于航空运输和公路运输。高速铁路运能大，能效高，速度快，安全可靠，占地少，运价低，污染轻。高速铁路的发展，将进一步缩短工厂与原料地和市场之间的时空距离。集装箱的采用是现代运输业的一项重大技术变革，它可以直接在指定地点装箱或拆箱，实行“门到门”运输。除干货集装箱外，根据不同货物的需要所制造的集装箱，还有冷藏集装箱、挂衣集装箱、散装集装箱等种类，利用集装箱运输，既提高装卸率，又有减少货损和货差、防止污染和被盗、加快交货期等优点。目前，“门到门”运输，尤其是多式联运的发展，以集装箱为媒介，把海洋运输、铁路运输、航空运输、公路运输、内河运输等传统的运输方式结合起来，构成连贯的过程。货物可以从原料地直接运到工厂，产品可以从工厂直接运到市场，大大增加了企业区位的灵活性。同时，由于信息技术的应用，“门到门”的集装箱运输采用计算机控制和电子传输交接系统，使之成为一种重要的竞争手段。

四、资本对产业区位的影响

合理的工业区位必须有发展该种工业所需资金的支持。如果地区国民收入水平低、积累资金少，那么发展资金密集型工业是比较困难的，往往需要由发展劳动密集型工业来积累资金，逐步实现产业结构的转换。资金积累是一个十分艰难的过程，可能需要几十年的时间。一个地区当缺乏充分的资金供给时，将会陷入恶性循环。在这种情况下，应设法从外界输入资金(包括国内外资金)。利用国外资金包括国际金融组织贷款、政府间贷款、出口信贷、银行信贷等多种形式。

相对于劳动力来说，资金是易于流动的因素，资金为寻找投资机会而到处流动，并大量投入廉价劳动力的区位，成为该区位工业发展的有利条件。一个地理区位吸引外来资金的潜力主要是由四方面因素决定的：一是相对高的利润率。为达到相对高的利润率，应使原料、动力、劳动力成本保持较低，或在税收方面给投资者以优惠，或在市场、产品售价、贸易条件、技术等方面使投资者得到特殊利益。二是较低的风险。它主要与所在国家和地区的政治稳定性有关。三是资本流动的管制程度。外来资本需要银行、保险、合作信托机构、股票市场、通信等稳定的投资环境和轻松的管制程度。四是资本流动与投资者的偏好与地缘、血缘、文化、语言等各种因素相关。我国沿海的不少侨乡就利用港澳台侨胞回乡建设的心理吸引到不少外来资金。固定资产往往是不可移动的，一旦固定在某个地方，就使该地成为永久性的工业地域。即使老工业区原来发展某种工业的条件已经大部分丧失，也很难把老区的厂房和设备搬到新区去。这就是工业惯性。形成工业惯性的原因除固定资产外，还有地方熟练劳动力、地方社会资本的发展以及在该地长期发展过程中企业之间业已存在的协作关系等。

五、土地、水、能源及环境等因素对产业区位的影响

一般来说，在不同的地势、地形和地质条件下建厂，厂区开拓工程量的大小、厂内外工程建设投资、工人劳动条件等会有很大差异。鉴于土地的稀缺性和不可再生性的特点，土地价格会对产业区位产生重要影响。同样面积的土地，不同用途有不同的土地价格。一般来说，商业付租能力最大，旅游次之，高密度住宅又次之，低密度住宅和工业付租能力最小。在城市内各个不同的地段办工厂，在占有面积相同的情况下，地价相差很大。只有占地小而且出得起高地价的工厂，才可以选择市中心的区位，如高级时装厂

和首饰加工厂，有的厂房只占高层建筑物内的少数房间。在市中心附近，往往布局一些需要靠近市场的工业，如印刷出版业、食品加工业等。那些占地面积广大的工业，如钢铁厂、石油化工厂和飞机制造厂等，一般选择在平坦的城市远郊或空旷的农村地区。

相对于其他自然资源来说，水的分布比较普遍，然而，由于工业化的迅速发展，某些工业集中区域的用水量超过了当地的自然供水能力，造成了水资源短缺，使水成为工业发展的限制性因素之一。在工业用水中，冷却水占比重最大。我国工业用水量中，冷却水平均占75%以上，化工、冶金部门冷却水占工业用水的80%，电力工业中占90%以上。冷却水不参加生产过程本身，因而可以循环使用。在酿酒、造纸和某些化学工业中，水作为原料之一参加生产过程。我国水资源南多北少，东多西少，三江(长江、珠江、黑龙江)有余，四河(黄河、淮河、海河、辽河)紧缺，各地区的水资源丰歉直接影响工业生产的总体规模。北方很多大城市由于人口和工业的集中，都不同程度地存在供水不足现象。不同种类的工业对水量、水质和水温有不同的要求，对水质有特殊要求的工业，如造纸、半导体、食品、化纤、胶片、医药等工业，水量、水质和水温对企业区位的选择有重要影响。

每种工业都需要能源，然而不同工业耗能量的大小有极大差异，大耗能的工厂，其区位选择必须以充足而廉价的能源供应为出发点。耗电量越大，由地区电力差价造成的不同地区生产成本差异越大，电解铝是典型的大耗能工业，因此，水电站附近为电解铝厂的理想区位。除铝以外，大耗能的工业还有镁、钛、铁合金、电石等。某些大耗能工业不仅耗电，还耗用大量燃料和蒸汽，如铁合金、碳化钙、电解锌、氮肥生产等。在许多情况下，这类工厂不是配置在大水电站附近，而是接近燃料基地，建立热电厂供应电能和蒸汽。能源还是重要的化工原料。现代的化工工业，如塑料工业、合成纤维工业、合成橡胶工业、化肥、农药等都是以石油或煤作为原料的，这些工厂的区位应靠近能源产地或靠近输油管线和输煤铁路线。由于交通运输业和能源转化技术的不断发展，能源的可运性大大增加，因此，企业区位受能源产地的限制大大减少了。

环境污染的防治是企业区位因素之一。几乎所有的工厂都产生废物，不同的工厂所产生的废物成分很不相同。其中一些废物由于特殊的物理性能、化学成分或数量可能造成对人体健康和社会安全的威胁，因此，要求对它们进行特别控制。从微观上看，对于污染严重的工厂，在选厂定点之前要进行区域环境评价，根据环境承载能力，实行环境资源与生产要素的优化配置。对污染的控制将影响工厂的生产成本和生产效率，因而成为影响企业区位的重要因素之一。当代控制污染的指导思想发生了变化，即污染防治由排污口向生产全过程转移，控制对象由点源向区域转移，控制方式由分散向集中转移，控制标准由浓度控制向总量控制转移。目前，环境因素对企业区位的选择越来越重要。随着经济水平的提高，新技术的发展使环境对工业区位的约束力呈减少的趋势。

六、政府政策对产业布局的影响

政府对产业布局的影响有两种不同方式：第一，直接干预性产业布局政策。这是一种由国家政府为刺激特定区域的经济发展，采取的政府直接投资或审批制、许可证制、配额制等强制性政策。第二，间接诱导性产业布局政策，包括贸易与关税政策、信息服务、财政补贴、融资支持等政策。

我国产业布局的历史轨迹，表现为“均衡发展—非均衡发展—均衡发展”逐渐演变的过程，并具有明显的阶段性特征。改革开放前，我国的区域发展政策基本以分析全球及我国地缘政治关系为基础，以从属于国防安全为目标，以平抑沿海和内地差距为方向，以接近原料地布局为方式，以国家完全计划调拨为手段。国家的“三五”、“四五”计划明确地提出了“大三线”建设，主张按照“山、散、洞”的布局原则将国防工业作为重点发展产业，将中西部作为重点发展地区。随着大量人力、物力、财力投到内地及较不发达地区，内地发展实力显著增强，沿海和内地差距明显缩小。但“对内地建设要求过急，投入了过多的力量”，加上选厂定点的大量失误，也导致了较为严重的浪费和损失。

20 世纪 70 年代末 80 年代初，我国区域经济发展指导思想由平衡发展向不平衡协调发展转换，形成先富带共富的区域非均衡协调发展战略思想。区域发展战略的重点由向内地倾斜转向优先发展东部沿海地区，按东、中、西三大地带的序列，分阶段、有重点、求效益地展开布局。随着非均衡产业布局战略的实施，无论是引进外资、国家投资、优惠政策方面，还是产业布局政策，都向东部沿海地区倾斜。“六五”计划明确提出，要积极利用沿海地区的现有基础，“充分发挥它们的特长，带动内地经济的进一步发展；加快内陆地区能源、交通和原材料工业建设，支援沿海地区经济的发展”。“七五”计划首次提出了我国经济区域按东、中、西三大地带划分的模式，并继续突出沿海地区的快速发展，“七五”计划的总体目标确定为：“要加速东部沿海地带的发展，同时把能源、原材料建设的重点放到中部，并积极做好进一步开发西部地带的准备。把东部沿海的发展同中、西部的开发很好地结合起来，做到互相支持、互相促进。”

我国梯度推移战略的实施，使我国经济快速增长，但与此同时，也出现区域差距拉大、区域经济发展缺乏协调等问题。“八五”以来，在确保发展的前提下，区域发展政策向兼顾效率与公平方向转变。“八五”计划提出：要按照“统筹规划、合理分工、优势互补、协调发展、利益兼顾、共同富裕”的原则，正确处理沿海与内地、经济发达地区与较不发达地区之间的关系。“九五”计划指出：从“九五”开始，要更加重视支持内地的发展，实施有利于缓解差距扩大趋势的政策，并逐步加大工作力度，积极朝着缩小差距的方向努力。1999 年 9 月，党的十五届四中全会提出“国家要实施西部大开发战略”。“十五”计划纲要则更加明确地提出了“实施西部大开发战略，促进地区协调发展”的主张。2003 年 10 月，中共中央、国务院下发《关于实施东北地区等老工业基地振兴战略的若干意见》，并先后在东北地区实行了一系列促进振兴的优惠政策，通过振兴战略的实施，能够在较短的时间内在东北培育出一批具有国际竞争力的大企业，形成技术先进、结构合理、功能完善、特色明显、机制灵活、竞争力强的新型产业基地。在 2004 年 12 月 5 日，中央经济工作会议上，在 2005 年经济工作的六项任务当中提出了“中部崛起”；2005 年 3 月 5 日，在“两会”上国务院总理温家宝在政府工作报告中，提出要“抓紧研究制定促进中部地区崛起的规划和措施”。

“十五”规划提出：“实施西部大开发战略，加快中西部地区发展，合理调整地区经济布局，促进地区经济协调发展。推进西部大开发要从实际出发，积极进取、量力而行，统筹规划、科学论证，突出重点、分步实施。注意支持人口较少的少数民族的发展。促进西部边疆地区与周边国家和地区开展经济技术与贸易合作，逐步形成优势互补、互惠互利的国际区域合作新格局。加快中部地区发展充分发挥中部地区承东启西、纵贯南北的区位优势和综合资源优势，加快发展步伐，提高工业化和城镇化水平。提高东部地区的发展水平，东部地区要在体制创新、科技创新、对外开放和经济发展中继续走在前列，有条件的地方争取率先基本实现现代化。东部地区要加强与中西部地区全方位的经济技术合作，支持和参与西部开发，更好地发挥对中西部地区的辐射带动作用。形成各具特色的区域经济要打破行政分割，重塑市场经济条件下的新型地区经济关系。”在城镇体系建设方面，“十五”规划提出：“形成合理的城镇体系，推进城镇化要遵循客观规律，与经济发展水平和市场发育程度相适应，循序渐进，走符合我国国情、大中小城市和小城镇协调发展的多样化城镇化道路，逐步形成合理的城镇体系。有重点地发展小城镇是推进我国城镇化的重要途径。”

“十一五”规划进一步提出：“坚持实施推进西部大开发、振兴东北地区等老工业基地、促进中部地区崛起、鼓励东部地区率先发展的区域发展总体战略，健全区域协调互动机制，形成合理的区域发展格局。”西部地区要加快改革开放步伐，通过国家支持、自身努力和区域合作，增强自我发展能力。东北地区要加快产业结构调整和国有企业改革改组改造，在改革开放中实现振兴。中部地区要依托现有基础，提升产业层次，推进工业化和城镇化，在发挥承东启西和产业发展优势中崛起。东部地区要率先提高自主创新能力，率先实现经济结构优化升级和增长方式转变，率先完善社会主义市场经济体制，在率先发展和改革中带动帮助中西部地区发展。加大财政转移支付力度和财政性投资力度，支持革命老区、民族地区和边疆地区加快发展。健全市场机制，打破行政区划的局限，促进生产要素在区域间自由流动，引导产业转移。

“十一五”规划提出：“要推进形成主体功能区，根据资源环境承载能力、现有开发密度和发展潜力，统筹考虑未来我国人口分布、经济布局、国土利用和城镇化格局，按照主体功能定位调整完善区域政策和绩效评价，形成合理的空间开发结构。”主体功能区分为四类区域：①优化开发区域是指国土开发密度已经较高、资源环境承载能力开始减弱的区域。优化开发区域要改变依靠大量占用土地、大量消耗资源和大量排放污染实现经济较快增长的模式，把提高增长质量和效益放在首位，提升参与全球分工与竞争的层次，继续成为带动全国经济社会发展的龙头和我国参与经济全球化的主体区域。②重点开发区域是指资源环境承载能力较强、经济和人口集聚条件较好的区域。重点开发区域要充实基础设施，改善投资创业环境，促进产业集群发展，壮大经济规模，加快工业化和城镇化，承接优化开发区域的产业转移，承接限制开发区域和禁止开发区域的人口转移，逐步成为支撑全国经济发展和人口集聚的重要载体。③限制开发区域是指资源环境承载能力较弱、大规模集聚经济和人口条件不够好，并关系到全国或较大区域范围生态安全的区域。限制开发区域要坚持保护优先、适度开发、点状发展，因地制宜地发展资源环境可承载的特色产业，加强生态修复和环境保护，引导超载人口逐步有序地转移，逐步成为全国或区域性的重要生态功能区。④禁止开发区域是指依法设立的各类自然保护区域。禁止开发区域要依据法律法规规定和相关规划实行强制性保护，控制人为因素对自然生态的干扰，严禁不符合主体功能定位的开发活动。

与此同时，“十一五”规划提出要“实行分类管理的区域政策”：①财政政策。要增加对限制开发区域、禁止开发区域用于公共服务和生态环境补偿的财政转移支付，逐步使当地居民享有均等化的基本公共服务。②投资政策。要重点支持限制开发区域、禁止开发区域公共服务设施建设和生态环境保护，支持重点开发区域基础设施建设。③产业政策。要引导优化开发区域转移占地多、消耗高的加工业和劳动密集型产业，提升产业结构层次；引导重点开发区域加强产业配套能力建设；引导限制开发区域发展特色产业，限制不符合主体功能定位的产业扩张。④土地政策。要对优化开发区域实行更严格的建设用地增量控制，在保证基本农田不减少的前提下适当扩大重点开发区域建设用地供给，对限制开发区域和禁止开发区域实行严格的土地用途管制，严禁生态用地改变用途。⑤人口管理政策。要鼓励在优化开发区域、重点开发区域有稳定就业和住所的外来人口定居落户，引导限制开发区域和禁止开发区域的人口逐步自愿平稳有序转移。⑥绩效评价和政绩考核。对优化开发区域，要强化经济结构、资源消耗、自主创新等的评价，弱化经济增长的评价；对重点开发区域，要综合评价经济增长、质量效益、工业化和城镇化水平等；对限制开发区域，要突出生态环境保护等的评价，弱化经济增长、工业化和城镇化水平的评价；对禁止开发区域，主要评价生态环境保护。

自 2009 年以来，截至 2011 年 1 月，国家批准了 15 个区域规划，具体包括《珠江三角洲地区改革发展规划纲要》(2009 年 1 月 7 日批复)、《支持福建加快海峡西岸经济区的若干意见》(2009 年 5 月 14 日批复)、《江苏沿海地区发展规划》(2009 年 6 月 10 日批复)、《横琴总体发展规划》(2009 年 6 月 24 日批复)、《关中-天水经济区发展规划》(2009 年 6 月 25 日批复)、《辽宁沿海经济带发展规划》(2009 年 7 月 1 日批复)、《促进中部地区崛起规划》(2009 年 9 月 23 日批复)、《中国图们江区域合作开发规划纲要》(2009 年 11 月 16 日批复)、《黄河三角洲高效生态经济区发展规划》(2009 年 11 月 23 日批复)、《鄱阳湖生态经济区规划》(2009 年 12 月 12 日批复)、《甘肃省循环经济总体规划》(2009 年 12 月 24 日批复)、《关于推进海南国际旅游岛建设发展的若干意见》(2009 年 12 月 31 日批复)、《皖江城市带承接产业转移示范区规划》(2010 年 1 月 12 日批复)、《长江三角洲地区区域规划》(2010 年 5 月 24 日批复)、《山东半岛蓝色经济区发展规划》(2011 年 1 月 7 日批复)。这表明，国家更加注重区域经济发展的多样性，注重区域经济发展的特色。

第九章

产业关联：投入产出与波及

【本章概要】 本章论述的产业关联理论，将从量的角度，静态考察国民经济各产业部门间技术经济联系与联系方式，即产业间的“投入”与“产出”的量化比例关系，主要介绍产业关联分析的方法、基本工具和主要内容。

【教学要求】 了解产业关联含义和关联方式，掌握投入产出分析法，学会计算直接消耗系数和完全消耗系数，了解产业波及及产业波及效果。

产业关联分析主要是对细分的产业之间投入与产出上的相互依存关系进行分析，因此又称投入产出分析。它是一种具有很大实用价值的分析方法，它的分析结果可以作为一国制定经济规划、制定产业政策和进行经济预测的依据。

第一节 产业关联概述

产业关联是指产业间以各种投入和产出为联系纽带的技术经济联系。其投入既可以是有形投入，也可以是无形投入。三次产业间及各产业部门间相互联系、相互制约，互为因果、互为市场，构成了整个国民经济的有机整体。

一、产业关联的含义

产业关联理论主要是说明生产技术和工艺具有相似、连续性的产业间的投入产出关系，其主要方法是运用投入产出表，通过对投入产出表的分析，定量地分析一国或一地区在一定时期内的社会再生产过程中产业间的技术经济关系，认识社会再生产中的各类比例关系，从而反映各产业之间的中间投入和中间需求，更深刻、具体地说明社会再生产中的结构变化。在投入产出分析中，产业结构分析可以静态地评价现有状况和合理性，也可以动态地分析产业结构的变化趋势和影响因素。

二、产业关联理论渊源

产业关联理论又称产业联系理论或投入产出理论，侧重于研究产业之间的中间投入和中间产出之间的关系，这些主要由里昂惕夫的投入产出法解决。产业关联理论区别于产业结构和产业组织的一个主要特征就是能很好地反映各产业的中间投入和中间需求。

产业关联理论还可以分析各相关产业的关联关系以及产业的波及效果等。产业关联理论的发展经历了萌芽、产生和发展三个阶段。

（一）产业关联理论的萌芽阶段：17 世纪古典经济学时期至 1874 年

古典经济学的先驱威廉·配第及其同时代的学者们提出一系列的观点和方法，包括把生产看成一种循环流、不同经济部门间生产中的相互联系以及社会剩余的观点。之后的法国重农学派的创始人魁奈于 1758 年发表了《经济表》，进一步发展了这一思想，即把生产看成一个循环过程，以经济剩余的形成为核心来描绘再生产过程。他是经济史上用图表的办法描绘社会再生产过程全貌的第一人。马克思对《经济表》予以高度评价并加以标注，经济表通过对所谓“租地农场主”、“土地所有者”和“不生产阶级”之间五次流通过程的描绘，最终表明全部生产物售卖完，同时货币也都各自流回到它的出发点，第二年度又可以进行简单再生产。马克思说：“魁奈的《经济表》用几根粗线条表明，国民生产的具有一定价值的年产品怎样通过流通进行分配才能在其他各种不变的情况下使它的简单再生产进行下去。”后来亚当·斯密和大卫·李嘉图也接受了生产是循环流和经济剩余的概念。而马克思批判地吸收了古典经济学，创立了剩余价值学说，并且在魁奈《经济表》的启发下形成了自己的再生产理论，建立了简单再生产和扩大再生产的图式和平衡条件。

应该说这一阶段的理论对产业关联理论的形成具有重大意义，产业关联理论汲取了古典经济学把整个经济看做一个系统的思想，并正是继承了应用图表来描绘再生产过程，投入产出才应运而生。另外，正如波兰经济学家兰格说：“里昂惕夫的产业间联系的理论是马克思再生产理论的发展。”并且他把马克思的简单再生产图式改写为里昂惕夫表，从而建立了马克思两部类表达式与里昂惕夫表之间的联系，实际上扩大再生产图式也可改写为里昂惕夫表，但马克思关于两大部类的划分是一种科学的抽象，将其应用于实际统计和分析尚有困难。按照斯威齐(Paul M. Sweezy)的说法，在价值和剩余价值的真实经济联系与价格和利润的经济表象之间寻找一种数量表述，也就是“转型”问题没有得到很好地解决。因而在马克思之后，里昂惕夫在柏林大学的导师博尔特凯维奇(Laduislaus yon Bortkiewicz)给出了另一种价值计算价格的方法。里昂惕夫正是按照这一思路继续进行研究的。

（二）产业关联理论的产生阶段：1874～1953 年

产业关联理论的产生阶段，又可大致分为产生前期和正式产生期两个阶段。

1. 产业关联理论的产生前期

1874 年，瓦尔拉斯在《纯政治经济学纲领》中提出了全部均衡理论，他提出以下假设：①所有商品市场和要素市场是完全竞争市场；②消费者偏好、要素供给和生产函数既定不变；③规模报酬不变；④家庭是商品的消费者和要素的供给者，厂商是要素的需求者和商品的供给者，消费者追求效用最大化，生产者追求利润最大化。模型只包括家庭和厂商，给出一组使所有市场全部出清价格 P_1，…，P_n 时，则整个经济体系同时达到均衡。里昂惕夫认为：全部均衡理论的主要优点是它能够使我们考察高度复杂的纵横交叉的相互关系，这种交叉关系把任何局部的最初变动的脉搏传送到经济体系极远的角落，并认为投入产出理论是全部均衡方程体系的简化。里昂惕夫在全部均衡理论的基础上又提出了如下假设：①产品必须同质，即具有相同的用途、工艺和投入；②产品的需求和价格均为已知，只是调整产量；③生产函数为线性；④投入之间不能互相替代。在此基础上，首先，根据马克思划分经济部类的思想将为数众多的经济主体汇总为有限个经济部门；其次，加入了中间产品，通过相互间的投入产出突出了部门间的技术经济联系；最后，将中间需求和最终需求、中间投入和附加价值综合成一个以供求平衡、收支平衡为轴心的体系。

里昂惕夫产业关联理论的另一个理论来源是同时代的凯恩斯的国民收入决定理论。凯恩斯在四部门经济中将经济主体确定为由家庭、企业、政府和国外四部门组成。国民收入(Y)由四部分组成，即消费(C)、储蓄(S)、税收(T)和进口(M)，总支出(AE)也分为四部分，即消费(C)、投资(I)、政府支出(G)和出口(X)，在国民收入(NI)核算时，NI＝AE，即 $C+S+T+M=I+G+X+C$。根据四部门模型可求出国民收入的均衡解和一系列乘数。

国民收入决定理论和产业关联理论两者都着眼于整个国民经济，从国民经济的均衡中确定数量关系。前者中总收入等于总支出，后者中总投入等于总产出。两者都着眼于因素分析，前者用一系列乘数揭示了消费、投资、政府支出、进口和出口等因素的变动对国民收入的影响，后者运用消耗系数、折旧系数、劳动报酬系数、社会纯收入系数、感应力系数、影响力系数、生产诱发系数和依赖度系数等分析产业内因素变动对其他产业的影响。两者的区别在于：一方面，前者不考虑中间产品，只涉及附加价值总和(国民收入)，而后者正是通过对中间产品的研究去分析各产业部门之间的技术经济联系；另一方面，前者是把国民收入的总和作为研究对象，而后者是将国民经济的各产业部门和各部门之间的关联作为研究对象。正是如此，投入产出理论也可以说是分部门的国民收入理论。新剑桥学派经济学家帕西内蒂(Pasinetti，1993)给出了纯劳动经济模型对此加以说明。

2. 产业关联理论正式产生期：1925～1953 年

产业关联理论的创始人里昂惕夫，早年就读于苏联列宁格勒大学，后赴德国获柏林大学经济学哲学博士，1931 年去美国从事美国投入产出表研究。他于 1925 年在德国基尔的《世界经济》上发表了《俄国经济的平衡——一个方法论研究》；并在上述理论的基础上于 1928 年发表了产业关联理论的早期成果，提出了一个把生产、流通和消费的各个方面作为经济过程的一个整体进行描述的两部门投入产出系统；于 1932 年进入哈佛大学从事投入产出研究，并于 1936 年在哈佛大学《经济学和统计学评论》上发表了《美国经济系统中的投入产出数量关系——以均衡理论的经验运用》一文，标志着产业关联理论的初步形成；而 1941 年出版的他的成名作《美国的经济结构 1919—1929》，系统地阐述了投入产出理论的基本原理及发展，标志着该理论的正式产生，从而形成了“把一个复杂经济体系中各部门之间的相互依存关系系统地数量化的方法”。在以上著作中，里昂惕夫提出了进行投入产出分析的基本模型，同时通过该模型可以派生其他模型，如行模型、列模型、相对价格模型等，并进行一系列系数的计算，从而加以运用。综上所述，里昂惕夫在理论上吸收了古典经济理论、马克思的再生产理论、全部均衡理论和国民收入理论的部分思想，并受魁奈经济表、原苏联国民经济平衡表中棋盘式表格的启示，从而在前人的理论基础上创立了产业关联理论。该理论一诞生后就由里昂惕夫指导运用于美国劳工部编制的第一张官方投入产出表，并于 20 世纪 50 年代开始在世界许多国家得到广泛运用并取得长足发展。

（三）产业关联理论的发展阶段：1953 年至今

自 1953 年以后产业关联理论步入了动态化、最优化和应用多元化等新的发展时期。应该说研究产业关联理论的动态化是该理论进入发展阶段的标志。

1. *产业关联理论的模型由静态向动态发展*

早期模型是静态的，其数学方法只涉及线性代数，不能解决动态问题。一方面，变量不涉及时间因素；另一方面，模型是所谓“开启式模型”(open model)，即有关最终需求(如投资)的信息并不是投入产出模型的内在变量，而是作为静态外生变量给定的。与此相应地，“封闭式模型”(closed mode1)是指把最终需求和中间需求一样作为内生变量来处理的投入产出模型，从而使最终需求成为模型体内诸因素决定的部门。早在 1948 年，戴维·哈京斯就提出了以微分方程组的形式表达的动态投入产出模型。在此基础上，1953 年里昂惕夫发表了《美国经济结构研究》一书，采用微分方程组的形式讨论了投入产出动态模型，并把它分为封闭和开启两种模型。但微分形式反映的是连续的时间进程，在实际经济活动中有许多变量是离散的。因而用离散变量来反映经济过程的差分方程有了实践依据。差分方程在反映产业经济过程中的特征时，有一个显著特征：在一定差分区间里，产业经济活动是动态变化的，就某一特定的差分时期中，产业活动又是静止的。1970 年，里昂惕夫发表了《动态求逆》的著名论文，研究了以差分方程组的形式表达的动态模型。差分方程的动态模型实现了直接消耗系数矩阵和投资系数矩阵的动态化，不仅可以根据经济问题需要选取时间区间，而且可以考虑投资的时滞等问题。随后原联邦德国学者彼得·卡尔门巴克(Peter Kalmbach)和奥地利学者亨兹·D. 库尔茨(Heinz D. Kurz)提出了变系数动态投入产出模型，以及芬兰学者阿哈马瓦若(Pirkko Aufin Ahmavarra)研究了包括人力资本的动态投入产出模型。我国学者也在这方面进行了研究，1987 年 8 月完成了《辽宁动态投入产出模型研制与应用》。而从模型的发展来看，动态的投入产出分析实际上给出了一种经济增长模型，即分析各部门产出量的增长过程。在新增长理论兴起后，有学者把动态投入产出模型转换为线性内生增长模型。

2. *产业关联理论的模型向最优化发展*

线性规划产生后，使原本不具有“最优”思想的投入产出理论向优化方向发展。日本学者筑井甚吉建立了将动态投入产出模型和动态线形规划连接的应用模型，而多夫曼(R. Dorfman)、萨缪尔森(Samuelson)和索洛(R. M. Solow)结合线形规划对投入产出结构进行动态分析并提出了大道定理。

此外，西方经济学家还建立了可计算的一般均衡模型，运用一般均衡理论的基本思想引入投入产出表，使其成为“可计算”模型。该模型由两部分组成：一部分是用投入产出和线形规划相结合建立的生产供给模型；另一部分是用需求函数建立的最终需求模型。

3. 产业关联理论模型研究的深化

20 世纪 60 年代，原苏联瓦·涅姆钦诺夫院士提出了加边向量方法，中国科学院系统科学所陈锡康研究员将它扩大为生产要素向量，并于 1991 年编制了世界上第一个城乡间的投入占用产出表——《中国城乡经济投入占用产出表》。陈锡康和薛新伟(1981)还提出了非线形实物模型，刘起运(1986)则提出了对称模型，中国科学院数量与技术经济所张守一研究员等提出了“嵌入式投入产出表、模型及优化”，用于分析部门最优结构对国民经济其他部门的影响和效益，系统科学所薛新伟、王冬等研究员还提出了“灰色投入产出理论”，薛新伟(2000)还研究了包含隐性因素的投入产出模型，王乃静(1989)则研究了非线形动态模型，冯保存等先后研究了模型与模糊数学的结合，姜照华和姜颜君(1997)等还将神经网络理论引入投入产出分析，并有学者将对策论和随机研究引入投入产出分析。

英国剑桥大学查德·斯通教授将投入产出表纳入联合国国民经济核算体系，加入了非物质生产部门，从而实现了从早期的物质产品平衡表(material products balance system，MPS)体系到国民收入核算(system of national accounts，SNA)体系的扩展。同时，编表和模型的计算向自动化方向发展。原联邦德国法兰克福大学戈里格(Gehrig)等在 1975 年开始了利用计算机进行自动编表的研究。20 世纪 70 年代原苏联也开始开发计划计算的自动化系统。

取得编表数据通常有三种方法，即调查法、非调查法和 HYBRID 技术(即局部调查技术)。原陕西财经学院教授郭菊娥(1989)提出 HYBRID 技术，该方法既克服了调查法编表时间长，又克服了非调查法推算的不可靠性，将前两者很好地加以结合。另外，系数修订方法不断改进。从编表到应用有一定的时滞，英国查德·斯通教授首创对直接消耗系数修订的适时修正法，后来研究者甚多。对投资系数的修订研究较少，郁红军等于 1987 年提出了一个修订公式，考虑了机器设备与建设安装工程的比重变化率、投资年增长率与产出年增长率之间的关系。

4. 产业关联理论的实践应用日益多元化

里昂惕夫在 1986 年版的《投入产出经济学》一书中，就将投入产出理论应用于国民经济核算、国内生产和国际贸易、地区结构的分析、裁军对经济的影响、环境问题对经济的影响、人口增长与经济发展的问题等。从应用范围看，投入产出理论涵盖了宏观、中观和微观经济领域，并扩展到国际经济范围。里昂惕夫早期将其用于一国经济的分析，目前已扩展至地区、部门、企业和地区间、部门间的经济活动，1977 年里昂惕夫出版了《世界经济的未来》一书，研究了国际投入产出模型，1985 年日本则编制了亚洲 11 个国家和地区的投入产出表。投入产出理论应用的内容不断拓展，从最初的产品投入产出表到目前的固定资产、投资、环境、劳力占用及非物质的灰要素投入产出表。运用投入产出的基本原理研究其他专门问题，如能源、环境保护、水资源、人口、人才、教育、银行、财会、信息等，为国民经济综合平衡和分析提供了更多信息。

5. 产业关联的理论应用也日趋广泛

罗斯托和赫希曼都将产业关联作为主导产业选择的基准之一，而日本学者福井幸男在1975年利用日本投入产出表进行三角化分析，将日本全部63个产业划分为六个产业群；而钱纳里和渡边经彦通过前后关联系数的计算，对美国、日本、挪威、意大利四国29个产业部门进行数据分析，将产业划分为四类，即中间投入型基础产业（Ⅰ）、中间投入型制造业（Ⅱ）、最终需求型制造业（Ⅲ）以及最终需求型基础产业（Ⅳ）。该理论特别是动态理论是分析产业结构变化方向、规划产业发展的重要手段，由于其分析方法立足于经济的微观结构及中短期变化趋势和影响因素，动态的产业关联理论又被称为“微观动态结构分析理论”。随着信息化进程的加快，周振华则分析了产业关联的变化，即产业关联的一般基础将由物质流占主导向信息流占主导转变，开辟新的产业关联的传递路径。目前，产业关联理论已成为产业经济学的重要组成部分，其理论与实践应用日益广泛。

6. 投入产出技术的发展趋势

(1)编表工作经常化和制度化。目前世界上有80多个国家编制投入产出表。投入产出表已成为国民经济核算体系的一个有机组成部分。

(2)投入产出技术与其他经济分析方法和数量经济方法日益结合，如与经济计量学、数学规划方法、数量统计和概率论等相结合。

(3)投入产出技术的应用日益深入，特别是以下三方面受到重视：①可持续发展，包括环境保护、资源利用、温室气体排放等；②知识、创新、生产率增长；③世界经济全球化，包括编制国际投入产出表、编制包含进121矩阵的C型投入产出表。

三、产业关联方式

产业关联方式是指产业部门间发生联系的依托或基础以及产业间相互依托的不同类型。产业间的投入产出关系是产业间关联关系的主要内容和方式，投入产出关系的发展变化会影响与之相关联部门的发展变化，因此，产业间关联的主要内容就是指对产业间关联产生影响的投入品和产出品，这些要素构成了产业间关联的实质性内容。

（一）产业间关联关系的内容

1. 产品和服务关联

所谓产品和服务关联是指在社会再生产过程中，一些产业部门为另一些产业部门提供产品和服务，或产业部门间相互提供产品或服务。例如，农业部门为工业部门提供各种原材料，而工业部门又为农业部门提供农用机械、化肥、农药等；就工业部门内部而言，电力部门向钢铁部门提供电力，钢铁部门又向机械部门提供钢材，而机械部门又向电力部门提供发电机械设备等，各产业部门在提供产品的同时还提供相应的服务。某一产业部门的产品结构、产品的技术含量、产品的生产方式以及产业规模和服务内容等方面发生变化，都会引起相关联部门相应的变化。产品和服务关联是产业间最基本的关联关系，原因在于：第一，产业间其他方面的关联关系，如生产技术关联、价格关联、劳动就业关联、投资关联等，都是在产品和服务关联的基础上派生出来的关联关系，产品和服务的关联关系的变化和发展，会引起这些关联关系产生相应的变化和发展；第二，各产业部门间协调发展，本质上要求产业间相互提供的产品和服务在数量比例上相对均衡，在质量和技术上相对符合关联产业的要求；第三，社会劳动生产率和经济效益的提高，最终表现为相关联产业间相互提供产品和服务质量的不断提高和成本的不断降低。

2. 生产技术关联

所谓生产技术关联是指某些产业不同层次的技术状态及其变化对其他产业技术发展的影响。不同产业部门对技术的要求不同，技术关联较强的产业部门，要求各产业的技术层次处于大致相同的水平，这些要求是通过依照本产业部门的生产技术特点、产品结构特性、生产服务内容等，对所需相关产业的产品和劳务提出工艺技术、产品生产技术标准、产品和服务质量标准等要求，以保证本产业部门的产品质量和技术性能。这些要求使各产业间的生产工艺、生产技术状况及变动有着必然的产业关联。例如，劳动密集型产业一般不使用技术含量高的自动化技术装备；反之亦然。一般情况下，产业间的技术关联和各产业间产品、服务关联密切相关，技术作为产业间重要的关联关系，其现行状况及变化方式会直接影响产业间产品和劳务的供求比例关系，并且还会使某些产业在生产过程中与某些与之具有产品和服务关联的产业发生变换，或者依存度发生变化。例如，在工业化初期，纺织工业对棉花种植业的依存度很大，后者直接制约着前者，后来随着技术进步，化纤产业的产生和发展使与纺织业相关联的产业中又加入了化纤业，这使纺织业的发展对棉花种植业的依存度减少了。因此，技术进步是推动产业关联方式，即产业结构变动的最活跃、最积极的因素。

3. 劳动就业关联

不同的产业具有不同的技术经济特征，因而，不同的产业对就业人员具有不同的素质要求和吸收能力。产业部门间人力资源配置状况的变化和发展，会引起相关联产业人力资源配置状况产生相应的变化。第一，人力资源在各产业间的配置状况反映了不同产业的经营能力、技术能力、管理能力和产业发展能力，最终反映产业竞争力，产业间的协调发展，要求各产业间及各产业部门间所配置的人力资源在数量和素质上要相对均衡；第二，产业间人力资源配置状况反映了不同产业之间的要素构成差异，对人员素质要求低而吸收多的产业往往是劳动密集型的产业，对人员素质要求高而吸收少的产业往往是资金、技术或知识密集型的产业；第三，某些产业发展会促进与它具有较高关联度的产业发展，或者会产生新的产业，使这些产业的就业人员增加，就业结构发生变化，为这些产业带来新的就业机会，而且，这些产业的发展又可以带动其他产业的发展，也就必然使这些相关产业增加就业机会，如果产生的新产业或所带动的产业是劳动密集型的产业，则增加的就业机会要远远大于资金、技术或知识密集型的产业；第四，产业间人力资源素质的提高，表现为该产业经营质量的提高、产品质量和服务功能的完善以及产业市场的扩大与产业竞争力的加强，这种变化必然要求与之相关联的产业人力资源素质的提高。

4. 价格关联

产业间价格关联，实质上是产业间产品和服务关联价值量的货币表现。在现代经济社会中，产业间的产品和服务的投入产出关联关系，是以货币为媒介的等价交换关系，即体现为价格关联。某些产业部门经营方式、技术条件、管理手段等方面的改善，使其产品和服务价格更具市场竞争力，使这些产业具有降低成本的潜力，这种关联效应连续下去，就会使相关产业的产业竞争力加强，从而加大产业发展的潜力。此外，某些产业价格的变动会使这些产业的产品和服务市场扩大或缩小，从而引起其他相关产业的产品和服务市场的变动，对这些产业的发展产生影响。例如，房地产产业的产品和服务价格降低会直接导致市场的扩大，这也会直接导致与之相关联的产业，如室内装潢业、家具业、木材业、钢铁业、社区服务业等一系列产业的发展，从而促进经济的进一步发展。

5. 投资关联

投资不仅是构成需求的重要因素，而且投资也会改进和形成新的生产能力，产业的发展需要增加投资，提高其产品和服务的技术含量，并扩充其现有生产能力。这些产业的生产方式和生产能力的改变存在产业关联，使与之相关联的产业投资改善经营方式，提高产品和服务的市场占有率，扩张产业规模，相应地扩大其生产能力，这样产业间的经营效果才能相均衡，数量比例关系才能相协调。例如，公路、港口、铁路等方面的投资加强，会导致一系列和运输、仓储有关的产业发展；某些产业技术改造方面的投资，会改善其产业技术水平和资源的转换效率，增加其产出的质量、效率和技术含量，则与之相关联的产业部门也需要改进技术，提高其产出品的质量。又如，汽车工业的发展、产品性能和质量的提高、服务功能的改善，要求钢铁产品、橡胶产品等的质量也要有相应的提高；同时，为汽车组装提供的各种零配件的产品质量和服务业也要有相应的提高。

（二）产业间关联方式的类型

1. 产业间的基本关联方式

产业间的基本关联方式可分为三种情况，即产业内部的纵向关联、产业间生产过程中的横向关联、生产和消费之间的关联。产业内部的纵向关联是指对某些资源的加工深度不断提高，从而使资源的利用率和再利用率不断提高，降低生产过程的投入产出比；产业间的横向关联是指不同产业间通过市场力量把生产与销售、成本与利润紧密地联在一起，任何相关联产业生产销售的变化，都对其他相关联的产业产生影响；生产和消费之间的关联表现为随着国民经济的发展，各产业之间交易量不断扩大，使现存交易方式改变，从而改善交易成本，使生产消费联系的帕累托达到最优状态。

2. 单向关联与多向关联

产业间的联系方式可以归纳为单向联系和多向循环联系两种类型。单向联系是一系列产业间，先行部门为后续部门提供产品和服务，而后续部门的产品和服务再返回先行部门的产业联系方式，其特点是产品在各相关产业间不断深加工，最后脱离生产领域进入消费，因而投入产出的联系方向是单一的。例如，“棉花种植业—纺织工业—服装工业”就属于这种联系方式，棉花种植业为纺织工业提供产品和服务，而纺织工业的产品和服务则不再返回棉花种植业，纺织业和服装工业也属于这种情况。多向循环联系是先行部门为后续部门提供产品和服务，后续部门的产品和服务又返回到先行部门，其特点是各有关产业间的投入产出是互相依赖、互相服务的，从而形成一种循环的联结方式。例如，“电力工业—钢铁工业—机械工业”就属于这种联系方式，电力工业为钢铁工业提供电力，钢铁工业又为电力工业提供钢材，钢铁工业和机械工业也是互相提供产品和服务的。

我们按各产业对其他产业的投入依赖，及其中间产品对其他产业分配比例的大小原则，重新排列和整理投入产出表的产业排列顺序。调整排列顺序的方法是：在横轴上从左起，中间投入率由大至小向右排列，在纵轴上从上起中间需求率由小至大向下排列，将投入产出表转化为一个三角形矩阵，如图 9.1 所示。

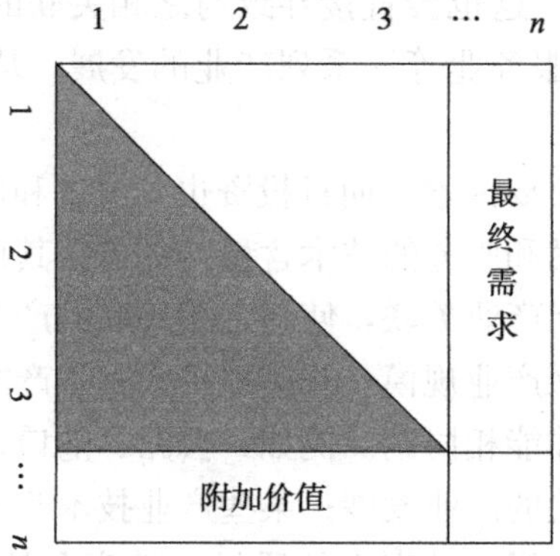

图 9.1 投入产出表转化的一个三角形矩阵

如果产业之间的联系方式是单向联系型，那么在这个经过排列顺序调整的投入产出表上，其数字就只出现在画了斜线的三角形内，对角线以上的三角形内就不出现数字。因为这种联系是单向的，其交易量只出现在画了斜线三角形内。如果在对角线上方出现交易量，那是由多向循环联系造成的交易量。

从图 9.1 中可以看出，产业 1 没有任何中间需求，全部产品都是最终产品，但同时却要从 2，3，…，n 的所有产业购进原料，所以说产业 1 的投入过程明显依赖于其他产业，但对其他产业的生产却无影响；而产业 n 则正好相反，其产品则全部是中间产品，生产过程可以不依赖于任何其他部门的投入，无须从其他产业购进原料，但其产品绝大部分用于其他所有部门作为中间投入。所以说，产业 1 是投入部门依赖最强产业，产业 n 是产出方面依赖最强产业，其他产业介于两者之间，整个三角形投入产出表显示出一种比较弱的产业依存关系。

从投入产出表上的产业排列顺序的研究中还发现，在产业部门之间可以划分某些关系密切的产业群。这些产业群同其他产业有联系，但又具有相对独立性。例如，非金属系最终产品、金属系最终产品、金属系中间产品、非金属系中间产品、服务、能源，这些产业群不仅反映了产业之间的联系，而且反映了产业间联系的紧密程度。无疑，这对研究产业结构是十分有益的。

3. *顺向联系与逆向联系*

所谓顺向联系是指某些产业因生产工序的前后，前一产业部门的产品为后一产业部门的生产要素，这样一直延续到最后一个产业的产品，即最终产品为止。产业间的这种联系方式在现实经济生活中有很多，如勘探行业—采矿行业—冶金行业—机械行业—工业制成品，从勘探行业直到最终产品——工业制成品进入市场，形成了完整的产业顺向联系关系。

产业间的逆向联系是指后续产业部门为先行产业部门提供产品，作为先行产业部门的生产消耗。例如，冶金行业—机械行业之间就存在着逆向关系，机械行业为钢铁行业提供冶炼设备。产业间这种逆向联结方式有很多，而且在现实经济环境中，产业间的联系关系相对复杂，很多联系方式是顺向和逆向交织在一起的，即在一些顺向联系的产业中，同时存在着逆向关联关系，而且由许多产业以不同的关联方式联系起来，形成了蛛网式的联系。

4. 直接联系与间接联系

所谓直接联系，是指两个产业部门之间存在着直接的提供产品、提供技术的联系。例如，冶金工业直接为机械工业提供产品和服务，棉花种植业直接为棉纺织业提供产品，它们之间的联系就是直接联系，上述所说的单向与多向、顺向与逆向中的相邻两个产业间的联系方式都是直接联系方式。

所谓间接联系，是指两个产业部门本身不发生直接的生产技术联系，而是通过其他一些产业部门的中介才有联系。例如，上述的采矿业和机械行业通过冶金行业产生技术经济联系，棉花种植业通过棉纺织业和服装工业产生技术经济方面的联系等。

第二节 产业关联分析基本工具

运用投入产出法，是通过投入产出表、投入产出模型来对产业间“投入”与“产出”的数量比例关系进行分析。因此，投入产出表和投入产出模型是产业分析的基本工具。

一、投入产出方法的理论渊源

投入产出分析的诞生既有深刻的社会渊源和历史背景，又有众多的理论渊源基础。这些理论基础涉及魁奈的经济表、马克思的再生产图式、瓦尔拉斯的一般均衡理论、凯恩斯的国民收入理论以及里昂惕夫的投入产出理论等。

(一)魁奈的经济表

一般认为，里昂惕夫的投入产出表构思来自于魁奈的经济表。法国重农主义学派的代表人物魁奈在其代表作《经济表》一书中，从重农主义的理论观点出发，用简单的图式描述了社会总资本的再生产全过程，这是经济学发展史上第一个用图式办法描述社会再生产过程全貌的创举。魁奈把社会成员划分为三个不同的阶级，即生产阶级、土地所有者阶级以及不生产阶级，然后采用固定的价格考察了“年预付”(流动资本)、“原预付”(固定资本)和“纯产品”三者之间的关系，并把这些社会经济总量用图式进行了描述。魁奈主要考察了工业和农业之间的投入产出关系。该方法对以后的投入产出研究具有重要的意义。

(二)马克思的再生产图式

马克思在《资本论》第2卷中，用图式阐述了其著名的社会总产品价值形式的等式：$W(i)=c(i)+v(i)+m(i)$，其中 i 表示不同生产部门。马克思运用这一等式对社会再生产过程中的有关比例关系进行了详细论述。这些论述被认为是里昂惕夫投入产出分析理论的主要渊源。例如，波兰著名经济学家兰格认为，“里昂惕夫的产业间联系的理论是马克思再生产理论的发展”①，并对此进行了详细的论证。

兰格希望通过对马克思再生产图式与里昂惕夫投入产出表在形式上的相似来论证。马克思再生产图式认为，整个社会国民经济的总价值财富等于两大部类生产产品的总价值，如表 9.1 所示。

表 9.1　马克思再生产图式表

分类别的总价值	表达式
整个国民经济的总价值	$W=c+v+m$
第一部类生产物的总价值	$W(\mathrm{I})=c(\mathrm{I})+v(\mathrm{I})+m(\mathrm{I})$
第二部类生产物的总价值	$W(\mathrm{II})=c(\mathrm{II})+v(\mathrm{II})+m(\mathrm{II})$

兰格认为，从里昂惕夫表式横行的分配方程式和纵列的费用方程式中，很容易推导出马克思所表述的基本关系，即国民最终产品等于国民收入。而且，里昂惕夫表式的费用方程式与第Ⅰ部类的总产品价值的和等于 $c(i)+v(i)+m(i)$（$i=\mathrm{I}$，II），这就是马克思的关系式。因此，可以非常容易地把马克思再生产图式改写为里昂惕夫表式，见表 9.2。显然，这是一个简单再生产的里昂惕夫表式，这个表式的均衡和马克思的简单再生产图式是完全一致的。

表 9.2　简单再生产的里昂惕夫表式

部类		第Ⅰ部类	第Ⅱ部类	最终产品	总产出
第Ⅰ部类		$c(\mathrm{I})$	$c(\mathrm{II})$		$W(i)$
第Ⅱ部类				$v(\mathrm{I}+\mathrm{II})+m(\mathrm{I}+\mathrm{II})$	$W(i\mathrm{I})$
国民收入	v	$v(\mathrm{I})$	$v(\mathrm{II})$		
	m	$m(\mathrm{I})$	$m(\mathrm{II})$		
总产出		$W(\mathrm{I})$	$W(\mathrm{II})$		

虽然投入产出表和马克思的再生产图式存在很大的继承关系，但两者之间仍然存在着明显区别：第一，对经济范畴的解释不同。马克思的经济范畴服务于其对资本主义制度的批判，而里昂惕夫的经济范畴则立足于社会生产的描述。第二，基于研究目的的不同，在部门划分上不同。马克思关于两大部类的划分是一种科学的抽象，以考察社会再生产的基本规律，而里昂惕夫则偏向研究具体的再生产过程的均衡关系。因此，马克思再生产图式基本上只有两大部类，而里昂惕夫表式则根据需要分成多个产业部门。

（三）瓦尔拉斯的一般均衡理论

数理经济学家列昂·瓦尔拉斯是一般均衡理论的代表人物，他在 1874 年出版的《纯粹政治经济学纲要》中，以边际效用价值论为基础，根据一定的数学方法，考察了商品供给和需求达到均衡状态时的价格决定问题，并首次提出了一般均衡理论，即在各种经济产品和要素市场上，消费者和生产者的最大化行为，在某些条件下能够导致需求和供给之间的数量均衡。

① 兰格 O. 经济计量学导论. 袁镇岳，林克明译. 北京：中国科学出版社，1980：143。

一般均衡理论认为，边际效用分析可以从两种商品的交换比例关系扩大到全部商品范围，任何一种商品供给和需求，不仅是这一商品自身价格，而且也是所有其他商品价格的函数。因此，任何一种商品价格的确定，必须要与其他商品的价格联系起来，当市场上一切商品的价格恰好使它同这些商品的需求量和供给量相等时，竞争市场就会达到均衡状态。为此，瓦尔拉斯使用了一个大型的联立方程组来论证该理论，每一方程代表一个企业或私人所生产商品的价格水平以及供需数量达到均衡。虽然这样表述是可行的，但方程数目极多，根本无法实际应用以及求解。此外，现实经济中也不符合一般均衡理论的假定条件，即经济是处在一个自由竞争的情况之下的。虽然从理论上讲，瓦尔拉斯的一般均衡理论非常严密，但是却很难应用于任何经济上的实际问题。正如里昂惕夫自己强调的，投入产出分析的理论基础是瓦尔拉斯的一般均衡理论，是一般相互依存的古典经济理论的个体延伸。里昂惕夫投入产出分析的第一本成名作《美国的经济结构，1919—1929》一书的副标题就是"均衡分析的一个经验性应用"。他把其投入产出分析看成是将一般均衡理论用于具体的现实经济问题。

为了完成这种应用，里昂惕夫做了大量的简化工作，以至于他称投入产出分析是"古典的一般均衡理论的简化版本"。这种简化主要包括以下三个方面的内容：第一，将经济主体按照一定的属性分为若干产业部门、家庭和其他部门，这种归类大大减少了一般均衡理论中所需要处理的方程数目；第二，以中间产品的交易为纽带，利用投入产出之间联系的短期固定性(生产技术系数、投入系数)来描述各部门之间在生产活动中的结构性关系，这将不同产业之间的关系用线性程式化了；第三，将生产同支出，也就是最终需求在不同产业的结构以及分配中的附加价值在不同产业的分布联系起来，形成了供求平衡、收支平衡这一投入产出的核心原则。经过以上简化，里昂惕夫把一般均衡理论转化成了可以用来描述国民经济均衡的可以计算的模型。因此，瓦尔拉斯式推理的数学基础是投入产出分析的前提。

(四)凯恩斯的国民收入理论

里昂惕夫的投入产出分析初步形成于20世纪30年代，而凯恩斯的《就业、利息和货币通论》一书也同期出版。这两个理论有着相当密切的关系，主要是这两个理论都集中研究了整个国民经济，两者都是在整个国民经济均衡关系中确定数量关系的。正如上面关于一般均衡理论讨论最后所指出的，投入产出分析和凯恩斯的国民收入理论都和一艇均衡理论有着密切的联系。

当然这两个理论也有区别，主要在于：第一，国民收入理论只讨论附加价值的总和，即国民收入，而投入产出分析中还包括国民收入理论抽象了的中间产品的生产技术联系。当然，由于投入产出分析中固有的"方法论"特点，它并没有像国民收入理论那样去研究国民收入运动中的均衡问题。第二，国民收入理论以一个国家国民经济整体为出发点，把国民收入的总和作为分析对象，而投入产出分析是从产业部门这个角度出发，把国民收入与支出的形式分为多个部门进行研究的。由此可见，这两者的差异实际上也是互为补充的关系。

二、投入产出表

在整个经济活动中，任何产业的生产过程都是消耗其他产业产品的过程，同时又是该产业产品被其他众多产业生产消耗的过程。产业间这种相互消耗其产出的关系，就是产业间投入产出关联。用一系列数据以矩阵形式来反映产业间的定量关系，就叫投入产出表。

（一）价值型投入产出表

投入产出表根据其所囊括的空间范围、包含的内容、所采用的计量单位、表的用途和时间因素等可以划分为各种不同类型的表式。根据投入产出表所囊括的空间范围，可以分为世界、全国、地区、部门、企业、地区间和国际间的投入产出表；根据投入产出表所包含的不同内容，可以分为产品投入产出表、产品和劳务投入产出表、劳动投入产出表、固定资产投入产出表、能源投入产出表、环境污染投入产出表、教育投入产出表等一些有特殊用途的投入产出表；根据投入产出表所采用的不同计量单位，可以分为实物型和价值型投入产出表；根据投入产出表的不同用途，可分为报告期和计划期投入产出表；根据投入产出表内是否包括时间变化因素，可分为静态表和动态表等。在上述各种投入产出表中，静态表是较成熟的表式，而在各类静态表中，产品表或产品和劳务的投入产出表又是基础。

用货币形式表现的产品投入产出表，与我国现行统计指标接近，价值型的投入产出表是基本形式，也是应用最广泛的投入产出表。因此，我们重点剖析价值型产品投入产出表，通过它了解投入产出表的结构和基本原理。表 9.3 是价值型投入产出表。

表 9.3　价值型投入产出表

产出 / 投入			中间产品					最终产品					总产品
			消耗部门										
			1	2	…	n	小计	固定资产更新改造	积累	消费	净出口	小计	
生产资料转移价值	生产部门	1	X_{11}	X_{12}	…	X_{1n}						Y_1	X_1
		2	X_{21}	X_{22}	…	X_{2n}						Y_2	X_2
		⋮	⋮	⋮	…	⋮						⋮	⋮
		n	X_{n1}	X_{n2}	…	X_{nn}						Y_n	X_n
		小计											
	折旧		D_1	D_2	…	D_n							
	合计												
新创价值	劳动报酬		V_1	V_2	…	V_n							
	社会纯收入		M_1	M_2	…	M_n							
	小计												
总产品			X_1	X_2	…	X_n							

在表 9.3 中，用双线将其分为四个部分，按左上、右上、左下、右下顺序，分别称为第Ⅰ象限、第Ⅱ象限、第Ⅲ象限、第Ⅳ象限。

第Ⅰ象限，又叫内生部分，是投入产出表的基本部分。它反映的是一个国家或地区在一定时期内各产业间发生的相互提供中间产品的交易关系，即技术经济联系。表9.3中的横行与纵列，是由同名称、同次序的产业相互交叉构成的。横行的数字表示各产业向纵列各产业提供中间产品的数量，即产业的中间需求。纵列的数字表示某产业向横行各产业购进中间产品的数量，即该产业的中间投入。

第Ⅱ象限，又称外生部分或最终需求部分。它反映的是各产业生产的产品或服务成为最终需求的状况。最终需求是指某产业产品中退出生产过程的那部分产品，其内容包括：消费，其中又分个人消费与社会团体消费；固定资产投资，即固定资产的购置与更新；贮备和后备用品；出口。与第Ⅰ象限不同，第Ⅱ象限反映的是各因素的联系，主要取决于外部的社会经济因素。

第Ⅲ象限，又叫毛附加价值或毛净产值部分。这部分是各产业在一定时期内实现的净产值或叫附加价值，包括企业消费支出、雇员收入、经营盈利、折旧基金、间接税，这几项中包含政府对企业发放的补助金。它不属于净产值或附加价值范畴，应扣除。这部分包含着前期而非本期形成的净产值——折旧基金，所以严格地说应称为毛附加价值。但一般场合下，就称附加价值或净产值。

第Ⅳ象限，在经济内容上非常复杂，到目前为止，人们对它的研究和利用还很少，所以实际编入投入产出表时，第Ⅳ象限一般都是空白。

（二）价值型投入产出表中的均衡关系及数学模型

价值型投入产出表，可以按行、按列以及在行与列之间分别建立起平衡关系，这些平衡关系主要有以下几种。

1. 各行的平衡关系

各行的平衡关系是：各行的中间产品＋各行的最终产品＝各行的总产品。其数学模型为

$$\sum_{j=1}^{n} X_{ij} + Y_i = X_i, \quad i,j = 1,2,\cdots,n$$

式中，X_{ij}表示j产业生产过程中所消耗i产业产品的价值量；Y_i表示i产业最终产品的价值量；X_i表示i产业的总产值；$i=1$，2，…，n；$j=1$，2，…，n。这些平衡关系反映了各产业部门产品的流向。

2. 各列的平衡关系

各列的平衡关系是：各列的生产资料转移价值＋各列新创造价值＝各列的总产值。其数学模型为

$$\sum_{i=1}^{n} x_{ij} + D_j + V_j + M_j = X_j, \quad i,j = 1,2,\cdots,n$$

式中，D_j表示j产业的固定资产折旧额；V_j表示j产业的劳动报酬；M_j表示j产业向社会提供的纯收入。各列的平衡关系说明了各产业部门的价值形成的产出过程，反映了每一产业部门的产出与各产业部门为之投入的平衡关系。

3. 行与列之间的平衡关系

行与列之间还存在如下平衡关系：

第一，横行各产业部门的总产出等于相对应的同名称的纵列各产业部门的总投入。其数学模型为

$$\sum_{i=1}^{n} x_{ij} + D_j + V_j + M_j = \sum_{j=1}^{n} X_{ij} + Y_i, \quad j = i$$

第二，最终产品总量等于毛附加价值部分。其数学模型为

$$\sum_{j=1}^{n} D_j + \sum_{j=1}^{n} V_j + \sum_{j=1}^{n} M_j = \sum_{i=1}^{n} Y_i$$

三、投入产出模型

所谓投入产出模型就是指用数学方法来表示投入产出表中所反映的经济部门内在联系的数学模型，具体用数学方程组来表示。现介绍如何将投入产出表转化为实用的数学模型。

(一)产出平衡方程组

产出平衡方程组，即分配平衡方程组。从表 9.4 的行来看，每一个生产部门分配给各个部门再生产性产品加上该部门的最终需求产品，就等于该部门的总产品，于是可得产出平衡方程组。

表 9.4　五个部门的投入产出表

部门	中间用途						最终用途					
	农业(1)	采矿业(2)	制造业(3)	电力工业(4)	运输业(5)	中间总需求量	消费(6)	投资(7)	非投资性开发(8)	出口(9)	最终总需求量	总产出量(10)
农业(1)	15	0	20	0	10	45	35	10	5	30	80	125
采矿业(2)	0	0	0	0	0	0	0	10	0	30	40	40
制造业(3)	10	0	25	15	5	55	15	20	5	5	45	100
电力工业(4)	5	15	15	0	15	50	5	10	10	0	25	75
运输业(5)	5	10	15	0	5	35	5	8	2	0	15	50
中间总投入量	35	25	75	15	35	185	60	58	22	65	205	390
进口(6)	15	0	10	30	5	60	5	5	0	0	10	70
纳税(7)	20	5	3	7	2	37	(35)	0	0	(20)	(55)	92
支付工资(8)	40	5	6	5	2	58	1	0	12	0	13	71
投资消耗(9)	5	3	5	12	4	29	0	0	0	0	0	29
自然资源(10)	10	2	1	6	2	21	0	0	0	0	0	21
增加价值	90	15	25	60	15	205	1	0	12	0	13	218
总投入量(11)	125	40	100	75	50	390	66	63	34	65	218	608

从表 9.4 中按行可得其产出平衡方程组的一般形式为

$$\begin{cases} x_1=x_{11}+x_{12}+x_{13}+x_{14}+x_{15}+y_1 \\ x_2=x_{21}+x_{22}+x_{23}+x_{24}+x_{25}+y_2 \\ x_3=x_{31}+x_{32}+x_{33}+x_{34}+x_{35}+y_3 \\ x_4=x_{41}+x_{42}+x_{43}+x_{44}+x_{45}+y_4 \\ x_5=x_{51}+x_{52}+x_{53}+x_{54}+x_{55}+y_5 \end{cases}$$

可简写为

$$x_i=\sum_{j=1}^{5}x_{ij}+y_i,\quad i,j=1,2,3,4,5$$

即得数据形式为

$$\begin{cases} 125=15+0+20+0+10+80 \\ 40=0+0+0+0+0+40 \\ 100=10+0+25+15+5+45 \\ 75=5+15+15+0+15+25 \\ 50=5+10+15+0+5+15 \end{cases}$$

（二）投入产出平衡方程组

投入产出平衡方程组，即消耗平衡方程组。从表 9.4 的列来看，对每一个生产部门来说，各个部门为其投入的产品加上该部门的新创造的价值，就等于该部门的总投入量价值，于是可得投入平衡方程组：

$$\begin{cases} x_1=x_{11}+x_{21}+x_{31}+\cdots+x_{n1}+z_1 \\ x_2=x_{12}+x_{22}+x_{32}+\cdots+x_{n2}+z_2 \\ x_3=x_{13}+x_{23}+x_{33}+\cdots+x_{n3}+z_3 \\ \vdots\qquad\vdots\qquad\vdots\qquad\vdots\qquad\qquad\vdots\qquad\vdots \\ x_n=x_{1n}+x_{2n}+x_{3n}+\cdots+x_{nn}+z_n \end{cases}$$

可简写为

$$x_j=\sum_{i=1}^{n}x_{ij}+z_j,\quad j=1,2,3,\cdots,n$$

式中，Z_j 表示第 j 产业的毛附加价值。

从表 9.4 中按列可得其投入平衡方程组的一般形式为

$$\begin{cases} x_1=x_{11}+x_{21}+x_{31}+x_{41}+x_{51}+z_1 \\ x_2=x_{12}+x_{22}+x_{32}+x_{42}+x_{52}+z_2 \\ x_3=x_{13}+x_{23}+x_{33}+x_{43}+x_{53}+z_3 \\ x_4=x_{14}+x_{24}+x_{34}+x_{44}+x_{54}+z_4 \\ x_5=x_{15}+x_{25}+x_{35}+x_{45}+x_{55}+z_5 \end{cases}$$

即得数据形式为

$$\begin{cases}125=15+0+10+5+5+90\\40=0+0+0+15+10+15\\100=20+0+25+15+15+25\\75=0+0+15+0+0+60\\50=10+0+5+15+5+15\end{cases}$$

(三)直接消耗系数平衡方程组

1. 直接消耗系数

1)概念

直接消耗系数是指第 J 部门每生产单位产品所消耗第 I 部门产品的单位消耗量，称第 J 部门对第 I 部门的直接消耗系数。它表示生产因素和产品之间的生产技术比例，故又称技术系数。

2)求算

直接消耗系数又叫投入系数，其经济含义是出产 1 单位 j 部门产品所消耗 i 部门的产品量，可从“投入产出表”中直接求出，即

$$a_{ij}=\frac{x_{ij}}{x_j},\quad i=1,2,3,\cdots,n;j=1,2,3,\cdots,n$$

于是

$$x_{ij}=a_{ij}x_j$$

式中，x_{ij} 表示 j 部门实际投入 i 部门产品的数量，即位于投入产出表中第 i 行第 j 列的数字；x_j 表示第 j 部门的总投入量，即投入产出表中第 j 列最后一个数字。由此可求算出表 9.4 中各个部门的直接消耗系数。

2. 直接消耗系数方程组

将 $x_{ij}=a_{ij}x_j$ 代入产出平衡方程组，可得直接消耗系数平衡方程组：

$$\begin{cases}x_1=a_{11}x_1+a_{12}x_2+a_{13}x_3+\cdots+a_{1n}x_n+y_1\\x_2=a_{21}x_1+a_{22}x_2+a_{23}x_3+\cdots+a_{2n}x_n+y_2\\x_3=a_{31}x_1+a_{32}x_2+a_{33}x_3+\cdots+a_{3n}x_n+y_3\\\vdots\quad\vdots\quad\vdots\quad\vdots\quad\vdots\quad\vdots\\x_n=a_{n1}x_1+a_{n2}x_2+a_{n3}x_3+\cdots+a_{nn}x_n+y_n\end{cases}$$

可简写为

$$x_i=\sum_{j=1}^{n}a_{ij}x_j+y_i,\quad i=1,2,3,\cdots,n$$

设 $\boldsymbol{A}$ 表示直接消耗系数矩阵，$\boldsymbol{X}$ 表示总产品列向量，$\boldsymbol{Y}$ 表示最终需求列向量，它们分别为

$$\boldsymbol{A}=\begin{bmatrix}a_{11}&a_{12}&a_{13}&\cdots&a_{1n}\\a_{21}&a_{22}&a_{23}&\cdots&a_{2n}\\a_{31}&a_{32}&a_{33}&\cdots&a_{3n}\\\vdots&\vdots&\vdots&&\vdots\\a_{n1}&a_{n2}&a_{n3}&\cdots&a_{nn}\end{bmatrix}$$

$$X=\begin{bmatrix}x_1\\x_2\\x_3\\\vdots\\x_n\end{bmatrix}\qquad Y=\begin{bmatrix}y_1\\y_2\\y_3\\\vdots\\y_n\end{bmatrix}$$

则可得矩阵形式：

$$\boldsymbol{X}=\boldsymbol{A}\cdot\boldsymbol{X}+\boldsymbol{Y}\quad 或\ (\boldsymbol{E}-\boldsymbol{A})\cdot\boldsymbol{X}=\boldsymbol{Y}$$

这就是最常用的矩阵形式投入产出模型，即矩阵形式的直接消耗系数投入产出模型。而矩阵$(\boldsymbol{E}-\boldsymbol{A})$被称为里昂惕夫矩阵。两上式两边同除$(\boldsymbol{E}-\boldsymbol{A})$，即可得

$$\boldsymbol{X}=(\boldsymbol{E}-\boldsymbol{A})^{-1}\cdot\boldsymbol{Y}$$

式中，$(\boldsymbol{E}-\boldsymbol{A})^{-1}$称为里昂惕夫逆矩阵。由上式可知，若求出里昂惕夫逆矩阵，即可进行经济预测和计划制订。

3. 实例

【例 9.1】 若已知 **A** 矩阵、**Y** 矩阵，求 **X** 矩阵。本例以表 9.4 五个部门投入产出表中数据为例，试证总产出量 **X** 并掌握应用方法。

第一步：求 **A**、**X** 、**Y** 矩阵。

由五个部门的投入产出表可求得直接消耗系数 **A**、**X**、**Y** 矩阵分别为

$$\boldsymbol{A}=\begin{bmatrix}0.12&0&0.2&0&0.2\\0&0&0&0&0\\0.08&0&0.25&0.20&0.1\\0.04&0.375&0.15&0&0.3\\0.04&0.25&0.15&0&0.1\end{bmatrix}$$

$$\boldsymbol{X}=\begin{bmatrix}x_1\\x_2\\x_3\\x_4\\x_5\end{bmatrix}=\begin{bmatrix}125\\40\\100\\75\\50\end{bmatrix}\qquad \boldsymbol{Y}=\begin{bmatrix}y_1\\y_2\\y_3\\y_4\\y_5\end{bmatrix}=\begin{bmatrix}80\\40\\45\\25\\15\end{bmatrix}$$

第二步：求里昂惕夫矩阵$(\boldsymbol{E}-\boldsymbol{A})$。

本例由上述直接消耗系数 **A** 可得里昂惕夫矩阵为

$$\boldsymbol{E}-\boldsymbol{A}=\begin{bmatrix}0.88&0&-0.2&0&-0.2\\0&1&0&0&0\\-0.08&0&0.75&-0.2&-0.1\\-0.04&-0.375&-0.15&1&-0.3\\-0.04&-0.25&-0.15&0&0.9\end{bmatrix}$$

第三步：求里昂惕夫逆矩阵$(\boldsymbol{E}-\boldsymbol{A})^{-1}$。

进而可求得逆矩阵$(\boldsymbol{E}-\boldsymbol{A})^{-1}$为

$$(\boldsymbol{E}-\boldsymbol{A})^{-1}=\begin{bmatrix}1.19 & 0.11 & 0.4 & 0.08 & 0.34\\ 0 & 1 & 0 & 0 & 0\\ 0.16 & 0.19 & 1.5 & 0.3 & 0.3\\ 0.1 & 0.5 & 0.32 & 1.06 & 0.41\\ 0.08 & 0.31 & 0.27 & 0.05 & 1.18\end{bmatrix}$$

第四步：求总产出矩阵 $\boldsymbol{X}$。

已知 $\boldsymbol{Y}$ 矩阵，即

$$\boldsymbol{X}=(\boldsymbol{E}-\boldsymbol{A})^{-1}\boldsymbol{Y}=\begin{bmatrix}1.19 & 0.11 & 0.4 & 0.08 & 0.34\\ 0 & 1 & 0 & 0 & 0\\ 0.16 & 0.19 & 1.5 & 0.3 & 0.3\\ 0.1 & 0.5 & 0.32 & 1.06 & 0.41\\ 0.08 & 0.31 & 0.27 & 0.05 & 1.18\end{bmatrix}\begin{bmatrix}80\\40\\45\\25\\15\end{bmatrix}=\begin{bmatrix}124.7\\40\\99.9\\75\\49.9\end{bmatrix}$$

由此得已试证，整个模型合理，可应用于投入产出分析。

【例 9.2】 若已知 $\boldsymbol{A}$ 矩阵，$\Delta y_1=0$，$\Delta y_2=0$，$\Delta y_3=10$，$\Delta y_4=0$，$\Delta y_5=0$，那么五个部门的总产出量各增加多少？即求 $\Delta\boldsymbol{X}$。

前三步同例 9.1。

第四步：求总产出增量 $\Delta\boldsymbol{X}$。

$$\Delta\boldsymbol{X}=(\boldsymbol{E}-\boldsymbol{A})^{-1}\Delta\boldsymbol{Y}=(\boldsymbol{E}-\boldsymbol{A})^{-1}\begin{bmatrix}0\\0\\10\\0\\0\end{bmatrix}=\begin{bmatrix}4\\0\\15\\3.2\\2.7\end{bmatrix}$$

因此可知，当制造业的最终需求增长 10 个单位时，农业总产出 x_1 增加 4 个单位；采矿业的总产出 x_2 不变；制造业总产出 x_3 增加 15 个单位；电力工业总产出 x_4 增加 3.2 个单位，运输业总产出 x_5 增加 2.7 个单位。

(四)完全消耗系数平衡方程组

我们知道，国民经济各部门之间除了发生直接联系，产生直接消耗外，还存在着间接联系，产生间接消耗。

1. 完全消耗系数

1)概念

间接消耗系数是指第 J 部门每生产单位所间接消耗第 I 部门产品的单位消耗量，称第 J 部门对第 I 部门的间接消耗系数。

完全消耗系数是指第 J 部门每生产单位产品所直接消耗和间接消耗第 I 部门产品的单位消耗量之和，称第 J 部门对第 I 部门的完全消耗系数，即直接消耗系数和间接消耗系数之和，就称为完全消耗系数，可用 b_{ij} 来表示。

2)求算

根据上述概念可直接求得，即

$$b_{ij}=a_{ij}+\sum_{k=1}^{n}b_{ik}\cdot a_{kj},\quad i,j=1,2,3,\cdots,n$$

式中，b_{ik}、a_{kj} 表示生产 1 单位 j 通过中间产品 k 对产品 i 的间接消耗量。

于是可得完全消耗系数平衡方程组：

$$\begin{cases}x_1=b_{11}x_1+b_{12}x_2+b_{13}x_3+\cdots+b_{1n}x_n+y_1\\ x_2=b_{21}x_1+b_{22}x_2+b_{23}x_3+\cdots+b_{2n}x_n+y_2\\ x_3=b_{31}x_1+b_{32}x_2+b_{33}x_3+\cdots+b_{3n}x_n+y_3\\ \vdots\quad\ \ \vdots\quad\ \ \vdots\quad\ \ \vdots\quad\ \ \vdots\quad\ \ \vdots\\ x_n=b_{n1}x_1+b_{n2}x_2+b_{n3}x_3+\cdots+b_{nn}x_n+y_n\end{cases}$$

可简写为

$$x_i=\sum_{j=1}^{n}b_{ij}x_j+y_i,\quad i=1,2,3,\cdots,n$$

设 $\boldsymbol{B}$ 表示直接消耗系数矩阵，$\boldsymbol{X}$ 表示总投入列矩阵，$\boldsymbol{Y}$ 表示最终需求矩阵，它们分别为

$$\boldsymbol{B}=\begin{bmatrix}b_{11}&b_{12}&b_{13}&\cdots&b_{1n}\\ b_{21}&b_{22}&b_{23}&\cdots&b_{2n}\\ b_{31}&b_{32}&b_{33}&\cdots&b_{3n}\\ \vdots&\vdots&\vdots&&\vdots\\ b_{n1}&b_{n2}&b_{n3}&\cdots&b_{nn}\end{bmatrix}$$

$$\boldsymbol{X}=\begin{bmatrix}x_1\\ x_2\\ x_3\\ \vdots\\ x_n\end{bmatrix}\qquad\qquad \boldsymbol{Y}=\begin{bmatrix}y_1\\ y_2\\ y_3\\ \vdots\\ y_n\end{bmatrix}$$

则可得矩阵形式：

$$\boldsymbol{X}=\boldsymbol{B}\cdot\boldsymbol{X}+\boldsymbol{Y}\quad 或\quad (\boldsymbol{E}-\boldsymbol{B})\cdot\boldsymbol{X}=\boldsymbol{Y}$$

将上式两边同除$(\boldsymbol{E}-\boldsymbol{B})$，即可得

$$\boldsymbol{X}=(\boldsymbol{E}-\boldsymbol{B})^{-1}\cdot\boldsymbol{Y}$$

由上式可知，必须先求出完全消耗系数 $\boldsymbol{B}$ 矩阵，才可进行经济预测和计划制订。这样直接求算很麻烦，因此，可利用$(\boldsymbol{E}-\boldsymbol{A})^{-1}$来求完全消耗系数。其推求方法如下：

完全消耗系数的矩阵形式为

$$\boldsymbol{B}=\boldsymbol{A}+\boldsymbol{B}\cdot\boldsymbol{A}$$

$$\boldsymbol{B}-\boldsymbol{B}\cdot\boldsymbol{A}=\boldsymbol{A}$$

$$\boldsymbol{B}(\boldsymbol{E}-\boldsymbol{A})=\boldsymbol{A}$$

两边同乘$(\boldsymbol{E}-\boldsymbol{A})^{-1}$，则得

$$\begin{aligned}\boldsymbol{B}&=\boldsymbol{A}(\boldsymbol{E}-\boldsymbol{A})^{-1}=(\boldsymbol{E}-\boldsymbol{E}+\boldsymbol{A})(\boldsymbol{E}-\boldsymbol{A})^{-1}\\ &=[\boldsymbol{E}-(\boldsymbol{E}-\boldsymbol{A})](\boldsymbol{E}-\boldsymbol{A})^{-1}\\ &=\boldsymbol{E}(\boldsymbol{E}-\boldsymbol{A})^{-1}-(\boldsymbol{E}-\boldsymbol{A})(\boldsymbol{E}-\boldsymbol{A})^{-1}\end{aligned}$$

$$=(\boldsymbol{E}-\boldsymbol{A})^{-1}-\boldsymbol{E}$$

此式告诉我们，只要根据直接消耗系数矩阵 $\boldsymbol{A}$，求出里昂惕夫逆矩阵 $(\boldsymbol{E}-\boldsymbol{A})^{-1}$，再从中减去矩阵 $\boldsymbol{E}$，就可求得完全消耗系数矩阵 $\boldsymbol{B}$ 了。

2. 完全消耗系数方程组

由直接消耗系数模型的矩阵形式可得

$$\boldsymbol{X}=(\boldsymbol{E}-\boldsymbol{A})^{-1}\boldsymbol{Y}$$

因为

$$\boldsymbol{B}=(\boldsymbol{E}-\boldsymbol{A})^{-1}-\boldsymbol{E}$$

所以

$$(\boldsymbol{E}-\boldsymbol{A})^{-1}=\boldsymbol{B}+\boldsymbol{E}$$

代入上式可得完全消耗系数模型的矩阵形式为

$$\boldsymbol{X}=(\boldsymbol{B}+\boldsymbol{E})\boldsymbol{Y}$$

若求出完全消耗系数，即可用于经济预测和计划制订。

3. 实例

1)求完全消耗系数

已知直接消耗系数矩阵 $\boldsymbol{A}$

$$\boldsymbol{A}=\begin{bmatrix}0.2 & 0.2 & 0\\ 0.2 & 0.1 & 0.1\\ 0 & 0.2 & 0.1\end{bmatrix}$$

解：

第一步，求 $(\boldsymbol{E}-\boldsymbol{A})$：

$$(\boldsymbol{E}-\boldsymbol{A})=\begin{bmatrix}0.8 & -0.2 & 0\\ -0.2 & 0.9 & -0.1\\ 0 & -0.2 & 0.9\end{bmatrix}$$

第二步，求 $(\boldsymbol{E}-\boldsymbol{A})^{-1}$：

$$(\boldsymbol{E}-\boldsymbol{A})^{-1}=\begin{bmatrix}1.325\,5 & 0.302 & 0.033\,6\\ 0.302 & 1.208\,1 & 0.134\,2\\ 0.067\,1 & 0.268\,5 & 1.140\,9\end{bmatrix}$$

第三步，求 $\boldsymbol{B}$：

$$\boldsymbol{B}=(\boldsymbol{E}-\boldsymbol{A})^{-1}-\boldsymbol{E}=\begin{bmatrix}0.325\,5 & 0.302 & 0.033\,6\\ 0.302 & 0.208\,1 & 0.134\,2\\ 0.067\,1 & 0.268\,5 & 0.140\,9\end{bmatrix}$$

由此可知，完全消耗系数一定大于或等于直接消耗系数。

2)求总产出量

综上所述，完全消耗系数既反映了国民经济各部门之间的直接联系，也反映了国民经济各部门之间的间接联系。国民经济中任何一个部门的生产都以各种途径与其他部门联系着。在经济分析与计划管理上，人们都要确切地掌握这种经济情报，但是，只有科学地建立了经济数学模型和使用计算机之后，这种愿望才能变成现实！

第三节 产业波及效果分析

一、产业波及效果分析及分析工具

(一)产业波及效果分析的定义

1. 产业波及效果

产业波及是指国民经济产业体系中，当某一产业部门发生变化时，这一变化会沿着不同的产业关联方式，引起与其直接相关的产业部门的变化，并且这些相关产业部门的变化又会导致与其直接相关的其他产业部门的变化，以此传递，影响力逐渐减弱，这一过程就是波及。这种波及对国民经济产业体系的影响就是产业波及效果。

2. 产业波及源

产生产业波及效果的原因就是产业波及源。产业波及效果的波及源一般有两类：一类是最终需求发生了变化；另一类是毛附加价值(折旧费＋净产值)发生了变化。

3. 产业波及线路

某一或某些产业的变化是按什么样的走向将这一变化波及各产业部门，这一走向就是产业波及线路。产业间的联系方式规定了产业间的波及的具体线路及其波及总效果。某产业变化发生的波及效果，既与该产业和其他产业间的联系方式有关，又与该产业和其他产业的联系程度和广度有关。产业间的波及效果必然也会在产业联系的各个纽带上反映出来。

(二)产业波及效果分析的基本工具

1. 直接消耗系数表-投入系数表

某一产业最终需求变化对各产业生产的波及与影响，通过投入系数这一工具的指示功能的指向逐层跟踪推进，并随之确定各产业产出的相应变化量，如图 9.2 所示。

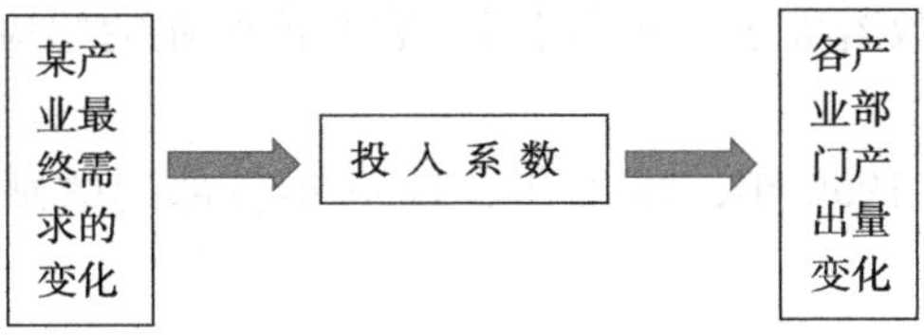

图 9.2 直接消耗系数-投入系数

2. 逆矩阵系数表

里昂惕夫逆矩阵中的元素叫逆矩阵系数，而由逆矩阵系数构成的表就是逆矩阵系数表。逆矩阵系数的经济含义是，当某一产业部门的生产发生了一个单位变化时，各产业部门由此引起的直接和间接地使产出水平发生变化的总和。

3. 产业波及效果分析应注意的问题

第一，投入系数的稳定性和有效性问题。投入产出表只是依据过去某一时期产业间生产技术联系的数据得到的，它反映的是过去某一时期的产业间的联系，故由此计算出的投入系数也只能反映过去那个时期产业间的投入状况。

第二，波及效果的时滞现象。产业波及效果的时滞，是指某产业最终需求的变动导致其他产业的变动并不立即反映在产出量的变化上。或者说，某产业最终需求变化引起其他产业产出量的变化有一个时间过程。

这个时间过程的长短，往往在不同的产业、不同的经济循环周期中的不同阶段，如繁荣时期和萧条时期有不同表现。

二、产业波及效果现状分析

产业波及效果的现状分析是指对现实的产业间波及效果进行分析，它基本上不涉及未来情况的预测分析。其实质是运用逆矩阵系数投入产出表提供的数据引申出有关系数，来认识产业波及现状的有关规律。

(一)产业的感应度系数和影响力系数

任何一个产业部门的生产活动通过产业间的联系方式，必然要影响或受影响于其他产业的生产活动，这种影响就是波及。在这里，把一个产业影响其他产业的“程度”叫做产业影响力；把受到其他产业影响的程度叫做该产业的感应度。不同产业的影响力和感应度各异。产业影响力和感应度的大小，分别用影响力系数和感应度系数来表示。

1. 感应度系数

感应度系数是指某产业的生产发生变化时引起其他所有产业的生产发生相应变化的程度。它是反映国民经济各部门均增加一个单位最终使用时，某一部门由此而受到的需求感应程度，也就是需要该部门为其他部门的生产提供的产出量。它是衡量某产业前向联系广度和深度的指标，也称为前向关联系数。感应度系数大的部门对经济发展所起的制约作用相对也较大，尤其在经济增长较快的时期，这些部门将首先受到社会需求压力，进而制约了社会经济的发展。

某产业的感应度系数＝该产业横行逆阵系数的均值/全部产业横行系数的均值的均值

某产业的感应度系数若大于1或小于1，表明该产业的感应度系数在全部产业中居于平均水平以上或以下。

分别计算1987年、1990年、1992年、1995年各部门的感应度系数。计算结果如表9.5所示。

表9.5 感应度系数计算结果

年份＼产业	农业	工业	建筑业	货运邮电业	商业饮食业	非物质生产部门
1987	0.918 528 1	2.626 02	0.469 486 5	0.565 810 6	0.660 425 3	0.759 729 6
1990	0.953 006 5	2.722 824 9	0.436 969 8	0.581 212 1	0.584 135 7	0.721 850 9
1992	0.760 726 5	2.719 304	0.433 574 7	0.603 125 8	0.760 315 9	0.722 953 2
1995	0.789 747 4	2.818 836	0.437 659 9	0.570 839 6	0.706 888 1	0.667 028 9

续表

产业 年份	农业	工业	建筑业	货运邮电业	商业饮食业	非物质生产部门
均值	0.857 752 1	2.721 746 2	0.444 422 7	0.580 247	0.677 941 3	0.717 890 6
排序	2	1	6	5	4	3

资料来源：姜彦福，林盛，张卫．我国产业结构及其变动因素分析．清华大学学报，1998，(3)：45～49

在我国的六大产业部门中，感应度系数最大的是工业和农业部门，建筑业的感应度系数最小。感应度系数大的部门对经济发展所起的制约作用相对也较大，尤其在经济增长较快的时期，这些部门将首先受到社会需求压力，进而制约了社会经济的发展。

2. 影响力系数

影响力系数是指其他产业的生产发生变化时引起该产业的生产发生相应变化的程度。它反映国民经济某一部门增加一个单位最终用途时，对国民经济各部门所产生的生产需求波及程度。影响力系数大的产业发展对社会生产具有很强的辐射、拉动效应，反之则不然。它是衡量产业后向联系广度和深度的指标，也称为后向关联系数。

某产业的影响力系数＝该产业纵列逆阵系数的均值/全部产业纵列系数的均值的均值

分别计算 1987 年、1990 年、1992 年、1995 年各部门的影响力系数。计算结果如表 9.6 所示。

表 9.6　影响力系数计算结果

产业 年份	农业	工业	建筑业	货运邮电业	商业饮食业	非物质生产部门
1987	0.772 232 9	1.187 755 2	1.298 509 8	0.881 411 4	0.994 150 2	0.865 940 5
1990	0.758 959 3	1.203 463 7	1.275 495 1	0.898 500 7	1.021 304 2	0.822 277
1992	0.761 481 4	1.201 599 9	1.223 626 5	0.914 288 6	0.976 493 5	0.922 510 2
1995	0.820 318	1.224 567 8	1.245 400 4	0.905 545 2	0.891 897 8	0.912 270 9
均值	0.778 247 9	1.204 346 6	1.260 757 9	0.899 936 4	0.970 961 4	0.885 749 6
排序	6	2	1	4	3	5

资料来源：姜彦福，林盛，张卫．我国产业结构及其变动因素分析．清华大学学报，1998，(3)：45～49

从表 9.6 中可知，在我国的六大产业部门中，影响力系数最大的是建筑业和工业，农业的影响力系数最小。也就是说，建筑业、工业的发展对社会生产具有很强的辐射、拉动效应，而农业对社会生产的拉动作用相对最小。从产业结构调整的角度来看，我们应该扶持和发展影响力系数较大的建筑业和工业，以有效地拉动其他产业的发展。

综合分析各产业部门的影响力系数和感应度系数，可以看出各部门在国民经济中的地位和作用。首先，我国工业部门的影响力系数排在建筑业之后，列第 2 位；而它的感应度系数是最大的。因此，我国工业部门在国民经济的发展和产业结构的调整中起着举足轻重的作用。工业的发展，能极大地带动其他产业部门的发展，同时，一旦工业部门的生产受阻，它的感应力作用将直接严重制约其他产业部门的生产和发展。所以，在国民经济发展规划和产业结构调整中，要充分认识工业部门的带动力和制约力的作用，合理、有效地配置资源，促使工业部门结构的合理化。其次，建筑业在各产业中的影响力系数最大，而感应度系数最小，说明建筑业的发展能迅速带动其他部门的生产，有效促进国民经济的发展；而其他部门的生产和发展则很少直接受到来自建筑业制约的影响。可以说，建筑业在我国产业结构中处于非常特殊的地位——在国民经济的发展中，建筑业的拉动能力和拉动效应非常明显，而制约效应又是最弱的。建筑业在我国产业结构中的拉动作用明显，能及时、有效地拉动其他部门的需求，从而促进国民经济的发展。此外，农业部门在六个产业部门中的影响力系数最小，而感应度系数仅次于工业，高居第2位。可见，农业部门的生产对国民经济的协调发展和各部门的经济增长有很强的制约作用。因此，我们在制定产业政策时，对它的制约作用力要有深刻的认识，不能因为农业的影响带动力小、对国民经济增长的贡献不明显就忽视农业的发展；反过来，一旦农业的生产落后于产业结构整体发展水平，它将极大地阻碍国民经济的发展。通过产业间的技术经济联系分析，我们可以看到产业结构中工业、建筑业和农业的特殊地位和作用，它们对国民经济的发展起着举足轻重的作用。在进行产业结构调整、制定产业政策时，要认真分析它们的拉动力和制约力的作用。当然，其他产业部门——货运邮电业、商业饮食业和非物质生产部门也是要加以充分考虑的因素。我们的产业政策和产业结构，要根据国民经济和社会发展的实际需要，做到稳步、协调地发展。一般来说，处于制造中间产品的产业前向和后向关联度都比较大，处于制造最终产品的产业则后向关联度大。在工业化的不同阶段及由于不同国家在产业结构上的差异，各个产业的感应度系数和影响力系数有所不同。在工业化过程中，一般情况下，重化工业多数表现为感应度系数较高，而轻工业则表现为影响力系数较高。因此，经济增长率较高时，感应度系数较高的重化工业的发展较快，而影响力系数较高的轻工业的发展对重化工业及其他产业的发展速度起着推动作用。有些产业的感应度系数和影响力系数均大于1，说明这些产业在经济发展过程中处于主导地位，是影响经济发展的战略产业。

值得指出的是，产业后向关联与产业前向关联存在差异性：一是前者提供一种必须采取行动的需求压力，后者只是一种诱导，是否采取行动取决于产业部门当事人的反应。根据赫希曼的看法，前向关联将永远也不可能以纯粹的方式出现，它必将伴随着“需求压力”所造成的后向关联而发生。二是前者的作用效果在短期内就明显地表现出来，而后者的作用效果有时需要一个较长的时间跨度才得以表现。

赫希曼认为，后向连锁一般比前向连锁更重要。根据这种认识，他提出了所谓的“有效投资系列”，其中心思想是优先发展后向关联效应大的产业部门，从需求方面形成压力，从而带动整个经济发展。显然，赫希曼有低估前向关联作用的倾向，忽视了供给对有效需求的刺激作用，他的分析集中在相对小的时空尺度上。从历史上看，道路的铺设、运输成本的降低、大宗廉价化学原料和清洁能源的出现，都曾对经济发展起过革命性的推动作用。通过铁路或公路来开发一个新区域，更是基础设施通过前向关联来刺激发展的普遍实例。

（二）生产诱发系数和生产的最终依赖度

生产诱发系数是用于测算各产业部门的各最终需求项目（如消费、投资、出口等）对生产的诱导作用程度。生产的最终依赖度是用来测量各产业部门的生产对最终需求项目的依赖程度大小，也就是说，最终需求对各产业生产的直接或间接的影响程度就是生产的最终依赖度。

1. 生产诱发系数

生产诱发系数是用来测算各产业部门的最终需求项目(如消费、投资、出口等)对生产的诱导程度。由生产诱发系数组成的生产诱发系数矩阵，可以揭示一国最终需求项目诱导各个产业部门作用的程度。

某产业部门的生产诱发系数等于该产业的各种最终需求项目的生产诱发额除以相应的最终需求项目和所得的商，即

$$W_{iL}=\frac{Z_{iL}}{Y_{iL}},\quad i,\ L=1,\ 2,\ 3,\ \cdots,\ n$$

式中，$Z_{iL}=(I-A)^{-1}X_{iL}$；W_{iL}表示第i产业部门的最终需求L项目的生产诱发系数；Z_{iL}表示第i产业部门对最终需求L项目的生产诱发额；Y_{iL}表示各产业对最终需求L项目的合计数额；X_{iL}表示第i产业部门L项目的最终需求。

2. 最终依赖度

最终依赖度是指某产业的生产对各最终需求项目(消费、投资、出口等)的依赖程度。这种依赖程度包括该产业生产对某个最终需求项目的直接依赖，也包括间接依赖。例如，食用盐有一半用于直接食用，另一半用于工业苏打制造业，而工业苏打又用于生产调味品、化纤、肥皂等，这些商品又直接再次进入家庭消费。从这个意义上说，盐间接地依赖家庭消费较高。这样，盐的生产直接、间接地依赖最终需求中的消费这一项的程度就更高了。因此，这种不仅考虑直接的，而且还考虑间接的最终需求对各产业生产的影响的系数，就是生产的最终需求依赖度。某产业部门的最终依赖度等于该产业各最终需求项目(消费、投资、出口等)的生产诱发额除以该产业各最终需求项目生产诱发额合计，即

$$Q_{iL}=\frac{Z_{iL}}{\sum_{L=1}^{n}Z_{iL}},\quad i,L=1,2,3,\cdots,n$$

式中，Q_{iL}表示i产业部门生产对最终需求L项目的依赖度；Z_{iL}表示产业部门最终需求L项目的生产诱发额。

(三)综合就业系数和综合资本系数

1. 综合就业系数

某产业的综合就业系数的经济含义是，该产业为进行1个单位的生产在本产业部门直接和间接需要的就业人数。其计算公式为

综合就业系数＝就业系数×逆阵中的相应系数

其中，

某产业就业系数＝该产业就业人数/该产业的总产值

2. 综合资本系数

某产业的综合资本系数的含义是，该产业为进行1个单位的生产在本产业部门和其

他产业部门直接和间接需要的资本。其计算公式为

综合资本系数=资本系数×逆阵中的相应系数

其中，

某产业资本系数=该产业资本量/该产业的总产值

三、产业波及效果分析应用

(一)特定需求、特定产业的波及效果的预测分析

1. 特定需求的波及效果预测分析

特定需求是指对国民经济有重要影响的某一需求和产业扩张所需要的特大型的投资，这些投资对国民经济各产业部门有强烈波及效果，对其他产业部门的生产和发展以及对整个国民经济的发展产生重大影响。例如，高速公路、铁路、大型钢铁基地等产业部门的建设等，这些大型投资对国民经济的影响较大，而且投资的实施会产生大量的需求，这些需求会直接或间接地影响其他产业部门，如果相关联的产业部门没有得到相应的发展，无疑导致该投资所需要的各种投入供给不足，价格上涨，严重时还诱发和拉动通货膨胀，从而影响投资的预期效果。因此，为了保证某一产业发展顺利进行，有必要估计它的发展对国民经济各产业部门发展会有哪些相应的需求和对国民经济各产业部门的影响(包括直接的和间接的影响)。

其预测分析过程是：首先，将该投资项目所需的最终产品按产业分类进行分解；其次，运用前述方法，将这些需求作为各产业的最终需求 X_{iL} 的增加额，再用波及效果分析模型 $Z=(I-A)^{-1}X_{iL}$，来分别计算各产业的生产诱发额 Z_{iL}。这些生产诱发额便是该投资项目对各产业将要发生的影响，即该投资项目波及效果的预测数据。

2. 特定产业波及效果的预测分析

国民经济各产业部门在产业发展过程中，某一产业在兴起、扩张或产业升级时，要事先了解这个产业本身的转换对与之相关联的国民经济其他各部门产生什么样的波及效果，对整个国民经济的发展产生多大的影响，或某一地区某个产业的发展，会对这个地区其他产业有多大的波及效果。某个产业对其他产业的波及效果越强烈，说明它对这些产业的拉动效果也就越大，对经济的促进作用也就越大。对特定产业的波及效果进行分析，就是要分析某一产业在兴起、扩张和升级时，它会对其他产业产生什么样的波及效果，对整个国民经济产生多大的影响。因此，实际上是解决应选择哪些产业为主导产业，应扶植、发展什么样的产业为战略产业，该削减那些产业规模等方面的问题。这种特定产业波及效果的分析，不仅包括了投资本身的波及效果，而且还包括在投产以后的波及效果。并且，产业兴起和产业扩张的波及效果分析有所不同。

对特定产业波及效果的预测分析分两种情况：第一，如果这个国家没有这一产业，这时需要根据这一新兴产业可能达到的生产水平，依据有关信息分解为投入各产业的产品，然后将它作为最终需求放到模型中进行计算，就可算出该产业的建立对原有各产业的波及效果；第二，如果该国家有这一类产业或国家内某一地区有这类工厂，并且投入结构也是相同的，那么有一个简便的计算方法，即先从原有投入产出表的逆阵系数表

$(I-A)^{-1}$上求出一个次逆阵系数。计算方法是用该产业的纵列各系数除以该产业横行和纵行交叉点的系数，其各商数值就是该产业生产1个单位时对各产业产生的波及效果。这种方法可以用来测定任何产业对其他产业的波及效果系数，如文化产业对国民经济的波及效果分析。文化产业主要沿着三条线路对国民经济产生波及：

一是逆向波及。文化产业的发展，会沿着文化产业→生产文化产业中间产品的先行产业→这些先行产业的先行产业这样一条线路，向其先行产业发生逆向波及。例如，音乐、舞蹈、戏剧表演，带动影剧院和道具、灯光、音像等演出设备的生产，这是逆向波及的第一波。影剧院的建设和演出设备的生产，带动建筑材料、装饰材料、电子元器件的生产，这是第二波。建筑材料、装饰材料和电子元器件的生产带动电力、煤炭、铜材的生产，这是第三波……逆向波及可以用中间投入率来衡量。它是指某产业在一定时期内的生产过程中的中间投入与总投入之比。它反映了该产业的总产值中从其他产业购进的中间产品所占的比重。1997年，我国娱乐服务业、文化艺术广电业、教育业的中间投入率分别为55.05%、51.14%、45.93%，这表明我国娱乐服务、文化艺术广电、教育生产文化产品所需的每1万元总投入中，分别有5 505元、5 114元、4 593元是从其他产业购进的中间产品。这说明文化产业对上游产业的波及效应是很强的。

二是顺向波及。文化产业的发展，会沿着文化产业→以文化产品为中间产品的后续产业→这些后续产业的后续产业的线路产生顺向波及。电视台播放的广告(文化产品)被钢铁厂用做中间产品，钢铁厂生产的钢材被建筑公司用做中间产品，这就是文化产业的顺向波及。顺向波及效应可以用中间需求率来衡量。中间需求率是一个产业的产品被国民经济部门用做中间产品的部分占该种产品总量的比重。中间需求率越高，表明该产业就越带有提供中间产品的性质，反之则表明该产业就越带有提供最终产品的性质。

三是间接波及。文化产业的发展会沿着文化产业→与文化产业具有消费互补性的产业→这些互补产业的先行产业和后续产业→这些先行产业和后续产业的直接相关和间接相关产业的线路，对国民经济产生波及。这是因为，文化产品具有消费互补性，文化产业的发展会波及网络、金融、通信、交通、商业、饮食等互补性产业。

(二)价格波及效果的预测分析

价格波及效果是指某一产业或某些产业的产品价格的变动对其他产业产品价格变化所造成的直接影响和间接影响。国民经济各产业间、产业部门间存在相互联系、相互影响和相互制约的关系，因此，某产业部门中的产品价格发生变化，必然会引起与之有直接关联效应的产业部门的产品价格的变动；这些产业部门产品价格的变化，又会引起与之有直接关联效应的产业部门的产品价格的变动；如此一直关联下去，最终会引起全部产业部门产品价格的变动。这种意义下的产品价格波及效果分析，就是分析某一个产业部门产品价格的变动会对其他产业部门产品价格产生直接和间接影响的程度。

另外，价格波及效果分析还可以是指某一个或某些产业的工资、利润、折旧、税金等因素的变动对与之直接关联的产业部门产品价格变动所产生的直接影响，这些产品价格的变动，又会由于产品价格波及效果，最终引起全部产业部门产品价格的变动。这种意义下的产品价格波及效果分析，就是分析某个或某些产业的工资、利润、折旧、税金等因素的变动对其他产业部门产品价格变动所产生的全部影响。

(三)波及效果分析在计划编制中的应用

从最终产品出发编制计划的简要过程是：第一，预测计划期内国民消费总需求；第二，依据计划期生产的增长情况确定积累总额；第三，确定计划期的直接消耗系数，对短期计划可参照使用报告期的直接消耗系数，而对于中长期计划，则要使用适时修正法等进行预测；第四，利用 $X=(I-A)^{-1}$ 计算计划期内各产业部门的总产出，并与各产业部门实际生产的可能进行反复平衡；第五，选择一个比较合理的计划。

第十章

产业发展：规律与战略

【本章概要】 本章首先介绍产业发展的相关概念及新兴产业形成的标志和路径，主要教学内容是阐述产业发展的生命周期理论和产业发展战略理论，重点是产业发展周期的各阶段特征和模型扩展、平衡发展战略与非平衡发展战略、进口替代与出口促进发展战略、轻(重)工业优先发展战略，最后阐明了中国产业发展基本现状和战略选择。

【教学要求】 了解和掌握产业发展的含义及新兴产业形成的基本原理。重点掌握产业发展周期的各阶段特征和模型扩展、平衡发展战略与非平衡发展战略、进口替代与出口促进发展战略、轻(重)工业优先发展战略等内容，理解我国产业发展战略选择。

产业发展与经济发展相类似，是一个不以人们意志为转移的从低级向高级不断演进的客观历史过程。研究并揭示这一客观历史过程的规律性，是产业经济学的重要内容或任务之一。只有通过研究产业发展过程，把握产业形成和发展的动态演化规律，才能够更好地制定产业发展政策，推动产业的发展和升级。本章主要论述产业发展的内涵、新兴产业形成、产业发展的影响因素、产业发展的生命周期理论和产业发展战略理论以及我国产业发展战略选择等。

第一节 产业发展概述及新兴产业的形成

一、产业发展的相关概念

(一)发展的含义

“发展”(development)是现代经济学中的核心概念。发展概念的内涵经过了半个世纪的演变和深化：20世纪50年代一般把“发展”等同于经济增长；60年代则认为发展包含增长和结构变化；70 年代转到强调贫困、失业和分配不公问题的改善；80 年代把注意力转到环境与可持续发展；而进入 90 年代，发展的内涵大大拓宽了，它不仅包括经济增长、就业、收入分配、环境的改善，还包括政治、文化和社会等非经济因素的改进。

（二）产业发展的内涵

产业发展是指产业的产生、成长和演进。产业发展的内容，既包括单个产业的进化，又包括产业整体的演进；既包括产业类型、产业结构、产业关联、产业布局的演进，又包括产业组织的变化、产业规模的扩大、技术的进步、效益的提高。产业发展的过程，既是单个具体产业的产生、成长、繁荣、衰亡或某类产业的产生、成长、不断现代化的过程，也指产业总体的各个方面不断地由不合理走向合理、由不成熟走向成熟、由不协调走向协调、由低级走向高级的过程，也就是产业结构优化、主导产业分阶段转化、产业布局合理化、产业组织合理化的过程。产业发展的状况是产业类型变化、产业结构演进、产业布局变动、产业组织演变综合作用的结果。

经济发展包含产业发展，产业发展则是经济发展的必要条件、关键因素和强大动力，产业发展的状况直接决定着整个国民经济发展的状况。因此，研究产业发展对促进国民经济的发展具有特别重大的意义。

产业发展不同于产业增长，产业增长主要是指产业生产能力、经济潜力的增加，或者是指从产出角度来看的产业量的增长；产业发展则包含了更广泛、更深刻的内涵。产业发展水平可从四个方面进行评价：第一，产业的增长，具体指标可以是多样的，如产业综合生产能力指数、产业产品指数、收入的增长指数等；第二，产业的均衡发展，一方面是产业部门间的均衡发展，另一方面是产业发展的稳定性，即从时间序列的产业波动性评价产业的均衡发展程度；第三，产业的协调发展，主要在于评价产业部门、产业要素在产业发展中协调一致的程度，协调性差，产业间发展过程中的诸要素会相互拖滞，部门间发展联系将被扭曲甚至切断，从而阻碍产业整体发展进步；第四，发展的效率，实质上是要考察产业发展的质量和效果。这四个方面概要刻画了一定时期某个国家的产业发展状况。

产业发展包含着产业增长，而产业增长则只是产业发展集合中的一个子集。产业发展与产业增长既有联系，又有区别，产业增长是产业发展的前提。产业发展首先是产业产出的增加，它不等于产业增长但包含着产业增长，没有增长就必然没有发展。因此，区别产业增长与产业发展两个概念是十分必要的：

第一，区别产业增长与产业发展的概念，有利于经济稳定增长和产业均衡协调发展。如果对产业增长和产业发展混淆不清，很容易导致人们片面追求增长速度，忽视国民经济各部门间的平衡协调发展关系，造成基础产业部门发展滞后，最终迫使经济发展降速。因此，必须明确，增长不等于发展，不能做有增长无发展的事情。

第二，区别产业增长与产业发展的概念，有利于产业结构合理化和高级化。如果对产业发展的全面性、系统性认识不足，偏爱以产值、速度为特征的产业增长，片面追求增长的高速度，必然带来产业结构不尽合理。如果从产业发展的全面性出发，坚持适当的速度和结构均衡，在产业发展中注意各产业之间以及各产业内部的均衡协调，使产业结构合理化、高级化，则更有利于提高产业增长的质量。

当然，要想求得产业发展，首先必须求得产业增长，并应使增长达到一定的速度和规模，没有增长这个前提和先导，发展的各方面将失去基础。因此，产业增长在产业发展中居于十分重要的地位。

（三）影响产业发展的因素

从理论上来说，影响产业发展的因素很多，主要包括需求的变化、供给的变化和政府的产业政策等。其中，需求变化的影响因素又包括消费者收入的变化、人口规模和人口结构的变化、消费者需求偏好的变化和国际贸易的影响等；而影响产业发展的供给变化的因素主要有自然资源、人力资源、科技创新和技术进步等；影响产业发展的政府政策的因素主要有财政政策、金融政策、行政措施和法律规范等。在上述诸影响因素中，我们认为，需求的扩大和多样化是产业发展的直接拉动力，满足人类不断增长的产品和服务需求是产业发展的直接动力；科技创新及其应用是产业发展的重要推动力，它会引起新产业形态的出现，现有产业的分化、升级，甚至夕阳产业替代等现象；而政府的政策主要通过鼓励或抑制两个方面对产业发展产生影响；外部环境，如文化和社会环境、价值观和经济发展模式、国际局势和全球化发展等都对产业发展具有影响和作用。

同时，我们应该看到，21 世纪可能存在一些阻碍全球产业发展的因素：首先是劳动力配置失衡问题。老龄化、国际劳动标准、工资刚性化、失业率高升、人力资源数量与质量的增长等，在要素流动的自由化趋势下，可能会进一步加剧劳动力配置失衡问题的严重性，进而影响全球产业发展的取向。其次是金融经济问题。产业经济的健全发展必须以实体经济为基础，并发挥好金融经济作用，但近年来频繁爆发的世界经济和金融危机，已经警示我们：过度脱离实体经济的金融经济活动可能会危及实体经济的根基，冲击产业的发展。再次是资源与环境问题。全球范围的气候变化、水资源短缺、雨林破坏、环境污染、废弃物处理等都可能成为产业发展的障碍因素，但也可能是产业发展转型的一次机遇。最后是政治社会的不稳定。国际经济社会的贫富差距、文化差异、种族矛盾、政治主权观念、价值观与信仰的分歧等，都可能对未来全球产业发展产生重要的影响。

二、新兴产业及其形成

一个新兴产业形成的主要标志有：①具有自己独立的服务领域和市场需求群体；②具有一定数量的生产同类产品的企业；③具有初步的上下游企业，基本上已经形成了一条比较完整的产业链；④具有专业化的生产工艺、技术装备和行业规范（包括起码的技术标准）；⑤该产业有别于其他产业的商业活动已经形成，并具有一定的规模；⑥具有专门的设计、生产、销售和服务的从业人员和产业体系。

新兴产业的形成具有其内在的动力和规律，一个新兴产业的诞生，是在社会生产发展的过程中，在社会分工的基础上，逐步形成和发展起来的，是分工协作的结果。新兴产业是随着社会分工的深化和生产力的发展而逐步形成和发展起来的，下面我们主要从四个方面探讨形成的原因。

(一)技术创新主导

新兴产业的形成是技术创新的结果，技术创新是新兴产业形成与发展的重要推动力。一项新技术发明后被企业家应用于产业，转化为适应市场需求的产品，并随着这项技术的转移、转让、推广和广泛应用，以及向产业链上下游的延伸，逐渐形成企业群，从而形成一个新兴产业。因此，可以说新兴产业的形成与发展过程就是新技术、新产品的产业化、规模化、普及化的过程①。

新兴产业的产生和形成是具有创新意识的企业家创新行为的结果。企业通过将各种生产要素重新组合实现创新，其核心是将技术发明应用于生产实践。从事新兴产业活动的企业能够获得来源于创新收益的丰厚利润，引起其他企业的效仿，随着效仿企业的不断增加，逐渐形成企业群，并且随着主导产品创新形成产业化生产后，必然要求上下游企业为其作配套生产和销售活动，从而在该新兴产业的基础上，进行上下游的延伸，形成了产业链。

(二)市场需求主导

市场需求是社会生产的前提和目的，任何产业的形成和发展，都须以市场需求为立足点和归宿。新兴产业的形成和发展事实上是一种新的供给，这种供给必须与需求相适应并形成均衡，才能存在并有意义。一般而言，随着经济发展阶段的演化，社会需求水平和结构会随之不断发生变动，在一定的发展阶段上，特定的潜在的新需求将逐步萌芽、形成和扩大，这种潜在的新需求的逐步成长，客观上要求新产业来为之生产新产品，以满足其需求，从而成为新供给形成的强大拉力。在需求拉力的作用下，生产新产品和提供新服务的企业将逐步出现并发展起来。在一定条件下，这些新企业的群体就可能发展为新兴产业，成为一种新的供给力量②。在这里，新的需求力量的拉动不能够离开以技术创新为基础的产品创新，就如同以技术创新推动的新兴产业不能够离开市场需求力量一样，这两者是一种互动、联动的力量，只有彼此相互作用，才能够形成新兴产业。

(三)产业分化主导

新兴产业也是社会分工深化和扩展的结果，其形成适应一定发展阶段的产业结构系统整体产出变动的新要求。随着社会经济系统的发展和演变，社会化大生产一方面进一步走向专业化，另一方面更进一步地要求协作化程度提高，而专业化走向实质上要求分工细化、深化，产业间的部门分工和产业内的环节分工不断演化，于是新型产业就在产业体系运动过程中不断衍生出来。

新兴产业的衍生主要有两种形式：其一是原有产业的分化；其二是原有产业外技术

① 史忠良，何维达．产业兴衰与转化规律．北京：经济管理出版社，2004：124。

② 陈刚．新兴产业形成与发展的机理探析．理论导刊，2004，(2)：40～42。

所致的新生产业。原有产业的分化，即原来属于一个大产业门类，但随着市场的外迁、需求的转化、产业技术的升级，原有的大企业会进一步细化分工，逐步产生一些新兴产业。原有产业外技术创新并逐步产业化、规模化以及技术扩散和传播，使一个新兴的产业形成。这与技术创新主导的新兴产业形成一致。

（四）产业融合主导

随着高新技术发展及应用，国民经济中各产业在一定程度上出现了融合发展态势。欧洲委员会“绿皮书”(green paper)对产业融合所下的定义是，“产业联盟和合并、技术网络平台和市场三个角度的融合”[①]。植草益认为，20 世纪 90 年代以来，一度曾被政府严格限制的产业，现在正在逐步放宽限制，从而降低了各行业间的壁垒，加之各产业内促进行业竞争的技术正在快速发展，这些因素都推进了产业融合的进程。

产业融合是在工业经济时代产业高度分工的基础上发展起来的，是以产业部门日益细化、产业关联复杂化、部门之间交易规模庞大且交易量大增为前提条件的，并对在此基础上形成的产业固定化边界进行一定程度调整的结果[②]。德国的 Bernd W. Wirtz 教授在对媒体和通信市场融合所导致的价值链重构方面的研究后，认为推动融合的主要因素可以归结为三类，即技术动力因素、管制的放松和解除以及和需求有关的推动因素。产业融合并不是对产业分工格局的否定，而是由于传统产业边界趋于模糊化而产生的一种对产业分工的辨证复归。

三、新兴产业形成的路径

新兴产业的形成与发展是产业结构变迁和经济发展的重要内容，新兴产业的形成需要经历从萌芽到成长再到市场地位的确立、巩固和扩张的过程，在这个过程中，新兴产业是属于自发生成的，还是得益于政府的构建培植，抑或是两者的结合，不同的形成路径具有不同的特点。

（一）自发生成式

自发生成式形成的新兴产业，是在市场需求变化、技术进步和企业竞争过程中，通过市场作用自发形成的具有独立领域、服务于特定对象、拥有特定生产技术和工业流程、有稳定的生产要素来源和稳定的市场、形成了相对稳定的上下游企业，并逐渐成为一个具有产业特征的新兴企业群。这样的新兴产业往往不属于政府视野范围内关系到国计民生的战略性产业，没有相应政策的扶持和保护，但有强劲的市场需求拉动力。正因为如此，该类新兴产业生存能力强，产业的抗外界干扰能力、应变能力强，具有较强的自主创新、自我发展能力。

---

① European Commission. Green Paper on the Convergence of the Telecommunication, Media and Information Technology Sectors, and the Implications for Regulation Towards an Information Society Approach. Brussels: European Commissions, 1997.

② 周振华．产业融合拓展化的过程及基本含义．社会科学，2004，(5)：5～12。

(二)政府培植式

这类产业属于政府关注的可能对国民经济整体或者对国际竞争有重大影响的新兴产业。它们在政府的倾斜政策扶持下获取必需的生产要素，与其他产业展开市场竞争获得必要的市场份额，维持其生产和发展。政府通过产业政策的培育和保护，促使这类新兴产业发展壮大，形成一个相对独立的产业领域。该类新兴产业的特征是社会需要量大，但市场投资者因其个人理性又大多不愿意涉足。它们的市场生产能力弱，产业的抗外界干扰能力、应变能力不强，失去了政策的扶持，在短时间内一般都难以适应市场竞争的发展环境。

(三)政府培植与市场选择相结合

以该种方式形成的新兴产业主要是依靠市场机制的作用，同时也得益于政府的扶持政策。该类新兴产业的生产能力、抗外界干扰能力和应变能力介于自发生成式与政府培植式之间，具有一定的自我创新和自我发展能力。在产业体系发展演化过程中，多数国家都设立有扶持幼稚产业发展的保护政策，而新兴产业往往属于幼稚产业领域，所以，在现代经济中，虽然新兴产业的形成主要需要通过市场机制的作用，但是政府的产业政策对新兴产业的形成也具有重要影响，特别是政府的产业技术政策和保护幼稚产业政策，都会对新兴产业的形成与发展产生积极作用。

第二节　产业发展生命周期理论

一、产业演化和早期产业生命周期理论

产业演化理论(industry evolutionary theory)是对产业的动态变化进行分析和描述的理论，它是产业经济学的重要组成部分。产业演化的动态性主要表现在四个方面：

第一，单一产业的生命周期，即任何一个产业在特定的国家和地区，都必然经历形成、成长、成熟和衰退四个发展阶段，这就是产业的生命周期。

第二，产业时序作用周期，这是伴随着社会生产力的不断发展，渐次形成第一、二、三产业，而各产业渐次在经济增长中起主导作用，成为国民经济的支柱产业。

第三，不同产业或产业综合体在经济发展中随着对经济增长作用的变化在地位上演进的阶段性和周期性。

第四，由主体需求层次的升级规律推动的产业结构高级化的演进过程①。

二、产业生命周期、产品生命周期和企业生命周期

产业是一个介于宏观和微观之间的概念，从产出看是同类产品及其可替代产品的集合，从生产看又是生产这些产品的企业的集合。因此，产业经济学所研究的产业生命周

① 杨公朴，夏大慰．产业经济学教程(修订版)．上海：上海财经大学出版社，2002：205。

期理论必然与市场营销学研究的产品生命周期理论以及企业管理学研究的企业生命周期理论存在着密切的联系。

(一)产品生命周期

产业生命周期理论源于产品生命周期理论，是在 20 世纪 80 年代以后在借鉴产品生命周期理论的基础上逐步发展起来的。市场营销理论表明，产品生命周期是指产品最初进入市场到最终退出市场的时间周期，一般经过进入期、成长期、成熟期、衰退期四个发展阶段，在图形上也表现为一条 S 型曲线，如图 10.1 所示。

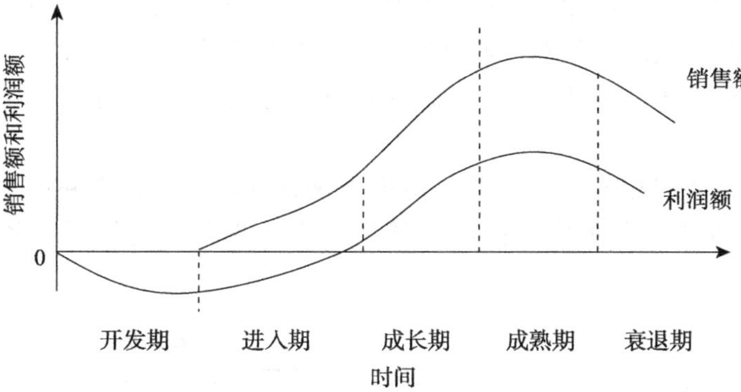

图 10.1 产品生命周期

第一阶段：进入期，产品刚进入市场，成本价格较高，销售量低，利润少。

第二阶段：成长期，市场逐步打开，销售量和利润明显上升。

第三阶段：成熟期，产品成本和销售价格下降，规模经济形成，产品被熟知和接受，销售量和利润逐步达到最大。

第四阶段：衰退期，由于各种原因市场需求量大幅下降甚至消失，产品最终退出市场。

(二)企业生命周期

在企业管理理论中，国内有不少学者认为企业发展也有生命周期，并把它划分为创业期、成长期、成熟期和衰退期等阶段。

创业期的企业就是诞生的新企业，这一时期产品品种单一、产量低、产品质量不稳定，市场占有率低，成本高，管理水平低。

成长期的企业的典型特征是产品拥有市场，企业规模迅速扩大，管理开始规范化，有一定的创新和核心竞争能力。

成熟期是一个企业最辉煌的时期，企业规模、销售量、利润、市场占有率、研发能力、社会认可度都达到最佳状态。

在企业衰退时期，设备工艺落后，产品更新慢，市场占有率下降，管理困难，销售和利润大幅下降，财务状况恶化。

（三）产业生命周期与产品生命周期

产业生命周期虽然是在产品生命周期理论基础上发展起来的，但两者并不是同一概念，而是有区别的。

首先，两者研究的出发点和目的不同。产业生命周期理论研究的出发点是产品的集合，目的是揭示产业发展和运行规律，为制定产业政策服务；产品生命周期理论研究的出发点是企业的产品，目的是揭示产品市场如何进行营销管理以便为制定企业发展战略服务。

其次，从定性上看，产业生命周期变化要缓慢于产品生命周期变化。因为一个产业集中了众多的产品，反映的是众多产品的生命周期变化情况。

另外，许多产业生命周期具有明显的衰而不退的特征，而产品生命周期则不是这样。

当然两者又是紧密相连的。产业是由生产某种同类性质产品的企业所构成的，因此，两者具有相似性。产业代表性产品越是集中，两者越是接近，其联系如图 10.2 所示。

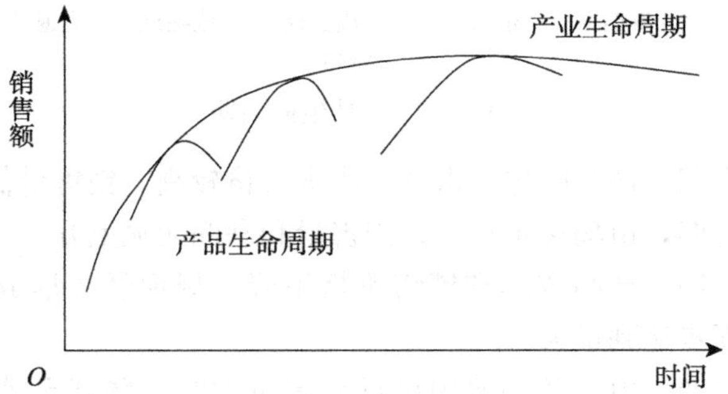

图 10.2　产业生命周期与产品生命周期的关系

（四）产业生命周期与企业生命周期

产业生命周期与企业生命周期虽然是两种不同对象的运动过程，但是由于产业是若干企业的集合，两者又具有一定的关系。产业之所以呈现出一种生命周期的变化，是因为其存在的微观基础——企业具有生命周期过程；同时企业从生到死、从强盛到衰退，也与产业的生命周期戚戚相关。

一方面，从微观基础上看，产业生命周期是同类产品所有企业生命周期的集合，是企业兴衰的综合结果。对于一些高度集中的产业，少数企业的生命周期对产业生命周期有决定性的影响，这些企业的技术创新能力及成长性直接决定着产业的生命周期。

另一方面，从企业生命周期的产业背景上看，产业生命周期对企业生命周期具有重要影响。在一个非常有吸引力的产业里，如果一个企业不具有有利的竞争地位当然不可能充分发展，但是，一个具有优越竞争地位的企业如果栖身于一个前景暗淡的产业里，也不可能获得成功。

三、产业生命周期理论模型及其扩展

(一)产业生命周期的一般表现形式

根据大多数产业发展历程，某个产业的发展最初表现为一定生产要素的投入，并形成一定的产出规模和市场需求，这一阶段我们称之为形成期；随着市场需求的增长，产业的要素投入和产出规模也在不断增加，这是产业发展的成长期；当产业的市场需求趋于饱和，经济和社会效益趋于最大，要素投入和产出增长趋缓甚至出现一定程度的下降，但整个产业投入和产出水平仍然保持较大规模量时，表明产业发展已进入成熟期；当该产业的产出规模和市场需求显著减少的时候，产业开始进入衰退期。产业依次经历这四个发展阶段为产业生命周期的一般表现形式。如图 10.3 所示，就是产业生命周期的一般表现形式，呈 S 型曲线。

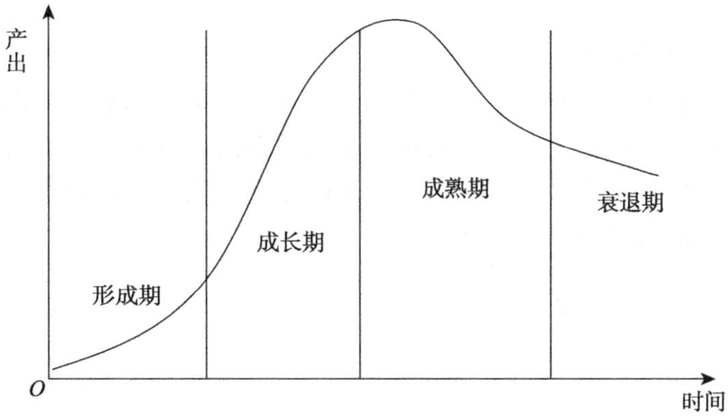

图 10.3　产业生命周期的一般表现形式

从产业生命周期的一般表现形式中可以看出：

(1)产业的发展表现出有规律的阶段性。形成期、成长期、成熟期和衰退期四个阶段具有不同性质和特征，产业发展有升降和起伏，利润率有升有降，不会一直保持某种状态不变。

(2)产业生命周期的四个发展阶段不是孤立的，而是密切相关的。前一阶段为后一阶段奠定基础，后一阶段是前一阶段的必然发展；各个阶段之间合理、及时的转换是产业发展的关键问题。实现这个转换主要依靠市场机制的作用。

(3)正常的产业发展过程将会经过生命周期的每一个阶段。如果产业发展不正常，其产业生命周期会有异常的表现，如产业成长过度或不足而导致的产业早熟或早衰现象。

(4)从目前产业发展趋势来看，科学与技术的迅猛发展使产品升级换代速度加快，产业生命周期有逐渐缩短的趋势；另外，在高新技术发展和消费结构变动的影响下，有些产业可能会出现“衰而不亡”甚至“起死回生”的现象，如某些传统行业经过重大技术变革，能够重新焕发出新的发展活力。

(二)产业生命周期的特殊形式

1. 漫长型产业生命周期

在社会经济实际运行过程中，各种不同产业的生命周期具有各自不同的特点。例如，人类基本生活所必需的产业，如粮食、服装等，以及一些基础产业，如电力、运输等，这些产业生命周期特别长，甚至永远也不会退出市场。我们将这一类产业的生命周期归纳为漫长型。其形状如图 10.4 所示。

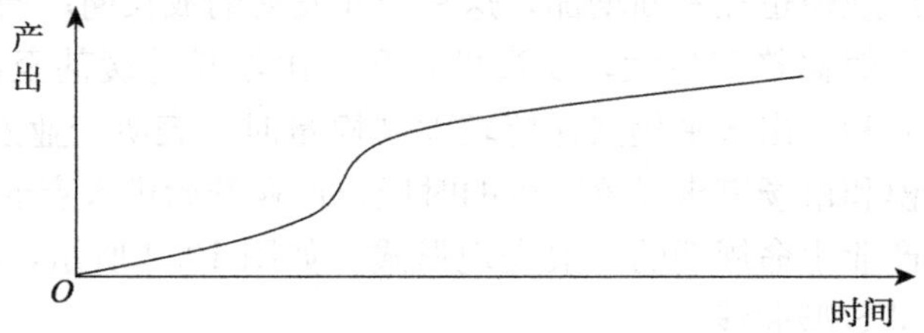

图 10.4 漫长型产业生命周期

2. 快速型产业生命周期

在实际经济运行中，也有一些产业形成后快速成长又快速衰退。例如，热潮型产品(如呼啦圈等)的产业，投资少，工艺简单，适合短期内大量生产，主要是为了满足人们一时的强烈需求。但是，当产生这种强烈需求的原因消失后，产业迅速衰退或消失，呈现出快速型产业生命周期形式，见图 10.5。

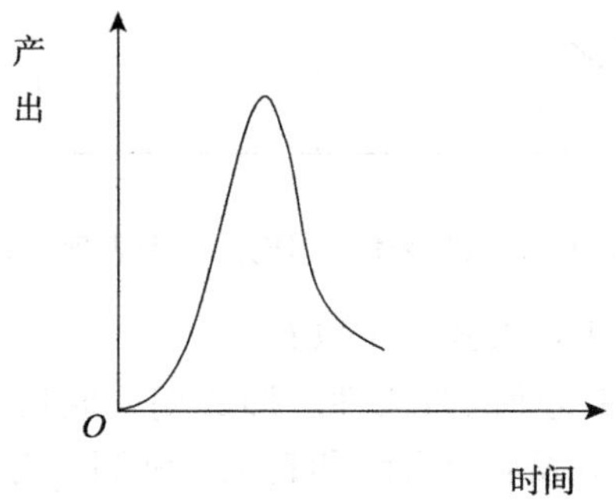

图 10.5 快速型产业生命周期

3. 夭折型产业生命周期

某些产业进入市场后，经过一定时期的成长，还没有进入成熟期就被淘汰。这是由于新技术造就了更好的替代产品，或者新产品存在技术不完善、功能障碍等原因，刚刚形成的产业不得不退出市场，见图 10.6。例如，最初使用电子管制作的计算机仅仅经历了短短几十年时间，由于新材料的替代而被淘汰。

4. 突变型产业生命周期

某些产业在进入成熟期和衰退期后，通过实现重大技术创新而重新开拓了新的市场，从而进入新一轮的成长期，成为突变型产业生命周期，见图 10.7。

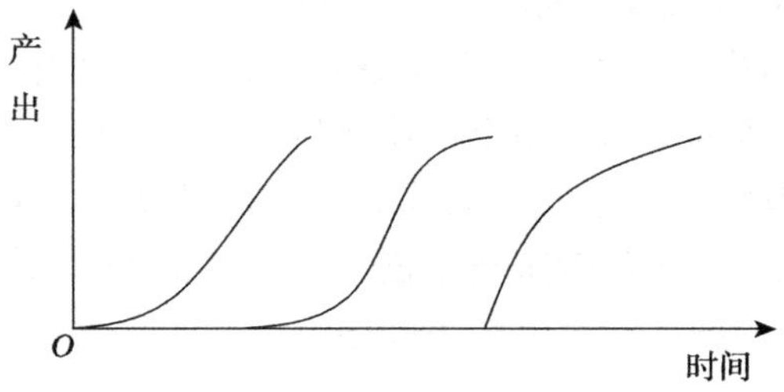

图 10.6 夭折型产业生命周期

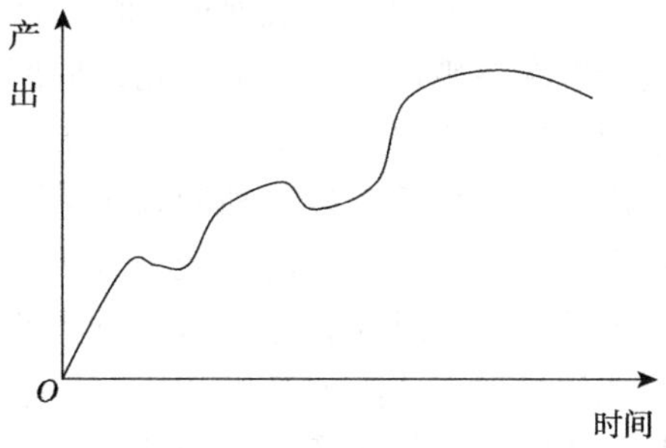

图 10.7 突变型产业生命周期

（三）产业生命周期理论模型扩展之一

一般来说，无技术突破、无新技术范式出现时，产业技术进步呈现渐变的特征，技术成长曲线呈 S 型，如图 10.8 所示，包括研发期、投入期、成长期、成熟期。伴随着技术的进步，产业成长呈现出生命周期特征，其生命周期包括形成期、成长期、成熟期和衰退期。其规模曲线(Q)和利润曲线(S)如图 10.8 所示。

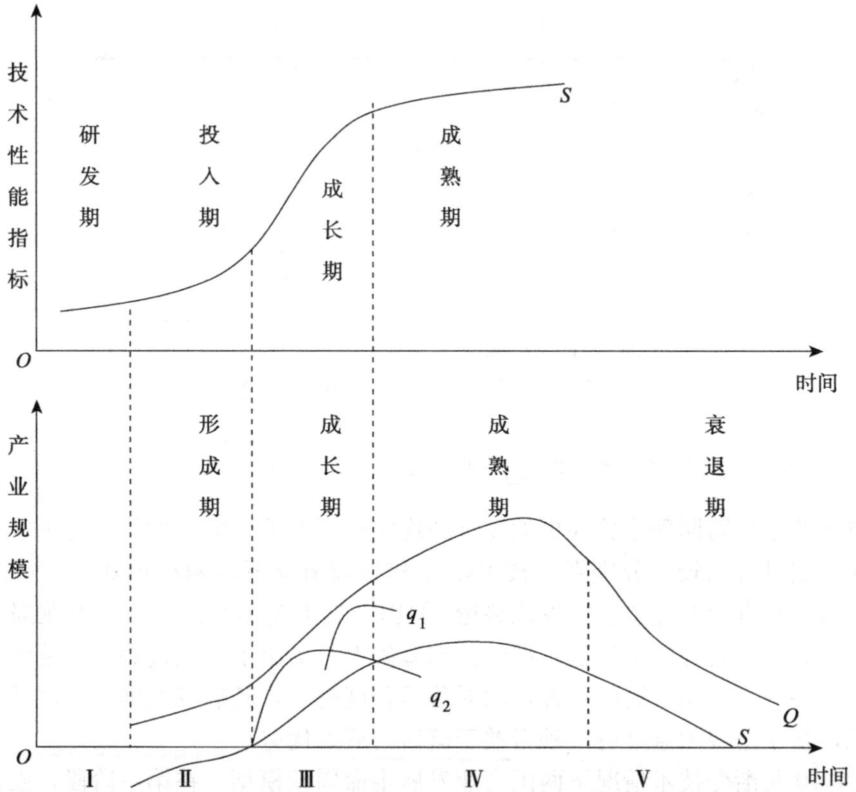

图 10.8 技术渐变下产业生命周期

但当今世界科学技术发展迅速，新技术范式出现的间隔越来越短，可能会出现技术突变的情况，此时产业和产业生命周期如图 10.9 所示。这时候产业规模曲线分为形成期(Ⅰ)、成长期(Ⅱ)、成熟期(Ⅲ)、调整期(Ⅳ)和衰退期(Ⅴ)五个阶段，而且随着技术的进步再次突破，在进入下一轮的周期循环。调整期是新旧产品系列的替代时期，旧产品系列的需求规模和利润下降，新技术不够成熟，配套资源缺乏，新产品系列尚未形成，产业规模增长缓慢，利润较小甚至为负盈利，而且整个产业转型需要支付高额的转换成本，需要投入巨大的研究开发费用，因此，产业发展面临着巨大的技术和市场风险。另外，这个时期企业技术竞争非常激烈，给企业带来技术创新，给小企业带来挑战大企业的机遇。伴随着技术范式下技术不断成熟、配套资源不断跟上，新产品系列进入成长和成熟期，从而迎来产业的振兴时期。

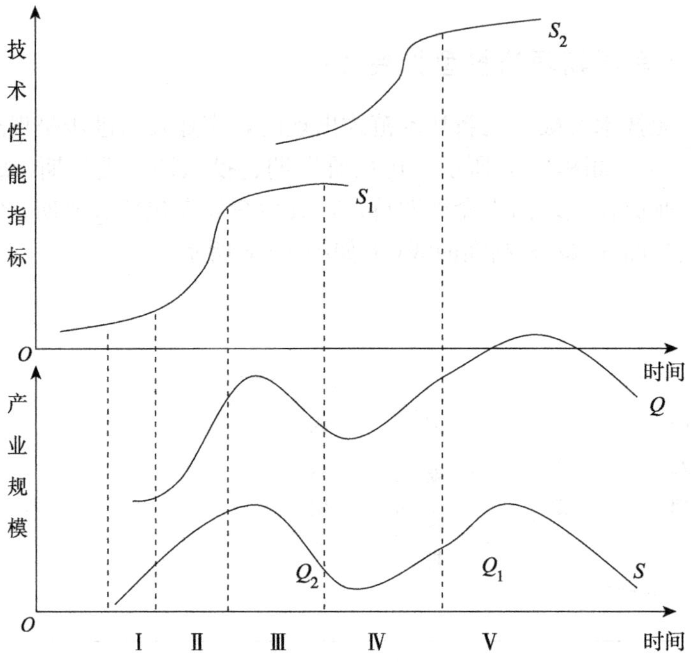

图 10.9　技术突变下产业生命周期

(四)产业生命周期理论模型扩展之二

当将产业生命周期理论放在更加复杂和现实的情况下考虑，如将发达国家和发展中国家放在一起进行比较，分别考虑技术渐变和突破情况下的两种模式。在这两种情况下，后发国家具有后发优势。后发优势论①的创立是由美国经济学家申克龙提出的，他在总结德国、意大利等国家经济发展经验的基础上，提出了后发优势论。他认为工业化前提条件的差异将影响发展的进程，相对落后程度越高，其后发的增长速度就越快，之所以如此，在于这些国家具有一种得益于落后的后发优势。

图 10.10 是渐变技术情况下两国产业发展生命周期模型。在第一阶段，发达国家产业处于成长期，发展中国家由于无技术且难于引进技术，产业尚处于萌芽阶段。在第二

① 郭熙保，胡汉昌．后发优势研究评述．山东社会科学，2002，(3)：15～20。

阶段，发达国家产业进入成熟期，发达国家通过商品贸易极力向发展中国家转移一些滞后的技术，从而使发展中国家的产业虽然技术进步滞后于发达国家，但也有一定的发展，随着技术的引进，发展中国家依靠自身低成本的劳动力、土地供给和交通运输在本国市场同发达国家展开竞争，从而促使发达国家通过兼并、收购等方式直接在发展中国家进行投资，从而实现技术和产业的转移，因此，后发国家的产业规模处于迅速上升的加速发展阶段，而且成长速度快于发达国家在成长阶段的增长速度，其投入期和成长期比发达国家经历的阶段要短得多。在第三阶段，技术进步接近极限，发展中国家的技术与发达国家的差距越来越小，由于技术引进和劳动力成本优势的结合，发展中国家对发达国家的产业优势迅速显现出来，从而加速了发达国家产业的衰退，产业实现从发达国家向发展中国家的大规模转移，是发展中国家的产业进入成熟并向发达国家出口产品的时期，出现了较长的产业黄金期。

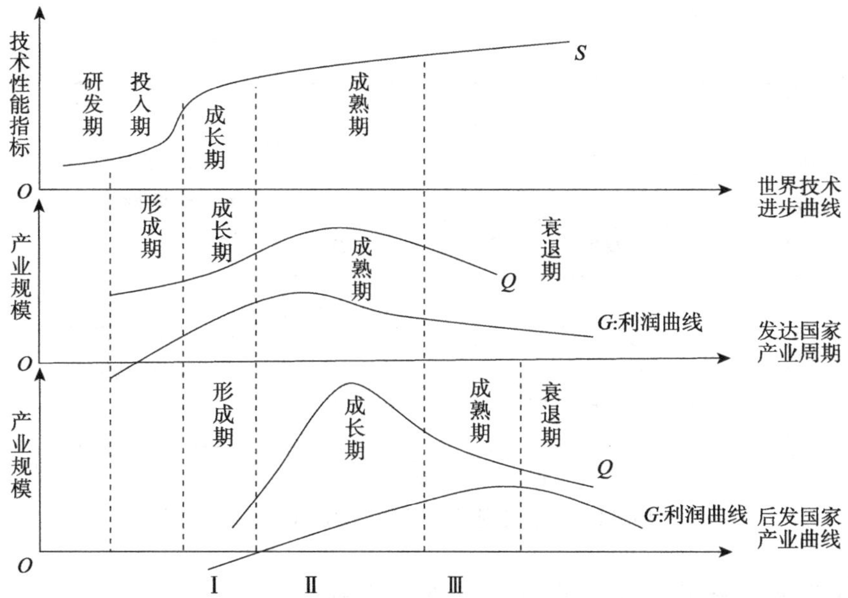

图 10.10　技术渐变下两国产业发展生命周期模型

技术突变下发达国家与发展中国家产业成长如图 10.11 所示。在第一阶段，原技术范式主导产业的发展，在原技术范式下的技术进步已趋于极限，新的技术范式在发达国家处于酝酿期，发达国家产业在原技术范式下已处于成熟期，其产业规模已有下降趋势，产业利润也开始下降；发展中国家在技术引进的作用下，产业发展处于迅速成长时期，产业利润也进入增长期。在第二阶段，发达国家的产业进入调整时期，新的技术开始出现，新技术范式支持下的产业进入成长期，原技术范式下的设备和技术加速寻求向发展中国家转移，从而使原技术范式下的产业规模迅速下降，进入新老交替的调整期，虽然新技术范式下的投入巨大，产业规模和利润都较小，原技术范式下的产业规模和利润也在下降，还面对巨大的转换成本，但是发达国家可以向发展中国家进行技术和产业转移，转嫁转换成本，可以通过实施产业保护政策减缓原技术范式下产业规模和利润的下降速度；在此阶段，发展中国家的产业规模和利润在原技术范式下达到很高的水平并逐渐开始下降。进入第三阶段，发达国家的技术逐步走向成熟，原技术范式下的产业已基本全部退出，新技术范式的产业正处于扩展时期；发展中国家进入产业的调整时期，原技术范式下的产业进入衰退时期，而且通过国际市场减缓原技术范式下的产业尚处于形成期，技术引进和产业发展需要巨大的投入。在第四阶段，新的技术已经成熟，发达国家的产业在国内已基本趋于饱和状态，开始向发展中国家输出产品、技术和产业；发展中国家在经过调整期后，通过技术引进和资本输入后的不断成长又进入产业的扩展时期，从而使产业调整进入新的振兴时期。

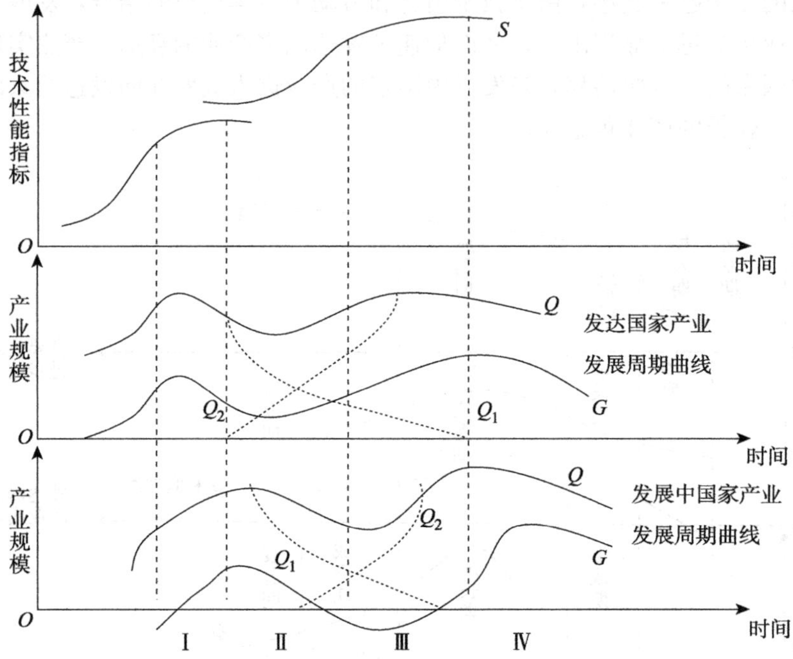

图 10.11 技术突变下两国产业发展生命周期模型

(五)产业生命周期各个阶段的特点及识别

产业生命周期一般形式的四个阶段，即形成阶段、成长阶段、成熟阶段和衰退阶段具有各自不同的特征。对各个阶段进行有效的识别以及对这些特征做深入研究具有重要的理论和现实意义。

1. 产业生命周期各阶段的识别

如果需要判断产业处在生命周期的哪一个阶段，一般要从以下几个方面加以考虑：①产业产出的变动，即产业的产出增长率，可以用产值及其增长率、销售收入及其增长率、产量及其增长率等指标来衡量；②产业投入的变动，即产业的投入增长率，可以用投资规模及其增长率、固定资产规模及其增长率、就业规模及其增长率、开工率等指标来衡量；③产业的投入产出效果可以用增加值率、资产报酬率、销售利润率、劳动生产率、资本生产率等指标来衡量；④产业市场需求变化情况以及技术创新等方面，可以用需求收入弹性(消费者收入变动率与它引起的对该产业需求的变动率之间的比率)来衡量该产业的发展前景。

2. 产业生命周期各阶段的主要特点

产业生命周期表现的阶段性特征为以下几方面，如表10.1所示。

表10.1　产业生命周期的识别依据

识别指标 / 生命阶段	产出变动	投入变动	投入产出效果	市场需求变化
导入阶段	前期增长率低，后期逐步提高	由少到多	由低到高	较小但有潜力
成长阶段	整个阶段增长率较高，中期以后有所下降	急剧增加	由高到低	由小到大
成熟阶段	产出增长率比较低，并逐步降低直至停止	逐步降低	最佳状态	有较稳定的市场需求量
衰退阶段	降至最低甚至出现负增长	开工率等严重不足	最低至亏损	下降至停滞

在导入期：从识别指标看，产业的产出增长率、投入增长率以及投入产出效果都较低，需求收入弹性不大。从企业看，企业数量少，集中程度高；技术不成熟，产品品种单一，质量较低且不稳定；市场规模狭小，需求增长缓慢，需求的价格弹性也很小；生产批量小，制造成本高，宣传推广费用大，产品价格偏高，销售量有限，企业通常不能获利。产业形成方式有产业新生、产业分化、产业派生和产业融合等。

在成长期：从识别指标看，产业的产出增长率、投入增长率以及投入产出效果开始上升，需求收入弹性加大。从企业看，大量产商进入，产业内部集中程度低；生产技术日渐成熟和稳定，产品呈多样化、差别化，质量提高且稳定；市场规模增大，需求增长迅速，需求的价格弹性也增大；产业利润迅速增长且利润率较高；进入壁垒低，内部竞争压力大，竞争形式主要表现为价格竞争。

在成熟期：从识别指标看，产业的产出增长率、投入增长率以及投入产出效果由高到低，需求收入弹性较大。从企业看，产业集中程度高，出现了一定程度的垄断；技术较成熟，产品再度无差异化，产品质量较高；市场需求增长速度明显减缓，需求的价格弹性减小；产业的利润达到很高水平；进入壁垒高，主要体现为规模壁垒，竞争手段转向非价格手段；持续时间很长，是产业发展的固定阶段，若有技术创新，则会有更长期的持续增长。产业扩张速度减慢，有最大的市场份额和稳定的产出与收入，社会普及率高，竞争重点转向成本和服务，利润下降。

在衰退期：从识别指标看，产业的产出增长率、投入增长率以及投入产出效果呈现负值，需求收入弹性变小。从企业看，厂商数量减少；需求逐渐减少，销售下降；利润降低；新产品和替代品大量出现，原有产业的竞争力下降；生产能力过剩，过度竞争，财务状况恶化，产业衰而不退；主要退出障碍为资本专用性、巨大的退出成本、关联性障碍、体制性障碍及政府和社会方面的障碍等。

(六)在产业生命周期各个阶段，产业经济地位的变化

处于产业生命周期不同发展阶段的产业，在国民经济中的地位是不同的，具有不同的特点：处在形成期和成长期的产业，被视为新兴产业、朝阳产业和先导产业，这些产业需求潜力巨大，产品技术先进，代表产业发展方向，具有发展成为主导产业的趋势；处在成熟期的产业，具有长期稳定的产出和收入，国民经济中的主导产业和支柱产业一般都是处于成熟期的产业，它们在国民经济中占有较大份额；处在衰退期的产业，也被称为夕阳产业，大多是传统产业，这些产业市场需求萎缩，产品老化，技术陈旧，在国民经济中的比重日益减小。

第三节 产业发展战略理论

产业发展战略对产业发展成功与否具有决定性的意义，产业发展战略需要研究产业发展中全局性的规律，确定产业发展的指导思想和基本原则，它与国民经济发展规划既有区别又有联系。

一、产业发展战略的含义

产业发展战略是从产业发展的全局出发，分析制约产业发展的主客观因素及其之间的关系，找出影响产业发展的决定性因素，从而制定的关于产业发展的总体规划和大政方针。或者说，产业发展战略是指从产业发展的全局出发，分析构成产业发展全局的各个局部、因素之间的关系，找出影响并决定经济发展全局的局部或因素，而相应做出的筹划和决策。产业发展是一个由各个局部和各种因素构成的复杂的全局活动，从空间来看，它是由各个地区(局部)的经济活动构成的；从行业来看，它是由各个部门的经济活动构成的；从经济运行过程来看，它则包含了再生产过程的生产、分配、交换、消费各个环节。构成产业发展全局的各个局部和各种因素在经济发展中所处的地位和作用不完全相同，但相互之间却存在着密切的制约关系，有着一定的发展规律性。因此，只有认真分析产业发展全局的各个部分和各个因素之间的客观联系，准确把握制约产业发展的决定性因素，才能制定出正确的产业发展战略。

产业发展战略是政府促进产业发展的关键性措施，它规定了产业发展的总目标和总方针，决定了产业发展的方向，正确的产业发展战略可以使一国的国内外资源得到充分利用，既可以发挥一国的比较优势，又可以促进产业结构的优化升级，促进产业布局和产业组织的合理化，实现产业的可持续发展。

产业发展战略与国民经济规划不是一个概念，它们之间既有联系又有区别。经济规划确定了一定时期内我们所要实现的具体任务和采取的相应措施，是根据产业发展战略制定出来的一种具体化的产业发展目标。

二、产业发展战略体系

产业发展战略体系包含战略思想、战略目标、战略重点、战略阶段和战略对策等要

素，其中战略思想是灵魂，战略目标是目的，战略重点、战略阶段、战略对策是措施，这些要素既有其各自不同的特征，又相互依存，构成了一个完整的产业发展战略体系。

(一)战略思想

战略思想是指导战略规划的制定和实施的基本思路与观念，它包括战略理论、战略分析、战略判断、战略推理。战略思想具体化后就可以逐步形成战略方针和战略目标。传统的战略指导思想只重视产业发展的速度，一些国家提出将生产本身的发展、提高生活质量和满足人们的基本生活需要作为战略目标，并用就业率、人均国民生产总值、国民识字程度、平均期望寿命、人口出生率和婴儿死亡率来衡量经济发展的状况。近年来，各国都十分重视可持续发展的战略思想。

(二)战略目标

战略目标是指在分析产业发展内外环境的基础上，根据战略指导思想做出的较长时期经济活动的预期结果。它有两层含义：一是战略要解决的中心问题，二是最终要达到的发展水平。

制定战略目标有以下几点要求：

第一，目标既要切实可行又要有激励作用。战略目标如果脱离国家经济发展和产业发展的实际而定得太高太美好，就会使该战略目标变成不可能完成的任务，而战略目标如果太容易实现，又会失去目标的意义。因此，制定产业发展战略目标要充分考虑国情和产业现状，在认真分析制约产业发展的各种因素的基础上，科学地预测产业未来的发展能力，努力使制定的战略目标科学合理。

第二，目标要便于衡量，要建立一个完整的指标体系来反映目标的实现情况。指标体系通常包括：①增长速度，包括产值、产品质量的增长倍数；②结构变化，确定重点部门和增长速度；③技术进步；④提高经济效益的要求，包括提高劳动生产率、提高产品质量、降低消耗、降低成本等；⑤提高人民物质文化生活的水平等。

第三，目标要保持相对稳定。稳定的战略目标是战略顺利实施的前提。

(三)战略重点

战略重点是指那些事关战略目标能否实现的重要而又薄弱的项目和部门。它是构成一套完整战略的基本要素之一。只有抓住战略重点才能保证战略目标的实现，因此战略重点也是战略目标的核心。

选择的战略重点可以是项目也可以是部门，能成为战略重点的是关键部门和项目，而且处于薄弱的环节。很多项目虽然重要，但并不薄弱，可以不作为战略重点。战略重点也不同于战术重点，它具有长期性，而战术重点指的是短期内的重点。

(四)战略阶段

产业发展战略的期限较长，短的在10年左右，一般为二三十年。因此，产业发展战略目标的实现不可能一步到位，必须一步一步地向前发展，必然要经过若干个阶段，将总的战略目标分解成各个阶段的分目标，通过一步一步实现分阶段的目标，最终完成总的战略任务。各个阶段相互独立又相互联系，前一个阶段是后一个阶段的基础，后一个阶段是前一个阶段的继续和发展，只有完成了前一个阶段的目标才能进入下一个阶段，各个阶段循序渐进，才能使战略目标最终实现。战略阶段的划分没有统一的模式，而是根据各自的战略特点来划分的，一般来说可以分为准备阶段、实施阶段和完善阶段。

(五)战略对策

战略对策是战略目标实现的一套重要方针、措施的总称。它是保证战略实现的手段，即战术。对策是一个“研究变化—抓住战机—采取措施—改变态势”的活动过程，通过这些活动达到实现战略目标的目的。

三、平衡发展战略与非平衡发展战略

(一)平衡增长理论与平衡发展战略

1. 平衡增长理论

平衡发展战略源于经济发展中的平衡增长理论。平衡增长理论形成于20世纪40年代，是指在整个工业或整个国民经济各部门中，按照同一比率或不同比率同时、全面地进行大规模投资，通过各部门之间相互配合、相互支持的全面发展，来彻底摆脱贫困落后的面貌，实现工业化或经济发展。该理论有三种具体形式：

(1)极端的平衡增长理论。这一流派的代表人物是罗森斯坦和罗丹。他们认为，发展中国家长期以来工业落后，基础设施不全，劳动生产率低，资本形成不足，加上资本供给、储蓄和市场需求的“不可分性”，小规模、个别部门的投资无法解决根本性问题，必须采取“大推进”战略，在各工业部门同时并按同一投资率进行大量投资。“大推进”理论主张发展中国家在投资上以一定的速度、规模持续作用于众多产业，从而突破其发展“瓶颈”，推进经济全面高速增长。供给会创造需求，各个部门就能产生相互依赖的市场，导致整个工业部门的全面增长，否则，就会出现有些工业部门发展过快、产品过剩、销路不畅，另外一些部门可能发展过慢，出现产品短缺。

(2)“温和的”平衡增长理论。这一流派的代表人物是纳克斯。他认为，发展中国家所面临的贫困的恶性循环是其不发达的主要原因。收入低导致储蓄少、需求小、投资引诱不足，从而又导致生产率低、收入低；收入低、购买力低、有效需求不足、市场狭小、投资引诱不足，导致生产率低、收入低。如此反复，形成了贫困的恶性循环，不发达的情况难以扭转。打破贫困恶性循环的关键就是要突破资本形成不足这一约束条件，而影响贫困形成的主要因素是决定投资预期的市场有效需求不足，只有进行全面的大规模投资，使国民经济各部门同时扩大和全面增长，才能摆脱这一困境，但因各部门产品的需求价格弹性和收入弹性大小不同所产生的各部门的发展能力和潜力的差异，各部门的投资比率应有所不同。弹性大的部门，表明发展不足，有潜力，应多投资；弹性小的部门，表明发展已过快，应少投资。

(3)完善的平衡增长理论。这是一种综合了前两种理论特点的理论，其代表人物是斯特里顿。该理论在强调扩大投资和国民经济各部门全面增长的同时，也主张依据各产业的产品需求收入弹性来确定不同的投资率和增长比例，以个别部门的优先增长来克服经济发展中的“梗阻”问题，最终达到各部门的平衡增长。这种理论是把不平衡增长作为手段、把平衡增长作为目标的一种动态平衡增长理论。

三种理论虽然有所不同，但是它们都主张落后国家在发展经济的过程中，各工业部门应平衡发展，都强调了大规模投资的重要性和全面发展经济的必要性，而在如何实现平衡增长的问题上，它们都主张实行国家干预，由国家来制订统一的经济发展计划。他们认为，在发展中国家，市场不健全，市场机制作用十分有限，因而通常的价格刺激只能在很小的范围内起作用，并且这些作用因经济中的不可分性和技术的不连续性而很难产生实际效用。更为重要的是，即使市场机制发挥作用，要在短期内起到集中大量投资在全国范围内分配和配置资源并使各部门同时发展的作用，是不太可能的。所以，只有依靠宏观经济的计划，才能担负起平衡增长的重担。

平衡增长理论为发展中国家迅速摆脱贫穷落后的困境、实现工业化和经济增长提供了一种发展模式，对一些发展中国家的实际经济发展产生了一定的影响。然而，平衡增长过分依赖于国家计划和政府干预，而忽视了政府失灵的可能性，一旦计划失误，大规模投资所造成的损失往往是灾难性的，更为重要的是，这种模式限制了市场体系的发育和发展，其直接后果是导致经济效率的丧失。

2. 平衡发展战略

平衡发展战略是指通过国民经济各部门的相互支持、相互配合，全面发展和实现工业化的一种战略。它包含两个方面的内容：一是投资应该大规模地进行，二是各部门均衡发展。平衡发展战略的实质是要克服经济发展中的不可分性的障碍，以获取内部经济利益，并在扩大经济规模的基础上获得外部经济的利益，以此迅速推动发展中国家的工业化。

平衡发展战略有很多优点：第一，有利于克服发展中的各种供求矛盾，有利于实现规模经济，从而保证经济各部门的获利，推动经济迅速发展。因为从供给的角度来看，通过全面投资使各部门相互提供投入，避免了供给“瓶颈”以及辅助生产要素缺乏所引起的资本浪费；从需求平衡角度来看，各部门的均衡发展使所创造的收入刚好吸收各部门的产品。第二，能够促进产业空间布局的合理化，实现各地区经济的协调发展，缩小地区差别。

但是平衡发展战略也有很大的局限性：该战略只有在资源相当丰富、资本十分充足的条件下才能有效地实施，实施起来难度很大，对于资本短缺、外汇不足、人才缺乏的发展中国家来说，采用这一战略不太合适。

(二)非平衡发展理论与战略

1. 非平衡发展理论

平衡增长理论和战略后来受到了一些发展经济学家的质疑和批驳，赫希曼就是其中的一位，他在1958年出版的《经济发展战略》一书中指出了平衡增长理论的不可行性，并且提出了非平衡发展理论。非平衡发展理论认为，在投资资源有限的情况下，发展中国家应该重点发展某些产业，首先使这些产业发展起来，然后通过投资的诱导机制和产业间、地区间的联系效应与驱动效应，带动其他产业和地区的发展，从而实现整个经济的发展。

关于如何选择优先发展的产业的问题，赫希曼提出的“引致投资最大化”原理、“联系效应”理论和优先发展“进口替代工业”原则为选择提供了依据，它们也构成了非平衡发展理论的核心内容。

“引致投资最大化”原理认为应该优先发展能产生最大引致投资的产业和部门。例如，在资源有限的条件下，在基础设施投资和一般生产性投资之间，应该优先进行一般性生产投资。因为一般性的生产投资能刺激进一步投资，能使引致投资最大化，产生最有效的投资收益。

“联系效应”理论认为在选择投资项目时，应该选择有联系效应的产业，如果多个产业都有联系效应，那么联系效应最大的产业为最优。所谓的联系效应就是指国民经济中各产业之间存在的相互联系、相互影响和相互依存关系。赫希曼将其分为前向联系和后向联系。前向联系是指一个产业同吸收它的产出的产业之间的联系，而后向联系是一个产业同向它提供投入的产业之间的联系。联系效应的大小可以用产品的需求价格弹性和收入弹性来度量，价格和收入弹性越大，表明该产业的联系效应越大。

优先发展“进口替代工业”原则是在“联系效应”理论的基础上提出的，它说的是发展中国家除了制造业，尤其是加工业之外，其他的产业的联系效应都很弱，因此应该优先发展加工业，又因为其中的进口替代具有较强的前、后向联系效应，因此进口替代工业应该首先被发展起来。

2. 非平衡发展战略

非平衡发展战略主张，发展中国家应将有限的资源选择性集中配置在某些产业部门和地区，首先使这些部门和地区得到发展，然后通过投资的诱导机制和产业间、地区间的联系效应和驱动效应，带动其他产业部门和地区的发展，从而实现整个经济的发展。优先发展重工业和优先发展轻工业战略都属于非平衡发展战略。根据赫希曼的非平衡发展理论，在安排产业发展顺序时，应优先选择那些具有最大后向联系和前向联系的部门。因此，在选择社会初始投资时，不是选择生产最后制成品的产业，而是应当选择那些靠近投入产出矩阵中间部分的部门，即那些既有后向联系又有前向联系的部门发展。

究竟是采取平衡发展，还是非平衡发展战略。从行政管理的角度来说，非平衡发展的要求低于平衡发展。但政府在进行决策时必须收集大量数据，需要选择一些部门和领域，比较它们的相对利益，建立适当的制度以刺激投资。一般来说，在一个贸易收入比率比较高的国家中，执行非平衡发展战略较为合适；而在一般情况下，经济则需要平衡协调发展。从长期看，平衡发展应当是一个目标，而非平衡发展可以作为实现平衡发展这一长期目标的手段。

四、进口替代与出口促进产业发展战略

（一）进口替代产业发展战略

进口替代发展战略是指发展国内制造业代替制成品进口的内向型产业发展战略。

“中心-地缘论”和二元经济发展模式理论是实施进口替代战略的理论基础。“中心-地缘论”是由阿根廷经济学家普雷维什率先提出的，他认为传统的比较优势理论并不适合发展中国家，发展中国家应该摆脱不合理的国际分工体系，走独立自主的经济发展之路。二元经济发展模式理论认为，发展中国家普遍存在着以现代工业部门为代表的弱小的资本主义部门和以传统农业部门为代表的强大的非资本主义部门的二元经济结构，因此发展中国家应该在政府的保护下，排除来自发达国家的竞争，通过发展本国的工业部门带动国民经济的发展。

进口替代战略以实现工业化为战略目标，以发展本国制造业为主要战略方针，以实行贸易保护政策、抵制国外制成品的进口和竞争、保护国内市场和发展民族工业为主要战略措施。战略大体可以分成两个阶段：第一个阶段是用国内生产的非耐用消费品代替进口的同类产品；第二个阶段是用国内生产的耐用消费品、重工业产品和化工产品代替进口品。进口替代战略适合于那些有丰富的自然资源和劳动力资源、国内市场容量比较大、经济结构呈现二元性特征的国家。

进口替代战略的优点是：促进了民族经济的发展，经济自给自足的能力提高了，有利于减少对外国资本和市场的依赖；建立了一定的产业基础和基础设施，培养了一批熟练的生产工人、技术人员和管理人员，有利于改造以农为主的产业结构，对发展中国家工业化和经济的增长起到了积极的推动作用。其缺点是：进口替代战略需要政府实行贸易保护政策方能有效进行，存在着经济的自给自足的发展倾向。而这种将自己封闭起来的战略不利于借助外部的资源和技术发展国内的经济，造成了本国企业缺乏竞争力，不利于降低生产成本和提高产品质量，因此本国产品国际竞争力较弱，随着国内市场的饱和，产品会出现销售困难的现象，导致经济发展停滞。另外，对进口替代产业实行保护和扶植，必然导致国内各集团和各阶层间的收入不均等状况更加严重。一些学者认为，进口替代战略的核心问题是，它违背比较利益原则，通过人为的干预，将资源或生产要素转向自己具有比较劣势的部门或产业，因而经济发展的速度不但不会加快，反而会减缓。

（二）出口促进产业发展战略

出口促进战略主张优先发展出口产业，通过扩大出口来增加资金积累、扩大市场和实现规模经济，带动整个经济的增长。这一战略是建立在比较利益理论基础上的。比较利益理论认为一国可以通过利用比较优势从国际贸易中获得收益，带动经济增长。出口促进战略以实现工业化为战略目标，以发展面向出口的加工制造业为主要战略方针。

20世纪60年代，许多发展中国家和地区实行了战略转移，由进口替代战略转向了出口促进战略。当时的国际背景是发达国家正处于第二次世界大战后经济发展的“黄金时代”，国际贸易迅速发展，发达国家对发展中国家劳动密集型产品的需求不断增加。而当时一些发展中国家进口替代战略的缺陷日益暴露，它们不得不另外寻找发展经济的新途径。与此同时，一些发展中国家通过实施进口替代战略已经使国内有了一定的工业基础和基础设施条件，有了一批熟练的生产工人和技术、管理人员，国家管理国民经济的能力显著提高，积累了一些发展对外经济关系的经验，这些都为发展中国家的战略转移创造了条件。

出口促进战略对于促进和加快发展中国家经济的发展具有重要的意义：首先，这一战略强调在科学技术高度发达的今天，区域一体化和经济全球化已经成为了不可逆转的趋势，只有充分利用国内和国外两种资源、两个市场，积极参与国际分工，加速外向型经济发展的步伐，大力发展对外经济联系和经济合作，这才是发展中国家加快经济发展、缩小同发达国家差距的一条重要途径。其次，这一战略为一些发展中国家和地区摆脱实施进口替代战略所造成的困境提供了一条新的出路。出口促进战略能为实施进口替代战略陷入困境的发展中国家做出新的选择，使那些及时转向出口促进战略的发展中国家和地区以国际市场为目标积极发展国内主导产业的产品出口，带动关联产业和整个经济的发展，改善经济结构，提高经济效益，增强竞争力，从而在一定程度上摆脱进口替代战略所导致的困境。最后，出口促进战略的实施，对一些发展中国家和地区国民经济的增长产生了明显的推动作用。

但是出口促进战略也存在一些缺陷：一是在一些发展中国家，出口产业的发展往往依赖于关税保护和价格补贴，从而造成生产效率和经济效益低下，实际换汇成本高昂，国家财政不堪重负；二是经济发展在很大程度上取决于国际市场对制成品的需求能力，因而在世界经济衰退和贸易保护主义盛行时期，实行这种战略国家的经济容易受到国际市场的冲击；三是突出和强调出口产业的发展，常常导致其他产业所需要的资金和资源流向出口产业，造成其他产业投入不足，直接影响这些产业的发展，甚至导致经济结构失调和经济的畸形发展。

（三）进口替代和出口促进相结合的发展战略

进口替代和出口促进相结合的战略是指进口替代产业和出口促进产业结合并重、协调发展的内外向结合型产业发展战略。一些发展中国家取得民族独立后，为了促进生产的快速增长和实现工业化，一般都经过进口替代阶段来保护民族产业的成长阶段，在进口替代任务基本完成后，有的国家转向实施出口促进发展战略，也有些国家在积极扩充国内市场需求的基础上，不断扩大进口替代的广度和深度，并逐步实行对外开放和鼓励出口制成品的政策，实行进口替代和出口促进相结合的发展战略，这一战略适用于那些幅员辽阔、自然资源丰富、人口众多、国内市场容量潜力较大的发展中国家。

进口替代和出口促进相结合的战略将进口替代和出口促进两种战略恰当地结合起来，可以扬长避短，实现优势互补。首先，实施这种战略可以减少由于实行出口替代战略所受的国际市场的冲击和发达国家经济周期的不利影响，增强本国独立自主的产业基础，防止对外的过分依赖，使本国经济更加协调稳定。其次，这一战略也有利于克服由于长期实行进口替代战略所造成的国际收支逆差扩大的困难，有利于消除国内市场容量有限对工业发展的束缚。此外，实施这一战略的国家还可以充分利用国际分工、市场、贸易、资源、投资、技术的作用，发挥比较优势，获取比较利益。但是这种战略同样也存在着缺点，它并没有摆脱传统战略共有的一些弊病，如经济发展导致两极分化严重等问题。此外，有些国家由于过多地吸收了外国资本，还造成了债务负担日益沉重等问题。

五、轻、重工业优先发展战略

(一)优先发展重工业

重工业是生产生产资料的工业，是国民经济扩大再生产和进行技术改造的物质基础，在国民经济中起主导作用，对推动国民经济各部门的发展、建立独立自主的国民经济体系、巩固国防和发展科学研究事业等，都具有重要意义。从长期来看，发展中国家要在技术进步条件下实现扩大再生产，并实现工业化和独立自主的地发展国民经济，就要优先发展重工业，使生产资料生产的增长速度快于消费资料生产的增长速度。所以，有些发展中国家在推进工业化进程中实施了优先发展重工业的策略。

优先发展重工业的战略，并不是片面发展重工业，而要求在农业、轻工业和重工业发展中，重工业的投资多些，速度更快些，但是，有些实施优先发展重工业战略的国家，没有相应地安排其他部门的发展，忽视农业和轻工业，因而严重地影响了人民群众生活的改善。同时，由于没有轻工业和农业在市场和资金等方面的相应配合与支持，重工业孤军奋战，基础薄弱。另外，发展重工业占有的资金多，建设周期长，发挥效益慢，从而难以迅速提高整个国民经济的增长速度。基于以上种种原因，一些实施优先发展重工业战略的国家，后来都不得不进行了战略调整，加强了农业和轻工业的发展，以求得整个国家经济协调发展。

(二)优先发展轻工业

一般来说，发展生产人民群众生活消费品的轻工业，需要的投资少，建设周期短，资金周转快，利润大，而且多属劳动密集型工业，因而有利于扩大就业，改善人民生活，迅速提高经济发展速度。另外，生产普通消费品的轻工业所需机器设备和工业技术较简单，而且原料大多来自农业，所以，许多发展中国家实施了这一战略。

对于发展中国家来说，实施优先发展轻工业战略虽然有许多可取之处，但是长期实行这种战略也会产生一些弊端，特别是国民经济各部门所需的机器设备和中间产品主要依靠进口，因而难以摆脱对外依赖性，不利于建立独立自主的国民经济体系。所以，除了工业化初期，或者前一时期片面发展重工业从而导致轻工业严重落后的情况下，可以在一定时期实施优先发展轻工业战略外，一般应积极创造条件，逐步加快重工业的发展步伐，以争取建立完整的国民经济体系。

第四节 中国产业发展战略选择

一、我国目前的产业现状

改革开放以来，特别是进入 21 世纪以来，我国产业的发展处于非常独特的环境中，在此条件下，我国产业正在进行四个方面的过渡和转变：从计划经济向市场经济过渡；从农业社会到工业化社会，再到后工业化或信息化社会过渡；从封闭经济向开放经济转变；从注重数量增长的粗放发展模式向注重质量和效益的集约发展模式转变。但要做到这些方面的转变，我们面临着复杂多变的国内和国际环境。国内方面，首先是面临着地区、部门之间巨大的差距和差异，发展非常不平衡；其次制约我们实现科学发展的环境、资源因素非常多。而国际方面，没有宽松的外部环境，尤其是国外对我国的关键技术封锁一直存在。

根据比较优势力量，我国目前的劳动力相对充足，自然资源也比较丰富，可以发展资源密集型和劳动密集型产业。但随着全球经济和科技的不断发展，一个地区的经济增长越来越依靠资本、技术和知识等"创造性资源"，而这些资源在国际和地区之间的流动性非常强，这在一定程度上削弱了对要素禀赋的依赖。同样，按照后发优势理论，后发国家可以直接学习、模范、引进发达地区的技术和制度，提高经济效益。但是，这种后发优势只是后发国家的一种潜在发展优势，而非是一定就拥有的优势。

我国是世界上最大的发展中国家，事实上也一直是按照比较优势原则大力发展了我们的劳动密集型产业，通过30多年的改革开放，积极参与国家分工和合作使劳动密集型产业不断壮大，显示出了比较强的竞争优势。但是，由于过去忽视了产业比较优势的动态变化规律和加快实现从比较优势向更多竞争优势的战略转变，随着世界劳动密集型产业国际市场容量的缩小和出口价格的下降，我国出口劳动密集型商品的比较优势正在不断被削弱。因此，根据我国各产业发展的现状和存在的问题，结合我国产业的比较优势的动态变化，调整中国现阶段产业发展战略，加快实现从比较优势向竞争优势转变，就显得尤为重要和紧迫。

二、我国当前产业发展战略选择

根据现阶段我国的国情来看，我们既具备比较优势的基础，又具有后发优势的条件，因此，我们可以采取双重优势组合战略，迅速缩小同发达国家或地区之间的差距，通过利用比较优势建立起一批具有相对竞争优势的产业，形成地区特色经济，达到一定程度的资本积累；同时充分利用后发优势，学习、模仿发达地区经济发展的经验和成果，在技术和制度上与发达国家接轨，使地区产业结构不断升级，实现经济转型。具体来说，实现产业发展从比较优势、后发优势向更多、更高和更强的竞争优势转变，就是将一国产业的竞争力从供给转向需求的实现过程，更是实现产业结构调整和优化升级、增强国际竞争力的关键所在。以产业国际竞争优势为导向，实现从比较优势向竞争优势转变，集中体现在如何促进现有产业在充分利用现有比较优势的基础上，积极创造和采用新技术，加快提升一国生产力发展水平，以高技术产业和高附加值产业实现国际竞争优势。为此我们有以下几方面的产业战略发展选择。

（一）由比较优势向竞争优势转变

继续加强现有的比较优势，巩固出口加工组装基础地位，同时努力提升产品的高科技含量和附加值，逐步实现由比较优势向竞争优势转变。继续巩固出口加工组装基础的地位，积极参与国际分工，并逐步延长产业链，尽快介入国际化产业链条中附加值大、科技含量高的一环，利用我国劳动力成本相对较低的优势，生产出更具价格竞争力的高技术产品。实现高新技术向传统产业的渗透，在对现有生产设备和工业进行大规模技术改造的同时，提高技术管理人员的素质，以便对传统的劳动密集型产品进行深加工、细加工，提高其附加值，形成劳动密集型产品的中国特色，形成非价格竞争优势。按照产业链协作配套的原则，整合现有的各类出口加工区和工业园区资源，提升同类企业的投资密度，通过产业空间集聚，培养具有竞争优势的产业集群，以提升我国产品的国家竞争力。

（二）由后发优势向竞争优势转变

发挥后发优势，加快技术引进，尤其积极进口发达国家的先进技术和设备，扩大和提高引进国外直接投资的规模和质量，快速实现由后发优势向竞争优势转变。积极扩大进口国外最新生产设备和技术，实现引进—模仿—吸收—消化—创新的有机结合，在适当的保护和激励下，使技术密集型产业通过“干中学”的锤炼而成为出口主体，使其优势迅速从潜在变为现实。对利用国外直接投资的产业领域进行战略调整，在鼓励外商扩大投资规模的同时，引进先进技术、现代化管理和专门人才，努力提高利用外资的质量和水平。对利用国外直接投资的企业主体进行战略调整，积极吸引世界著名跨国公司总部，包括设立区域总部、职能总部、研发中心、投资公司等，特别是500强跨国企业，是我们今后引资的重点，鼓励采取跨国收购与兼并方式，争取引进一批核心龙头企业，带来一群关联、配套企业，形成产业集群效应，提高产业竞争力。

（三）由仿制、模仿创新向自主创新转变

努力培养自主知识产权优势，加快自主知识和技术创新步伐，积极扶植战略基础地位的产业发展，彻底实现由仿制、模仿创新向自主创新转变。改革开放30多年来，基本上形成了仿制和模仿创新的产业技术进步格局，随着产业发展阶段的转变，继续按照老路难以维持下去，也无法支撑国民经济的发展，必须走自主创新道路。将具有自主知识产权的高新技术与丰富而廉价的劳动力资源结合起来，生产在国际市场上具有竞争力的产品，创造具有世界影响力的品牌和名牌，这是包括我国产业发展在内的实现中国真正强大和复兴的必经之路。要积极研发具有独立知识产权和新技术的产品，建立和完善风险投资及其回报体系，为企业发展提供不竭的动力支撑。在以自主技术创新为主体的基础上，选择一些对经济发展有重要影响、市场前景看好的适用先进技术成果，进行产业化建设，进而形成高技术产业群，培养一批高技术产品出口企业参与国家竞争。推进国家创新体系的建设，在高新技术产业部门以及具有战略意义的产业部门，必须掌握自主研究能力，自主开发具有自主知识产权的核心技术，建立以自主知识产权为基础的标准体系。同时，要选择一些在国内或国际市场上成长力量强、发展前景广阔的产业作为战略产业，以国家力量大力扶植、培养一批重点企业和核心企业，成为带动中国经济长期稳定发展的增长极。

第五节　加快新兴产业发展

发展新兴产业成为美国等西方国家产业发展的重要趋势和政策导向，我国在2009年也提出培育战略性新兴产业。培育战略性新兴产业必须从新兴产业的性质、特点和形成规律出发，制定有效的战略和政策。

一、新兴产业的性质和特点

什么是新兴产业？通常有两种理解：一种认为新兴产业是由新兴技术形成的产业，另一种则认为新兴产业就是高技术产业。事实上，这两种理解都是从技术角度出发的认识，没有涉及新兴产业的经济性质。从经济属性上来看，新兴产业是同传统产业相比较而言的，它不是在传统产业的经济形态下新出现的若干产业，而是指一批具有全新经济形态的产业群。因此，所谓新兴产业就是以新能源为动力、以新材料为原料、使用智能技术或生物技术的产业。新兴产业一般都具有如下四个主要特点：

(1)生态性。传统产业以石油、煤炭、天然气等化石能源为动力，农业是机械化和化学化的高排放、高污染产业。新兴产业以太阳能、风能、生物质能、核能、水能等可再生能源为动力，农业则是生态农业。

(2)循环性。传统产业大量消耗土地、森林、水、钢铁、水泥、有色金属等资源，产出率较低，造成巨大的资源浪费；新兴产业是循环经济，强调的是减量化、再利用、资源化。

(3)智能性。传统产业是自动化的；而新兴产业则以现代通信与信息技术、计算机网络技术、智能控制技术为支撑，人、物、机相结合，生产智能化。

(4)福利性。传统产业是过度消费性产业，提倡奢侈消费、超前消费、过度消费，追求产值最大化；而新兴产业则把生产规模维持在合理的水平，追求福利最大化。

四个特点构成了新兴产业的战略性的主要内容。新兴产业的性质和特点，说明它是一种全新的经济形态，很可能孕育新的产业革命。虽然高技术产业与新兴产业在技术上有很大重合，但在产业上，高技术产业没有完全超出传统经济形态，或者说它在传统经济形态下，表现为技术的高端化和研发投入的密集化。随着新兴产业的发展，其战略性必将表现为广泛的带动性和巨大的市场空间。因此，培育新兴产业对世界经济结构的调整、对中国经济结构的调整都具有战略意义。

二、新兴产业的经济社会来源

新兴产业是对传统产业的一场革命，但它的来源是什么呢？就我国的实践来看，新兴产业主要有四种来源：

(1)科研成果产业化。这是新兴产业最基本的来源。当新的科学发现或技术发明通过小试、中试而变成工艺和产品，并进而建立产业链，形成稳定的市场时，新兴产业就形成了。我国科研成果产业化能力不断提高，但目前尚没有通过科研成果首先形成战略性新兴产业的能力。

(2)从传统产业分化。这是新兴产业形成的又一基本来源。在传统产业的基础上，改变原有动力、材料、结构、工艺，采取新的技术路线，形成新兴产业。从马车到蒸汽机车、内燃机车再到电力机车，从胶片相机到数码相机，从玻壳电视到平板电视等，都不只是突破一两项技术，而是整个技术路线的创新。

(3)从发达国家引进。有些新兴产业在国外已经形成但国内尚不存在的，可以通过引进外国资本、外国技术建立我国新兴产业。我国不少高技术产业都是这样形成的。时至今日，外资已经成为我国高技术产业的主导。

(4)社会事业产业化。原来是社会公益事业，但随着市场经济的发展，政事分开、事企分开，大量社会事业变成公益型产业，由政府规划，交由企业经营，从而形成新兴产业，如城市垃圾处理等环保产业等。

三、新兴产业形成的技术经济规律

新兴产业的形成具有自身的技术规律和经济规律。从国内外的情况来看，主要有以下四条。

1. 新兴产业只能发生于原始创新

原始创新是新兴产业形成之源，离开原始创新就没有新兴产业。无论是科学发现、技术发明的产业化，还是产业技术路线的创新，都涉及对自然现象和规律的新解释、对科学和技术原理的新回答。迄今为止，以重大原始创新为基础的新兴产业主要都发生在美国等发达国家。我国面临的绝大多数情况是：新兴产业在国外已经出现了，但核心技术无法引进。因此，要建立这种新兴产业，必须依靠自己重新进行原始创新。即使从发达国家引进的新兴产业，不依靠原始创新也无法实现高端化；由社会事业转化而来的新兴产业，没有原始创新支撑也发展不起来。

2. 新兴产业多出现于科技型小企业或科研生产综合体

大企业具有成熟的技术轨道，下陷成本巨大，垄断利润丰厚，因而对采用新技术往往比较迟疑，对“毁灭性创新”大多予以封杀；而科技型小企业一般是通过“毁灭性创新”实现创业的，其机制灵活、创新活跃、具有高成长性，往往是新兴产业的摇篮。IBM、谷歌，包括中国的百度、搜狐等，都是从小企业发展而来的，正是这些小企业成就了新兴的信息网络产业。再者是企业化的科研院所或者研发型的企业，我国自 1999 年后改制的开发类院所以及在市场经济中新出现的多种所有制的研究院所、研发集团，都具有研发生产一体化的特点，既搞基础研究，也搞生产，同时研发又有硬性的财务约束，容易形成新兴产业。大飞机产业的形成目前采取的就是这种模式，计划经济条件下中国航天工业、核工业的形成采取的也是这种模式。

3. 新兴产业形成初期具有较高的风险

新兴产业由于处于产业生命周期的萌芽期，技术不成熟，产业不配套，设施不同步，市场不稳定，政策不明确；同时由于新兴产业对传统产业的替代，加速传统产业的毁灭，新兴产业必然受到传统产业的打压，这给新兴产业带来较高的风险。特别是下陷成本和研发成本巨大，使新兴产业在萌芽期并不经济，因此萌芽期往往也是死亡谷。

4. 新兴产业形成过程也是商业模式创新过程

新兴产业形成的过程，既是研发过程，也是产业化过程和市场化过程。如果没有与新兴产业相适应的商业模式创新，形不成热销产品和持续市场，新兴产业就难以形成。改革开放初期苹果电脑最早进入中国市场，但由于其僵化的商业模式，在中国已很少看到其产品了。万燕公司最早开发出 VCD(video compact disc，即影音光碟)播放机，但由于市场开发不当，败走麦城。

四、培育新兴产业的战略选择

培育新兴产业不能走传统工业化的道路，必须解放思想，采取先发战略。

1. 采取先发战略造成局部绝对强势

后发国家的工业化，一般从后发优势出发，采取后发战略。后发战略有两个基本要点：在技术上跟踪模仿，在产业上承接转移。所谓技术上跟踪模仿，表现在技术选择上就是以先发国家的选择为选择，先发国家干什么，后发国家就干什么；表现在技术路线上就是以先发国家的技术框架解决问题，面向外需，顺轨创新。所谓承接产业转移，就是按照先发国家主导的国际产业分工，按照技术和市场两头在外、加工环节在内的模式承接国际加工制造业，同时也承接高消耗和高排放。后发战略虽然有其历史贡献，但由于现今的情况变了，仍然采取后发战略培育新兴产业无法再取得成功，应采取先发战略。

当后发国家的某些方面出现重大的积极的变化以后，其应集中优势打歼灭战，在一些地区、一些产业、一些领域跳跃发展，造成局部的绝对强势，进而带动全局跃升。这是一种不平衡的发展战略和面向内需的战略，在技术选择和技术路线上，不是跟着先发国家的外需走，而是根据国内需求走，在满足国内居民的生产生活中选择技术，在人民的衣食住行领域进行技术创新；在产业选择上，也不是为先发国家的新兴产业配套，而是立足优势，扬长避短，形成高端产业。面向内需与面向未来并不矛盾，未来不在别的地方，而在内需里，离开内需则没有未来。

先发战略与超前部署不同。超前部署是说在还没发展的时候，科学研究就先布局；先发战略不是说先布局，而是先发展，先占实地。超前部署很重要，先发战略也很重要。

2. 中国正处于先发创新的历史节点

当年邓小平同志提出让一部分人、一部分地区先富起来，我们今天已经开始自主创新，应该让一些地区、一些产业、一些领域先强起来。

首先，作为后发国家，我国已经具备了局部先发优势。最重要的积极变化是制度方面的，我国已经确立社会主义市场经济体制，我国的科技体制也基本完成了市场化改革。

其次，我国已经成为世界最大的经济体之一，拥有一个比较完整的科研体系，国家创新体系正在形成，科技人力资源世界第一。

最后，我国对新兴产业具有强烈的需求。我们正处于传统工业化的中期，同时也处于资源、环境可能性边缘，高消耗、高能耗、高排放的生产方式已经不能持续。特别是我们虽然与发达国家的新兴产业技术有很大差距，但与传统产业技术相比，这个差距要小得多。大家都刚起步不久，距离尚在可及范围。技术创新有两种：一种是常规创新或顺轨创新，虽然有突破，但没有超出老的技术框架；另一种是毁灭性创新或变轨创新，完全改变了技术路线，所用材料、结构、工艺都发生了根本变化。新兴产业的创新属于后一种，所有的企业、所有的经济体在这种技术面前都是从头开始。

我们正处于历史的重要节点，已经到了在部分地区、部分产业、部分领域先发创新的伟大时刻。从历史上看，美国超过英国、欧洲国家超过近代中国，都是在这样的历史节点开始的。

五、培育新兴产业的政策选择

1. 制定挑战性的新兴产业目标

要制定产业目标，而不是技术目标。技术本身没有方向，只有确定了具体的产业目标，技术才能获得明晰的研发定位。没有产业目标，关键技术、核心技术是无法突破的。目标的设定还必须具有挑战性，向上位竞争，即根据我们自己的优势设定一些切实而顶尖的目标，争取在某些产业或者产业的某些环节高端化达到世界一流的水平。例如，德国、日本在光伏发电产业链上，把硅提纯环节做到世界第一；韩国在电动汽车产业链上，把电池环节做到世界第一。

2. 制定三位一体的新兴产业创新政策

新兴产业的形成，不仅取决于研发能力，而且取决于产业化能力和市场化能力。我国的太阳能产业两头在外——高端技术在国外，市场在国外，基本没有内需；风能资源较好，但高端设备靠进口，这使产业难以健康发展。因此，我国必须制定研发、生产、市场联动发展的一揽子政策，边研发、边生产、边使用，促进企业商业模式创新，复合推进新兴产业发展。

3. 制定面向小企业的新兴产业创业政策

从全世界来看，科技型小企业是新兴产业的生力军，应该制定面向科技型小企业的创业政策，鼓励民间资金通过多种形式进入新兴产业创业领域；配套资助科技型小企业在新兴产业领域创业。

4. 建立以企业为主体的政府专项研发机制

把市场机制引入政府重大科技专项，政府规划招标、配套资助，以企业为主体运营。引导企业把国家目标、公共目标分解转化为企业目标，吸引各级各类企业加入国家目标、公共目标的研发，通过企业创新活动培育新兴产业。

5. 依托企业化研究院所建立新兴产业孵化基地

鼓励多种所有制的企业化研究院所开展竞争前技术研究，在细分市场、特定领域建立新兴产业，进而形成战略性新兴产业；鼓励企业化研究院所建立新兴产业园区和企业孵化器；促进科技与资本相结合，鼓励企业化研究院所局部上市或总体上市，培育新兴产业。

6. 选择若干产业作为重点培育战略性新兴产业

当前，世界经济格局已面临深度调整，气候变化、能源安全等全球性重大问题更加突出，科技革命和新一轮产业变革正在孕育，战略性新兴产业进入突破发展期。后危机时代，战略性新兴产业成为各国抢占新一轮发展制高点的共同选择，将获得超常规发展，对经济社会全局和长远发展产生重要的引领作用，呈现新的特征和趋势。中国政府着眼长远，把握科技和产业发展新方向，对重大前沿性领域及早部署，积极培育先导产业，重点培育和发展节能环保、新一代信息技术、生物、高端装备制造、新能源、新材料、新能源汽车等产业，作为战略性新兴产业。

第十一章

产业技术：创新与扩散

【本章概要】 本章主要从产业角度介绍技术创新理论和技术扩散理论，主要内容包括技术创新概念、技术创新分类、技术创新理论及演化、技术扩散理论及演化。

【教学要求】 基本清楚有关创新的概念及主要分类，了解技术创新理论和技术扩散理论发展的历程，重点掌握其中主要概念和主要理论的核心思想。

罗斯托认为“近代经济增长本质上是一个部门的过程，发展就是一系列的连续着的不平衡，它根植于现代技术所提供的生产函数的累积和扩散之中。这些发生在技术和组织中的变化只能从部门的角度加以研究”。根据罗斯托关于技术发展具有产业部门特征的观点，技术创新是一个产业部门生存和发展的基石，也是提高一国产业竞争力的源泉和手段。

第一节 技术创新概念及分类

技术创新是实现企业技术进步从而也是维持产业竞争优势和持续增长势头的主要手段。产业技术创新是产业技术进步的核心内容，是产业技术进步的商业表现，是技术进步的实现过程。只有持续地推进技术创新，才会有技术进步的结果。

一、技术创新概念

(一)国外定义

技术创新是一个十分宽泛的概念，“技术创新”是从“technology innovation”一词翻译而来的，是20世纪初美国著名经济学家熊彼特(Joseph Alois Schumpeter)在创新经济学理论中提出的。在熊彼特的最初定义中，它就被赋予了特定的系统的含义。熊彼特认为，创新是“建立一种新的生产函数”，即使各生产要素出现新的特征，形成新的“组合”。他认为技术创新包括五种情况：①引进新产品，即产品创新；②引进新的生产方法，即工艺创新；③开辟新市场，即市场创新；④原材料的新供应来源，即原材料创新；⑤实现企业的新组织，即组织创新。美国国会图书馆认为技术创新是一个从新产品或新工艺设想的产生到市场应用的完整过程。

范·杜因(Jacob van Duijn)将技术创新过程分为六个阶段：①不面向社会需求的基础科学；②面向社会需求的科学发现；③发明；④开发；⑤创新；⑥创新的扩散。在他看来，一种创新的成功依赖于它的扩散。因此，当一个产业的创新成果出现时，我们可以十分恰当地说创新是重要的。

弗里德曼(Christopher Freeman)则认为，在经济意义上，只有包括新产品、新工艺、新系统或者新装置在内的第一次商业性应用时，才能说完成了一项创新。索洛(Robert M. Solow)提出技术创新的两个条件，即新思想来源和以后阶段的实现发展。纳尔逊(Richard R. Nelson)和温特(Sideny G. Winter)则将技术创新说理解为现有决策规则的变化。曼斯菲尔德(E. Mansfield)认为一项发明，当它被社会首次应用时，可称之为技术创新，技术创新就是一种新的产品或工艺首次被引进市场或被社会所使用。斯通曼认为，技术创新即首次将科学发明或研究成果进行开发，最后通过销售并创造利润的过程。纽尔塞(R. Mueser)认为技术创新是以其构思新颖性和成功实现为特征的有意义的非连续性实情。

(二)国内定义

中国学者傅家骥认为，技术创新是包括科技、组织、商业和金融等一系列活动的综合过程，它是企业抓住市场的潜在盈利机会，以获取商业利益为目标，重新组织生产条件和要素，建立起效能更强、效率更高和费用更低的生产经营系统，从而推出新的产品、新的工艺方法、市场，以获得新的原材料或半成品的供给来源或建立企业的过程；柳御林认为，技术创新是一个从思想的产生到产品设计、试制、生产、营销和市场化的一系列的活动，也是知识的创造、转换和应用的过程，其实质是新技术的产生和应用。中共中央、国务院在《关于加强技术创新、发展高科技、实现产业化的决定》中，将技术创新或科技创新定义为：“是指企业应用创新的知识和新技术、新工艺，采用新的生产方式和经营管理模式，提高产品质量，开发生产新的产品，提供新的服务，占据市场并实现市场价值。”

综合国内各种关于技术创新的定义较为典型的观点认为，技术创新是指与新产品的制造、新工艺过程或设备的首次商业应用有关的技术的设计、制造及商业的活动，它包括产品创新、过程创新和扩散。

二、产业技术创新的分类

(一)熊彼特分类

按创新活动组合的不同，熊彼特将创新分为产品创新、技术创新、市场创新、原材料创新和组织创新五种类别[①]：

(1)产品创新。产品创新是指采用一种新的产品，也就是消费者还不熟悉的产品或具有某种新特性的产品，它能够更充分地满足现有的需求和原先尚未满足了的需求。

(2)技术创新。技术创新是指采用一种新的生产方法，也就是在有关制造部门中尚未通过经验检定的方法，这种新的方法不需要建立在科学新发现的基础之上，可以存在于商业活动中处理一种产品的新的方式。

(3)市场创新。市场创新是指开辟一个新的市场，也就是相关国家的某一制造部门以前不曾进入的市场，不管这个市场以前是否存在。

(4)原材料创新。原材料创新是指掠取或控制原材料或半制成品的一种新的供应来源，不论这种来源是已经存在的，还是第一次创造出来的。

(5)组织创新。组织创新是指实现任何一种新的产业的组织，如建立一种垄断地位(通过“托拉斯化”)或打破一种垄断地位。

(二)SPRU 分类

英国苏塞克斯大学的科学政策研究所(Science Policy Research Unit，SPRU)根据创新的广度和深度的不同，把创新分为渐进性创新(incremental innovation)、根本性创新(radical innovation)、技术系统的变革(change of technology system)和技术-经济范式的变革(change of techno-economic paradigm)。

(1)渐进性创新。渐进性创新是指渐进的、连续的小创新。它为当前市场、当前技术提供新特色、收益或升级的产品。例如，集装箱虽然在技术上并没有重大的突破，但其商业价值非常大，可谓引领了一场运输革命。

(2)根本性创新。根本性创新是指在观念上有根本突破的创新、有重大技术突破的创新，一般是研究开发部门精心研究的结果。它并不是为了满足已知的需求，而是创造一种尚未被消费者认知的需求。这种新需求会产生一系列的新产业、新竞争者、新企业、新的分销渠道和新的市场活动。

(3)技术系统的变革。技术系统的变革是指会产生具有深远意义的变革，影响经济的几个部门，伴随新兴产业出现的创新，如出现一个创新群。

(4)技术-经济范式的变革。技术-经济范式的变革是指既伴随着许多根本性的创新群、又包含有许多技术系统的变更的创新。它几乎影响经济的各个部门，导致经济周期的出现。

(三)希克斯分类

按技术创新对资本和劳动的影响程度的差异，英国著名经济学家希克斯(Hicks)将技术创新分成劳动节约性技术创新、资本节约性技术创新和中性技术创新[②]：

(1)劳动节约性技术创新。劳动节约性技术创新是指提高资本边际生产力对劳动边

---

① 熊彼特 J A. 经济发展理论 . 何畏，易家详译 . 北京：商务印书馆，1990：73～74。

② Hicks J. The Theory of Wages. London：MacMilian，1932：64～68.

际生产力的比率的技术创新。它相对于劳动边际产品而言，增加了资本的边际产品，即那种能使产品成本中活劳动所占比重有所减少的技术创新。

(2)资本节约性技术创新。资本节约性技术创新是指降低资本边际生产力对劳动边际生产力的比率的技术创新。它相对于资本边际产品而言，增加了劳动的边际产品，即那种能使产品成本中物化劳动所占比重有所减少的技术创新。

(3)中性技术创新。中性技术创新是指使资本边际生产力对劳动边际生产力的比率保持不变的技术创新。它以同样的比例同时增加了资本和劳动的边际产品，即既不偏重于节约劳动，又不偏重于节约资本的技术创新。

(四)马奇分类

马奇(March)将创新分为探索性创新与开发性创新[①]：

(1)探索性创新。探索性创新是指依靠新知识或者脱离既有的知识，为企业提供了新的设计，创造了新的市场，开发了新的分销渠道，目的是迎合正在形成中的市场和顾客，类似一种激进式创新。它是对新事物的发现和尝试，能够为企业另辟蹊径，带来新的盈利和发展机会，其回报虽然具有较高的风险性，实现较慢，但它着眼于未来，一旦获得成功，它将为企业带来更高的收益与回报。

(2)开发性创新。开发性创新是指建立在既有知识的基础上，提高了企业既有的技能、过程和结构，目的是迎合既有的市场和顾客，类似一种渐进式创新。它对既有的知识、技能、设计、产品和服务进行挖掘、改进和提高，随着企业经验的积累，其活动的规模和效率大大提高，为企业带来稳定回报并且能够在较短的时间内体现出来，风险性相对较低。

探索性创新在系统上更加缺少确定性，需要付出更长的时间，且更加远离组织的现有行为和适应性。相反，开发性创新的结果则更具有确定性，更快取得成果，反馈更清晰。

(五)伽斯伯分类法

根据企业创意的来源不同，伽斯伯(Chesbrough)将技术创新分为封闭式创新和开放式创新两类[②]：

(1)封闭式创新。封闭式创新是指企业的各种创意只能来自于企业内部，并只能依靠企业内部力量进行研发、生产和商业化，通过内部渠道确保对技术、知识产权的严格控制和垄断，以维持其核心竞争力。

(2)开放式创新。开放式创新是指有价值的创意可以从公司的外部和内部同时获得，其商业化路径可在公司内部进行，也可在公司外部进行。开放式创新模式的核心理念就

---

① March J G. Exploration and exploitation in organizational learning. Organizational Science, 1991, (2): 71～87.

② Chesbrough H. The logic of open innovation: managing intellectual property. California Management Review, 2003, (3): 35～41.

在于不再区分创新是来自于内部还是外部，把外部创意和外部市场化渠道的作用上升到和封闭式创新模式下的内部创意以及内部市场化渠道同样重要的地位，以期以最小的成本和最短的时间实现创新成果，并获得最大化的收益。

(六)技术创新动态分类

在美国学者阿伯纳赛(Abernathy)与厄多伯克(Utterback)最早对美国汽车工业中的技术创新的动态变化所做的研究的基础上，可以将技术创新按其过程分成产品创新、工艺创新和组织创新：

(1)产品创新。产品创新是指在产品技术变化基础上进行的技术创新。产品创新包括在技术发生较大变化的基础上推出的新产品，也包括对现有产品进行局部改进进而推出改进型产品。广义的产品包括服务等无形的产品，因为产品创新不应该忽视服务创新。

(2)工艺创新。工艺创新又称为过程创新，是生产过程中技术变革基础上的技术创新。工艺创新包括在技术较大变化基础上采用全新工艺的创新，也包括对原有工艺改进而形成的创新，还包括对原有工艺的改进所形成的创新。

(3)组织创新。组织创新是指产生新的组织管理方式而进行的技术创新的活动。组织创新涉及面很广，它包括企业性质、领导制度、组织结构、人事制度、分配制度、管理方式等多方面内容。

(七)克里斯坦森分类

根据克里斯坦森(Christensen)的观点，创新可以被分为维持性创新和颠覆性创新：

(1)维持性创新。所谓维持性创新，它们所改善的产品或服务的性能，是主流市场客户原本就看重的，它的目标消费者是挑剔的高端产品消费者。康柏公司(Compaq)早期采用英特尔(Intel)的32位386微处理器，来代替16位286微处理器，就是一项维持性创新。这类创新虽然不乏突破性，但它们是通过对原有产品和服务进行改进来留住最佳客户的。

(2)颠覆性创新。所谓颠覆性创新是指通过推出新产品或新服务来开创一个全新的市场。它并不旨在为现有消费者提供更好的产品，而是引入与现有产品相比不够好的产品或服务，它们也常常是比较简单、更加便捷与廉价的产品。嘉信理财(Charles Schwab)以折扣经纪商的身份进入证券市场，相对于美林证券这种提供全面服务的经纪商来说，这就属于颠覆性创新。

(八)产业链创新分类

根据产业链各主体分工协作的不同，创新可以分为链合创新(linkage innovation)和竞合创新(co-optition innovation)①。

---

① 陶爱萍，张丹丹，刘志迎．链合创新：概念模型、模式和效率分析．科技进步与对策，2013，(11)：51～55。

(1)链合创新。链合创新是指上下游企业之间的技术"链合创新"关系，即企业与产业链中包括供应商、分销商、零售商在内的上下游企业紧密合作，吸引合作伙伴参与企业的技术研发和新产品开发。

(2)竞合创新。竞合创新是指同类产品生产企业之间的技术"竞合创新"关系，即竞争性企业之间的技术研发合作或其他合作创新。在现代科学技术突飞猛进的背景下，竞争性企业之间既竞争又合作的创新关系越来越多。

第二节 技术创新理论及演化

从时间序列的角度来说，熊彼特于1912在他的《经济发展理论》中首先提出创新理论，轰动整个西方经济学界。

在整个20世纪前半期，经济学家们的兴趣并没有放在技术问题的研究上，而是将注意力集中于均衡的长期稳定状态上，而这种均衡在古典经济学中只起辅助作用。大多数经济学家均忽略了技术进步和经济增长之间的关系这一论题，对于研究开发或创新知道的很少或者一无所知。因此，当罗杰斯(Rogers)在1962年检索技术创新研究文献时，他只找到了少量由工业经济学家撰写的关于工业中创新扩散的经验研究。

20世纪60年代中期后，一些学者重新恢复了对技术创新问题研究的兴趣，熊彼特的继承者们，从纳尔逊-温特的进化学派，到英国苏赛克斯大学的SPRU群体，都继承了创新研究，他们研究技术创新是为了研究经济成长，是为了帮助产业发展。虽然技术创新研究的方法各异，但基本上是从企业、产业(部门)和国家三个层次，综合利用增长理论、产业组织理论、创新经济学等理论展开的。

从经济增长理论学派的角度来看，技术创新是经济增长的源泉，是产业部门变动的最主要的因素。最早用内生技术进步解释增长的模型是由阿罗(Arrow)在1962年提出的。他认为技术创新提高了资源的配置效率，从而推动着经济的增长。在经济增长理论中，主要研究的是希克斯中性技术创新，这种技术创新的显著特点是对于任意给定的资本——劳动比率，劳动的边际产量对资本的边际产量始终不变。所以，这种技术创新就有了柯布-道格拉斯生产函数的一般特性(劳动和资本的替代弹性为1)，从而利于经济学家研究经济增长问题。

在产业组织经济学中，技术创新主要包括过程创新和产品创新。前者是指在试验中为寻找某种新产品的成本节约型技术所进行的投资，后者是指寻找新产品的技术。前者侧重于产品生产技术的重大变革，如新工艺、新设备、新的管理和组织方法，后者则更强调技术上有变化的产品的商品化，如全新的产品或改进的产品。产业组织经济学在研究技术创新时，主要是对过程创新进行研究的，因为这种创新可以通过成本降低而获得竞争优势，并成为一种阻止进入的手段。

创新经济学中的产业技术创新将技术创新分为增量创新(渐进创新)、根本创新、技术体系变革和技术经济模式变革四种类型。增量创新是指提高生产要素效率，保持生产率稳定增长，它表现为在任何一个产业和服务活动中的创新，来自于生产过程中；根本创新是指正式的研发活动或机构相对较为专业的创新，主要出现在企业、大学及政府实验室研发的创新；技术体系变革相对来说较为广泛，是增量创新和根本创新的组合，还包括机构创新和管理创新，会对若干经济领域产生影响，同时导致全新部门出现；技术经济模式变革会从根本上影响整个经济的各个方面，它包括增量创新和基本创新，以及若干新技术体系，是可能会对整个经济行为产生深远影响的技术体系。下面将介绍一些重要的技术创新理论。

一、技术推动论

自19世纪七八十年代资本主义由自由竞争发展到垄断阶段，资本主义内部矛盾日趋尖锐，阶级对立与冲突更加激化，特别是周期性经济危机的频繁发生和世界大战的爆发给资本主义生存与发展造成很大威胁。许多学者从不同角度、不同层次对资本主义的产生、发展过程进行思考、探究和批判，马克思主义、社会民主主义、资本主义等理论和思潮在此过程中应运而生。以此为理论背景和目的，熊彼特突破了西方传统经济学仅仅从人口、资本、工资、利润、地租等经济变量在数量上的增长来认知经济发展，而是试图通过分析技术进步和制度变革在提高生产力过程中的作用，揭示并强调创新活动所引起的生产力变动在经济、社会发展过程中的推动作用，从一个全新的视角来阐释和认知资本主义经济活动及其变化，从而揭示资本主义的诞生和发展趋势。

1. 创新的内涵

熊彼特认为创新是经济发展的根本现象，经济发展源于创新。所谓创新就是要“建立一种新的生产函数”，把一种从来没有过的关于生产要素和生产条件的新组合引入生产体系①。熊彼特赋予“创新”概念以特殊内涵，归纳为五个创新，依次对应产品创新、技术创新、市场创新、原材料创新、组织创新，而这里的“组织创新”也可以看成是部分的制度创新，当然仅仅是初期的狭义的制度创新。

2. 创新的主体

创新的主体是“企业家”。熊彼特把“新组合”的实现称之为“企业”，把实现“新组合”的人们称为“企业家”。熊彼特不接受马歇尔等大多数经济学家所赞同的企业家定义，即把企业家的职能看做最广义的“管理”。熊彼特认为，企业家是实现“新组合”的人，所以他们不一定要同个别厂商有永久联系，许多金融家、发起人可以是企业家，但是他们并不包括各个厂商所有的“头目们、经理们或工业家们”，因为他们只是经营已经建立起来的企业，而经营旧企业则大部分只是例行事务。实现“新组合”是做出并执行新战略上的决定，而不是企业的日常管理的例行工作。所以，熊彼特认为企业家的职能是特别纯粹的，不是经营或管理，而是看其是否能够执行这种“新组合”。这个核心职能又把真正的企业家活动与其他活动区别开来，每个企业家只有当真正意义上实现了某种“新组合”时才是一个名副其实的企业家。熊彼特对企业家的这种独特的界定，其目的在于突出创新的特殊性，说明创新活动的特殊价值。但是，以能否实现某种“新组合”作为企业家的内在规定性，过于强调了企业家的动态性，这不仅给研究创新主体问题带来困难，而且在实际生活过程中也很难把握。

---

① 熊彼特 J A. 经济发展理论．何畏，易家详译．北京：商务印书馆，1990：73。

3. 创新的动力

熊彼特认为，创新的动力主要来自于两个方面：一个是来自于对利润的追逐，而另一个则来自于“企业家精神”。

(1)利润。所谓利润，熊彼特认为就是一种超过成本的余额，即一个企业的收入与支出之间的差额。所谓收入，是指企业家从事创新的全部收益。所谓支出，是指企业家在生产中的直接和间接支付，它包括企业家花费的劳动所应得的适当工资、企业家自己拥有的土地租金和风险的额外酬金。熊彼特认为利润是企业家创新的产物，没有创新就没有利润。创新之所以能够产生利润，主要是因为企业家能通过创新以更低的成本生产出与其竞争者相同的产品，从而能从成本差中获得利润。熊彼特认为创新发生的根本原因在于社会中存在着某种潜在利益，当企业家意识到这种潜在利益时，就会主动投入资本或吸引他人投资，创造或引进一种新的生产方式去获取这种利益。在利益追求的过程中，企业家又会不断改进所采用的生产函数，使获取的利益最大化。当企业家实现利润最大化时就会暂时停止创新，直到有其他的利益吸引他们再次进行创新。可见，获取垄断利润和创新利润是企业家进行创新的直接原因[①]。

(2)企业家精神。熊彼特指出，企业家从事“创新”的动机，固然是以挖掘潜在利润为直接目的的，但不一定出自个人发财致富的欲望。企业家与只想赚钱的普通商人和投机者不同，个人致富充其量只是他的部分动机，而最突出的动机是“个人实现”，即“企业家精神”。企业家希望通过创新来凸显自己的才能，证明自己的优越性，从而获取别人的承认及社会的尊重，因此，企业家精神是经济发展的原动力，是创新的灵魂。

4. 创新的特点

(1)创新是生产过程中内生的。“我们所指的‘发展’是经济生活中并非从外部强加于它的，而是从内部自行发生的变化”。虽然投入的资本和劳动力数量的变化能够导致经济生活的变化，但这并不是唯一的经济变化；还有另一种经济变化，它是不能用外部数据的影响来说明的，它是从体系内部发生的。这种经济变化就是“创新”。

(2)创新是一种“革命性”变化，创新的同时意味着毁灭。熊彼特曾做过这样一个形象的比喻：不管你把多大数量的驿路马车或邮车连续相加，也绝不能得到一条铁路，“而恰恰就是这种‘革命性’变化的发生，才是我们要涉及的问题，也就是在一种非常狭窄和正式的意义上的经济发展的问题”。这就充分强调了创新的突发性和间断性的特点。熊彼特指出经济创新过程是改变经济结构的“创造性破坏过程”，经济创新不断从内部使经济结构革命化，破坏旧结构，创造新结构。因此，在竞争性的经济生活中，“新组合”意味着对旧组合通过竞争加以消灭，就像铁路的建造意味着对驿路马车的否定一样，尽管消灭的方式不同。

(3)创新必须能够创造出新的价值。熊彼特认为，先有发明，后有创新。发明是新工具或新方法的发现，而创新是新工具或新方法的应用。“只要发明还没有得到实际上的应用，那么在经济上就是不起作用的”。新工具或新方法的使用在经济发展中起到作用，最重要的含义就是能够创造出新的经济价值。

---

① 熊彼特 J A. 经济发展理论．何畏，易家详译．北京：商务印书馆，1990：142。

(4)创新是经济发展的本质规定。熊彼特认为，可把经济区分为“增长”与“发展”两种情况。经济增长，如果是由人口和资本的增长所导致的，并不能称做发展。“我们所指的发展是一种特殊的现象，同我们在循环流转中或走向均衡的趋势中观察到的可能完全不同。它是流转渠道中的自发的和间断的变化，是对均衡的干扰，它永远在改变和代替以前存在的均衡状态”。所以，“我们所说的发展，可定义为执行新的组合”。这就是说，发展是经济循环流转过程的中断，也就是实现了创新。经济增长不一定就是发展，只有创新才是发展，创新是发展的本质规定①。

熊彼特创新理论的最大特点，首先就是强调了生产技术的革新和生产方法的变革在资本主义经济发展过程中的重要作用，他将创新看成是经济发展的一个最重要的因素，从而突破了传统西方经济学仅从某些经济变量在数量上的增长来认识经济发展。其次，熊彼特创新理论揭示了资本主义灭亡。他指出资本主义不会永远“活下去”，将自动趋于社会化。熊彼特认为，资本主义只是经济变动的一种形式或方法，“它从来不是，也永远不可能是静止的”②。它本身将“不断地从内部革新经济结构，即不断地破旧革新”，是一种“创造性毁灭过程”(process of creative destruction)，又可称为“产业变异”(industrial mutation)。最后，熊彼特的创新理论也对后世学者产生了巨大的影响。第二次世界大战后出现了许多熊彼特的追随者，这些人循着熊彼特的研究路径，对创新理论进行了补充和发展，形成了技术创新经济学和制度创新经济学等流派。

熊彼特的创新理论也存在一些缺陷与不足：首先，熊彼特的创新理论过分夸大了创新在经济发展中的作用，甚至忽视了生产关系及其变革在经济发展中的关键作用，无视生产关系和生产力矛盾的存在及其矛盾激化在经济和社会发展中的能量，导致创新理论的片面性和谬误性。其次，企业家的作用被扩大化或极端化了。把经济发展完全归功于企业家的创新作用，忽视了人民群众在推动经济发展和社会进步中的主导性、创造性作用。最后，创新理论抹杀了生产关系及其变革，否定了马克思的劳动价值论，歪曲了资本的实质和剥削的本性，掩盖了资本主义的基本矛盾。另外，创新理论用创新来说明资本主义的所有经济问题，也不能揭示资本主义的发展规律。

二、需求拉动论

20 世纪 60 年代，美国经济学家施莫克乐(J. Schmookler)提出了需求拉动论，该学说至 20 世纪 70 年代一直居于主导地位。他在《发明和经济增长》一书中通过对 19 世纪上半叶到 20 世纪 50 年代美国炼油、造纸、铁路和农业这四个产业的投资、产出、就业和发明活动的时间序列分析，发现这些行业的投资与专利的时间序列表现出高度同步性，并且专利序列滞后于投资序列。

需求拉动论认为技术创新源自市场需求，即市场需求信息是技术创新活动的出发点。它对产品和技术提出了明确的要求，通过技术创新活动，创造出适合这一需求的适销产品。施莫克乐通过对美国铁路等四个行业的研究表明，投资与发明之间存在一个时

---

① 熊彼特 J A. 经济发展周期．何畏译．北京：商务印书馆，1997：205～206。

② 熊彼特 J A. 资本主义、社会主义和民主主义．吴良健译．北京：商务印书馆，1999：102～103。

间差，投资变化领先于专利变化，而投资变化是由市场需求变化引起的，因此在技术创新上，需求拉动因素要先于技术的推动因素。资本货物发明专利的数目和资本投入的密切关系加强了这一论断，投资越多，就要有越多的发明来满足这些行业所需要的资本货物的需求。在统计研究中发现，有22%的创新是由技术推动引起的，而由需求因素引起的创新占78%。

一些学者的研究对需求拉动论提出了反驳。在吉本斯(Gibbons)和加梅特(Gamet)1977年承担的TRACES项目表明，有70%属于非使命性研究，20%属于使命性研究，10%属于开发研究。需求拉动论把技术变革看成是对市场条件变化所做的消极、机械的反应，仅仅是在既定产品或工艺上的微小技术变化，而非突破，从而把创造者的积极性给抹杀了。专利活动，也就是发明活动，与其他经济活动一样，基本上是追求利润的经济活动，受市场需求的引导、制约①。在施莫克乐看来，技术创新是在市场需求的引导下追逐高额利润的经济活动，这与熊彼特的观点正好相反。施莫克乐的需求拉动的创新过程模型强调市场需求是R&D构思的来源，市场需求为产品和工艺创新创造了机会，并为之寻找可行方案的研究和开发活动，在创新过程中起到了关键的作用。后人大量的实证研究也均证明了这一理论，马奎斯等抽样调查了567项技术创新实例，其中3/4是以市场需求或生产需要为出发点的，只有1/5是以技术本身的发展为来源的②。

三、市场结构论

在熊彼特的创新理论中，创新被设定在完全竞争的市场条件下进行，忽略了技术创新与市场结构的关系。20世纪70年代，美国经济学家卡米恩(M. I. Kamien)和施瓦茨(N. L. Schwartz)从垄断竞争市场的角度对技术创新过程进行了分析，回答了什么样的市场结构对技术创新最为有利的问题。

卡米恩和施瓦茨认为，决定技术创新的变量有三个：①市场竞争程度。市场竞争越激烈，创新动力就越强。②企业规模。企业规模越大，在技术创新上所开辟的市场就越大。③垄断强度。垄断程度越高，控制市场能力就越强，技术创新就越持久。

从市场结构的角度看，最有利于技术创新的市场结构是介于垄断和完全竞争的"中间程度竞争"的市场结构。垄断统治条件下，因缺乏竞争对手的威胁，不容易引起重大的技术创新；在完全竞争的条件下，因缺乏保障技术创新持久收益的垄断力量，也不利于进行重大的技术创新；而在市场竞争保持一定程度的条件下，技术创新的速度最快，效果最好。

卡米恩、施瓦茨的研究成果是对熊彼特创新理论的丰富和发展，研究层次虽然仍偏重宏观层面，但更深入、更具体，对技术创新原因或动力问题的解释更有说服力。他们的研究虽然揭示了技术创新与市场结构关系的实质，但缺乏对每一种市场结构的具体分析。按照经济学上对市场结构的划分来看，"中等程度竞争的市场结构"可以理解为包括

---

① Schmookler J. Invention and Economic Growth. Cambridge：Harvard University Press，1966：257～263.

② Mayers S，Marquis D. Successful industrial innovations：a study of factors underlying innovation in selected firms. Washington：National Science Foundation，1969：98～101.

两种市场结构，即寡头垄断和垄断竞争。对在这两种市场结构下，技术创新有何不同，以及这两种市场结构的比较，哪种更容易引发技术创新，他们没有作进一步分析阐述。

四、要素稀缺诱导论

希克斯是在同一时期注重技术创新的少数经济学家之一，他在《工资理论》一书中认为要素稀缺引致发明创新，要素相对价格的变动可引致要素的替代和发明创新，并把技术创新看成一个动态的过程。

他认为，在过去几个世纪中，创新主要是为了节省劳动，创新的方向与生产要素相对价格的变化有关。如果一种要素的价格相对于其他要素上涨，就会导致减少这种要素的相对使用量的一系列技术变革。结果是，由资源稀缺带来的对经济增长的制约，可被以相对丰富的要素替代相对稀缺要素的技术进步消除。生产要素相对价格的变化，本身也是对某种特定发明的激励——这一发明的方向在于更经济地利用那些价格变得相对昂贵的要素[①]。可见，在希克斯看来技术创新是由要素稀缺引致的，其目的是降低产品成本，提高利润。

希克斯第一次将技术创新区分为劳动节约型、资本节约型和中性技术创新。劳动节约型的创新是指相对于劳动边际成本而言，增加了资本的边际产品；资本节约型的创新是指相对于资本的边际产品而言，增加了劳动的边际产品；中性技术创新是指同样的比例同时增加了劳动和资本的边际产品。

希克斯认为，技术创新的意义在于可以降低生产成本，以更少的资源来生产某种产品，节约的资源则可以用来增加原有产品(该产品有弹性)或其他产品(原有产品缺乏弹性)的供给。他认为，技术创新的方向是偏向于节约劳动还是节约资本，取决于资本与劳动的相对价格；而在竞争条件下，要素相对价格反映其稀缺程度。相对稀缺的生产要素是企业生产的瓶颈，具有更高的边际产出，而对该要素的节约会带来更多的利润和国民收入。

希克斯理论的局限性在于该理论在企业范围内进行研究，而没有对公共部门把资源用于教育、科研以推进技术创新进行必要的研究。

速水(Hayami)和拉坦(Ruttan)对诱导创新理论的建立做出了重要贡献。他们以美国和日本的农业现代化为例，指出技术创新集中体现为两种：一是美国式的机械化技术，用于节约相对稀缺并缺乏供给弹性的劳动力资源。这种技术通过机械化提高人均土地耕种面积，不断提高劳动生产率，这是农业产出增长的主要来源。二是日本式的生物化学技术，用于节约相对稀缺而且缺乏弹性的土地资源。这种技术的代表是土壤肥料技术和植物保护技术，特别是育种技术，其意义在于用化肥、农药、良种等现代投入提高单位面积产量，不断提高土地生产率。速水和拉坦的研究还发现，随着农业生产的发展和技术进步的深入，最初以节约某一要素为特征的技术创新方向的选择有趋同倾向。这是因为在一个动态的竞争性的经济当中，较为缺乏的要素诱发了较多的节约该种要素的技术进步，从而缓解其相对稀缺的程度；较为丰富的要素则因为大量使用而变得不太

① Hicks J. The Theory of Wages. London：MacMilian，1932：64～68.

丰富。

速水和拉坦的理论扩展了诱导创新理论的范围，不仅私人部门的技术创新行为是受诱导的，而且农业研究人员和公共行政人员的行为也可以被解释为是受诱导的，整个经济创新方向是由要素稀缺性决定的。

五、瓶颈诱导论

在创新的方向上，罗森堡(N. Rosenberg)不满意希克斯的创新的要素稀缺诱导论，继而提出了瓶颈诱导论。他认为，诱导机制是存在的，但不是要素稀缺在诱导，而是出于下列三个机制：

(1)技术发展不平衡。在任何时刻都有技术发展的不平衡现象，许多重大的技术创新都是为了解决技术不平衡而做出的。例如，早期贝氏转炉，炉底常因只使用了几次便会因高温而穿孔。当时，厂家只得停产，待炉冷却后才让人进行修补，这既费时又费钱。这是一个与贝氏炼钢法很不相称的技术弱点，霍利(Holly)针对此弱点进行了研究，提出了可换炉底的设想。这种发明，大大提高了贝氏转炉的效率。

(2)生产环节的不确定性。在任何一个生产环节都有出现故障的可能性。最著名的例子是在过去几个世纪内，劳工常常联合起来，或罢工或与资本家讨价还价。为了解决这一问题，资本家就鼓励节省劳动的发明。

(3)资源供给的不确定性。常有这样的情况，一条原来畅通的供给渠道突然被中断，迫使厂家另找他种替代物。在第二次世界大战早期，日本占领了许多东南亚国家，切断了美国的橡胶供应来源，迫使美国加紧研制复合橡胶。

上述三个较典型的诱导因素的共同特点是：它们均是瓶颈，是生产进一步发展的障碍。罗森堡的瓶颈诱导论认为，这种阻碍生产发展的障碍形成了一种压力，诱导厂家围绕这些瓶颈因素进行创新。但每一次创新都不可能是一劳永逸的，它还会造成新的瓶颈，诱导再次创新，如此循环往复。

六、N-R关系模式论

日本学者斋藤优教授于1979年在《技术转移论》一书中提出N-R关系模式。N代表需求(need)，指社会的各种需求，R代表资源(resources)，指社会的各种资源。该模式认为，技术创新的动因在于社会需求和社会资源的矛盾或“瓶颈”，斋藤优把这种关系称之为N-R关系。该理论的假设之一就是“需要是发明之母”。经济主体首先产生了各种需求，并由之筹措了满足需求所必需的资源。在自由竞争经济中，发明的社会效果只有通过工业生产过程以及相应的销售政策才能实现。

具体来说，当社会提出某种技术需求或产品需求，而现有的社会资源又不能满足这种需求时，就产生了需求和资源之间不适应的所谓“瓶颈”现象；这种由N-R关系所产生的瓶颈，就极大地刺激和迫使技术创新活动的发生和进行。技术创新取得成功，需求和资源之间的瓶颈消失，就推动了经济的发展。但是，当向更高的经济阶段发展时，适应这个阶段的新的社会需求又会引起和驱动技术创新活动的进一步开展。因此，N-R关系所表明的需求和资源之间的矛盾与差距是技术创新的客观动因，是技术创新活动得以进行的基本前提。

技术创新主体要从 N-R 关系中发现技术创新需求，抓住技术创新的可能性和机会，制定技术创新的行动计划和战略，然后具体分析达到目的所要求的技术、市场和创新资源等，并筹集创新所必需的创新资源。可见，N-R 关系作用模式所概括的技术创新动力机制，是以技术创新主体为主导，以发现和认识 N-R 关系瓶颈为起因，在政策战略的推拉作用影响下，以解决 N-R 矛盾、缩小 N-R 差距、协调 N-R 关系为内容，最终满足社会需要目标的动态过程。

这种模式重视资源对创新的推动作用，却忽视了资源制约的作用。因为资源对创新的作用是双向的，一方面可以促进创新，另一方面又制约着创新的开展。

N-R 关系的不相适应正是国际技术转移发生的原因，也是促进技术创新的动力。N-R 关系通过技术转移不断得到调整，同时在调整的过程中又不断地出现新的问题，从而不断的推动技术转移向更高的层次发展。N-R 关系决定了技术转移的速度与规模。一般来说，N-R 关系失衡的可能性越大，技术转移的需求就越大。世界各国技术转移的历史经验证明了技术转移的发展过程和国民经济的发展阶段及其所产生的需要与资源的关系是基本相互协调的。当然，国际间的技术转移不能仅仅考虑需要与资源的关系，还应综合考虑社会、政治、文化背景等各种要素。

七、技术僵局论

美籍德国经济学家门斯(G. Mensch)在其代表作《技术的僵局》一书中，继承和发展了熊彼特的长波技术论，并利用统计资料加以证实，他把创新分为基础创新、改良创新和虚假创新三种类型，并提出了基础创新的前提和环境。他通过考察 112 项重要的技术创新发现：基础性创新集中出现于 18 世纪 60 年代、19 世纪 20 年代和 80 年代以及 20 世纪 20 年代前后，这些年代从经济上看均接近萧条期。由此可见，技术创新的周期与经济繁荣周期呈“逆相位”关系，经济萧条是技术创新高潮的最重要动力因素，它促使企业寻找新技术，进行技术创新。

门斯认为，技术革新是经济增长和长期波动的主要动力，技术僵局是基础创新的前提，不稳定的经济结构是基础创新的环境。他在对 1740～1960 年发生的基础技术创新的统计资料进行了分析后，认为大约在 1825 年、1886 年和 1935 年，发生了几次新的大规模基础创新集群，并产生了全新的产业部门。新的巨大市场使这些部门得以快速增长，并不断改进产品和生产部门。竞争、合理化和集中提高了新产业的能力。然而达到某点后，国内市场容纳不下这种能力，使出口市场变得极为重要。当国际市场无法容纳时，出现需求饱和，这时的经济进入不景气，并进而持续到大危机结束。在这段时间里，只有出现新的基础创新和新的产业部门，经济才能根本好转，只有“创新才能克服危机”。门斯把这种迫使社会只有通过技术创新才能寻求出路的窘境称之为“技术僵局”。因此，实际上他把“技术僵局”看成新的技术创新出现的前提。萧条和大危机迫使政府和企业寻求新技术，以摆脱困境，而新的技术创新的出现将为下一次经济发展高涨奠定基础。因此各国政府应当采取措施，加速技术发展的变革过程。当经济陷入危机时，只有新的基础创新和新的产业部门才能使经济走出危机。

所以，经济的长期波动不是连续的波形，而是断续的S形，即长波变形模式。变形模式认为，在工业经济发展中，特别是在资本边际效率上，连续的上升会表现出突然的崩溃，形成曲线的突然断开和下跌。一般说来，工业经济和资本边际效率的突然崩溃出现在大危机期间，危机又成为创新群体涌现的酝酿期。于是，由基本创新克服危机，经济增长再度出现，大批技术创新的出现则成为经济发展新浪潮的基础。

八、产业技术创新的动态模式：A-U模式

熊彼特首先提出了创新理论，之后的研究者注重对技术创新过程的研究，以及技术创新产生的经济基础、技术轨迹、技术创新集聚与扩散等的研究。美国学者阿伯纳赛(Abernathy)与厄多伯克(Utterback)最早对美国汽车工业中的技术创新的动态变化做了研究，得出了产品创新和工艺创新速率随时间而变化的规律，从产业组织经济学的角度出发对技术创新的动态模式进行了探讨，产业技术创新的动态模式又简称为A-U模式。该模式认为技术创新包括产品创新和过程创新。产品创新是指寻找生产某种新产品的技术，而过程创新是寻找生产某种新产品的成本节约型技术所进行的投资。前者强调技术上有变化的产品的商业化，如全新的产品或改进的产品；后者更强调产品生产技术的重大变革，如新工艺、新设备、新的管理和组织方法。

1. 产品创新和过程创新

从产品生命周期的角度来看，在产品未基本定型之前，特别是基本设计出现以前，产品的创新次数多，变动频率高，而且包括更多重大的创新，一直到众多的产品型号、模型中产生基础设计后，产品创新的速度才会降低，产品创新的频率便成直线下降。在新产品技术的形成期间，工艺一般因陋就简、不讲求效率，只求能以最经济的方式把产品样品试制出来，这时并没有专用的设备和工具，也没有精心的工艺，在组织管理方面也没有形成系统化管理，而过程创新可以通过成本降低获得竞争优势，并成为一种阻止进入的手段，如图11.1所示。

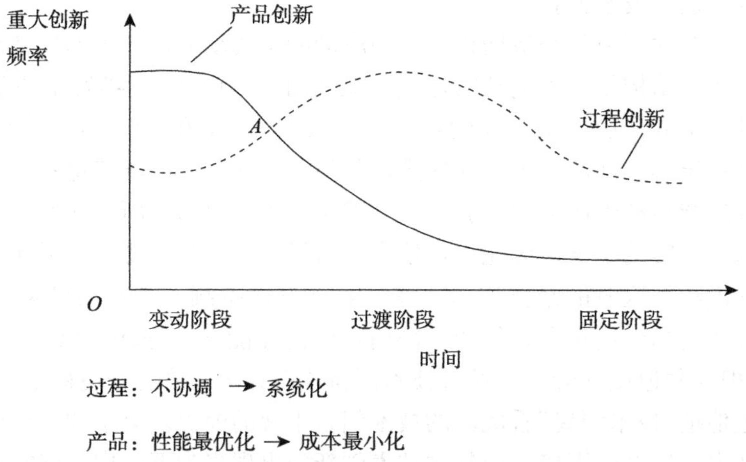

图11.1 技术创新动态模型(A-U模型)

2. 产品创新和过程创新的阶段特征

为了更好地了解产品创新和过程创新的相互作用和动态特征，可将两者的变化放在同一时间尺度中，以不同阶段来衡量。技术创新动态的过程从其状态特点总结来看可以分为三个阶段，即变动阶段、过渡阶段和固定阶段，如图 11.1 所示。

(1)变动阶段。变动阶段是一个变动较为频繁而且具有突发性的阶段，产品创新的频率较高，工艺创新较少，企业往往以潜在需求为市场目标，通过产品原理、结构等方式的改变使产品设计相应的功能不断完善。该阶段进入市场的产品类型、功能差异性较大，制造工艺和生产组织不稳定，企业的研发支出较高，但经济效益往往不显著。从图 11.1 中我们可以看出，产品创新变化极其迅速，产品在目标和技术上都存在不确定性；而过程创新刚刚开始起步，投入的材料大多数是现成的材料，制造过程使用的是通用设备和高级技工，在小规模的接近技术源的工厂中生产，组织结构和管理方面也都缺乏针对性和系统性。在这一阶段，主要以产品创新为主，过程创新处于从属地位。

(2)过渡阶段。新产品需求上升时，开始进入过渡阶段。市场上的产品设计已基本定型，产品的功能和基本结构经过市场和生产实践后已趋于成熟，产品的创新频率大大下降。为了提高经济效益，企业把企业技术创新的重点也从产品的研发转化到对产品的大批量和低成本生产上。在这个阶段，产品创新和过程创新变得紧密相连。根据定型的产品设计和制造专用的设备和工具，材料改用专用的材料，适用于大量生产的组织形式，管理和控制也非常重要。

(3)固定阶段。这一阶段可以说相对应于产品生命周期的中后期，相当于生命周期的成熟期。在该阶段，产品和技术都已成熟，创新频率都很低，市场需求稳定，企业创新的目标在于进一步降低成本，提高质量，满足各类用户的差异性需求。固定阶段的创新大多数为产品和过程的渐进性创新[①]。

上述由阿伯纳赛与厄多伯克所阐述的技术创新动态模型(A-U 模型)揭示了在大量生产的装配型产品条件下产品创新与工艺创新相互作用过程中，技术创新和生产效率之间的权衡和变换。到了固定阶段，效率为先、创新退居第二位。在一个创新产品从变动阶段到过渡阶段到固定阶段的过程中，产品的生命周期即将结束，但也意味着下一个创新波的到来，技术创新仍以同样的轨迹在运行，这也正是创新规律性的体现。虽然A-U模式为我们理解企业个体技术创新之间的关系、创新与组织之间的关系提供了线索，但该模式未能回答企业在成熟阶段后如何进一步创新的问题，要使企业在激烈的市场竞争中长期生存，就必须实现持续的技术创新。

九、产业集群技术创新及其网络效应

经济学家罗斯韦尔 1994 年在他发表的一篇论文中指出：有相当多的证据表明今天的创新已经在很大程度上更多的成为一个网络过程了，在创新网络中网络效应可以促进创新活动。一个区域内参加新技术发展和扩散的企业、大学及研究机构、中介服务机构以及政府，形成了创造、储备、使用和转让知识、技能和新产品的网络系统。以集群为

① 许庆瑞．研究、发展与技术创新管理．北京：高等教育出版社，2000：60～66。

基础并结合规制安排而组成的技术创新网络与机构，通过正式和非正式的方式，促进知识在集群内部创造、储存、转移和应用的各种活动和相互关系。

1. 网络和网络效应的概念

网络效应是指当一个用户消费(使用)一种产品所获得的效用随着使用该产品的用户人数而增加，可以把使用者从用户网络中获得的额外的正的福利变化定义为网络效应。

2. 产业集群网络效应的体现

在一个产品网络中，罗尔夫斯的“消费外部性倒U型曲线”可通过厂商利润的变化间接地反映网络的外部性在价格机制的作用下带给网络产品使用者额外的福利，见图 11.2。

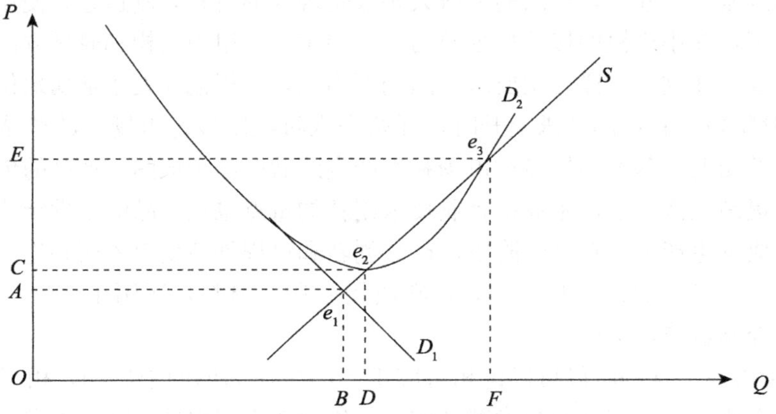

图 11.2 网络效应在产品网络中的体现

假设现在研究一种产品的需求曲线，并且在这里我们又假设生产成本为零。假设此时没有网络效应作用，一般意义上的需求和供给曲线应该是图 11.2 中 D_1 和 S，它们有一个交点(均衡点)e_1，均衡价格 OA，均衡产量 OB，此时厂商得到的利润为图 11.2 中矩形 OAe_1B 面积。而根据网络效应概念和罗尔夫斯倒 U 型理论，当需求量增大(且必须达到一定的规模)时由于产生了网络效应使单个产品实际上增值，厂商则根据这种情况随着需求量的增大适当提高价格，则此时的需求曲线即 D_2，供给曲线 S，这时由于倒 U 型的需求曲线存在两个均衡点 e_2 和 e_3，在 e_2 上的均衡价格 OC，均衡产量 OD，厂商利润为矩形 OCe_2D 面积；e_3 对应的均衡价格 OE，均衡产量 OF，厂商利润是矩形 OEe_3F 面积。这里，在网络效应的作用下，不管是在均衡点 e_2 或 e_3，厂商利润均大于在不存在网络效应时均衡点 e_3 所获得的利润(图 11.2 中矩形 OCe_2D 面积和矩形 OEe_3F 面积均大于矩形 OAe_1B 面积)。在此得出结论：若厂商因为产品的网络外部性试图将产品的价格抬高，则因网络效应多获得相当于图 11.2 中矩形 OCe_2D 面积与矩形 OAe_1B 面积之差或是矩形 OEe_3F 面积与矩形 OAe_1B 面积之差的利润。

厂商在此涨价的原因是产品的增值，而产品增值的原因是网络效应的存在，则厂商因涨价多获得的利润即可看成是产品网络中网络效应的体现。

产业(企业)集群网络如图 11.3 所示。

A、B、C、D、E、F、G、H、I 点代表网络中的九个企业(或 n 个企业)，虚线代

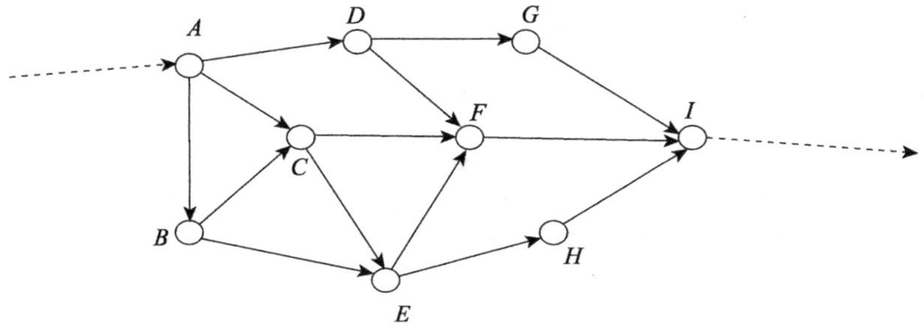

图 11.3　产业(企业)集群的网络链

表价值链，这九个企业应是价值链当中生产同一产品的企业群，它们之间存在价值贡献和利益分享的关系(实线表示)，相互之间构成一个网络。也可将整个价值链看成一个大的产业集群(网络)，将图 11.3 中的九个企业看成一个整体，相当于大产业网络当中的一个节点。产业集群的形成过程，其实质是一个网络外部性的问题。只不过这里的网络外部化不是体现在产品需求上，而是体现在企业的区位决策上。

第一个系统研究产业集群现象的经济学家阿尔弗雷德·马歇尔认为产业集群是企业为了追求外部规模经济所致的。在此将规模经济的观点和网络效应联系起来，当市场出现了一个领头羊时，后来者选择区内跟进，可以获得三大收益：享受技术、知识的外溢；共享具有专业技术工人的劳动力市场；共享中间品投入。选择区外生产是享受不到的，另外区内生产的成本、风险也比区外小，在区内生产可与原有企业分工合作，从某一工序、环节做起，资本和技术壁垒较低，所以一些生产要素可以流动，生产要素和最终产品的运输成本较低的产业往往选择集聚生产。若将这些企业 A、B、C……选择在同一区位生产看成它们结成类似于图 11.3 的网络，那么前面提到的三大收益即可看成它们作为企业网络中的一员从企业网络中获得的网络效应。

3. 产业集群技术创新模式的网络效应

产业技术创新是一个极其复杂的过程，单个企业是难以支配技术创新的全过程的，因而企业与外部环境的联系就显得十分重要。在技术创新过程中集群企业不是孤立的，它们处于由客户、供应商、竞争者、大学、科研机构以及其他机构构成的社会网络中。产业技术创新是一个系统过程，在这个系统中，企业是技术创新的主体，也是创新投入、产出以及收益的主体，是产业技术创新体系的核心，但需要大学与研究机构、其他企业、政府、中介机构以及金融机构五大行动主体构成的技术创新支持系统。这种产业技术创新系统的发展在很大程度上得益于产业集群。在产业集群中存在着清晰的支持产业技术创新的网络，如图 11.4 所示。

产业集群的技术创新网络反映了集群中创新行为主体之间的关系，通过横向、纵向的联结，信息、技术、资源在网络内部不断流动和优化配置，从而促进了集群中企业的技术创新行为。不仅产业集群内的同类企业之间要形成一种网络关系，更重要的是与非同类企业之间也要结成一定的网络关系。产业的区域集聚就为形成创新的产业网络奠定了基础。在产业集群内，大学与研究机构作为知识与技术的源头以及专业人才的有效供给者，不仅可创造新知识与新技术，还可通过教育、培训以及成果转化等方式，有效地

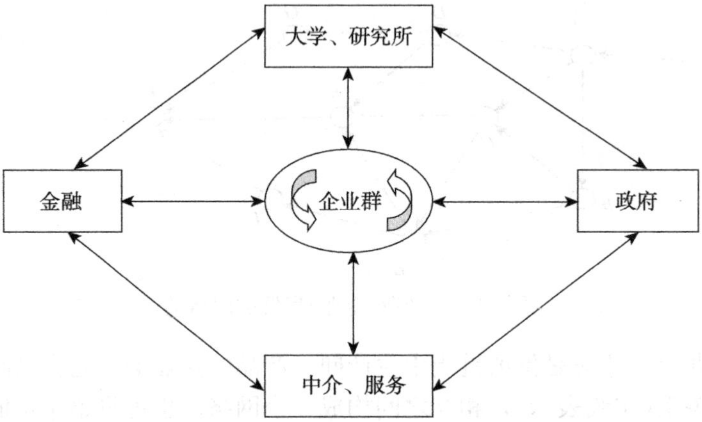

图 11.4 产业集群技术创新网络

促进产业集群中知识、信息、技术等的扩散以及创新人才的有效供给，为企业技术创新的实现提供智力和人才支持；政府对企业技术创新提供公共服务，中介机构为技术创新及时地传递科技信息、市场需求信息，金融机构为技术创新提供资金支持以及分担创新风险等，这些都会导致产业集群内的产业技术创新较容易进行。正是通过五大行动主体的共同行动，产业集群内比较容易实现产业的技术创新，因此，产业集群也就成为产业技术创新的理想处所。

创新是有成本的。创新过程复杂性的存在，客观上促使企业去寻找这样一种机制：在这样的机制内部，技术和市场的不确定性可以下降，技术创新过程信息可以更加完全地共享。于是，产业集群成为有效的选择。也就是说，如果存在一个产业技术创新网络，集群网络效应的存在会使技术创新过程的成本下降，提高企业创新的意愿。当技术创新上升到以网络角度来理解，就不能将技术创新简单地理解为是由网络企业中的研发创新活动而结成的一个网络，而应该是一种新型的超越网络成员自身的创新模式。

第三节 技术创新扩散理论及演化

技术扩散是将技术创新成果从一方向另一方传递的过程，技术扩散过程可以发生在不同地理空间之间，也可以发生在不同产业、部门领域之间。许多国家的经验表明，在高速增长一定时期后，国内外的需求都要求产业技术结构升级，无论从产业间的角度，还是区域间产业技术的转移的角度，技术扩散可以使技术使用者获取经济持续增长的短缺要素，和其优势相结合，在更长的时期内保持经济的较高增长速度。

一、技术扩散论

瑞典隆德大学的黑格斯传德（T. Haegerstrand）教授最早从空间视角对技术扩散现象进行研究。1953 年，他在著作 *Innovation Diffusion as a Spatial Process* 中首次比较系统地阐述了技术扩散理论，认为创新的采用主要是一个“学习”或“交流”的结果，在创新扩散中有关信息"有效流动"(effective flow)的因素是最重要的[①]。自1960年起，技术扩散活动日趋活跃，全球技术空间体系也逐渐形成，技术对区域经济活动增长贡献率大幅提高，技术扩散得到了前所未有的重视，国外学者对技术扩散进行了大量的理论与实证研究，在技术扩散的空间尺度、影响因子、时空模型、空间扩散方式与效应等方面取得了一系列有价值的成果，形成了相应的学术流派。

(一)主要内容

新技术开发者生产的产品优于其他产品的势能差是技术扩散的诱因，而技术的"有效流动"是扩散得以实现的基础，拓展扩散和跳跃扩散是技术扩散在空间上的两种方式。黑格斯传德发展演化了技术扩散的"四阶段模型"，指出技术扩散的强度有随距离增加而衰减的趋势，从而导致空间上的"近邻效应"；分析了不同阶段创新扩散率随距离的变化情况，在开始阶段，扩散强度随距离衰减特征显著，但随着时间的推移，在扩散阶段、冷凝阶段和饱和阶段，扩散强度随距离衰减的特征逐渐减弱。

扩散信息是从"大众媒介"或已采用者以"消息"的形式"发出"的。信息的传播主要靠个人的社会交流网络，这个网络的结构主要由不同社会和自然的交流障碍所决定。社会交流网络是有层次的，有些扩散是"地区性"的，而另一些则是"地区内"的，这也是早期空间扩散研究的层次概念。

创新的潜在采用者对创新的"采用阻力"因人而异，主要由社会阻力和经济阻力组成，更高的阻力水平需要更多的信息积累来促使采用发生。扩散信息被接受或拒绝取决于两个因素：一是潜在采用者采用创新的一般倾向或他是否富有创新精神；二是创新是否和社会、经济以及潜在采用者心理特征一致。潜在采用者是否采用创新取决于扩散信息的积累效果和潜在采用者对创新的阻力水平的比较关系，如果前者的效果大于后者，那么扩散就会发生，否则不发生。

黑格斯传德利用随机抽样法模拟了创新扩散的概率分布，通过瑞典艾思彼(Asby)地区的移民案例，提出著名的"平均信息域"(mean information field，MIF)模型，掀开了空间扩散研究的新篇章。从此，运用数学工具描述和预测扩散过程成为空间扩散研究中的一个热点领域。

(二)技术扩散类型

国内外诸多学者根据技术扩散中的某些因素和特征(如经济运行体制、技术扩散的机制、扩散的空间传递方式和可能产生的空间效应等)将技术扩散划分为不同的类型。赫伯特(Herbert)、桑切斯(Sanchez)和延冈(Nobeoka)等学者依据企业内部技术创新行为模式的不同，将技术扩散模式分为顺序式技术扩散、部分重叠式技术扩散和并行模块化技术扩散三类，总结了各类扩散模式的内容、流量与效果等特征，并指出，在技术更新速度加快和信息传递便捷迅速的时代背景下，顺序式技术扩散的劣势日显突出，而部分重叠式技术扩散与并行模块化技术扩散却因其技术流动高速、高效和柔性化生产方式

---

① Hagerstrand T. Innovation Diffusion as a Spatial Process. Chicago: University of Chicago Process, 1968: 127～134.

凸现而日益成为技术扩散方式的主流。

通过对技术扩散产生的空间效应进行分析，可以划分出技术空间扩散的类型，归纳起来大致有以下两种划分方式，即按照技术空间传递方式和扩散过程中的空间区位的变化特征来划分技术扩散类型。以上几种技术扩散类型只是纯粹的理论模式划分，现实中影响技术扩散的因素很多，因此，技术的扩散可能是两种或三种类型的组合，在空间上的表现形式也更为复杂。

黑格斯传德认为，技术创新扩散的空间模式是由信息流动和采用阻力的空间特征所决定的，他将空间扩散的几个重要经验规律，如近邻效应、等级效应等做了详细的归纳和总结，为后来的扩散模型研究提供了理论基础。但现在看来，他的 MIF 模型仍然是比较粗糙的。最大的缺陷就是他所定义的扩散区域是均质的，这有悖于扩散的实际情况，致使模型的建立过于理想化，在实践应用上存在一定的局限性。

(三)技术扩散的路径

技术扩散路径涉及两个方面的内容：其一，技术扩散的静态路径，主要是指技术扩散的模式，即技术扩散发生的方式或渠道；其二，技术扩散的动态路径，是从技术本身出发，研究技术的兴衰周期对技术扩散各个阶段的影响。

比较经典的静态技术扩散路径是巴克利(Buckley)提出的 10 种形式的技术扩散：外国独资企业、合资企业、外国多数股权安排、股权递减协议、许可、专卖、管理契约、交钥匙工程、契约合资、国际转包(分包)。技术扩散动态路径形成较早，熊彼特最早从技术创新的周期来考虑，将技术变化的全过程划分为发明、创新和传播三大阶段；曼斯菲尔德更进一步地详细描述了技术处于不同阶段时的产业结构、信息种类、技术密度和市场性质等指标的具体特点。罗杰斯又进一步将技术扩散传统阶段模型划分为基础研究、应用研究、开发、商业化和营销五个阶段。动态技术扩散路径将企业作为技术创新的主体，认为其积极作用贯穿于技术扩散的全过程。

二、技术选择论

集所有权特定优势(ownership specific advantage)理论、内部化优势(internalization advantage)理论和区位优势(location specific advantage)理论之大成的英国经济学家邓宁(J. Dunning)于 1977 年在《贸易、经济活动的区位与跨国公司：一种折衷方案的探索》中提出，对跨国公司的研究应结合区位理论、要素禀赋理论和内部化优势理论，进而创立了折衷的方法与体系。1981 年，他在《国际生产与多国企业》中提出的国际生产折衷理论(ownership，location and internalization paradigm theory)为服务业跨国公司的国际化生产提供了一个分析框架，他把对外直接投资、国际贸易、技术转移三者有机地统一起来，通过建立国际生产选择模型来分析和解释跨国企业对外投资和国际技术转移的发生机制[①]，从国际技术转移的动力和引力两个方面进行综合分析，站在技术供给方和

---

① Dunning J. Trade，location of economic activity and the MNE：a search for an eclectic approach. London：MacMillan，1977：145～148.

技术需求方的角度分别考察推动技术在国际间进行转移的内在因素以及这些因素是如何促进技术转移的。

企业跨国经营是该企业具有的三种优势综合作用的结果。

(1)所有权特定优势。所有权特定优势是指企业所独有的优势，又称垄断优势，它包括资源禀赋、资金和劳动力等有形优势及生产技术、工艺、企业管理水平、开拓市场能力和获得原材料能力等无形优势。邓宁认为，所有权特定优势是企业对外直接投资的必要条件，而不是充分条件。企业仅仅具有所有权特定优势时，可考虑以国内生产出口销售或许可、技术转移的形式参与国际生产。

(2)内部化优势。内部化优势是指跨国企业将所有权特定优势进行内部转移的能力，使企业的生产销售和资源配置趋于稳定，所有权特定优势得以充分发挥。邓宁认为，内部化优势也只是企业对外直接投资的必要条件，而不是充分条件，同时具有所有权特定优势和内部化优势的企业也不一定选择进行对外直接投资，因为它也可以在国内扩大生产规模后再出口。

要理解邓宁的所谓内部化优势，首先需阐明两个概念：市场不完全，即某些产品的特性使它们不能完全合理地通过市场交易来实现其价值，这些产品不仅包括中间品，如半成品、零部件等，同时更重要的是指信息、技术、管理知识等。例如，技术等知识产品具有唯一性以及它的效益只能在投入生产过程以后才能断定，从而造成卖方和买方对该项产品价值判断的不一致，难以通过市场来正常交易。交易成本，是指生产者和使用者在交换产品时并不是无成本的，而是存在一定的交易障碍，需付出一定的代价。可以说，存在交易成本导致市场不完全进而促使企业实行内部化。

(3)区位优势。区位优势，即东道国所具有的区域特定优势及投资环境上的优势条件，具体包括当地的外资政策、经济发展水平、市场规模、基础设施、资源禀赋、劳动力及成本等。邓宁认为，在企业具有了所有权特定优势和内部化优势这两个必要条件的前提下，又在某一东道国具有区位优势时，该企业就具备了对外直接投资的必要条件和充分条件，对外直接投资就成为企业的最佳选择。

技术转移论中最为著名的国际生产折衷理论与以往的各种理论相比，它更全面地解释了企业对外直接投资的动因，融合了以往各种学说的精华，被认为是集各家之所长真正建立起来的一个通论。邓宁的理论经归纳与总结后使理论更加丰富，较以往的各种理论更全面地解释了企业国际经营和技术转移的动因，形成了一个具有普遍性的理论体系。

但是这种兼收并蓄的理论也有不足之处，该理论过于注重对企业内部要素的研究，忽略了企业所处的特定社会政治、经济条件对企业经营决策的影响。该理论认为跨国公司的选择以自身利润最大化的单一目标为准则，这与跨国公司生产经营目标的多元化相违背。此外，巴克利等认为该理论没有解释清楚这三个优势之间的相互关系及其在实践过程中的发展，而且要素的分类体系也缺乏动态的内容。

三、创新扩散模式论

技术创新扩散是指技术创新通过一定的渠道在潜在使用者之间的传播、采用的过程。同一种技术创新在不同扩散形式下，其效果是不一样的。而同一种扩散形式，对不同的创新技术扩散效果也不一样。其原因就是不同的扩散模式有各自不同的特点和适用性。本节针对这两个方面进行初步探讨，以寻求在不同国度和地区、不同技术基础和使用条件下，采用适宜的扩散模式使技术创新得以快速、高效、优质地扩散。

英国经济学家斯通曼(P. Stoneman)认为，技术创新是首次将科学发明或研究成果进行开发并最后通过销售而创造利润的过程，他将“一项新技术的广泛应用和推广”称为“技术扩散”。

斯通曼认为，企业采用技术创新的过程是一个贝叶斯学习过程。也就是说，某企业通过学习其他已采用技术创新的企业的经验来调整其对采用创新效果的不确定性和风险的预期。当对技术创新的预期采用效果感到满意，同时不确定性和风险又足够低时，企业就采用技术创新。他把技术创新扩散划分为四个层次，即企业内部的扩散、企业间的扩散、部门内的扩散和国际间的扩散，并且认为：企业内部扩散是通过母子公司的技术传递或扩大自身规模实现的；企业之间的扩散是通过技术创新成果转让进行的；而国际间扩散则是通过技术贸易方式完成的。

国内近年来对技术创新扩散模式也提出了一些观点。清华大学傅家骥教授等提出：技术创新扩散模式可分为集中型扩散和非集中型扩散两大类。前者以计划机制为基础，是通过政府的推动而完成的，如农业创新技术的推广、生物工程技术的推广等。后者以市场机制为基础，是由企业自主选择与采用技术创新而达到扩散的。

浙江大学许庆瑞院士等对生态技术、环保设备生产等创新技术扩散做了大量的调查研究，从中得出这类创新的扩散是以政府干预为主，企业是被动接受者的结论。华中理工大学蔡希贤教授等通过对扩散基本原理的综合，认为只要存在着技术梯度和动力机制以及适宜的外部条件，扩散就能发生。在此基础上，他们提出了企业主体扩散和政府主体扩散两种模式。前者包括技术引进和中心企业向外围企业扩散两种模式，而以政府为主体的扩散也称科技推广模式。

四、技术模仿论

美国经济学家曼斯菲尔德认为技术扩散是一个学习的过程，他就技术创新中的技术推广问题以及技术创新与模仿间的关系和两者的变动速度问题补充了熊彼特创新理论的一个空白，建立了新技术推广模式。

为了考察同一部门内技术扩散的速度和影响技术扩散的各种经济因素的关系，曼斯菲尔德提出了四个假定：①完全竞争的市场，新技术不是被垄断的，可以按模仿者的意愿自由选择和使用；②专利权对模仿者的影响很小，因而任何企业都可以对某种新技术进行模仿；③在新技术推广过程中，新技术本身不变化，从而不至于因新技术变化而影响模仿率；④企业规模的大小差别不至于影响采用新技术。

在这些假定的基础上，曼斯菲尔德指出，在一定时期内某一部门中新技术的推广速度受到三个因素和四个补充因素的影响。三个因素分别为：

(1)模仿比例，即一定时期内某一部门中采用新技术的企业数与总企业数之比。模仿比例越高，意味着采用新技术的情报和经验越多，模仿的风险就越小，对其他未采用该种新技术企业的推动力也越大，采用新技术的速度就越快。

(2)模仿相对盈利率，即相对于其他投资机会而言的盈利率。相对盈利率越高，模仿的可能性就越大，企业越愿意采用新技术，推广速度就越快。

(3)采用新技术要求的投资额，在相对盈利率相同的情况下，采用新技术要求的投资额越大，推广速度就越慢，模仿的可能性就越小。

四个补充因素具体包括：一是旧设备还可使用的年限，年限越长，推广速度就越慢；二是一定时间内该部门销售量的增长情况，增长越快，推广速度就越快；三是某项新技术首次被某个企业采用的年份与后来被其他企业采用的时间间隔，间隔越长，推广速度就越慢；四是该项新技术初次被采用的时间在经济周期中所处的阶段，阶段不同，推广速度也不同①。

曼斯菲尔德的技术模仿论主要用来解释一项新技术首次被某个企业采用后，究竟需要多久才能被该行业的多数企业采用。他的理论在一定程度上有助于对技术模仿和推广的解释，但因其理论假设的前提条件与实际相差太大，他的技术推广模式是一种理论化的模式，所研究的技术推广只是在一个部门内部的推广。而实际上，技术推广不单单局限在部门内部，在整个行业甚至整个经济社会环境中都能够推广。

五、技术转移理论

(一)技术转移曲线

许多学者的研究指出，技术转移过程一般可以用S型曲线模型来概括，见图11.5。

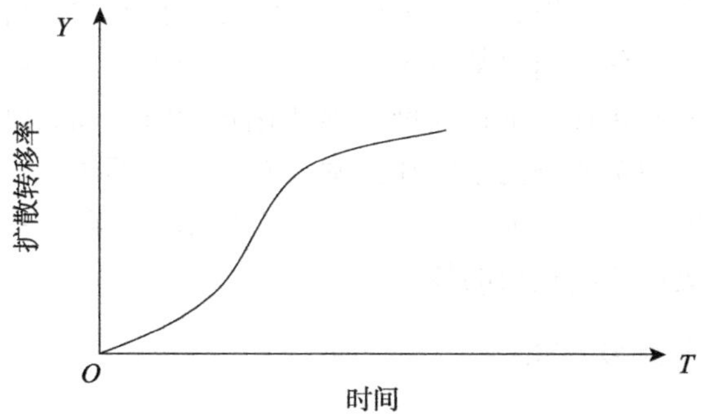

图11.5 技术转移的S型曲线

技术转移过程呈S型曲线的主要原因有两个方面：一是信息的传播；二是技术具有的不确定性。在一项创新问世后的初期，采用创新的企业极少，因此，信息源和信息的传播者也很少，而且此时创新本身还在不断变化，在技术和经济两方面还存在很大的不确定性，大多数企业会抱着“等着瞧”的态度，不会急于做出“采用创新”的决策，这时的技术转移率自然很低。随着采用创新的企业的增加，信息源和信息的传播者都增加了，

---

① Mansfield E. How rapidly does new technology leak out. Journal of Industrial Economics，1985，34：217～224.

原始创新的完善程度也会逐步提高，在技术和经济方面的不确定性就会逐步降低。采用创新的企业就会很快地增加，所以扩散率不断上升，上升的速度也加快。然而，随着扩散率的不断上升，到了一定阶段后，潜在采用者的数量不断减少且趋近于零，采用者数量的增加也就趋近于零了。一开始转移速度随着时间的推移迅速增加，跟上者比例急剧上升，到达拐点后迅速下降，最后趋于饱和。这一点和技术转移动态体系中产业技术层次是相吻合的，即技术生命周期中的前期技术转移得快，而后期的成熟技术转移慢。

产业技术转移的动态体系表明，技术转移的成效主要取决于三个方面，即技术引进方、技术输出方和技术本身。①处于产业不同发展阶段的技术，在进行转移过后会产生不同的效果。一般来说，一种技术的发展周期可以分为未产业化时期、产业化时期、产业化成熟时期和产业化衰退时期。而且产业技术的发展周期还可能有多个起伏，既可能只有一个周期，也可能有多个发展周期。多数主要技术的发展都会有多个发展周期。不同产业和行业的生产技术，其发展周期也会有较大差别。②技术引进方的能力。技术输入方自身的智力水平和学习能力是影响产业转移效果的重要因素。从企业技术层面看，可以分为操作能力、仿造能力、改造能力和创新能力四个层次。如果只具备前两项能力，则企业只能接受以专有技术为主，特别是以设备类型为代表的固化状态的技术；如果具备后两项能力，则企业能在引进外智的基础上，实现自我更新和自我发展。智力输出方与引进方之间的技术差距，主要是一种双重技术差距，即技术转移差距和技术积累差距。前者表现为输出方所转让的技术与输入方所需要的技术不相适应，后者主要表现为输入方对引进的技术在消化、吸收等方面存在的困难和差距。③技术输出方的选择。技术输出方的输出战略受到下列因素的影响：技术转移双方智力水平越接近，技术拥有者越愿意转移技术；当相关知识和技术易被他方学习和仿制时，智力拥有者倾向于在较短时间内尽快实现智力转移；当对某市场不了解，或资本实力有限，直接投资活动有困难时，技术拥有者倾向于转移技术；当推行本地化政策时，如鼓励国产化、生产技术当地化等，欲进入某市场的企业倾向于转让技术；对创新周期较短、更新速度快的技术而言，为尽快收回研制成本，技术拥有者倾向于转让技术。当前，我国西部企业大多喜欢引进创新周期较短、更新速度较快的技术。

（二）部门间技术转移理论

内生增长理论事实上发展了两条研究线索，一条以阿罗的“干中学”为基础，由罗默引入动态最优化方法发扬光大，并建立了其现代形式。1962 年，阿罗在其《边干边学的经济含义》一文中提出一个“干中学”的知识变化模型，这里的学习是指知识或技术的获得过程。阿罗认为，学习只有在解决实际问题的尝试中才会发生，技术进步应是投资的非故意副产品。“不仅进行投资的厂商可以通过积累经验而提示其生产效率，其他厂商也可以通过‘学习’而提高生产效率”，格罗斯曼(Grossmann)和赫尔普曼(Helpman)这样写道。对这种机制的解释之一是：企业在生产资本品而非消费品的过程中增长了知识，而这种知识通过转移会难以遏制地变成一种全社会都可以自由享用的公共知识。这时，知识又能提高后续的生产活动的生产率。

内生增长理论的另一条线索是以宇泽弘文所引入的显性人力资本要素为基础的，由卢卡斯综合拉姆齐的消费最优化方法而建立了其现代形式。宇泽弘文运用两部门的模式结构描述了一个人力资本与物资资本都能生产的最优模式，其重要贡献在于，通过假定经济中存在一个生产人力资本的教育部门，将索罗模型中的外生的技术进步内生化，从而为解释内生技术变化提供了一个可能的尝试。从中也可以看出，人力资源在企业间的流动也会造成技术的溢出，导致技术的转移。

20 世纪 90 年代以来的后期新增长理论的基本观点是：持续的技术进步需要企业内部对 R&D 的投入甚至对基础性研究的投入来推动，曼罗斯曼和赫尔普曼是 R&D 学派的代表人物，他们建立了以技术创新而非人力资本积累为基础的内生增长模式。他们认为，研究开发投资决策取决于研究开发的成本和收益，前者取决于劳动成本以及企业获取的知识，后者则为出售发明的新产品、新技术所取得的利润。研究开发活动反过来又会发明新产品或技术改进。企业获取的技术越多，从事开发活动的成本就越低。研究开发还使企业有了新发明的机会，这种发明完全拥有私人产权，同时使公共知识存量增加了，而这种公共知识存量具有共享性，各个企业都可以从其他企业所从事的研发活动中收益。实现了产业内和产业间的转移，研究开发具有完全的外溢效应。

科罗斯曼、赫尔普曼和杨等学者之后也考察了曼斯菲尔德技术推广模式。曼斯菲尔德的主要贡献在于对模仿(某企业首先采用一种新技术后，其他企业以它为榜样，也相继采用这种技术)和“守成”(某企业首先采用一种新技术后，其他企业并不模仿它，依然使用原来的技术)的研究。

(三)区域间产业技术转移理论

世界技术经济发展的不平衡，在一定的时空内形成了由高到低的、有序的技术梯度差距。在技术转移上，一般总是由发达国家向不发达国家、先进地区向落后地区扩散，即技术按梯度转移。发展差距较小的国家和地区，梯度差距小，技术传播就相对容易，产业技术转移也就很活跃。

美国经济学家曼斯菲尔德、维尔金斯提出关于国际间技术转移的研究，在理论和实践方面都有相当的影响。20 世纪 60 年代波西纳(M. Posner)和哈弗鲍尔(G. C. Hufbauer)提出的技术差距论、1966 年美国哈佛大学教授雷蒙・维农(Raymond Vernon)提出的技术生命周期理论等理论为技术在国际间的转移提供了理论基础。曼斯菲尔德将国际间技术转移分为垂直转移和水平转移，主要研究了国际间技术转移的成本，包括：专利和特许使用费；资源成本；效率损失；消化吸收费用等。日本学者斋藤优于 1979 年在其专著《技术转移论》中提出了国际技术转移的新理论，即“N-R 关系假说”。学者们研究得出了“二元技术结构”理论，即国家间或国家内都存在双重结构——先进技术与落后技术并存。要改变这种状况就必须进行技术的转移。

拉普拉斯的决定论认为，技术的转移渗透趋向于稳定、有序、均匀和平衡，呈线性关系，小的输入产生小的结果，拉普拉斯的决定论是梯度理论的基础。而托夫勒(Toffler)则认为普利高津的“耗散结构理论”推翻了拉普拉斯的决定论，解释技术转移无序的、非稳定的、非线性的过程。针对技术转移的不同规律及分布的状况采用不同的策略，可以使技术落后国家和地区在某一点或某一范围内超越技术发达国家和地区，即

“跳跃理论”。范艾肯(van Elkan)1996年在开放的经济条件下建立了技术转移、模仿和创新的一般均衡模型。范艾肯强调的是南北双方之间的经济发展的考虑趋同，即在经济欠发达国家可以通过技术模仿、引进或创新最终实现技术和经济水平的赶超。

六、区域间技术转移

区域经济技术发展的不平衡性使技术产生了区域间的转移，从被转移的技术来源来分，大体可以划分为国际技术转移和国内技术转移两大类，随着经济全球化趋势的形成，技术转移对全球化经济发展的驱动作用日益凸显，国内技术的转移和国际技术的转移是相辅相成的。对整个社会来说，技术转移是技术进步、生产率提高的基本途径。

(一)国际间技术转移

1. 经济全球化促进国际间技术转移

在经济全球化的环境中，各国技术水平的差异使各国开始整合国际技术市场资源，使技术创新成果实现国际间的迁移，推动技术创新和技术产业化成为可能：经济全球化通过资本流入给发展中国家技术转移提供了机遇，投资的企业除了在东道国投资生产外还进行销售、研发等活动，必然引致技术转移；各国技术间的合作、业务的往来、信息流动以及技术专家和管理人员的进出，使技术得到了有效的转移；经济全球化使国际技术转移的规模、速度、方式和渠道都发生了变化，进一步又导致企业制定新的技术战略，使各国政府调整其技术政策，最终使整个国际技术转移的规模和格局发生前所未有的变化。

2. 国际间技术转移和产品、技术生命周期理论

由于世界各国政治、经济、科学技术发展的不平衡，技术供方与技术受方的目标及具体国情存在差异，技术转移的范围、特性以及技术转移的途径势必会受到政府政策和政治、经济联盟的影响，同时，接受方的技术吸收能力也会影响技术转移的途径和效率。除此之外，技术转移的机制和效果还与技术发展周期以及产品生命周期密切相关。

3. 国际间技术转移方式

国际技术转移可以通过许多渠道和机制进行，这些渠道和机制往往是相互独立的，主要有对外直接投资国际商品贸易、国际技术贸易、国际科技合作与交流、国际技术援助等。

另外，跨国公司的外部化技术转移还包括各种出版物、举办技术讨论会、专题座谈会、举行会议、公布研究结果以及聘请国外专家咨询、人员交流、举办专门技术培训课程以及从国际互联网络免费下载软件和公共信息等。

(二)国内区域间技术转移

一国国内技术创新成果的转移更多地体现为技术的扩散，这使在创新者与其他周围的空间里产生了“区位差”，为了消除这种差异，一种平衡力量就会促使创新者向外扩散和传播，或者周围区域为了消除这种差异而进行学习、模仿和借鉴。

1. 国内技术区位转移类型及相关理论

一国国内的区域间技术转移首先是通过创新地(者)与最早的接受者的信息传输发生的，然后，首批的接受者又作为新的创新者继续扩散，如此经过若干时段，接受者的累积数量将趋于饱和，转移过程亦趋结束。根据技术转移过程中空间的区位变化来分，其有三种类型：扩展转移(expansion transfer)，其特点是围绕创新起源点向周围地区扩散，在空间上表现为一定的链型性，这种类型主要受距离因素控制，临近效应明显；等级转移(hierarchic transfer)，创新循着一定的等级序列顺序转移，如规模顺序、科技文化层次、社会和经济地位、官职等级等，其决定因素为接受者的位势；位移转移(relocation transfer)，其表现为转移接受者随时间产生非均衡的位移，它主要是由移民或其他形式的人口流动引起的。

2. 国内区域间技术转移和产业结构调整

对一国的经济发展来说，产业的适时转移是高梯度发达地区产业结构调整的需要，也是区域间产业间技术转移规律的必然结果。当一个区域发展到一定阶段后，如果其成熟产业技术不适时扩散出去，就会产生衰退的产业技术和创新的产业技术在各方面的冲突，导致产业技术结构失衡。适时的产业技术的转移，可以同时优化产业技术输出区域和产业技术输入区域的产业结构和产业链。一个经济区域中不可避免地存在高梯度地区和低梯度地区。区域梯度的核心是产业技术梯度。由于产业要素禀赋、产业基础和产业分工的不同，地区间在经济发展与产业技术结构水平上形成了一定的梯度差距，这种产业梯度的存在导致了产业技术在地区间的梯度转移。一个地区相对落后或不再具有优势的产业可以转移到低梯度的地区，成为其他地区相对比较优势的产业，从而提高吸收方的产业技术结构层次和水平，这种产业技术的梯度转移对于双方都有利，使转移方和受方都达到"双赢"的效果。应充分发挥企业在产业梯度转移中的主体性作用，促进企业跨地区进行产业技术的转移、融合与协作。企业是产业转移的主体，企业跨地区的协作、兼并、技术转移和生产分工是产业转移的多种实现形式。

(三)全球价值链

Michael Porter 提出价值链理论，认为公司的价值创造既包括生产、营销、运输和售后等基本活动，也包括原材料供应、技术、人力资源和财务等辅助性活动，它们联结成的公司价值创造链条称为价值链[①]。Kogut 认为，价值链是通过技术、原料和劳动融合投入进行组装形成最终商品，最后经过市场交易、消费等最终完成价值循环的过程[②]。Hobday(1995) 基于价值链理论，发现了从 OEM(original equipment manufacture，即原始设备生产商)转型到 ODM(original design manufacture，即原始设计制造商)、OBM(original brand manufacture，即原始品牌制造商)的技术追赶模式[③]。Gereffi

---

① Porter M. The competitive advantage of nations. Harvard Business Review，1990，(3)：73～93.

② Kogut B. Designing global strategies：comparative and competitive value-added chains. Sloan Management Review，1985，(4)：15～28.

③ Hobday M. Innovation in East Asia：The Change to Japan. Aldershot：Eduard Elgar，1995：51～74.

等在《价值链的价值》(*The Value of Value Chains*)特刊中，从价值链的角度分析了全球化过程，他认为商品和服务贸易应该被纳入治理体系，理解价值链的运作模式对企业和政策制定者意义重大，因为企业需要不断参与和整合价值链，以取得必要的技术能力和服务支持①。Sturgeon 和 Lee(2001)提出全球价值链是分布在全球范围内的，它包括为产品和服务创造做出贡献的所有主体，如一体化企业、领导厂商、供应商、零售商等②。Gereffi 和 Memedovic(2003)对服装产业的全球价值链进行了研究，发现为美国采购商生产中间产品的东亚国家供应商会形成一条从 OEM 到 ODM，甚或到 OBM 的创新轨迹③。毛蕴诗和戴勇认为 ODM、OBM 是中国的产业创新升级目标，并通过案例研究得出新兴国家企业自主创新路径④。

Porter 提出的价值链侧重于从单个企业的角度分析企业价值活动，以及各业务之间、企业与供应商和消费者之间可能的连接，以得出企业的竞争优势，因此它被认为是传统意义上的价值链。他在《竞争优势》一书中指出，企业的基本活动和辅助活动各不相同但相互关联，它们构成一个价值创造的动态系统，即价值链。企业价值创造主要依赖于价值链上某些特定活动，即企业价值链战略环节。只有抓住战略环节并积累战略环节优势，才能使企业长期保持竞争优势。波特还在书中提出了价值系统(value system)概念。这是一种突破企业界限，以不同企业之间经济交往为基础建立的价值体系，它形成了全球价值链的基础。在这个价值链系统中，供应商创造并传递用于企业价值链外购投入的上游价值。产品通过价值链的销售渠道到达顾客手中，即创造渠道价值。企业产品最终会融入买方价值链，产生顾客价值。沿产品线增加的各阶段价值会形成一个完整的价值增值系统。

Kogut 在《设计全球战略：比较与竞争的增值链》中，用价值增值链(value added chain)分析国际战略优势，认为"价值链基本上就是原料、劳动、技术投入组合起来完成各环节生产任务，继而将各环节相结合以形成最终商品，最后通过市场交易完成价值循环过程"⑤。他认为国家的比较优势决定着国家及地区怎样做出价值链环节选择，并逐渐形成价值链最优配置。企业的竞争能力也会决定企业在价值链环节上的取舍，以集中主要力量确保其持续竞争优势。国家的比较优势和企业的竞争能力相互作用形成了国际商业战略的基本形式。

英国苏塞克斯大学发展研究所将全球价值链定义为产品在全球范围内，从概念设计、生产、销售、使用直到最终报废的全生命周期中所有创造价值的活动范围。在全球

---

① Gereffi G, Humphrey J, Kaplinsky R. Introduction: globalisation, value chains and development. IDS Bulletion, 2001, (3): 1～8.

② Sturgeon T, Lee J R. Industry Co-evolution and the Rise of a Shared Supply-base for Electronics Manufacturing. Nelson and Winter Conference, Algborg, 2001: 1～26.

③ Gereffi G, Memedovic O. The Global Appeared Value Chain: What Prospects for Upgrading by Developing Countries. Vienna: United Nations Industrial Development Organization, 2003: 3～11.

④ 毛蕴诗，戴勇. OEM、ODM 到 OBM：新兴经济的企业自主创新路径研究. 经济管理，2006，(20)：10～15。

⑤ Kogut B. Designing global strategies: comparative and competitive value-added chains. Sloan Management Review, 1985, (4): 15～28.

的价值链中，产品的设计开发是价值创造的源泉，生产是价值实现的载体，市场营销是价值实现的最终形式。

价值链的上游和下游分别是研发设计和品牌销售环节，是价值链上的优势环节，有较高的附加价值，而中游的生产制造、加工组装环节，一般利用其劳动力资源的比较优势获得价值分工，但由于不具备较强的技术优势和销售渠道，只有较低的利润分配。图11.6为微笑曲线示意图。

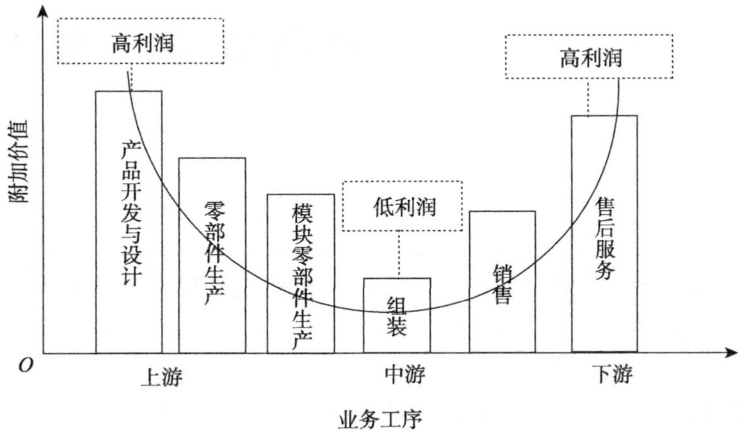

图 11.6 微笑曲线示意图

若将价值链大致分为上中下游三个环节，则每个环节都具有不同的业务特点与竞争优势。产业价值链上公司竞争优势本质上来源于对顾客价值的认知。价值链上的价值创造与传递行为，最终面向的是消费者。只有消费者认可产品与服务的价值，价值才得以实现，价值链整体活动才会被认为是成功的。对于企业来讲，其在价值链上的分工与位置决定了其不同的竞争优势。企业只占据产业价值链上的一个或多个增值环节，而不同的价值增值环节又有很大差异，如对基础资源禀赋要求的差异、对技术水平需求的差异、战略方向的差异、利润分配的差异等。企业基于比较优势选择在价值链上的分工，同时也会有着不同的价值链地位，而这会影响企业在价值链上的竞争优势。

第十二章

产业贸易：分工与贸易

【本章概要】 本章主要介绍产业贸易，包括产业间贸易与产业内贸易。产业间贸易的基础是产业间分工，产业间分工是国家分工在具体产业的体现。产业内贸易的理论基础是规模经济和消费者偏好论。

【教学要求】 本章应了解产业贸易的基本理论，重点掌握产业间贸易与产业内贸易的特点及区别。

产业贸易是发生在产业间和产业内的贸易，产业间分工导致产业间贸易，产业内分工导致产业内贸易。产业分工与产业贸易的关系实质上是国际分工与国际贸易在微观上的体现。产业间贸易的理论基础是绝对优势理论、比较优势理论和要素禀赋理论。而产业内贸易的理论基础是规模经济和消费者偏好论。随着产业内贸易的兴起，人们更多的用产业内贸易程度的高低来衡量该国在某一个产业内分工的地位和国际竞争力，提高产业内贸易的比重也成为提升本国国际分工地位和增强国际竞争力的主要手段。

第一节 产业贸易概述

产业贸易主要包括两种形式，即产业间贸易和产业内贸易。产业间贸易是一国进口和出口属于不同产业部门生产的商品，其依据是该国生产并出口具有绝对优势或相对优势的产品，而进口具有绝对劣势或相对劣势的产品。这种贸易形式在第二次世界大战以前占有主要地位。第二次世界大战以后，产业内贸易在整个国际贸易中所占的比重日益增大。这种贸易形式的特点是一国既出口同时又进口某种类型制成品，在这里，相同类型的商品是指按照国际商品标准分类法统计时，至少前三位数都相同的商品。产业贸易与国际分工是密切相关的。产业间贸易的基础是产业间分工，而产业内贸易的基础是产业内分工。

一、国际分工与国际贸易

（一）国际分工概述

1. 国际分工的含义

国际分工是指世界各国之间的劳动分工。它是社会分工发展到一定历史阶段，国民经济内部分工超越国家界限而形成的国家之间的分工。其表现形式是各国货物、服务等商品的交换。国际分工作为一般社会分工在世界范围内扩大和加深的结果，对生产力的促进作用更加巨大，从而对世界经贸的发展起巨大的推动作用。

2. 国际分工的产生与发展

国际分工属于历史范畴，是社会分工发展到一定阶段的产物，其产生和发展大致可以分为以下几个阶段。

1)国际分工的萌芽阶段

15 世纪末到 16 世纪上半期的"地理大发现"，不仅促进了西欧国家的个体手工业向工场手工业过渡，而且为近代国际分工提供了地理条件，在一定程度上推动了世界市场的形成与发展。但是，在这个时期，产业革命尚未发生，世界范围内仍是自然经济占统治地位，开始出现的国际分工建立在自然条件不同的基础上，带有明显的地域局限性。

2)国际分工的形成阶段

从 18 世纪 60 年代到 19 世纪中叶，英国、法国、德国、美国等主要资本主义国家完成了产业革命，以机器大工业取代手工劳动。产业革命的完成，标志着资本主义经济体系的确立，它加快了商品经济的发展，行业之间的分工日趋发达，区域之间的分工日益明显，社会分工最终超出了国家和民族的范围，形成了以世界市场为纽带的国际分工。这一时期国际分工的基本格局是少数发达国家变为工业国，广大亚非拉国家成为农业国。

3)国际分工的发展阶段

从 19 世纪 70 年代开始，主要资本主义国家发生了第二次产业革命。发电机、内燃机和电动机的广泛使用以及新兴工业部门的建立，促进了社会生产力和国际分工的发展。在这个时期，资本主义从自由竞争向垄断过渡，通过资本输出，进一步加深和扩大了国际分工。随着生产国际化和资本国际化的趋势日益增长，真正意义上的国际分工得以最终形成。这一时期的特征是形成了门类较齐全的国际分工体系。一方面，工业国与农业国之间的分工继续发展，另一方面，主要资本主义国家之间的分工(主要是工业部门之间的分工)也日益发展起来。

3. 当代国际分工的新特征

第二次世界大战以来，世界经济和政治发生了重大变化，世界生产力获得了前所未有的发展，国际分工出现了新特点。

1)发达国家之间的分工居于国际分工的主导地位

第二次世界大战后科学技术和经济的迅速进步和发展，改变了战前的国际分工格局，国际分工在工业国之间得到迅速发展。传统的以自然资源为基础的分工逐步发展为以现代化技术、工艺为基础的分工，形成了以工业国之间分工占主导地位的国际分工。

2)发达国家与发展中国家的分工形式发生变化

第二次世界大战以前，发达国家与发展中国家的分工形式以“垂直型”国际分工为主，即发达国家进口原材料、出口工业制成品，发展中国家进口工业制成品、出口原材料的国际分工。第二次世界大战后，水平型的国际分工占主导地位。发达国家和发展中国家之间出现了简单加工工业与复杂加工工业之间的分工，劳动密集型工业与资本、技术、知识密集型工业之间的分工，还有劳动密集型工序或劳动密集型零部件生产与资本、技术、知识密集型工序或零部件生产的国际分工。

3)产业内部分工逐步增强

在传统的国际分工格局中，占主流地位的是产业部门之间的分工，即工业制成品与初级产品生产国之间的分工以及各国不同工业部门之间的分工。第二次世界大战以后，国际间产业内分工得到了迅速发展，国际竞争和合作越来越表现为同类产品、同类产业之间的竞争和合作。在一国国内产业部门之间的分工向部门内部分工发展的同时，产业内分工越来越多地跨越国界，形成国际间工业部门内部的分工。这是以技术为基础的国际分工迅速发展的结果，也是产品的差异化、零部件生产专业化的结果。

(二)国际分工与国际贸易的相互关系

从最一般的意义上来说，国际分工和国际贸易的关系是分工与交换的相互关系，没有分工，就没有交换，也就没有市场。交换的深度、广度和方式都取决于生产的发展，也取决于分工的发展水平。同样，国际分工也是国际贸易和世界市场的基础。如果没有国际分工，就没有国际贸易。国际贸易是随着国际分工的发展而发展的。反过来，如果没有交换，分工后的劳动者生产商品的价值就无法实现，同时也影响着国际分工的发展。国际分工与国际贸易是互为条件、互为促进的两个方面，应该说，国际分工是更具有决定性的方面，因为国际贸易的发展从根本上说要受到国际分工的制约和影响。

1. 国际分工的扩大推动了国际贸易的发展

国家之间的商品交换在最初是由于自然地理条件不同而产生的，交换具有相当大的偶然性，而且规模很小。在资本主义生产方式确立起来，国家之间实行了劳动分工之后，国际贸易才成为一种经常的广泛的现象。国际分工的扩大推动了国际贸易朝广度和深度发展。一方面，国际分工使各国充分发挥比较优势，使世界总的产量随之上升，这是国际贸易发展的物质基础。另一方面，一国参与国际分工的程度越深，对外贸易在国民生产总值中所占的比重越大。国际市场是国民经济正常运行和发展的必要条件，国际分工在经济上的优越性，吸引各国放弃封闭政策，主动参与国际分工，从而也促进了国际贸易的发展①。

2. 国际分工的形式决定国际贸易的格局

国际贸易格局是指国际贸易的商品结构和地理方向，世界贸易中商品结构的变化是由国际分工的发展决定的。资本主义生产方式确立之后，国际分工的基本格局是世界分

---

① 张二震，马静青．国际贸易学．南京：南京大学出版社，1998：37。

化为工业国和农业国，英国和其他发达工业国家成为世界的城市国、中心国；其他国家则沦为农村国、边缘国。在这样的国际分工格局下，世界市场商品的流向是发达国家向落后国家销售工业品，而从落后国家大量进口原料和食品等。第二次世界大战以后，传统的国际分工形式开始有所改变：一是发达国家和发展中国家之间的分工形式发生了一定变化，发展中国家出口中工业品的比重不断增加；二是发达国家间产业部门之间的分工日益转变为产业部门内部的分工，以产品为界限进行的分工逐步转变为以生产要素为界限进行的分工。这就使世界贸易中工业制成品的比重日益上升，初级产品的比重相对下降，并形成了技术贸易迅速增长等新现象。这段时期工业制成品在世界贸易中的比重占到 2/3 以上，主要发达国家间产业内贸易的比重都超过了 50%。

3. 国际分工制约了国际贸易的地理分布

各国在世界市场上的位置是和它在国际分工的地位密切相关的，它们在国际分工中位置的变迁是导致其在世界贸易中地位升降的关键因素之一。从 18 世纪到 19 世纪末，英国在国际分工中居于中心地位，在世界贸易中也处于领先地位。后来，当美国在国际分工中取代英国的领导地位后，美国在世界贸易中占有了绝对优势。20 世纪 70 年代以来，日本等国的经济迅速崛起，对美国的国际分工地位提出了挑战。到目前为止，西方发达国家仍是国际分工的中心国家，它们在世界贸易总额中占有较大比重。

二、产业分工与产业贸易

(一)产业分工与国际贸易

国际分工与国际贸易都是从国家的角度，即宏观角度来分析的，具体到参与分工与贸易的实体上来说，应该是各个产业，或者说是各个部门。国与国之间的分工与贸易归根结底是产业或部门的分工与贸易。产业分工与产业贸易是从个体角度，即微观角度来分析的。在实际经济生活中，人们更多地用产业分工与产业贸易来分析分工与贸易的关系。

1971 年，联合国为了统一世界各国对产业的分类，颁布了《全部经济活动的国际标准产业分类索引》。这种产业分类把全部经济活动分为十个大项，每个大项分成若干中项，在每个中项下分出小项，小项下又分解出若干细项，成为四级分类。按四级分类方法将全部经济活动分成了众多产业，在每个产业中(如汽车)存在广泛的潜在产品系列，这样的分类方法方便了一国经济活动的统计，也便于对比分析它们在国际经济中的竞争优势来源。

目前，为了比较分析各国的对外贸易，各国都按照联合国《国际贸易商品标准分类》(Standard International Trade Classification，SITC)公布对外贸易的统计资料。根据这一国际分类标准，产业是 SITC 中至少前三位数相同的产品，即属于同类、同章、同组的商品，这个概念在实际中通常使用。

迈克尔·波特则认为，传统产业的定义过于宽泛。他认为产业就是为生产直接相互竞争产品或服务的企业的集合。波特不仅对产业做出了界定，还从国际贸易的角度对产业进行了区分。他指出，产业可分为“可贸易品产业”和“非贸易品产业”。可贸易品产业指的是一国产业与其他国家的同一产业有很强的竞争关系，这种产业的产品经常在国际市场上进行交易，贸易量很大。有些产业，虽然国内外都存在，但其产品主要在本国市场上销售和消费，很少或根本不在国际市场上进行交易，这样的产业就是“非贸易品产业”。

（二）产业间分工与产业间贸易

第二次世界大战以前，国际分工主要有两种形式：一种是垂直型国际分工，它实质上是经济发展水平不同的国家之间的纵向分工，主要是指发达国家与发展中国家之间制造业与农业、矿业的分工。19 世纪形成的国际分工就属于垂直型分工。当时少数欧美国家是工业国，而绝大多数亚非拉地区的国家是殖民地、半殖民地和落后国家，经济非常落后，只能生产初级产品，两者之间的分工是垂直型的。这种分工形式在第二次世界大战前一直占主导地位。另一种是水平型国际分工，它是指经济发展水平基本相同的国家之间的横向分工，主要是指发达国家之间在工业部门上的分工，如发达国家在钢铁、冶金、化学、机械制造、汽车、造船、造纸、纺织等工业部门间的分工。从历史上看，工业化的发达国家之间的工业发展有先有后，技术水平不一，形成了这种类型的分工。

不论是第二次世界大战前的纵向分工，还是第二次世界大战后的横向分工，都属于产业间分工，即不同产业之间的分工，它可以是一国制造业与他国农业、矿业的分工，也可以是各国不同工业部门之间的分工。各国在不同产品上的绝对优势或比较优势是这种产业间分工的依据，而各国的绝对优势或比较优势是由各国的要素禀赋差异决定的。有了产业间的分工，就有了产业间的交换，因为产业间的分工跨越了国界，所以交换也是在世界范围内进行的，这就是产业间贸易。这种贸易形式在传统的国际贸易理论看来可以解释为，各国生产并加以出口拥有绝对优势或比较优势的产品，而进口其具有绝对劣势或比较劣势的产品，这样该贸易国出口和进口的必然是其国内不同生产部门的产品，传统的国际贸易理论实际上是一种部门间或产业间贸易理论。

（三）产业内分工与产业内贸易

第二次世界大战后，随着科学技术和经济的迅速进步和发展，改变了战前的国际分工的格局，国际分工在工业国家之间得到迅速发展。传统的以自然资源为基础的分工逐步发展为以现代化技术、工艺为基础的分工，形成了以工业国之间分工占主导地位的国际分工。但是，工业国之间的分工已开始由过去的不同工业部门之间的分工向工业部门内部分工的方向发展，这是因为第二次世界大战后，随着科学技术的进步和社会分工的发展，原来的生产部门逐步划分为更多更细的部门。在越来越多的生产领域中，以国内市场为界限的生产已经不符合规模经济的要求。因此，在一国国内产业部门之间的分工向部门内部分工发展的同时，产业内分工越来越多地跨越国界，形成国际间工业部门内部的分工。这种部门内部的分工，主要有以下几种形式：①不同型号、规格产品的专业化分工。各个国家对同一类产品按不同型号或规格进行分工，从事专业化生产，以适应国内外市场的需要。②零、配件和部件生产的专业化分工。由于各国科技和工艺水平的差异，每个国家在不同的零、配件或部件生产上具有不同的优势，因此就产生了零、配件或部件的专业化生产。③工艺过程的专业化分工。这种分工是指不同国家对生产过程的不同阶段进行专业化生产。这是由于各个国家在生产过程的不同阶段拥有各自的优势所造成的。产业内贸易是国际分工进入产业内分工阶段的结果，也是产业内分工的表现形式。而产业内分工，不论是产品差异化分工，还是不同生产工序的分工，其共同的特点是：在需求方面存在着偏好的多样性，在供给方面存在着生产的规模经济。产业内贸易很大程度上就是建立在偏好多样性和规模经济的理论基础之上的。

（四）产业间贸易与产业内贸易的比较

产业间贸易与产业内贸易的差异不仅表现在贸易对象国的不同上，在其他方面，如适用的理论基础、生产函数特点、消费者偏好、贸易利益来源等方面，两者也存在很大差别，如表 12.1 所示。

表 12.1　产业间贸易与产业内贸易的区别

差异	产业间贸易	产业内贸易
贸易商品来源国	不同经济发展水平的工业国家	同种或相近经济发展水平的工业国家
适用的基础理论	新古典贸易理论	现代贸易理论
生产函数特点	规模报酬不变	规模报酬递增
消费者偏好	同质商品	异质商品
贸易利益来源	生产要素比较优势的利用	产品的差异性和规模报酬递增

第二节　产业间贸易

产业间贸易是基于比较优势而形成的贸易，其实质是国家之间的分工在产业上的体现，是一个微观范畴。这种分工与贸易形式在第二次世界大战以前非常流行。当时的分工主要是经济结构不同、技术水平不同的工业国与农业国间的分工以及工业国之间不同工业部门之间的分工，这种分工依据是以自然资源或劳动生产率为基础的比较优势，由此形成的贸易就是产业间贸易。产业间贸易的理论基础是传统的国际贸易分工理论，它们按照时间顺序可以分为三个阶段，即亚当·斯密(Adam Smith，1723—1790 年)的绝对成本理论、大卫·李嘉图(David Ricardo，1772—1823 年)的比较成本理论、赫克歇尔-俄林的要素禀赋理论。

一、产业间贸易的含义

产业间贸易主要是指产业之间的贸易，包括发达国家第二产业和发展中国家第一产业之间的贸易以及工业国之间不同工业部门之间的贸易，其形成基础是产业之间的分工，由于各国在各种产品的生产上有自己的成本优势，从而形成价格优势，这就构成了各国产业间分工与贸易的基础，而这种优势来源于自然禀赋或技术的差异。

二、产业间贸易的特点

产业间贸易的双方一般是工业国与农业国，或者是不同经济发展水平的工业国家，且产品是同质的，即不存在规格、型号、质量的差异，所以消费者在产品同质的条件下不存在偏好差异。产业间贸易中的各个产业不存在规模经济，即其规模报酬并不随着规模的扩大而增加。产业间贸易的原因是比较优势，适用的基础理论是传统的国际分工与贸易理论。

三、产业间贸易的理论基础

产业间贸易的理论基础是传统的国际分工与贸易理论，它包括古典国际贸易理论与新古典国际贸易理论。我们一般把绝对成本理论和比较成本理论称为古典国际贸易理论，而将要素禀赋理论称为新古典国际贸易理论。古典国际贸易理论的基础是古典经济学，建立在"劳动价值论"基础上的古典经济学派的分析框架之中，假定各国生产技术的差异是不变的，只有一种要素(劳动)投入。而新古典贸易理论则假定各国生产要素的生产率相同，生产过程中有两种要素(资本和劳动)投入。

(一)绝对成本理论

国际贸易分工的创始者、英国古典经济学家亚当·斯密在《国民财富的性质和原因的研究》一书中，提出绝对成本理论来论证国际贸易发生的基础，并以此作为他反对重商主义的贸易差额论和保护贸易政策的重要武器，对英国资本主义的发展直接产生了重大的促进作用。斯密是从一国国内的社会分工理论出发来逐步阐述国际贸易问题的。斯密非常重视分工，强调各国国内分工的利益，斯密认为分工可以提高劳动生产率，因而能增加国家财富。在他看来，国际贸易同样应该遵循各国进行分工的原则，这样可以使贸易国都从中获利。国际分工的基础是各自占有优势的自然禀赋或后天获得的有利条件。自然禀赋的优势是指一国在地理、环境、土壤、气候、矿产等自然条件方面的优势，这是天赋的优势；后天获得的有利条件是指国民拥有的特殊的技巧和工艺上的优势，这是通过训练、教育而后天获得的优势。一国如果拥有其中的一种优势，那么这个国家某种商品的劳动生产率就会高于他国，生产成本就会绝对地低于他国，它在该产品的生产和交换上处于绝对有利地位。各国按照各自的有利条件进行分工和交换，将会使各国的资源、劳动力和资本得到最有效的利用，将会大大地提高劳动生产率和增加物质财富，并使各国从贸易中获益。以下举例说明绝对成本理论。

假设有两个国家(英国和葡萄牙)、两种商品(小麦和生铁)和一种生产要素(劳动)。假定英国、葡萄牙两国都生产小麦和生铁两种产品，生产情况以表 12.2 加以说明。因为英国一年生产一单位小麦需 70 人，而葡萄牙需 110 人，英国在小麦的生产上具有绝对优势；葡萄牙一年生产一单位生铁需 80 人，而英国则需要 120 人，葡萄牙在生铁的生产上具有绝对优势。因此，英国应生产并出口小麦，葡萄牙应生产并出口生铁，在这种情况下进行国际分工、国际交换对两国都有利。两国分工后的产品产量如表 12.3 所示。假定分工后，英国以 1 单位小麦交换葡萄牙 1 单位生铁，则两国拥有产品状况，即消费水平如表 12.4 所示。

表 12.2　分工前两国劳动投入量

国家	生铁产量/单位	所需劳动人数/(人/年)	小麦产量/单位	所需劳动人数/(人/年)
英国	1	120	1	70
葡萄牙	1	80	1	110

表 12.3　分工后两国产品产量

国家	生铁产量/单位	所需劳动人数/(人/年)	小麦产量/单位	所需劳动人数/(人/年)
英国	—	—	2.7	190
葡萄牙	2.375	190	—	—

表 12.4　两国分工后的消费水平

国家	生铁消费量/单位	小麦消费量/单位
英国	1	1.7
葡萄牙	1.375	1

从表 12.3 和表 12.4 中可见，英国、葡萄牙两国在分工的情况下，产量比分工前都提高了。通过国际贸易，两国人民的消费都增加了。显然，如果一个国家在一种商品生产上占有绝对有利的生产条件，生产该产品的绝对成本低于其他国家，而在另一种商品生产上处于劣势，生产成本高于其他国家，则国际交换的基础就存在了，各国参加国际分工，进行国际贸易，可实现互利。总之，斯密认为按绝对成本差异进行国际分工和国际贸易，各国都能发挥生产中的绝对优势而获得贸易利益。生产成本绝对差别的存在，是国际贸易分工产生的基础和原因。

但是，斯密的绝对成本理论毕竟只是说明了具有绝对优势的国家参与国际贸易的可能性和必要性，却解释不了许多没有什么绝对优势的经济后发国家依然在进行国际贸易的普遍现象。这个问题由李嘉图的比较成本理论来解决。

(二)比较成本理论

大卫·李嘉图，英国人，是英国工业革命深入发展时期的经济学家和政治活动家，也是古典学派的代表人物。其代表著作是 1817 年出版的《政治经济学及赋税原理》，他在该书中提出按比较优势进行国际分工的理论。

大卫·李嘉图的比较成本理论是在亚当·斯密的绝对成本论的基础上发展起来的，斯密认为由于自然禀赋和后天形成的有利条件不同，各国均有一种产品生产成本低于他国而具有绝对优势，按绝对优势原则进行分工和交换，各国均获益。李嘉图认为各国不一定要专门生产成本绝对低(即绝对有利)的产品，只需生产成本相对低的产品，并参加对外贸易，都能从中获益，实现社会劳动的节约。李嘉图所阐述的比较成本理论，是以他的劳动价值论为基础的，根据劳动价值论，任何商品的价值都取决于它的劳动成本。在一国国内贸易中，劳动成本决定交换价值。即使一国两种商品的生产成本比别国都要高，即在两种商品的生产上都处于劣势，但两者的不利程度应有所不同，相比之下总有一种商品的劣势要少一些，即比较成本低一些，该国在这种产品的生产上具有相对优势，因此该国应利用相对优势进行专业化生产并加以出口，进口劣势程度较大的产品，同样能从交换中获得利益。同理，两种产品的成本都处于绝对优势的国家，应专业化生产并出口优势程度较大的产品，进口优势程度较小的 产品，也可以从交换中获利。总之，两国应按照"两优取重，两劣取轻"的原则进行分工和贸易。以下举例说明比较成本理论。

为了说明比较成本理论，仍沿用上述例子，但对条件做了一些变化加以解释，如表 12.5 和表 12.6 所示。

表 12.5 两国分工前的产品的劳动投入

国家	1 单位小麦/(人/年)	1 单位生铁/(人/年)
英国	100	120
葡萄牙	90	80

表 12.6 两国分工后的产品产量

国家	小麦/单位	生铁/单位
英国	(100+120)/100=2.2	—
葡萄牙	—	(80+90)/80=2.125

假定英国和葡萄牙两国同时生产生铁和小麦，表 12.5 中列出了分工前各自生产一单位生铁和小麦所需的劳动量。如表 12.5 所示，英国生产小麦和生铁所需的劳动都高于葡萄牙，英国在两种产品的生产上均处于劣势，但英国生产小麦的成本是葡萄牙的 1.1(即 100/90=1.1)倍，生产生铁的成本是葡萄牙的 1.5(即 120/80=1.5)倍，可见，小麦的生产成本相对更低一些，因此英国在小麦的生产上具有比较优势。葡萄牙生产小麦和生铁所需的劳动都低于英国，葡萄牙在两种产品的生产上均处于优势，但葡萄牙生产小麦的成本是英国的 0.9(即 90/100=0.9)倍，生产生铁的成本是英国的 0.67(即 80/120=0.67)倍，可见，生铁的生产成本相对于英国更低，因此葡萄牙在生铁的生产上具有比较优势。根据"两优取重，两劣取轻"的原则，英国应生产并出口小麦，葡萄牙应生产并出口生铁，双方进行交换对彼此都有利。

分工以后，从表 12.6 可以看出，两国总的劳动投入量并未增加，但两种产品的总产量增加了，其中生铁增加了 0.125 单位，小麦增加了 0.2 单位。如果双方按照 1∶1 的比例进行交换，英国留 1 单位小麦供本国消费，用剩下的 1.2 单位小米去交换葡萄牙的 1.2 单位生铁，则英国的消费变为 1 单位小麦和 1.2 单位生铁，比分工前消费 1 单位小米和 1 单位生铁要好，同理，葡萄牙留 1 单位小麦供本国消费，用剩下的 1.125 单位小麦去交换葡萄牙的 1.125 单位生铁，则英国的消费变为 1 单位小麦和 1.125 单位生铁，比分工前消费 1 单位小麦和 1 单位生铁要好，所以，分工不仅提高了产量，也提高了消费水平。

(三)要素禀赋理论

古典学派的国际分工和国际贸易理论在西方经济学界一直占支配地位，到了 20 世纪30年代，才受到两位瑞典经济学家的挑战，他们就是赫克歇尔(Eil Filip Heckscher, 1879—1952年)及他的学生俄林(Beltil Gotthard Ohlin, 1899—1979年)。俄林的代表著作是《地区间贸易与国际贸易》，他的理论采用了其师赫克歇尔的主要观点，创立了比较完整的生产要素禀赋说，因此又称为赫克歇尔-俄林原理，或简称赫-俄原理。要素禀赋理论假定各国的劳动生产率是一样的(即各国生产函数相同)，这表明各国不存在技术差异，在这种情况下，产生比较成本差异的原因有两个：一是各个国家生产要素禀赋比率的不同。所谓生产要素禀赋，指的是各国生产要素(即经济资源)的拥有状况。一般说来，一个国家丰裕的生产要素，其价格就便宜，反之，比较稀缺的生产要素，其价格就高些。各国生产要素禀赋比率不同，是产生比较成本差异的重要决定因素。各国都生产使用本国禀赋较多、价格相对便宜的生产要素的商品以供出口，同时进口需要本国禀赋较少、价格相对昂贵的生产要素生产的商品。这样的交换对双方都有利。二是生产各种商品所使用的各种生产要素的组合不同，即不同商品生产的要素密集度不同。不论是生产不同的产品，还是生产相同的产品，只要各国生产商品所投入的生产要素的组合或比例不同，就会产生比较成本差异，从而产生贸易分工的基础。所以，一国如果对生产要素进行最佳组合，在某种商品的生产中多用价格低廉的生产要素，就能在该种商品上具有较低的比较成本。俄林论证生产要素禀赋理论的逻辑思路是：商品价格差异是国际贸易的基础，而商品价格差异是由于商品生产的成本比率不同；商品生产成本比率不同，则是由于各国的生产要素禀赋比率的不同。因此，生产要素禀赋比率的不同是产生国际贸易最重要的基础。一个国家出口的是它在生产上大量使用该国比较充裕的生产要素的商品，进口的是它在生产上大量使用该国比较稀缺的生产要素的商品。各国比较利益的地位是由各国所拥有的生产要素的相对充裕程度来决定的。其论证过程可用图12.1表示。

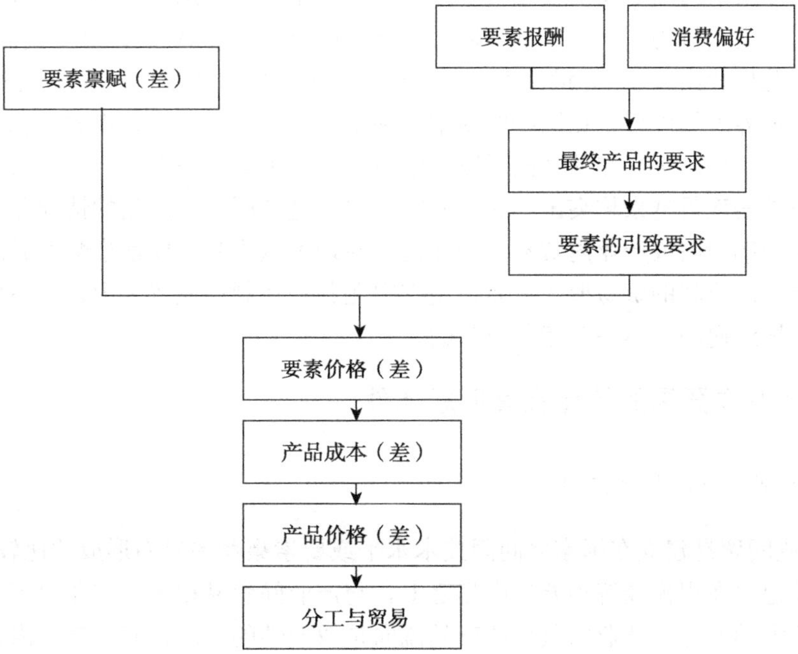

图12.1 分工和贸易的直接原因与最终原因

(四)传统国际贸易与分工理论对产业间贸易的解释

绝对成本理论、比较成本理论、要素禀赋理论都是分析国与国之间产生分工与贸易的原因的理论，它们的共同点是都认为两国在同一产品上的绝对成本或不同产品上的比较成本的差异是导致分工与贸易的原因，但是绝对成本理论认为成本差异来源于自然资源的优势或后天的有利条件，比较成本理论认为成本差异来源于生产技术的不同，即劳动生产率的差异，要素禀赋理论则认为成本差异来源于要素禀赋的不同。只要两国在不同产品生产上存在成本差异，就有分工和贸易的可能。一国应生产并出口其成本较低，即具有绝对优势或比较优势的产品，进口其生产成本较高，即具有绝对劣势或比较劣势的产品，这样的分工与交换对双方都有利，这实质上是两个国家在不同产业部门之间的交换，是一种典型的产业间贸易，其解释可用表 12.7 说明(以绝对成本理论为例)。

表 12.7　产业间贸易模式说明

国家	甲产品	乙产品
A	成本较高	成本较低
B	成本较低	成本较高
分工与贸易结果	B 生产并向 A 出口甲，从 A 进口乙	A 生产并向 B 出口乙，从 B 进口甲
贸易类型	A 与 B 在甲乙两种产品上的产业间贸易	A 与 B 在甲乙两种产品上的产业间贸易

第三节　产业内贸易

产业内贸易是与产业间贸易相对的一个概念，是指一个国家既出口又进口同一个产业内的产品的交易行为。所谓“产业”通常是指按联合国《国际贸易标准分类》四位数编码的“产品”。此概念出现于 20 世纪 60 年代末，它的出现为研究国际贸易提供了新的角度。第二次世界大战以后，在国际贸易中出现了一种引人注目的新现象，就是工业化国家之间的工业制成品贸易在整个国际贸易中所占的比重日益增大。到 20 世纪 60 年代以后，这种现象表现得越来越突出。一国同时出口和进口同一类产品的情况非常流行，这种现象被称为部门内或产业内贸易。产业内贸易理论认为基于要素禀赋差异的比较优势理论只解释了产业间的贸易形式，而在现实中尤其是在制造业贸易中，贸易更多地是由规模经济、报酬递增与不完全竞争引起的。

一、产业内贸易的特点及其形成条件

(一)产业内贸易的特征

(1)产业间贸易建立在国家之间因技术水平或要素禀赋差异而形成的比较优势之上，产业内贸易建立在规模经济和差异产品之上，与产业间贸易相比，产业内贸易在内容上与其存在较大的差异。产业内贸易的产品流向是双向性的，即在同一产业内，产品在发生进口贸易的同时也会发生出口贸易。为阐明产业内贸易与产业间贸易的关系，我们假

定世界上只有两个国家——国家1和国家2，生产两种产品——汽车和布。国家1是劳动相对丰富的国家，国家2是资本相对丰富的国家，汽车是资本密集型产品，布是劳动密集型产品。如果汽车和布是同质的，那么国家1将会出口布和进口汽车，同时国家2会出口汽车并进口布。这时只存在建立在比较优势基础上的产业间贸易，贸易结构遵循赫克歇尔-俄林定理。但如果汽车和布各自都是差异产品，国家1将仍是布产品的净出口国和汽车的净进口国——这是反映其比较优势的产业间贸易，但同时国家1也会进口某些花色的布和出口某些品牌的汽车——这是建立在规模经济下的差异产品生产基础上的产业内贸易。类似地，国家2将会是汽车的净出口国和布的净进口国，但同时它也会进口某些品牌的汽车并出口某些花色的布。在存在差异产品的条件下，两国的汽车和布的净出口，反映了建立在比较优势基础上的产业间贸易；而两国同时又会出口一些本国具有比较劣势的产品品种，进口一些本国具有比较优势的产品品种，这一现象反映了建立在规模经济基础上的产业内贸易。可见，如果产品是完全同质的，则只会发生产业间贸易，而如果产品存在差异化，产业内贸易和产业间贸易都会发生。两国的要素禀赋和技术水平越是相似，则两国之间的产业内贸易相对于产业间贸易的重要程度就越大；两国的要素禀赋和技术水平越是相异，两国之间的产业内贸易相对于产业间贸易的重要程度就越小。将这一结果运用于现实世界中可以发现，发达国家之间的贸易中产业内贸易的相对重要性较高，而发达国家与发展中国家之间的贸易中产业间贸易的相对重要性较高。

(2)产业内贸易的模式是无法预测的。在存在规模报酬递增效应的差异产品生产条件下，贸易前的相对价格并不能预测贸易的模式。显然，此时市场规模较大的国家可以在贸易前获得差异产品生产的成本优势，只要这些产品的生产满足规模收益递增。但当贸易发达后，所有贸易参加国的企业都会面临同样的一体化国际市场，大国企业在封闭状态下的成本优势就可能丧失。因此，我们无法像预测产业间贸易那样预测产业内贸易的具体模式。

(3)产业内贸易可以给生产者和消费者都带来好处。一国通过进行产业内贸易，能够在减少本国生产的商品品种的同时增加国内消费者所能够选择的商品的花色品种。由于本国生产商品的种类下降，本国企业便能在更大规模上从事生产，从而提高生产效率和降低成本。而本国消费者则从较低的商品价格和更广泛的选择中获得了好处。所以，产业内贸易的产品必须具备两个条件：一是在消费上能够互相替代；二是在生产中需要相近或相似的生产要素的投入。

(4)产业内贸易的结果和产业间贸易的结果是不一样的。产业间贸易的结果是因为价格差而带来贸易利润，产业内贸易的结果表现在两个方面：①消费者的多样性偏好得到满足。因为在开放贸易前，国内某部门生产的品种较少，虽然一部分消费者偏好已能满足，但有一部分消费者的偏好无法满足。开放贸易后，国内生产的品种依旧，但国内市场供应的品种增加了，使整个社会的消费者满足程度提高了。②开放贸易前未达到的生产的规模经济得以在开放贸易后实现。

(二)产业内贸易的形成条件

(1)运输、信息、管理等手段的现代化，使以往只能在一国之内进行的产业内分工和协作有可能跨越国界形成产业内国际分工和协作。

(2)发达国家与发展中国家产业内贸易的发展具备了现实性条件，即生产的标准化、柔性制造系统的出现和发展，使工厂的自动化设备不仅适用于发达国家的大型工业项目，而且可以生产适用于发展中国家的中小型项目，使技术和设备向发展中国家和地区的转移具有了可能。

(3)科技革命的发展，使世界市场的容量迅速扩大，商品的数量和种类不断增加，新产品不断出现，制成品比重不断上升。

(4)世界各国农业长期相对下降，发达工业国家的自给率不断上升，使传统的农业和工业国及初级产品和制成品之间的产业内贸易日益减弱，制成品的产业内贸易的比重越来越大。

(5)发达国家的产业结构中"新兴产业"和"衰退产业"的差异日趋明显，由此带来的产业结构的调整和变革为产业内贸易的发展提供了广阔的前景。

二、产业内贸易理论

(一)产业内贸易理论的产生及发展

对产业内贸易可以提供一些简单的解释。有些国家的国土幅员比较辽阔，对于一些本身价值很低而运费占产品价值比重较大的商品，不一定要在本国生产和本国销售，如中国东北边境有某产品可以在俄罗斯东部出口销售，而俄罗斯相邻地区可以供应其西部边境对某产品的需求，这样中国东北边境就可以既向俄罗斯出口又从俄罗斯进口某产品。这就形成了中俄产业内贸易，这种贸易的原因不是价格差而是节省运费。还有些季节性产品，冬夏季需求强度不一样、按均衡时间分布生产的工业制成品，为了生产与销售的均衡，只能利用南北半球季节相反的条件，在本国需求淡季出口一部分产品，到需求旺季再进口一部分产品，从而形成了产业内贸易。这种贸易的目的不是价格差而是避免用仓储平衡市场供求的成本。这些产业内贸易都是一些特殊产品和特殊情况下的贸易，而解释大量的普遍的产业内贸易原因的是产业内贸易理论。

产业内贸易理论是20世纪60年代以来逐步发展并很快被西方学术界研究和接受的国际贸易新理论。产业内贸易理论(又叫部门内贸易理论或新国际分工理论)的发展经历了20世纪70年代中期以前的经验性研究和20世纪70年代中期以后的理论性研究两个阶段。

在第一阶段的经验性研究中，许多经验性的结论为后来的理论研究打下了坚实的基础。弗兰克尔在1945年发现，在一些人均对外贸易额较高的国家中，存在着对同一种商品的同时进口和出口。他认为，这主要是因为在进口商品和出口商品之间存在质量差异，如果采用单位价值来反映质量，则可把质量有别的商品之间的交换理解为各国技术水平差异的结果。同年，海希曼就贸易中的商品结构进行了较深入的研究，并且给出了一种在商品种类繁多的情况下对单个国家的进出口进行衡量的方法。

瑞典经济学家林德尔在1961年出版的《论贸易和转变》一书中认为，赫克歇尔-俄林的资源禀赋理论用来分析自然资源密集型产业是适用的，但不能用来分析工业制成品之间的贸易。林德尔认为，根据统计分析，实际的国际贸易格局与资源禀赋理论所揭示的情况是相反的。据统计，要素禀赋相近的工业发达国家之间的贸易，比要素禀赋差异较大的工业发达国家与发展中国家之间的量要大得多。在世界出口总量中，工业发达国家的出口量就占了75%，而这其中的75%又是在工业发达国家之间销售的。林德尔认为，产生这种现象的原因是这些国家的收入水平相近，进而对消费品或资本货物的偏好相近。

继林德尔之后，很多经济学家继续致力于研究产业内贸易的原因。有的学者从地理、气候等方面寻找原因；有的学者认为政府政策造成世界范围内的价格扭曲，国内市场价格高于国际市场价格，刺激商人到国外购买商品；还有的学者则从邻近国家为了运输费用的节省而到他国购买增重性商品(如建筑材料)等来解释产业内贸易的原因。

对产业内贸易进行的早期研究，多数源于实际观测与传统理论之间的矛盾。一些应用经济学家将经济一体化对贸易的作用，如荷兰、比利时、卢森堡经济联盟和欧洲经济共同体的作用以及关税同盟对贸易发展的影响等问题与产业内贸易问题联系在一起研究。他们的研究结果表明：经济一体化组织成员国之间的贸易上升的主要原因在于生产专业化和产业内部，而非产业之间的产品出口。

第二阶段的理论分析以格鲁贝尔和劳埃德等在20世纪70年代中期发表的许多论文为代表，他们在自己的论文中提出了有关产业内贸易现象的详细证明。在1975年他们合著发表的《产业内贸易》一书中，格鲁贝尔和劳埃德认为，产业内贸易是一种由各种复杂的原因所导致的贸易现象。在他们看来，技术差距、研究与开发、产品的异质性和产品生命周期的结合以及人力资本密集度的差异与收入分配差异的结合等都可能导致产业内贸易的发生。

(二)产业内贸易理论的主要内容

造成产业内贸易现象的原因可同时从供求两方面来考察：从供给方面来看，参与国际贸易的厂商通常不是处于完全竞争的条件下，而是处在垄断竞争的条件下，因而造成了同类产品的差异化；从需求方面看，消费者的偏好具有多样性，以及各国的消费需求形式常常有一部分是互相重叠的。

1. 从供给方面看产业内贸易的原因

1)产品的异质性

大多数工业品的市场是垄断竞争性市场。一方面，各种产品类似并有一定的替代性，因此互相竞争；另一方面，产品不完全一样，各有一定特征，所以各自有一定的垄断性。所以，企业产品所具有的区别于其他同类产品的主观或客观上的或大或小的特点，成为普遍的现象。产品的客观差别可以分为两种类型，即垂直差别和水平差别。分在同一类别中的产品具有一样的根本特性，产品根本特性在其程度上的差别，就是垂直差别，即同一种产品在档次上的差别。例如，所有的小汽车都属于具有一样的根本特征的同类产品，但有豪华型、普及型之分。同时，具有完全相同的根本特性并属于同一档次的同类产品，又会有一系列不同的规格款式，各规格款式之间的差别就称为水平差别。例如，同为高档豪华小汽车或普及型小汽车，又各自可以有多种颜色或外形，这种颜色或外形的差别就是水平差别。工业制成品所具有的差异化或多样化程度要远远超过初级产品。因此，同一种商品，由于质量等级不同、规格款式不同，存在着根本特性一致下的不同层次，这是造成垄断竞争市场格局的重要原因。

2)规模经济

规模经济是导致产业内贸易的必要基础。一方面，规模经济促进了各国在各产业内部发展专业化生产，使建立在产业内专业化分工基础上的产业内贸易得以迅速发展。产业内的国际化分工越精细、越多样化，不同国家的生产厂家就越有条件减少产品品种和产品规格型号，在生产上就越专业化。这种生产上的专业化不仅有助于企业采用更好的生产设备，提高生产效率，降低成本，而且有助于降低生产企业之间的市场竞争程度，有利于厂商扩大生产规模和市场规模，从而体现企业生产的内部规模经济效应。另一方面，规模经济和产品差异化之间存在密切的联系，规模经济的作用，使众多的生产同类产品的企业在竞争中优胜劣汰，形成一国内某种产品由一家或少数几家厂商来生产的局面，大型企业进而能发展成为出口商。由于规模经济的制约作用，每一国的大型企业只能生产出系列有限的产品来，同时，各国生产的产品又各具特色。产品差异的存在，既是促进企业走向专业化、大型化的因素，从而能获得经营上的规模效益，又为生产者的相互竞争提供了市场，为消费者的多样化提供了物质保证。因此，规模经济是导致产业内贸易的基础性原因。

总之，造成产业内贸易现象的主要原因是产品差别、规模经济、消费者偏好差别以及国家之间产品层次结构和消费层次结构的重合。各个国家公司或产业的国际竞争力对产业内贸易的格局起决定性作用，而不是依赖于各国由于生产要素禀赋不同而造成的相对优势。当两国要素禀赋结构相似而无多少产业间贸易发生，且规模经济占重要地位和产品高度差异化时，从生产规模化和产品多样化中获得的利益就会超过常规的比较利益，产业内贸易便成为贸易利益的主要来源。这些利益明显地表现在两个方面：一是生产效益将依仗于规模优势而不断提高；二是消费者可以从产品多样化或更便宜的价格水平中得到更大满足，从而提高社会福利程度。

2. 从需求方面看产业内贸易的原因

1)消费者的偏好

消费者的偏好具有多样性而且互有差别，这种差别可分为垂直差别和水平差别两类。消费者偏好的垂直差别主要是消费者对同类产品中不同质量等级的选择，这种差别取决于收入水平的制约；水平差别则主要体现在消费者对同类、同一质量等级产品的不同规格或款式的选择上，这种差别取决于主观上的偏好。消费者偏好上的多样性需要有相应的产品多样化予以满足。

2)两国需求的重叠

不同国家的产品层次结构和消费层次结构是存在重叠现象的。对发达国家来说，由于不同发达国家的经济发展水平相近，其产品层次结构和消费层次结构大体相同，双方国家的消费者都能互相接受对方国家提供的各种档次的同类产品。这种重合是发达国家之间产业内贸易的前提和必要基础。而发达国家中有相当数量的中、低等收入者与不发达国家高收入者的需求相互重叠。这种重叠需求使两国之间具有差别的产品的相互出口成为可能。这也构成了发达国家与发展中国家的产业内贸易的基础。

（三）产业内贸易理论评述

产业内贸易理论的假定相比传统贸易理论更符合实际。如果产业内贸易的利益能够长期存在，说明自由竞争的市场是不存在的。因为其他厂商自由进入这一具有利益的行业将受到限制，因而不属于完全竞争的市场，而是属于不完全竞争的市场。此外，该理论不仅从供给方面进行了论述，还从需求方面分析和论证了部分国际贸易现象产生的原因以及贸易格局的变化，说明了需求因素和供给因素一样是制约国际贸易的重要因素。该理论还认为规模经济是当代经济重要的内容，它是各国都在追求的利益，而且将规模经济的利益作为产业内贸易利益的来源。这样的分析较为符合实际。此外，这一理论还论证了国际贸易的心理收益，即不同需求偏好的满足，同时又提出了产业间贸易与产业内贸易的概念，揭示了产业内国际分工和产业间国际分工的问题。

产业内贸易理论虽然说明了现实中的部分贸易现象，但也有其不合理的地方：

(1)虽然在政策建议上，该理论赞同动态化，但它使用的仍然是静态分析的方法，这一点与传统贸易理论是一样的。它虽然看到了需求差别和需求的多样化对国际贸易的静态影响，但是，它没有看到需求偏好以及产品差别是随着经济发展、收入增长和价格变动而不断发生变化的。

(2)对产业内贸易发生的原因还应该从其他的角度予以说明。产业内贸易理论强调规模经济利益和产品差别以及需求偏好的多样化对国际贸易的影响。但是，有些产品的生产和销售不存在规模收益递增的规律，对于这些产业的国际贸易问题，产业内贸易理论无法解释。

总的看来，产业内贸易理论的建立和发展，反映了第二次世界大战后国际贸易与国际分工发展的实际情况，开辟了国际贸易理论研究的新领域，提出了加强世界市场竞争的一个新思路。这一理论还不够完善，还有许多值得深入探讨的问题，如劳务的产业内贸易、各国厂商对产业内贸易的作用、贸易国际产品的差异程度以及在产业内贸易中具有重要意义的实际保护等。许多学者还设计了不少产业内贸易的数理模型，这些模型也有待完善。

三、产业内贸易的类型及影响因素

产业内贸易分为水平产业内贸易和垂直产业内贸易两种基本形式。前者是指一个产业内质量相同或高度近似、要素比例相同或高度近似、价格相同或高度近似、需求的交叉弹性高的商品的双向贸易，这种贸易主要发生在发达国家之间；后者是指一个产业内质量不同、要素比例不同、价格不同、需求的交叉弹性小的商品的双向贸易，这种贸易主要发生在发达国家与发展中国家之间。

(一)垂直型产业内贸易

1. 供给方面

1)自生技术与垂直型产业内贸易

传统的贸易理论认为产业间贸易反映了要素禀赋差异，而产业内贸易则体现了规模经济优势。但是发达国家与发展中国家之间的垂直型产业内贸易仍是由要素禀赋差异引起的，这种垂直型产业内贸易反映了发达国家与发展中国家的技术差异，而这种技术差异正是由要素禀赋差异引起的。西方发达国家由于资金、人才、技术上的优势，在高科技产品生产上具有明显比较优势。由发展中国家自主创新生产的普及型技术密集型产品中，劳动力投入是产品的最重要成本，根据要素禀赋理论，此时劳动力低廉的国家在该产品上将具有比较优势。发展中国家由于其大量的廉价劳动力，在低技术产品的生产上具有相当大的比较优势。由传统的比较优势理论可知，在发展中国家，低技术产品是其国内充裕的资源密集型产品，而高技术产品是其资源稀缺型产品；发展中国家应专业化生产低技术产品并向发达国家出口，同时进口西方发达国家的高技术产品。此时双方都能从相互贸易中获取利益。

2)技术转移与垂直型产业内贸易

弗农的产品生命周期理论认为产品就像生物一样，有新生、成熟与衰退，依次完成一个循环。他认为在产品生命周期的不同阶段，各种投入在成本中的相对重要性会发生变化。而各国在各种投入上的相对优势不同，因此，各国在该产品不同阶段是否拥有比较优势取决于各种投入在成本中的相对重要性。产品生命周期理论反映在国际贸易上，就是以技术差异性商品为主的产业内贸易。先进的工业国技术水平较高，不断创新推出高技术产品；而后发的发展中国家由于劳动成本低，则主要生产已标准化了的一些普通技术型产品，因而处于不同生命周期阶段的同类产品也会出现产业内贸易。

所以，发达国家与发展中国家的垂直型产业内贸易，从供给方面的因素来看，主要是发达国家“夕阳”制造业向发展中国家转移的结果以及由发展中国家自身禀赋决定的技术差异引起的。

2. 需求方面

垂直型产业内贸易从需求方面来分析，主要是发达国家与发展中国家非主流消费群体的需求在一定程度上得到满足。发达国家与发展中国家之间产品层次结构与消费层次结构的部分重叠，使发展中国家能够提供发达国家的部分产品，发展中国家消费者也能够接受发达国家的部分产品。从某种意义上来说，是发达国家的少数“穷人”需要发展中国家低质量的消费品，发展中国家的少数“富人”需要发达国家高质量的消费品。

(二)水平型产业内贸易

1. 供给方面

从供给方面看水平型产业内贸易，它是在发达国家产业结构相似的情况下，通过产业内细分工和彼此让渡市场，使各国细化的产业实现规模经济的有效途径，也是在发达国家科技发展“面”上近似、“点”上各有侧重的情况下，以产业内资本品双向贸易作为载体实现先进科技“点”强强组合的有效方式。在各国经济联系日益紧密的背景下，发展中国家在一定条件下也可以在一些高科技领域取得突破，进而可以在局部的一般性知识产品生产上取得生产上的规模或技术上的垄断优势，从而可以超越要素禀赋分工基础，直接与发达国家进行水平型产业内贸易，并获得更大利益。此时，两类国家生产者得到的利益来源于市场的扩大，而消费者从中得到的利益主要来源于商品可选择性的增加。

2. 需求方面

水平型产业内贸易使各国消费者可以选择的水平差异性商品的种类增加、价格下降，因而增进了消费者的福利。这就是说，发达国家甲提供的各种档次的同一类产品基本上能够为发达国家乙的各种层次的消费者所接受，反过来，甲国的各种层次的消费者也能接受乙国厂商提供的各种档次的同类产品。这种重合是水平型产业内贸易的前提，双方的消费者也因为商品的多样化选择满足了各自的偏好并增加了福利。

（三）产业内贸易的影响因素

产业内贸易理论除了在理论上解释和说明了贸易的一般基础和原因外，还具体地研究了各不同类型国家之间以及不同产业之间的产业内贸易的原因。

(1)不同国家之间产业内贸易的制约因素：第一，异质产品的生产能力。异质产品生产能力越强，两国产业内贸易比重越高。异质产品是指企业生产的产品具有区别于其他同类产品的主观上或客观上的特点，该种产品间不能完全替代(尚可替代)，要素投入具有相似性。第二，消费水平的层次和差距。消费水平越高，消费需求的差异性越大，异质产品需求就越旺盛。同时，各国之间的消费水平差距越小，相互需求异质产品的强度就越大，两国产业内贸易比重就越高。第三，影响国际贸易的其他因素。产业内贸易是国际贸易的重要组成部分，因此，凡是影响国际贸易发展的其他因素都在不同程度上制约产业内贸易的发展。例如，两国间的贸易限制越少，产业内贸易比重越高；两国间经济距离越短，运输成本越低，产业内贸易比重越高。

(2)不同产业之间产业内贸易的制约因素：第一，产品的差异程度。产业内产品的差异程度越大，差异性所刺激的消费需求越旺盛，需求的价格弹性和交叉弹性也越低，产业内贸易比重就越高。第二，技术和工艺水平的高低及其差异性。工艺技术水平越高，而且所使用的工艺技术差异越大，生产异质产品的能力就越强，产业内贸易比重就越高。第三，依赖规模经济发展的产业，其产业内贸易比重比其他产业高。第四，需求弹性较高的产品组的产业内贸易比重比其他产业高。第五，最终产品与零部件生产的场所相距远的产业，其产业内贸易比重较其他产业高。

四、产业内贸易程度的测量

许多西方经济学家对产业内贸易现象做过统计分析，但从目前来看，克鲁贝尔设计的产业内贸易指数最为常用。其计算公式为

$$B_i=[(X_i+M_i)-|X_i-M_i|]/(X_i+M_i)=1-[|X_i-M_i|/(X_i+M_i)]$$

式中，X_i 和 M_i 分别表示同一行业的出口值和进口值($i=1, 2, 3, \cdots, n$)，n 表示在一定的工业分类标准下的产业或行业数；B_i 表示产业内贸易指数。产业内贸易指数越

接近 1，产业内贸易水平越高；指数越接近 0，产业内贸易水平越低；若该指数等于 1，说明某种产业产品的进口和出口流量相等，贸易是完全的产业内贸易；若该指数等于 0，说明该贸易完全是产业间贸易。

很显然，产业内贸易指数是从一个产业部门的角度来研究产业内贸易程度的。所以，产业内贸易指数的大小受到三个主要因素的影响：一是与某种产业部门的产品特性有关，因为有些产业部门的产品生产和消费具有明显的地域性，难以发生大规模的产业内贸易；二是与该产业部门的成熟程度有关，因为高度发达的产业部门容易发生产业内贸易，不发达工业部门难以发生产业内贸易；三是与该产业部门的划分有关，如果产业部门的划分较细，产业内贸易的指数就比较小，如果产业部门的划分很粗略，产业内贸易指数就比较大。

第十三章

产业竞争：竞争力与安全

【本章概要】 本章重点介绍产业竞争力的内涵、产业竞争力的理论渊源、产业竞争力评价指标及评价体系；最后简单介绍了产业安全的含义及分类。

【教学要求】 熟悉产业竞争力的概念，重点掌握产业竞争力的理论分析模型和评价指标。

20世纪90年代以来，出于应对国际竞争压力的需要，一些国家纷纷开展对产业竞争力的研究，取得了一系列重要的成果。产业竞争力是一个国家或地区要素和资源的配置效率、产业结构层次、技术水平以及企业战略的综合体现。它反映了一国或地区在国际贸易、国际生产体系，以至全球经济体系中的地位与作用。随着经济全球化进程的加深，产业竞争力已经成为推动一个国家或地区经济发展的重要因素。

第一节 产业竞争力概述

一、产业竞争力的内涵

从文献检索的情况来看，竞争力是一个具有明确的直观含义却又不易精确定义的概念，目前理论界对于何为竞争力、产业竞争力、国际竞争力等有关概念的争论颇多。

(一)国际竞争力①

目前，国际竞争力还没有一个统一的定义。大体来说，对国际竞争力的定义主要是从以下几方面进行的：

(1)宏观层面上的概念。从宏观层面上，美国在《关于国际竞争能力的总统委员会报

---

① 魏农建．产业经济学．上海：上海大学出版社，2008：246～248。

告》中提出：国际竞争力是在自由、公正的市场条件下，能够在国际市场上提供好的产品、好的服务的同时，又在提高国民的实际收入。经济合作与发展组织（Organization for Economic Co-operation and Development，OECD）在《科技、技术与竞争能力》报告中指出：国家经济的国际竞争能力是建立在国内从事外贸企业的竞争能力之上，但是又远非国内企业竞争能力的简单累加或平均的结果。

（2）微观层面上的概念。世界经济论坛提出，国际竞争力是指企业目前和未来在各自的环境中以比它们在国内和国外的竞争都更具吸引力的价格和质量来进行设计、生产并销售货物以及提供服务的能力和机会。

（3）中观层面上的概念。迈克尔·波特认为，必须把竞争力的分析重点放在特定的细分产业上。他首先对产业进行了定义，然后才定义产业的国际竞争力。他改变了传统产业的定义方法，把产业定义为生产直接相互竞争产品或服务的企业集合，并认为产业竞争力体现在生产率上，只有那些最具生产率的产业才最具竞争力①。

以上关于国际竞争力的各种定义虽然存在某些差异，但基本含义是一致的。由此可以分析出，国际竞争力归根结底是各国同产业或同类企业之间相互比较的生产力或优势，或者说是有效供给能力。

（二）产业竞争力

产业竞争力概念与产业国际竞争力概念是否有显著差异，在理论上一直存在纷争。国内外文献综述的研究表明，目前产业层次的竞争力研究主要集中在产业国际竞争力研究上，大多数研究并不对产业竞争力概念与产业国际竞争力概念的区别与联系加以探讨，而是直接从产业国际竞争力的定义出发，直接将研究锁定在产业国际竞争力的研究上。因为产业是同类企业或者产品的总和，而竞争关系总是体现在相互具有替代性的主体或者产品之间，所以，当研究产业竞争力时，总是一国的某一产业同其他国家的同一产业之间的比较，而对一国的各个不同产业进行竞争力比较是没有意义的。所以，凡是说产业竞争力，总是指产业国际竞争力②。

因而，我们可以断定产业竞争力是国际竞争力的核心内容，它指某一产业在国际或区域竞争中所能够提供有效产品和服务的能力。本质上产业竞争力是产业的生产能力、市场份额和盈利能力的综合。产业竞争力多作为一国的产业在世界市场上均衡地生产出比竞争者更多财富的能力，在经济全球化的发展背景下，表现为一国生产特定产品及其持续创新的能力、占领国际市场和获取利润的能力。

根据这一定义，我们对产业竞争力的理解应该把握如下三点③：

第一，产业竞争力是一个相对的概念。没有产业竞争主体之间的相互较量和竞争，就不存在竞争主体的竞争力。竞争力是竞争主体的某种优势，这种优势有可能是投入要素方面的优势，有可能是竞争过程中的行为优势，也有可能是投入产出的效率（生产率）

---

① 波特 M. 国家竞争优势．李明轩，邱如美译．北京：华夏出版社，2002：9～10。

② 金碚．竞争力经济学．广州：广东经济出版社，2003：32。

③ 王俊豪．现代产业经济学．杭州：浙江人民出版社，2003：250～251。

优势，还有可能是竞争主体所处的环境方面的优势。

第二，产业竞争力不是单个企业的竞争力，而是以一个国家或地区内部“生产同类产品或可以相互替代的产品”的企业作为整体。换言之，企业是产业竞争的基础，但企业竞争并非产业竞争的全部。产业内部企业的相互关系、相关产业和辅助产业的状况以及国内相应经济环境等都将对产业竞争力产生影响和作用。

第三，从最终角度而言，产业竞争力体现在它所提供的产品或服务在国际市场上所占有的份额。这里至少包含了这样两层意思：首先，市场是衡量产业竞争力的试金石，市场份额在很大程度上反映了产业竞争力的强弱；其次，无论是企业还是产业，竞争力的核心是其为市场所能提供的产品和劳务的能力。

二、产业竞争力的理论渊源①

（一）古典贸易理论

古典贸易理论认为，产业竞争力的强弱主要取决于一个国家或地区的生产要素——劳动力、资本和自然资源禀赋的相对优势。劳动力、资本和自然资源禀赋方面具有优势的国家或地区，比其他国家或地区具有更大的竞争力。古典贸易理论关于产业竞争力主要有如下观点。

1. 比较优势是产业竞争力的主要来源

对国际贸易的原理做出最初解释的是英国古典经济学家亚当·斯密。1776年，亚当·斯密在其著作《国富论》中提出，各国在生产技术上的绝对差异造成劳动生产率和生产成本上的绝对差异，是国际贸易和国际分工的基础。如果一国在某种产品的生产商拥有更高的劳动生产率或更低的生产成本和价格，就称该国在这一产品上拥有绝对优势。从绝对优势理论我们可以看出，一国具有绝对优势的产品具有国际竞争力。

但绝对优势理论无法解释当一国在所有产品上都具有较高的生产率，而另一国在所有的产品的生产上都低于其他国家时的国际贸易情况。为了更好地解释国与国之间的贸易，1817年大卫·李嘉图从相对生产效率的角度完善了亚当·斯密绝对优势理论，并将其发展为比较优势理论。比较优势理论是在《政治经济学及赋税原理》一书中首次提出并用来解释国际贸易现象的理论。比较优势理论是指两国在生产过程中，由于生产要素、技术等因素的不同而出现相同产品之间生产成本的相对差异。李嘉图认为，国际贸易的基础并不限于生产技术上的绝对差异，只要各国存在生产技术上的相对差异，就会出现生产成本和产品价格的相对差异，从而使各国在不同的产品的生产上具有比较优势。从相对优势理论我们可以看出，一国在其存在相对优势的产品上也存在着国际竞争力。

然而，比较优势理论最大的不足在于，它难以说明究竟是具有竞争力的产业在生产成本上具有优势，还是在生产成本上具有优势的企业才具有竞争力。另外，该理论模型假定生产技术是给定的外在变量，企业的规模与生产规模大小无关，只考虑劳动这一生

① 王俊豪．现代产业经济学．杭州：浙江人民出版社，2003：251～258。

产要素，并将生产成本的差异作为问题分析的核心，因而认为生产成本的差异是源于商品生产中劳动生产率的差异。这不能很好地说明区域间贸易和产业竞争力的来源。

2. *要素禀赋是产业竞争力的基础*

20 世纪瑞典经济学家俄林和他的老师赫克歇尔又进一步从生产要素比例的差异而不是生产技术的差别上，解释了生产成本和商品价格的不同，从而导致比较优势的产生。因此比较优势的基础是生产资源配置或要素禀赋的差别。从要素禀赋理论告诉我们，一个产品的竞争力主要来自于其生产要素价格方面的竞争力。

要素禀赋理论认为，由于不同区域各种生产要素禀赋不同，供给丰富的要素价格相对较低，密集利用这些要素的产品相对成本较低，其产业竞争力就强；而供给稀缺的要素相对价格就较高，因而密集利用这些要素的产品相对成本也较高，产业竞争力就弱。因此，不同的国家就根据本国的生产要素禀赋状况，发展那些密集使用相对丰裕要素的产业，换回其要素比例正好相反的产业，并以此为依据参与国际分工。

应该说，在自由贸易条件下，国际竞争的结果是实现全球生产要素的优化配置，并在国际分工中逐渐形成本国的优势产业。换言之，各国的产业竞争力主要来源于其生产要素的禀赋。因此，要素禀赋理论是解释产业竞争力来源的最基本的理论。

(二)新贸易理论

在比较优势理论之后，产生了各种新的贸易理论，新理论放松了要素禀赋理论的严格假设，从不同角度对要素禀赋理论进行了修正，使其更贴近现实情况，如波斯纳的技术差距论和以费农的产品生命周期理论为中心的新增长理论。这些理论把人力资本和技术等因素考虑进来，描述了发达国家的产业在贸易竞争中，由于技术外溢和低成本的吸引向发展中国家转移的过程，解释了产业竞争优势转移的可能性和原因。从波斯纳的技术差距论可以得出，国家之间的竞争优势和竞争力来源于技术创新方面的差距。产品生命周期理论表明，发展中国家在生产技术已经标准化的那些产品领域是具有国际竞争力的。

1979 年，克鲁格曼提出了新贸易理论，把国际贸易纳入了主流经济学的分析框架，阐明了在不完全竞争和产业内贸易条件下，企业国际竞争优势的形成和竞争力的来源。该理论认为，多数产品的生产具有规模报酬递增的特点，即扩大生产规模会使每单位生产要素的投入产出更多，而经济全球化和贸易自由化使规模经济得以实现，并在贸易方面表现为具有相似资源禀赋结构的工业化国家之间、同一产业内相互贸易的增加。这样由于规模经济和产品差异的存在，资源类似的国家之间可以通过经营差异化产品、增加生产和扩大出口市场，从而降低单位产品生产成本，取得贸易利润。该利润表明，在资本密集和技术密集领域，专业化于生产某一种或某几种产品，形成规模优势，更加有利于竞争优势的提高。

从新贸易理论可以得出，当一个国家的某一产业能够有效地发挥出规模经济效益时，就可能以有竞争力的价格向外销售产品；而当一个国家的收入达到相当高水平时，消费者就会表现出多样化的选择，从而为其他国家提供同类但具有一定差异的产品。规模经济效益和产品多样化结合在一起，可以形成新的竞争优势，进而使不同国家间的产业内贸易或发达国家工业产品的产品内贸易日益扩大。

(三)国际竞争力理论

波特的竞争力理论是现代产业竞争力理论的核心。与传统比较优势只从要素程度的角度来解释产业竞争力相区别，波特的理论更着眼于从整体上来说明一国的产业为什么会具有竞争力。波特认为，国家是支撑企业和产业进行国际竞争的基础，但国家的竞争优势主要体现在产业优势上。产业竞争优势可以通过高度的本土化过程创造出来并保持下去，国民经济结构的差异、消费者的价值观念、民族文化传统以及社会政治制度和历史遗产等种种差别，都会对产业竞争力施加影响。

波特还把竞争的动态化和演进作为理论分析的前提。从静态观点来看竞争，一个国家的生产要素是股东的，且技术变化通常被视为外生的，企业家只在那些能够获得最高回报的产业中配置这些要素。而在实际竞争中，技术创新和技术进步是竞争的基本特征。而动态的观点把要素看做流动的，且通过全球战略可以开发，提高要素的使用效率和创造力对提高产业竞争力至关重要。或者说，产业竞争力的核心在于如何通过新产品和新加工提高生产率，而不是被动地把资源转向高回报率的产业部门。

波特竞争力理论的核心是他的“钻石模型”。1990 年，波特在《国家竞争优势》一书中，通过研究考察 10 个国家特定产业发展和参与国际竞争的历史，认为一国的特定产业是否具有国际竞争力主要取决于生产要素、需求条件、相关产业、企业战略、结构与竞争环境、政府和机遇六个因素。这六个因素构成了产业国际竞争的“钻石模型”①。

第二节　产业竞争力的理论

一、产业国际竞争力成长的四个阶段学说

目前国内关于产业竞争力的教材中提到的产业国际竞争力成长的四个阶段学说来自于波特在《国家竞争优势》一书中提出的国家竞争力发展的四个阶段。在该书中，波特提出的国家竞争力发展四阶段学说，即国家竞争力的成长阶段大致分为四个依次递进的阶段，包括要素驱动阶段、投资驱动阶段、创新驱动阶段和财富驱动阶段。其中，前三个阶段属于国家竞争优势发展的主要力量，通常会带来经济上的繁荣；第四个阶段则是经济上的转折点，有可能因此而走下坡路。这四个阶段虽然是对国家竞争力的概略性分类，但有助于了解在经济发展过程中，国家的产业与企业在不同时期所面对的问题，以及促进经济发展或导致衰退的力量。

(一)要素驱动阶段

在经济发展的最初阶段，几乎所有的成功产业都是依赖于基本生产要素的。这些基本生产要素可能是拥有丰富的自然资源、拥有丰富廉价的劳动力等。这些国家的产业竞

---

① 本章的第二节将展开叙述“钻石模型”。

争力主要依靠于这些要素，即由于这些基本的生产要素的优势而获得的竞争力。而在此阶段，产业能够提供的产品不多，应用的技术层次比较低，而且所需的技术是廉价的和可以广泛使用的，企业还没有能力创造技术，必须依赖于外国企业提供经验与技术，企业本身能表现的技术主要是来自模仿，或是本地投资的外商所引进的，或是本地制造厂商以半成品加工方式学习而来的。处于这个阶段的国家的企业，虽然依靠丰富的自然资源在一段时间内可以形成一定的竞争力，但经济的发展缺乏生产力持续增长的基础。

（二）投资驱动阶段

在此阶段，产业国际竞争力优势的确立以国家及其企业的积极投资意愿和能力为基础。企业投资与建设现代化的、高效率的机器设备和厂房，并努力在全球市场上取得最佳的技术。虽然这一阶段的企业努力争取到的技术仍然落后国际领先厂商，但至少是公开渠道中的最进步技术。投资导向阶段的企业不仅需要使用外国的技术和方法，而且在竭力改进外来的技术。企业具有吸收和改进国外技术的能力，构成由要素导向阶段迈向投资导向阶段的关键。这个阶段的国内需求还不成熟，产业竞争优势的升级主要依靠国外的技术、设备甚至零配件。政府借助政策引导稀缺资本进入特定的产业，并营造一个积极竞争的市场。

（三）创新驱动阶段

产业处于创新驱动阶段时，以生产要素而形成竞争优势的情形越来越少，许多产业也在升级过程中，摆脱生产成本与币值汇率的威胁。在此阶段，企业不仅运用和改进从其他国家获得的技术，而且创造和发明新的技术，技术创新成为驱动产业国际竞争力提高的主要动力。本土企业在产品、流程技术、市场营销等方面已经接近精致化程度，同时，本国有利的需求条件和相关产业的发展，使企业能够持续创新，而且创新能力向更多的新产业扩散。这一阶段的显著特点就是高水平的服务业占据越来越重要的地位。政府的作用也发生了很大的变化，政府直接干预的成分减少，主要在鼓励创造更多的高级要素，改善国内的需求质量，刺激新的产业领域的形成，保持国内竞争等方面发挥作用。

（四）财富驱动阶段

此阶段是国际竞争力衰落的时期，其驱动力是前三个阶段已经获得的利益。一些有实力的企业试图通过影响或操纵国家政策来保护自己的利益——一些企业通过频繁的兼并和收购来改变市场竞争状况，从而增强自己的竞争优势。这一阶段的企业开始失去在国际产业界的竞争优势，它们只注重保持原有的地位而不是进一步增强竞争力。

二、产业竞争力的分析视角①

产业竞争力，多作为一国的产业在世界市场上均衡地生产出比竞争对手更多财富的能力，在经济全球化的发展背景下，表现为一国生产特定产品及其持续创新的能力、占

---

① 魏农建．产业经济学．上海：上海大学出版社，2008：242～245。

领国际市场和获取利润的能力。与产业国际竞争力相关的理论分别从业绩、价值链、吸引力等角度提出了自己的研究体系，大致形成了以下几种视角。

（一）产业业绩分析视角

哈佛学派提出的SCP分析模型中，市场绩效是衡量产业竞争力的可量化的表现形式，但真正决定绩效的却是市场结构和市场行为两个方面。从产业竞争力研究的角度来看，产业绩效是作为结果来判断竞争力的直观指标，但形成产业竞争力的真正决定性因素是市场结构和市场行为。市场结构是根本性因素，市场行为是有效性因素。例如，一个产业若具有较高的集中度和较高的进入壁垒，那么处于该产业中的厂商能够通过提价、创新、差异化等策略获得较高的利润和收益。由此产生了两个研究产业竞争力的切入点，即市场结构和市场行为。

SCP分析范式为产业竞争力的研究提供了一个静态研究思路，但没有提供可供操作的评价方式。

（二）产业价值链分析视角

迈克尔·波特在其《竞争优势》一书中提出了价值链理论。波特认为，每一个企业都是由用来进行设计、生产、销售、交货等一系列创造价值的活动所组成的集合体。一定水平的价值链是企业在一个特定产业内的各种活动的组合。企业所从事的每一项活动都会产生成本，同时也会带来价值增值。因此，企业的总价值包括价值活动和利润两大部分。价值活动是企业所从事的物质上的和技术上的界限分明的各项活动。这些活动根据其在价值增值过程中的参与形式可划分为两大类，即基本活动和辅助活动。基本活动直接反映了价值链中价值量的递增过程，是产品或服务的主要形成过程。企业的每项活动，均可以从是否创造价值的角度来判断和评价。企业的竞争优势也主要来源于企业与竞争对手在价值链上的差异。利润是总价值与从事各种价值活动的总成本之差。

价值链在经济活动中是无处不在的，上下游关联的企业与企业之间存在行业价值链，企业内部各业务单元的联系构成了企业的价值链，企业内部各业务单元之间也存在着价值链联结。价值链上的每一项价值活动都会对企业最终能够实现多大的价值造成影响。价值链理论对产业价值的分解，有利于不同国家或地区的行业根据各自不同的比较优势和竞争优势进行价值链环节的选择，并形成不同国家或地区的生产者在同一价值链上不同环节间的协作与分工。此外，价值链理论经外延后涉及价值链的转移，即价值链的结构性调整和利润区转移，也为产业国际竞争力研究提供了一个视角。价值链转移问题会直接影响一个国家或地区的产业政策，形成产业结构和市场行为的全新格局。

（三）产业对外支配程度分析视角

产业扩散效应模型是一个专门被用来研究产业支配力的理论模型①。它通过分析某产业对其前向、后向和侧向产业的作用效果来判断该产业所处的位置。对前向的作用被

① 杨公仆，夏大慰．现代产业经济学．上海：上海财经大学出版社，2005：271～272。

称为“前瞻效应”，即该企业对其他新产业和部门出现所具有的诱导能力；对后向的作用被称为“回顾效应”，即该产业对为其提供投入品产业和部门的发展所具有的拉动能力；对侧向的作用被称为“旁侧效应”，即该产业对地区经济发展的影响力。产业扩散效应模型在测度产业影响力的基础上对该产业的竞争能力和发展潜能进行了评估，成为一种以产业外部关联度分析为主体的理论方法。

(四)产业吸引力分析视角

产业吸引力分析采用了波特的“五力模型”，它主要通过对产业结构和支配力的研究，立足于获利角度看产业的吸引力。波特提出任何竞争都包含以下五种竞争力量，分别是潜在进入者威胁力、替代品威胁力、买方讨价还价能力、供方讨价还价能力、产业内现有竞争者对抗力。这五种竞争因素的影响力大小会随各产业而有所不同，但都对产业的长期获利能力有决定性的影响。

从水平方向上看，“五力模型”构成一条产业链；从垂直方向上看，“五力模型”说明了产业的创新潜力；从整体上看，“五力模型”既有产业间分析，也有产业内竞争强度分析，是一个以获利性为最终目的的分析框架。

三、产业竞争力的理论分析模型

(一)波特的“钻石模型”①

在回答一个国家为什么能在某种产业的国际竞争中崭露头角的问题中，迈克尔·波特得出必须从每个国家都有的四项环境因素来讨论，即生产要素、需求条件、相关产业和支持产业的状况以及企业战略、结构和竞争者。这些因素可能会加强本国企业创造国内竞争优势的速度，也可能造成企业发展停滞不前。除此之外，在国家环境与企业竞争力的关系上，还有“机遇”和“政府”两个变数。这六个因素构成了著名的产业国际竞争力的“钻石模型”，见图 13.1。其中，前四个因素为关键因素，后两个因素为辅助因素。

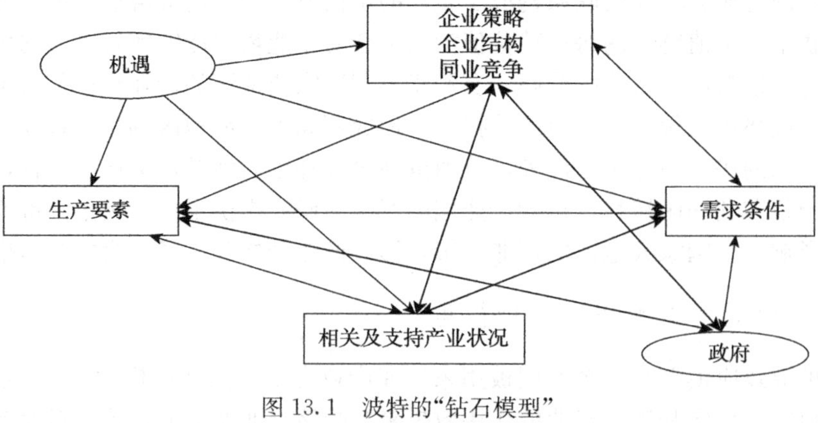

图 13.1 波特的“钻石模型”

① 王俊豪．现代产业经济学．杭州：浙江人民出版社，2003：253～256。

1. 生产要素

生产要素是指一个国家在特定产业竞争中有关生产方面的表现。为了了解竞争优势中生产要素所占的重要性，波特把生产要素分为两类：一类是初级生产要素（basic factors），如自然资源、气候、地理位置、非成熟劳动力等；另一类是高级生产要素（advanced factors），如现代化通信设施、计算机信息处理技术、高科技人才、尖端学科的研究机构、富有创新精神的企业家等。初级生产要素和高级生产要素的区别在于，前者是被动继承的，或只需要简单的私人或社会投资就能拥有。但在国家或企业的竞争力上，这类生产要素的重要性已经越来越低。初级生产要素已不再重要，主要是因为对它们的需求减少，而且跨国公司已经能通过全球市场取得这些生产要素。

与此相反，高级生产要素的重要性与日俱增，对国家产业竞争力的影响力不断提高。高等要素的形成需要一个长期的积累过程和大量的人力资本投资，因此高级生产要素的供给相对稀缺，但对于提高企业的竞争力具有重要意义。高级要素是产业竞争力的重要基础，因此，一个产业或企业要想在高等要素上始终处于领先地位，就必须不断提高、改善原有高级要素，并创造新的高级要素。

2. 需求条件

需求条件是指本国市场对该项产业所提供产品或服务的需求如何。国内需求是提高产业国际竞争力的原动力。国内市场最大的贡献在于，它提供企业发展、持续投资与创新的动力，并在日趋复杂的产业环节中建立企业的竞争力。许多企业的投资、生产和市场营销最早都是从本国需求出发考虑的，满足国内消费者需求是企业市场导向的基本初衷。因此，富有特色的国内需求对产品的属性、促进发明和创新、提高质量，以及增强整个产业的竞争力都具有重要意义。

一般来说，国内需求对产业竞争力的影响主要体现在以下三个方面：第一，国内市场的性质，如客户的需求形态和特征。这种市场特征会影响企业如何认知、解读并回答客户的需求，国内市场与国际市场的不同之处在于企业可以及早发现在国内市场中的客户需求。第二，国内需求的规模和成长速度也直接影响产业的竞争力。国内需求规模决定了企业的投资规模、技术改进的积极性和企业规模经济状况，进而决定了该产业的国际竞争力。相应地，国内需求增长快，就会促进企业更快地采用新技术，而不必担心投资过剩。本土的预期需求可能催生产业的国际竞争力，而市场规模和成长模式则有强化竞争力的效果。第三，从国内市场需求转换为国际市场需求的能力，将形成把产品和服务推向国外市场的转移机制，进而获得产业的国际竞争优势。

3. 相关产业和支持产业的状况

相关产业和支持产业的状况是指这些产业的相关产业和上游产业是否具有国际竞争力。一个产业是否具有国际竞争力与该产业的上游产业及其相关产业的国际竞争力有着密切的关系，因为相关产业的表现与能力，自然会带动上、下游的创新和国际化。因而，一个国家的产业竞争力表现为，该产业和其他国际竞争对手相比，能提供更健全的相关和支持性产业。相关产业的优势对一个具有国际竞争力的产业会起到相互促进、扩大优势的作用。具有国际竞争力的供货商，通过其所提供上游产品和中间产品，能够带动下游产业提高竞争力，因此具有明显的相互影响、带动作用。相关产品具有连带消费效应关系，即一种产品消费需求上升会引起另一种产品的消费需求相应增加，因此，相关产业之间可以产生相互的需求拉动。

4. 企业战略、市场结构与竞争者

企业战略、市场结构与竞争者是指企业在一个国家的基础、组织和管理形态，以及国内市场竞争对手的表现。就特定产业而言，国内的市场竞争结构对培育企业的国际竞争力有很大的影响。各种竞争优势能否被恰到好处地匹配在企业中，很大程度上取决于国家环境的影响。一个国家的政治经济体制、社会文化、历史传统和经济基础，不仅决定企业管理人员的思维方式、目标追求、行为准则，而且还影响企业的组织形式或战略决策的方向，进而对产业的竞争力产生作用。从竞争环境来看，国内竞争的活跃程度与该产业竞争优势的创造和保持有很密切的联系。激烈的企业竞争可以促使企业提高质量，降低成本，投资于先进的设备，提高效率，促进发明创造，从而加强国际竞争力。激烈的竞争环境不仅对创新带来压力，而且还促进企业去探寻提升竞争力的方式和途径，一个产业的国际竞争力得益于其他企业从相关产业积极进入该产业。支持相关产业的企业积极进入往往是国际竞争力的强有力来源。

在研究产业竞争力中，机会是一个重要的角色。机会一般与产业所处的国家环境无关，也并非企业内部的能力，甚至不是政府所能影响的，而是由引发机会的事件产生的。引发机会的事件很重要，因为它会打破原本的状态，提供新的竞争空间，这些事件使原本的竞争者优势顿失，创造新的环境。政府与其他关键要素之间的关系既非正面，也非负面。政府的补贴、教育和资金市场等政策会影响生产要素，对国内市场的影响也很微妙。一方面，政府制定本地产品规格标准之后，必然会影响客户的需求状态；另一方面，政府本身也常常是该国市场的主要客户之一。这些角色使政府可能成为产业发展的助力，也可能成为阻力。一个尊重市场规律且具有较强预见性的政府，对促进产业竞争力的提高具有举足轻重的作用；反之，则非但不能促进产业竞争力的提高，还会起抑制作用。

（二）邓宁的“国际化钻石模型”

20 世纪 90 年代以后，经济全球化、国际资本活动和跨国公司的行为对各国经济发展的影响日显突出，于是，英国学者邓宁(Dunning) 对波特的“钻石模型”进行了修正。他认为，日益增加的跨国界经济活动和跨国公司的经营活动会直接或间接地影响波特“钻石模型”中的各个互动的关键要素，应该将跨国公司的活动看做第三个外生变量添加到波特的“钻石模型”中，这样可以解决波特的“钻石模型”低估产品和市场全球化对国家竞争优势影响的问题。

据此，邓宁在波特“钻石模型”的基础上构建了他的国际化钻石模型，见图 13.2。基于波特模型的内向性，1993 年，英国经济学家邓宁对波特的“钻石模型”进行了补充和修正，他认为，波特没有充分考虑跨国公司与“国家钻石模型”之间的关系。在跨国公司的技术和组织资产受到“国家钻石模型”配置影响的同时，跨国公司会对国家来自资源和生产力的竞争力给予冲击，因此，他将“跨国公司商务活动”作为第三个辅助因素纳入“钻石模型”，形成了“Porter-Dunning”理论模型。

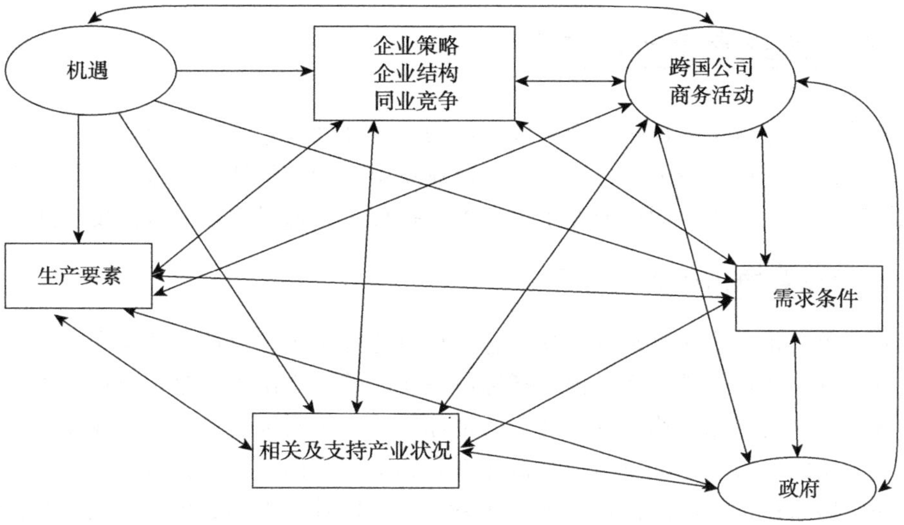

图 13.2　邓宁的“国际化钻石模型”

(三)鲁格曼和克鲁兹的“双钻石模型”

鲁格曼和克鲁兹在分析加拿大的国家竞争优势时，发现波特的“钻石模型”在应用于具有经济规模小、开放的贸易经济国家时存在一定的问题。加拿大-美国自由贸易协定使国家之间的边界对发展加拿大产业战略和产业政策的影响越来越小。为了能够和美国的领先产业竞争并生存下来，加拿大本土经营者必须将加拿大钻石模型和美国钻石模型联系起来。随着创新和成本的竞争日益激烈，加拿大不再是单独的一个钻石模型和自然资源基地，必须考虑美国模型，因而形成了“双钻石模型”，见图 13.3。

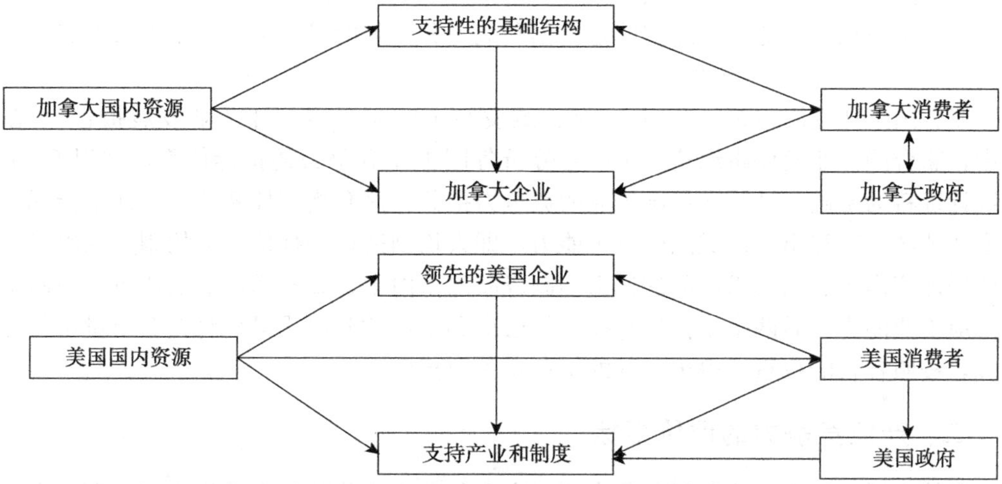

图 13.3　鲁格曼和克鲁兹的“双钻石模型”

第三节　产业竞争力的评价

国内关于产业竞争力评价的文献大多从两个方面展开：一是研究产业竞争力的评价体系，二是研究产业竞争力的评价指标。产业竞争力的评价体系通过构建多因素的指标体系来评价产业竞争力，而产业竞争力的评价指标主要通过单因素来测度产业竞争力。

一、产业竞争力的评价体系

产业竞争力是一个相比较的概念，它是通过选择一定评价产业竞争力的指标体系进行比较分析的。产业竞争力综合评价指标体系构建的基本出发点是，通过尽可能利用现有统计资料提供的数据，构建规模适当的指标体系，客观准确地反映产业竞争力。目前在国际上应用的比较广泛的竞争力评价体系有四个，它们分别是：瑞士洛桑国际管理发展学院评价体系；世界经济论坛的评价体系；荷兰格林跟大学的评价体系；联合国工业发展组织（United Nations Industrial Development Organization，UNIDO）的评价体系①。这些评价体系有些侧重于评价国家竞争力，如洛桑国际管理发展学院评价体系和世界经济论坛的评价体系；有些侧重于评价产业竞争力，如荷兰格林跟大学的评价体系和联合国工业发展组织的评价体系。下面我们主要介绍评价产业竞争力的指标体系。

1. 荷兰格林跟大学的评价体系

荷兰格林跟大学的评价体系用于进行产业产出与生产率的国际比较，强调产业竞争力可以由价格水平、生产率水平、质量水平和品牌竞争力四个方面的因素反映。①相对价格水平包括产出相对价格水平、投入相对价格水平或相对单位劳动成本水平；②生产率，包括劳动生产率和资本生产率等单要素生产率以及全要素生产率；③质量水平，用反映产品附加值水平的指标间接反映产品的质量水平；④品牌竞争力，主要包括品牌在开拓和占领市场上的能力、品牌的超值创利能力和品牌的发展潜力三个因素之和。

2. 联合国工业发展组织的评价体系

联合国工业发展组织 2002 年在维也纳发布了《2002/2003 年工业发展报告》。在报告中，联合国工业发展组织建立了一套分析各国工业竞争力的指标体系，并以 87 个国家统计资料为基础，计算出各国工业的竞争力指数。这套指标体系选择了四个指标测量国家或地区生产和出口制成品的竞争能力，即人均制造业增加值，人均制成品出口，制造业增加值内中、高技术产品的比重和制成品出口内中、高技术产品的比重。前两个指标反应工业能力，后两个指标反映技术的层次和工业的升级。最后将四个质量量化为分指标，按照各自的权重，得出各国的工业竞争力指数。

二、产业竞争力的评价指标

具体来说，计算产业国际竞争力相对水平与动态变化的状态性指标有以下几方面。

---

①　杨公仆，夏大慰．现代产业经济学．上海：上海财经大学出版社，2005：275～279。

(一)固定市场份额指标

固定市场份额模型(the constant market share model，CMS)值指的是，在一定时期内，本国某产品的出口增长率与为保持该产品原有的市场占有份额应有的出口增长率之差。如果CMS值为正，则表明该国该产业在这一时期内的出口竞争力相对于其他出口国有所提高；如果CMS值为负，则说明有所下降。这一指标的难点是不容易测算保持原有市场份额而应达到的出口增长率。

(二)显示性比较优势指标

从总体上看，某一产业的竞争力最终总要表现在产品的贸易绩效上，因此对贸易绩效的直接观察能够“显示”出产业竞争力的程度。从这一角度出发，可以用显示性比较优势(revealed comparative advantage，RCA)模型解释竞争力的状态。RCA系数是指一国某种商品出口占其出口总值的份额与世界该种产品出口占世界出口总值的份额的比例，计算公式为

$$\mathrm{RCA}_{ijt}=\frac{X_{ijt}/\sum_{i}X_{ijt}}{X_{iwt}/\sum_{i}X_{iwt}}$$

式中，X_{ijt}表示j国在t时期对i商品的全世界出口总额；X_{iwt}表示全世界在t时间对i产品的出口额。

虽然RCA系数是为了揭示比较优势而提出来的，但是，它是从贸易数据计算得出的，而贸易数据可以说是在多因素(包括成本因素和非成本因素)影响下的一种贸易表现，因此，与其说RCA系数“显示”的是比较优势，倒不如说其是一国在某商品生产出口上的综合竞争力的体现。

RCA系数是反映贸易结构与贸易依存状况的指标。一般认为，若RCA系数值大于2.5，表明该产业的国际竞争力具有很强的竞争优势；若RCA系数值为1.25～2.5，表示该产业具有较强的国际竞争力；若RCA系数值为0.8～1.25，则表示该产业具有一般水平的国际竞争力；若RCA系数值小于0.8，则表示该产业的国际竞争力较弱。

(三)贸易竞争指数

贸易竞争指数表明一个国家的i类产品(往往代表了一个产业)是净出口国以及净进口或净出口的相对规模。它又被称为水平分工度指标，能表明各类产品的国际分工状况。其计算公式为

$$X_i=\frac{E_i-I_i}{E_i+I_i}$$

式中，X_i表示贸易竞争指数；E_i表示产品i的出口总额；I_i表示产品i的进口总额。贸易竞争指数X_i的取值为-1～1。如果$X_i=-1$，则表明该国的i类商品只有进口而没有出口；如果$X_i=1$，则表明该国的i类商品只有出口而没有进口。X_i的取值为-1～1，若$X_i>0$，表示该产业的国际竞争力较强，X_i越大，竞争力就越强。$0.8\leqslant$

$X_i \leqslant 1$ 表示该产业有极强的竞争力，$0.5 \leqslant X_i < 0.8$ 表示有较强的竞争力，$0 \leqslant X_i < 0.5$ 则表示仍然具有竞争力。反之，若 $X_i < 0$，则生产该产品的产业在国际市场上竞争力较弱。$-0.5 \leqslant X_i < 0$ 表示弱竞争力，$-0.8 \leqslant X_i < -0.5$ 表示较弱竞争力，而 $-1 \leqslant X_i < 0.8$ 则表示该产业竞争力很弱。

(四)出口优势变差指数

出口优势变差指数是将各产品的出口增长率与总的外贸出口增长率进行比较，从而可以确定在一个时期内，任何产品具有更强或较强的出口竞争力。其计算公式为

$$E_i = (G_i - G_0) \times 100$$

式中，E_i 表示出口优势变差指数；G_i 表示 i 产品出口增长率；G_0 表示总出口增长率。经验上，$E_i > 0$，说明 i 商品竞争能力在报告期上升；$E_i < 0$，说明 i 商品竞争能力在报告期下降。

(五)价值增值率指标

根据波特的价值链理论，我们可知企业的竞争优势主要来源于企业与竞争对手相比在价值链上的差异，也就是说产业竞争力与价值增值能力是密切相关的。价值增值能力决定了企业一定时期内在垂直专业化分工中所处的环节和盈利能力，而其增值潜力则决定了企业未来是否能在价值链上顺利升级，并且它是可持续竞争能力和价值增值能力实现的重要保证，是维护其竞争地位的基本要素，这将直接影响整个产业国际竞争力的形成。

价值增值＝产业增加值/（总中间品投入－进口中间投入）

＝产业增加值/国内中间投入

由此可见，在产业增加值不变的情况下，价值增值能力的提高，则意味着国内中间投入的减少。导致国内中间投入的减少，可能是由两方面的原因造成的：一方面，国内中间投入的减少若是由国内中间投入要素质量的改善而导致的，即其价值增值能力是由国内投入要素驱动的，那么由此而导致的价值增值的提升，则会对其产业的国际竞争力有正向的影响，这也说明在垂直分工中，其产业链可能得到了有效升级；另一方面，国内中间投入的减少若是由进口中间投入要素质量提升或数量的增加而导致的，我们称其价值增值能力是由中间进口投入要素驱动的，那么由此而导致的价值增值的提升，是一种虚幻的表现，反而会损害其国际竞争能力。反之，若价值增值能力下降，则说明在产业增加值不变的情况下，某产业国内中间投入比重的增加，即国内中间品采用率提升，这意味着在垂直专业化进程中，该产业在这一环节具有较大的比较优势，技术水平得到了一定的改善，因而其价值增值能力的下降反而有可能暗示着比较优势的强化，即产业竞争力的提升，但其产业增值潜力明显存在着困境，产业链并没有得到较好的升级。

第四节　产业安全理论

随着经济全球化和区域一体化的迅猛发展，特别是我国加入世界贸易组织(World

Trade Organization，WTO)后，我国的经济开放度不断提高，外资进入领域的深度和广度都在加大，对我国的民族产业造成了巨大的冲击。迄今为止，国际上尚未对产业安全概念达成共识，这是因为，不同国家对产业安全含义的确定，往往受不同的国情、不同的国家战略目标所制约，即使是同一个国家，也因不同时期、不同环境和不同发展阶段而改变对产业安全的看法。

一、产业安全的含义

关于产业安全的理论起源可以追溯到重商主义的贸易理论，英国古典经济学家亚当·斯密最早提出了保护民族经济的问题。斯密在其《国民财富的性质和原因研究》一书中，主张进行自由放任的公平竞争，但提出要对涉及国家安全的国防工业进行保护和扶持。之后以汉密尔顿和李斯特为代表的近代贸易主义学者提出了幼稚产业保护论，该理论认为新兴工业化国家在最初发展阶段必须向幼稚产业提供关税等形式的贸易保护，以确保其在国外强大的竞争下继续生存和发展。第二次世界大战后，以阿瑟·刘易斯和普拉维什为代表的发展经济学家主张对发展中国家的民族产业进行保护。阿瑟·刘易斯在其著作《经济增长理论》中认为，在利用外资的过程中必须有一个合理的管理体制，不能让外资垄断某些重要的行业和领域，否则会对本国产业和经济的发展造成致命的打击。

在国外，产业安全一词有两种含义：一是产业中生产过程的安全性和事故防范，实际上等同于生产安全，如日本的一些以产业安全为标题的文献实际上是指此类含义；另一种广为接受和应用的含义是在国际贸易领域提出的，是指在开放经济体系中，一些国家和地区特定产业如何在国际竞争中保持独立的产业地位和产业竞争优势。

目前，国内学者关于产业安全的代表性定义可以总结为以下几种[①]：①强调制造业的产业安全，即产业安全主要是制造业安全，是指在开放的市场经济条件下，产业安全的核心是制造业安全，包括基础制造业(如新材料、机床、微电子器件)安全、关键设备制造业(如重大装备、通信设备)安全、高关联性制造业(如汽车制造)安全等。②强调控制权的安全，即产业安全，是指在国际经济交往与竞争中，本国资本对关系国计民生的国内重要经济部门的控制，本国各个层次的经济利益主体在经济活动中的经济利益分配得比较充分，以及政府产业政策在国民经济各行业中贯彻得比较彻底。③强调外资的产业安全，即产业安全问题最主要是由外商直接投资产生的。外商利用其技术、管理、营销等方面的优势，通过合资、直接收购等方式控制国内企业，甚至控制某些重要产业，由此而产生对国家经济的威胁。④强调能力的产业安全。产业安全是指本国产业具有生存和发展的能力。宏观层次的产业安全是指政府具有适当规制产业的能力，国内相关制度安排能够引发合理的市场结构及市场行为，产业结构合理，国内产业具有活力；中观层次的产业安全，是指在开放竞争中，本国的重要产业具有竞争力，绝大多数产业能够生存并持续发展；微观层次的产业安全，是指本国国民所控制的企业达到生存规模，具有持续发展的能力及扩大的产业影响力，在开放竞争中具有一定优势。

---

① 李孟刚．产业安全理论．北京：高等教育出版社，2010：57～58。

综上所述，可以将产业经济学研究框架下的产业安全定义为：在开放经济条件下，一国在国际竞争的发展进程中，具有保持民族产业持续生存和发展的能力，始终保持着本国资本对本国产业主体的控制。为加深对产业安全的含义的理解，应进一步理解以下几个概念①：

(1)产业生存安全和产业发展安全。产业安全从内容上可分为产业生存安全和产业发展安全两个方面。产业生存安全是指产业的生存不受威胁，即产业的市场份额、利润率水平以及产业资本的三个循环中的任何一个循环都不受威胁的状态；产业发展安全是指产业的发展不受威胁的状态。产业要发展，从数量上看必须是产业价值的增加或市场份额的提高；从质量上看必须是产业原有产品的技术水平的提高和新产品的开发。

(2)静态产业安全和动态产业安全。产业安全根据其发展态势又有静态和动态之分。静态产业安全是指特定时点或时期内一国产业安全的总体态势，它主要反映了一定时期内影响一国产业安全诸因素的系统作用的结果。所谓动态产业安全则是指在经济运行变化产生的产业安全的变化态势，即比较期某一时点上的产业安全与上一个时点上的产业安全的变化态势。因而静态产业安全是动态产业安全的起点。

(3)产业不安全和产业安全。对产业安全的关注，必然引起对产业不安全的研究。通过对产业不安全进行分类，有助于更进一步加深对产业安全内涵的理解。一般来说，产业不安全大致有四种类型：第一，产业缺失性不安全，即本国没有某一产业，而该产业又是国民经济未来发展中所必不可少的；第二，产业薄弱型不安全，即本国拥有某一产业，但规模小、门类不齐，尤其是技术薄弱，缺乏国际竞争力；第三，产业失控性不安全，即本国产业在谋求通过引进国外先进的同类产业及技术提升本国产业的竞争力过程中，非但未能实现既定目前，反而被外资掌握该产业发展的命脉，威胁到本国已有产业的生存；第四，产业滞后型不安全，即本国拥有与别国比较水平基本相当的某一产业，但未来竞争可能会导致产业将来滞后发展，从而出现该产业是否长期安全的问题。

二、产业安全的分类

(一)基于产业分类的产业安全分类

产业分类常用的有三种：第一种是根据费歇尔的三次产业分类方法，可将国民经济划分为三次产业，即第一产业、第二产业和第三产业。第二种分类是联合国为了统一各国的产业分类，特别颁布了一整套详细的标准产业分类体系，即国际标准产业分类法。标准产业分类法的产业分类主要包括农业、狩猎业、林业和渔业，矿业和采石业，制造业，电力、煤气、供水业，建筑业等行业。第三种分类是根据中华人民共和国颁布的国家标准《国民经济行业分类和代码》的分类，即国家标准分类。

基于第一种产业分类，我们可以把产业安全分为第一产业的产业安全、第二产业的

---

① 李孟刚．产业安全理论．北京：高等教育出版社，2010：87～88。

产业安全和第三产业的产业安全。标准产业分类和国家标准产业分类，都是把全部经济活动归类并分成不同的大项，并且中国官方发布的经济行业分类标准基本上是参照国际标准产业分类法制定的，只不过是根据中国的一些特殊情况做了必要的调整和更改。所以，基于此我们可以将产业安全分为农林牧副渔的产业安全、制造业的产业安全、金融保险业的产业安全等。

（二）基于产业经济学理论框架的产业安全分类

产业经济学作为一门独立的经济学科，主要包括产业组织理论、产业结构理论、产业布局理论和产业政策。根据产业经济学这一理论框架，可以将产业安全分为产业组织安全、产业结构安全、产业布局安全和产业政策安全[①]。

1. 产业组织安全

哈佛学派的产业组织理论主要研究市场结构、市场行为与市场绩效及其相互关系。因此，产业组织安全是指某一国家或地区的产业持续增长、产业内企业处于有效竞争的状态，主要表现在本土企业对市场有一定的控制力（主要表现为行业性控制、市场控制和技术控制三方面）、行业规模的经济性、东道国政府一定的行政性壁垒、减少跨国公司实施策略性行为的可能性等方面。

2. 产业结构安全

在开放的经济中，一国产业结构安全，是指一国各产业部门处于相互适应、协调发展、持续增长的状态，支持产业和战略产业具有较强的国际竞争力且是本国资本控制的，该国的产业结构升级不依赖于外国产业的转移，能够通过自身不断升级来抵御国内外的不利因素对本国的冲击。一个安全的产业结构，是指一国的产业能够在适当借助国际贸易和国际投资的基础上，依赖于自身的要素积累和升级，实现一国产业结构的高级化、合理化。相反，当一国生产要素在各个产业部门的配置比例失衡时，如支柱产业发展的供给条件丧失、产业与产业之间的协调能力差和关联程度低，或者第一产业占优比重向第二产业、第三产业占优比重演进缓慢，或者低技术、低效率的产业没能向高技术、高效率的产业转变，此时该国产业结构处于非安全态势。

3. 产业布局安全

通常情况下，我们将产业布局安全定义为：在一国或一地区空间范围内进行，以市场为基础完善产业布局机制，健全产业布局政策；发挥地区优势，选择和发展主导产业，并以产业集群的要求来规划产业布局，加强地区分工与协调，提高产业区际关联度；营造良好的投资环境和政府良好的政策指向使外商直接投资，缩小区域经济发展不平衡；在产业布局的区位化上避免区域产业结构趋同，做到地区经济倾斜与产业结构倾斜相结合。

4. 产业政策安全

产业政策安全是指一国政府能够维持自己对本国产业发展决策的独立性、及时性和正确性。也就是说，主权国家能够根据本国产业发展实际情况和国际经济形势变化，独

---

① 李孟刚．产业安全理论．北京：高等教育出版社，2010：89～90。

立、及时、正确地进行产业决策，从而保证本国产业健康、稳定、持续发展。

随着经济全球化和区域一体化步伐的加快，产业安全日益成为影响甚至决定我国经济安全和国家安全的重大问题。在引进外资的过程中，外资对于一国经济增长所起的正面作用应当给予充分肯定。但是，我们也要看到，其所产生的负面效应同样不容忽视。产业安全与一国融入国际市场的程度之间的矛盾也开始激化，需要从产业安全的影响因素角度全面地审视导致产业不安全的隐患。经济一体化的深入发展使各国比以往任何时期都更加关注经济安全问题，关键领域和重要产业的技术水平、创新能力与可持续发展状况是一国综合实力的核心。

第十四章

产业标准：订标与锁定

【本章概要】 本章主要从产业的角度介绍标准竞争和标准锁定理论，产业标准竞争理论主要包括标准竞争的目标、标准竞争过程中的博弈、影响标准竞争胜负的因素、标准竞争策略等；产业标准锁定理论主要包括锁定的原因及类型、标准锁定的动机、标准锁定的策略和反标准锁定的策略。

【教学要求】 把握标准竞争和标准锁定的内涵，了解有关产业标准建立和锁定的理论，重点掌握产业标准竞争和产业标准锁定对我国的现实意义。

“三流企业卖苦力，二流企业卖产品，一流企业卖专利，超一流企业卖标准”。随着工业社会向后工业社会推进进程的加速，标准在市场竞争中的重要性日益凸显，标准是工业化后期和后工业化时代竞争的最核心因素，赢得了标准就意味着赢得了市场，正所谓“得标准者得天下”。在工业化后期和后工业化经济中，标准竞争的案例屡见不鲜，如数字电视的 DVB 制式、ATSC 制式与 ISDB 制式之间的竞争；办公软件领域 Office 与 WPS(word processing system，即文字编辑系统)之间的竞争；操作系统领域 Windows 与 Linux 之间的竞争；浏览器流域 Internet Explorer 与 Netscape Navigator 之间的竞争；第三代数字通信领域的 WCDMA、CDMA2000、TD-SCDMA 和 WIMAX① 之间的竞争。

标准作为一种规范历史悠久，在传统经济社会里，标准通常是指经济主体所遵循的一系列技术指标，或是对事物的某种属性，如重量、质量、长度等的规定。传统经济社会中的标准基本上都是由政府或者由政府授权的标准化组织制定的，属于法定标准(dejure standards)，具有公开性、普适性和非排他性，可以按照需要多次使用，可以在不同的生产过程中使用。金德尔伯格(Kindleberger，1983)认为，作为这样一种经济物品，标准符合萨缪尔森关于公共产品的定义。从传统经济社会中标准的存在形式和经济

① WCDMA 指宽带码分多址(wideband code division mutiple access)；CDMA 2000 指码分多址 2000(code division mutiple access 2000)；TD-SCDMA 指时分同步码分多址(time division-synchronous code division multiple access)；WIMAX 指微波存取全球互通(worldwide interoperability for microware access)。

功能来看，标准具有公共产品或准公共产品的属性，标准的内容是公开的、免费使用的，标准是一种非竞争性的投入物。如果标准的确立和提供不是无成本的，则追求利润最大化的厂商不会争相去制定和提供标准，市场上普遍存在的"搭便车"行为的结果是标准供给不足，因而在工业化之前及工业化前期无所谓标准竞争。

与传统经济社会不同，现代经济社会中普遍存在的是大量具有私有产权的标准，这些标准与法定标准不同，它们是在企业或企业联盟的努力下，由消费者的货币选票产生的事实标准(defacto standards)。事实标准虽然没有完全摆脱标准的公共产品属性，但相比于法定标准，事实标准的公共产品属性已经明显弱化，事实标准的提供者对标准有很大程度上的控制权，并且可以凭此控制权获得巨额的垄断利润，特别是当这种标准与企业的知识产权和专利技术结合在一起时更是如此。正是标准属性的变化以及拥有标准对企业成功和获利的重要性才使工业化后期和后工业化时期的标准竞争空前激烈，标准竞争已经成为企业之间竞争的制高点。

第一节 产业标准的含义及分类

虽然标准的起源可以追溯到人类社会农耕文明时代，如书同文、车同轨等，但真正现代意义上的产业标准则是机器大工业生产的产物。近代工业革命对生产力变革和科技发展的影响促进了市场竞争的加剧，对标准化的需要也日益增加。标准在经济生活中出现的频率越来越高，但要给标准下一个精确的定义却并非易事。

一、产业标准的含义

虽然现有的国内外文献中很少有从产业的视角来界定标准的，但任何标准都必须以产业为依托，产业是标准的载体，标准隶属于产业。因此我们可以从有关标准的定义中理解和掌握产业标准的内涵。

1983 年 7 月，国际标准化组织(International Organization for Standardization，ISO)第二号指南把标准定义为："由有关各方根据科学技术成就与先进经验，共同合作起草，一致或基本上同意的技术规范性文件或其他公开文件，其目的在于促进最佳的公众利益，并由标准化团体批准。"[①]同年 11 月，我国国家标准化管理局颁发的 GB3935.1-83 文件《标准化基本术语第一部分》中认定："标准是对重复性事物和概念所作的统一规定，它以科学、技术和实践经验的综合成果为基础，经有关方面协商一致，由主管部门批准，以特定形式发布，作为共同遵守的准则和依据。"[②]1991 年，ISO/IEC(International Electrotechnical Commission，即国际电工委员会)联合发布的第二号指南《标准化与相关活动的基本术语及其定义》第六版中对标准所下的定义是："标准是由一个公认的机构制定和批准的文件。它对活动或活动的结果规定了规则、导则或特性值，供共同和

① 张志欣，杨彬．现代管理标准化．北京：中国经济出版社，1996：7。

② 李春田．标准化概论．北京：中国人民大学出版社，1995：13。

重复使用，以实现在预定领域内最佳秩序的效益。”[①]

上述关于标准的定义更符合法定标准，“法定”是农业时代、工业时代标准确立的主要路径。伴随着社会的发展和时代的进步，标准不断发展变化，标准的内容越来越丰富，占主导地位的标准形成路径也发生了变化。农业时代“书同文、车同轨”等度量衡统一是重要的社会标准；工业时代动力机械构造的相似性和产品生产规格的一致性等成为重要的标准。而在工业化后期和后工业经济时代，知识技术产品的系统协同工作原理使接口问题和互联互通等变得十分重要，解决这类问题的技术方案不断被纳入标准之中。这类标准较之于传统社会的标准技术含量更高，并且确立过程也大有区别，它们一般不是在政府或标准化组织的推动下确立的，而是市场竞争和市场选择的结果。因此现代意义上的标准更多地被赋予了技术标准的内涵，Economides(1996)对标准的定义就体现出了这一特征。Economides 认为，标准是对技术活动中需要统一协调的事物制定的准则，是企业进行生产技术活动的基本依据[②]。

二、产业标准的分类

从不同的角度出发，产业标准可分成不同的类型。例如，根据适用的地域范围，产业标准分为国际产业标准、区域性产业标准、国家产业标准等；根据实施的强制程度，产业标准分为强制性产业标准、试行性产业标准和推荐性产业标准；根据开放的程度，产业标准分为开放性产业标准和封闭性产业标准；按照所有权，产业标准分为专属产业标准和非专属产业标准；根据形成的路径，产业标准分为法定产业标准和事实产业标准；根据所涉及的内容，产业标准分为产品质量标准、产品性能标准、工艺过程标准、管理标准和操作标准；等等。下面介绍几种主要的产业标准。

1. 法定标准和事实标准

法定标准是由政府标准化组织、政府授权的标准化组织或国际标准化组织建立的标准。法定标准的设立通常需要遵循一定的标准设定程序，原则上要得到参与标准设立的各利益团体的一致认可方能通过，因而法定标准的制定程序相对复杂、滞后，历时较长。相比之下，事实标准的设定具有更大的灵活性，所经历的时间较短，更能够适应工业化后期和后工业化时代产业快速多变的技术发展需要。事实标准是由单个企业或少数企业组成的联盟建立的标准，事实标准的制定无须经过标准制定机构的批准，也无须遵循一定的标准设定程序，事实标准是在消费者普遍认可的基础上形成的，是市场筛选的结果，如 QWERTY 键盘和 Windows 操作系统。按照参与设定标准的企业数量的多少，事实标准又可以分为独占标准和联盟标准。独占标准是单个企业利用其市场优势地位推广形成的标准，典型的事例如 Intel 公司的微处理器标准。独占标准设立的前提是该标准提供者实力雄厚，具备独特的核心技术。然而在技术复杂多变的工业化后期和后工业化时代，很多情况下单个企业很难独自掌握核心技术，通常是几个实力相当的企业在市场上展开角逐，高下难分，于是乎为了共同的利益，它们进行磋商和协调，联合向市场

① 洪生伟．质量管理．北京：中国计量出版社，1996：79。

② Economides N. The economics of networks. International Journal of Organization，1996，1(14)：673～700.

推出行业技术标准，即联盟标准。

2. 兼容标准和最低质量标准

在工业化后期和后工业化时期，知识、技术、信息、网络等无形要素在生产中的投入比重不断增加，以无形要素为主要投入要素的产业的产出品绝大多数属于系统产品，其各个组成部分的交接或连接关系到系统产品能否协同有效的运作，不恰当的交接或连接往往会造成系统产品的不协同、使用不方便等，容易出现故障，因此兼容标准对以无形要素为主导要素的产业来说意义重大。兼容标准是为了保证系统产品能够协调工作而做的特别规定。以电话网络为例，兼容标准能够保证不同品牌和规格的移动电话之间、移动电话和固定电话之间实现顺利的连接。对于由基础组件和互补组件组成的系统产品（如硬件和软件）来说，如果没有一个统一的标准，基础组件和种类繁多的互补组件之间以及互补组件相互之间就难以进行有效的结合。兼容标准的重要性就在于协调系统产品各组件之间的相互关系，实现系统产品工作的最优化。最低质量标准是对产品或服务所必须达到的功能和质量水平的规定，它不是现代经济社会的新事物，传统经济社会既已有之，但在工业化后期和后工业化时代，由于产品的知识技术含量越来越高，通过最低质量标准，消费者可以在购买行为发生之前就能了解到产品的主要功能、重要技术参数以及质量是否合格，从而减少交易的不确定性和被锁定的风险①。

3. 非专属标准和专属标准

法定标准大多具有开放性，不独属于一个产业或产业内的某一家企业，是非专属性的公共标准，如 GSM 标准②、WCDMA 标准。而独占事实标准则是专属性的，由某一产业或产业内某一家企业拥有全部的知识产权，是封闭标准还是开放标准、是完全开放标准还是部分开放标准由该产业或该企业根据自身利益最大化的原则自行决定。联盟事实标准是由几家企业共同拥有标准的全部知识产权，这一标准虽不为联盟内的某家企业所独占，但其中的每一联盟成员对该标准都有一定的控制权。非专属标准和专属标准的划分是相对于所有权主体范围而言的，这种划分有时是针对产业的，有时是针对企业的。所有权主体不同，标准的属性会不一样，如一个产业的专属标准对于该产业内的企业来说却是非专属标准。

第二节 产业标准竞争

一、产业标准竞争的目标

迄今为止，学者们对于标准竞争的界定和表述仍然是见仁见智，各有侧重。例如，Carl Shapiro、Hal Varian 认为标准竞争是不兼容的技术之间为争夺产业事实标准地位

① 丁继锋．网络效应与 ICT 产业的标准竞争．暨南大学管理学院博士学位论文，2007。

② GSM(global system for mobile communications)，即全球移动通信系统。

而进行的斗争。Schilling 认为标准竞争是在选择占优设计的过程中，不同技术之间的竞争①。虽然学者们对产业标准竞争的定义存在差异，但究其本质，产业标准竞争是两个或两个以上的技术之间为争夺产业中的标准支配地位而进行的一种斗争。产业标准竞争从不同的角度出发可以分为不同的类型，产业标准竞争既可以发生在同一产业内部，也可以发生在不同的产业之间，通常情况下不同产业是存在差异的，很少有可以涵盖多个产业的技术标准，因而不同产业之间的标准竞争现实意义不大，所以一般来说产业标准竞争就是特指同一产业内部的标准竞争。在同一产业内部，标准竞争既可以发生在新技术与新技术标准之间，也可以发生在新技术与老技术标准之间，前者是横向的同代标准竞争，后者是纵向的代际标准竞争。参与标准竞争的主体既可能是两个，也可能是两个以上，前者是双头标准竞争，后者是多头标准竞争。而根据新技术是否与旧技术兼容，标准竞争又可以分为四类，即竞争渐进、渐进对革命、革命对渐进和竞争革命，具体情况见表 14.1。双方的技术都与老一代技术兼容的标准竞争称做竞争渐进；双方的技术都与老一代技术不兼容的标准竞争称做竞争革命；一方技术与老一代技术兼容，而另一方技术与老一代技术不兼容，则称为渐进与革命之间的标准竞争。

表 14.1　标准竞争的类型②

竞争对方 / 竞争一方	兼容	不兼容
兼容	竞争渐进	渐进对革命
不兼容	革命对渐进	竞争革命

从现实经济中产业标准竞争的实例来看，标准竞争的可能结果有三种，即两败俱伤、唯一标准和多标准并存。两败俱伤意味着产业标准竞争中没有赢家，调频立体声未能在 20 世纪 80 年代得到推广就是这样的一个例子。对于参与产业标准竞争的企业来说，两败俱伤的结局是它们所不愿意看到的，而成为业界的唯一标准则是它们努力追求的最优目标。一旦企业的技术成为业界的唯一标准以后，剩下的就是坐收其利了，企业可以凭借对市场的支配地位或标准中的专利授权等获得相应的回报。事实上，经济生活中的最优结果常常是被用来作为衡量经济活动绩效的基准，很难达到，于是经济活动的主体就会退而求其次，追求次优目标的实现。在产业标准竞争中成为业界唯一标准的竞争结局不容易出现，通常的结果是多种标准在一个产业内同时并存，但其中会有一种标准在该产业内占据主流地位，如操作系统领域微软的 Windows 系统。在市场容许一个产业可以出现多种标准的情况下，如国际电信联盟(International Telecommunications Union，ITU)目前确定的 3G 标准就有四个，分别是 WCDMA、CDMA2000、TD-SCDMA 和 WIMAX。众多技术标准并存使用的局面使企业参与标准竞争的目标变为力争成为产业主流标准。

---

① Schilling M. Winning the standards race：building installed base and the availability of complementary goods. European Management Journal，1999，17(3)：265～274.

② 夏皮罗 K，瓦里安 H. 信息规则：网络经济的策略指导. 张帆译. 北京：中国人民大学出版社，2000：107。

综上所述，在事实标准尚未确立的情况下，使自己的技术成为业界的唯一标准是企业所追求的最优目标，如果不能成为唯一标准，在可能会出现多种标准并存的情况下，争取成为产业主流标准就是企业追求的目标。在产业内既有标准已经确立的情况下，如何保住自己标准的后续地位是在位标准提供者必须面对的问题。已有标准确立并不意味着产业内的标准竞争已经消亡，标准竞争始终存在，现有产业标准时刻面临着技术创新的压力和来自新技术的挑战，对于现有产业标准的提供者来说，要能顶住各种压力和挑战，适时地进行技术创新和技术换代，以避免自己的技术被竞争对手赶上和超越，保持住标准的后续地位就成为现有产业标准提供者的目标。

二、产业标准竞争的博弈分析

在法定标准占主导的传统经济时代，标准为公共产品或准公共产品，企业提供标准的动力是不足的，企业与企业之间无所谓争夺业界标准支配地位的竞争，更多的可能表现在企业和产业标准制定机构之间的博弈。工业化后期和后工业化时代，标准形成机制和所有权属性都发生了很大的变化，为了使自己的技术成为产业标准，或是为了维持已有的产业标准提供者地位，企业与企业之间演绎了一幕又一幕的产业标准大战，且呈现出愈演愈烈之势。虽然产业标准竞争获胜后的利润是诱人的，但产业标准竞争的过程却是耗费性的，因此并非所有的企业都有实力进行产业标准竞争，而那些有实力支撑这一耗费性竞争过程的企业也不都有意愿进行产业标准竞争，企业是否参与产业标准竞争取决于收益与成本的比较。如果统一产业标准对有意愿进行标准化的各个企业来说都是最优决策，则这些企业可能互相协调，建立联盟以联合推出同一产业标准，否则它们将为使自己的技术成为行业标准而展开激烈的竞争。产业标准竞争是一个连续不断的过程，获胜后市场份额的维持和扩大以及如何实现产业标准价值的最大化使厂商在开放产业标准和控制产业标准之间进行权衡。因此，经济主体在产业标准竞争和标准化的道路上需要就一些问题做出决策，其中包括是否参与产业标准竞争的决策；在参与标准化的前提下，是与其他厂商联盟推出产业标准，还是通过竞争确立产业标准的决策；取得产业标准竞争成功后，是开放产业标准还是控制产业标准的决策。

(一)是否参与产业标准竞争

产业内的企业是否参与产业标准竞争取决于其收益与成本的比较，但产业标准竞争本身并无收益，只会耗费资源，因此，我们所说的产业标准竞争的收益并非指产业标准竞争本身的收益，而是指产业标准竞争获胜后，企业从控制行业标准和技术标准化中可能获得的收益。产业标准既能给整个产业，又能给标准提供企业带来收益，这些收益包括：通过兼容或互联，扩大标准的用户规模和网络效应；通过简化产业内的产品种类，提高规模经济性；通过产业技术优化，提高产业生产效率；通过提供标准化的信息，减少用户被锁定的风险，加速技术标准的普及[①]；等等。产业标准竞争的过程及其后的技术标准化也是要耗费一定的成本的，如为支持技术参与行业标准竞争而额外投入的费

---

① 熊红星．网络效应、标准竞争与公共政策．上海：上海财经大学出版社，2006：2。

用，以及在标准竞争获胜后，企业的技术开发和产品设计被限制或被封闭在特定的路径上，乃至妨碍企业的技术创新而造成的动态效率损失等。鉴于产业标准竞争的收益和成本并存，企业在决定是否参与产业标准竞争时，一般要进行成本-收益分析。

现假定企业不参与产业标准竞争时从既有的技术中获得的收益是 R_0，参与产业标准竞争所要支付的额外成本为 C，若产业标准竞争获胜后企业的收益能够确定，如为 R，则企业是否参与产业标准竞争的决策易如反掌，只要 $R-C>R_0$，企业就参与产业的技术标准竞争；反之，则不参与产业的技术标准竞争。现实经济生活中，企业参与产业技术标准竞争的过程是具有一定风险性的过程，在技术快速创新和技术更替频繁的高新技术社会中，企业之间的技术标准竞争尤其充满风险，竞争过程的风险性决定了竞争结果的不确定性。参与产业技术标准竞争的企业通过竞争既可能成为产业技术标准的独占者，也可能成为产业中主流技术标准的拥有者，还可能成为产业技术标准的追随者。假定这三种情况下企业的收益分别为 R_1、R_2、R_3，根据经济学的基本理论，我们知道正常情况下应该 $R_1>R_2>R_3$。考虑到不确定性，企业无法正确地判断究竟哪种结果会出现，企业仍然难以决定是参与还是不参与产业的技术标准竞争，但企业可以通过分析技术本身及其现有用户基础的优劣势来预测各种结果出现可能性的大小。理性的厂商会设法利用一切可以获得的信息，对标准竞争的结果做出尽可能准确的估计，进一步地假定厂商预测的上述三种结果出现的概率依次为 P_1、P_2、P_3，显然，$P_1+P_2+P_3=1$。

第一种、第二种结果的出现都意味着企业是产业技术标准竞争的胜利者，因此可以把第一种和第二种情况合起来考虑，P_1+P_2 越大，P_3 越小，企业选择参与产业技术标准竞争的可能性越大；P_3 越大，P_1+P_2 越小，企业选择不参与产业技术标准竞争的可能性越大。但是基于 P_1+P_2 和 P_3 相对大小的考虑仍具有一定的片面性，因为这是单纯根据预期各结果出现的概率做出的决定，没有把各种结果出现的概率与相应的可能收益以及产业技术标准竞争耗费的成本结合起来进行分析，也没有对企业参与产业技术标准竞争后未来的预期收益与不参与标准竞争的收益进行比较。综合地考虑产业技术标准竞争前的收益、产业技术标准竞争后的预期收益以及产业技术标准竞争的成本，如果 $P_1R_1+P_2R_2+P_3R_3-C>R_0$，则企业倾向于参与产业技术标准竞争；如果 $P_1R_1+P_2R_2+P_3R_3-C<R_0$，则厂商选择不参与产业技术标准竞争。

（二）联盟还是竞争

为了简单起见，假设产业内有两个厂商，即厂商 1 和厂商 2，拟展开产业技术标准地位的争夺，它们推出的技术分别为技术 1 和技术 2，其可能的博弈矩阵如表 14.2 和表 14.3 所示。

表 14.2　收益对称下的博弈矩阵

厂商 1 \ 厂商 2	技术 1	技术 2
技术 1	a，a	c，d
技术 2	d，c	b，b

表 14.3 收益不对称下的博弈矩阵

厂商 1 \ 厂商 2	技术 1	技术 2
技术 1	a_1，a_2	c_1，c_2
技术 2	d_1，d_2	b_1，b_2

在如表 14.2 所示的博弈矩阵下，两种技术给两位厂商带来的收益是对称的：厂商 1 和厂商 2 一致采用技术 1 时，双方的收益都为 a；厂商 1 和厂商 2 一致采用技术 2 时，双方的收益都为 b；厂商 1 采用技术 1、厂商 2 采用技术 2 时，厂商 1 的收益为 c，厂商 2 的收益为 d；相应地，厂商 1 采用技术 2、厂商 2 采用技术 1 时，厂商 1 的收益为 d，厂商 2 的收益为 c。在表 14.2 这样的博弈矩阵中，厂商如何决策取决于 a、b 与 c、d 大小的比较，如果 $a>c$、$a>d$，同时 $b>c$、$b>d$，在不管 c 和 d 的大小关系如何的情况下，有下列一组关系式存在：

$$\begin{cases} R(\text{技术 }1,\ \text{技术 }1)>R(\text{技术 }1,\ \text{技术 }2) \\ R(\text{技术 }1,\ \text{技术 }1)>R(\text{技术 }2,\ \text{技术 }1) \\ R(\text{技术 }2,\ \text{技术 }2)>R(\text{技术 }1,\ \text{技术 }2) \\ R(\text{技术 }2,\ \text{技术 }2)>R(\text{技术 }2,\ \text{技术 }1) \end{cases} \tag{Ⅰ}$$

也就是说，技术一致时两位厂商所获得的收益要大于技术不一致时两位厂商所能得到的收益，理性的厂商无疑会进行磋商、协调，以联合推出一致的技术作为产业的共同技术标准。至于何种技术被推出作为产业标准，则要视 a、b 的大小而定，如果 $a>b$，即 R(技术 1，技术 1)$>R$(技术 2，技术 2)，技术 1 更可能被选择作为厂商 1 和厂商 2 所在产业的共同技术标准；反之，R(技术 2，技术 2)$>R$(技术 1，技术 1)，则技术 2 被选中作为产业技术标准的概率更高。

在表 14.2 的博弈矩阵下，如果 $c>a$、$d>a$，同时 $c>b$、$d>b$，则不管 c 和 d 大小关系如何的情况下，有下列一组关系式存在：

$$\begin{cases} R(\text{技术 }1,\ \text{技术 }2)>R(\text{技术 }1,\ \text{技术 }1) \\ R(\text{技术 }1,\ \text{技术 }2)>R(\text{技术 }2,\ \text{技术 }2) \\ R(\text{技术 }2,\ \text{技术 }1)>R(\text{技术 }1,\ \text{技术 }1) \\ R(\text{技术 }2,\ \text{技术 }1)>R(\text{技术 }2,\ \text{技术 }2) \end{cases} \tag{Ⅱ}$$

也就是说，技术不一致时两位厂商所获得的收益要大于技术一致时两位厂商所能得到的收益，无论是两位厂商共同采纳技术 1 还是共同采纳技术 2，其所得收益都要少于各自选取不同技术时的收益，产业技术标准竞争在所难免，厂商 1 和厂商 2 之间将展开残酷的产业技术标准竞争。既然该情况下选择不同的技术标准要优于选择一致的技术标准，那么厂商 1 和厂商 2 之间的竞争就不是以消除对方的技术作为目标，而是尽力使自己推出的技术成为产业的主流标准，最终何种技术能取得产业主流标准地位在很大程度上要决定于两种技术本身的属性和两位厂商的竞争策略。

在如表 14.3 所示的博弈矩阵下，两种技术给两位厂商带来的收益是不对称的：厂商 1 和厂商 2 一致采用技术 1 时，双方的收益分别为 a_1 和 a_2；厂商 1 和厂商 2 一致采用技术 2 时，双方的收益分别为 b_1 和 b_2；厂商 1 采用技术 1、厂商 2 采用技术 2 时，厂商 1 的收益为 c_1，厂商 2 的收益为 c_2；厂商 1 采用技术 2、厂商 2 采用技术 1 时，厂商 1 的收益为 d_1，厂商 2 的收益为 d_2。与收益对称情况下厂商之间的博弈相比，收益不对称情况下厂商之间的博弈要略显复杂。

在表 14.3 的博弈矩阵下，如果 $a_i > c_i$、$a_i > d_i$，同时 $b_i > c_i$、$b_i > d_i$，其中 $i=1$ 或 2，则不管 c_i 和 d_i 的大小关系如何的情况下，第Ⅰ种情况下的四个关系式成立，博弈的可能结果仍然是(技术 1，技术 1)和(技术 2，技术 2)，说明厂商 1 和厂商 2 仍然倾向于选择一致的技术作为所在产业共同的技术标准。但同一技术给厂商 1 和厂商 2 带来的收益是不对称的，所以厂商 1 和厂商 2 对两种技术的偏好是有差异的。若进一步假定 $a_1 > b_1$，$b_2 > a_2$，则意味着对厂商 1 来说，技术 1 更可取；对厂商 2 来说，技术 2 更诱人。这时，虽然厂商 1 和厂商 2 有意建立共同的产业技术标准，但由于在选择技术 1 还是技术 2 作为产业技术标准的问题上，厂商 1 和厂商 2 很难达成一致的意见，建立联盟的困难较大，投入产业技术标准地位的争夺战势在必行。与收益对称下第Ⅱ种情况不同的是，收益不对称情况下的竞争结果出现两种产业技术标准并存的可能性很小，当竞争一方的技术获得压倒性的竞争优势时，竞争另一方理性的做法就是放弃自己的技术，选择对方的技术作为行业标准，因为这是一种更优的策略选择。

在表 14.3 的博弈矩阵下，如果 $c_i > a_i$、$d_i > a_i$，同时 $c_i > b_i$、$d_i > b_i$，其中 $i=1$ 或 2，则不管 c_i 和 d_i 的大小关系如何的情况下，第Ⅱ种情况下的四个关系式成立，厂商 1 和厂商 2 的选择就是展开产业技术标准竞争，与收益对称下第Ⅱ种情况一样，厂商 1 和厂商 2 进行产业技术标准战的目标是力争成为产业的主流标准。

在上述对收益对称和收益不对称两种情况下企业 1 和企业 2 是联合推出一致产业技术标准还是展开产业技术标准竞争的博弈分析中，对 a、b、c、d 以及 a_i、b_i、c_i、d_i 之间的对比关系，本书仅选取了其中的两种典型对比关系，对于 a、b、c、d 以及 a_i、b_i、c_i、d_i 之间可能存在的其他对比关系，读者可以参照本书的上述分析过程进行类似分析，不再赘述。

(三)开放标准还是控制标准

在产业技术标准竞争取得胜利以后，企业在技术标准推广和实施的过程中要面临两种选择，即开放标准抑或是控制标准。技术标准开放一般不是指完全意义上的开放，如果完全开放，技术标准就会在实质上演变成一种公共产品，其他厂商就可以免费“搭车”，其结果是技术标准的提供者承担了技术研发和标准推出的成本，却不能享有相对于其他厂商的优势利润，因而也就没有动力去开发技术和提供标准，所以这里所说的开放技术标准是指标准的部分开放。企业在取得技术标准支配地位后，事实上是在部分开放标准和部分控制标准之间进行选择，遵照利润最大化原则，企业选择的依据是实现从技术标准中所获价值的最大化。拥有技术标准的企业从技术标准中所能获得的价值大小取决于两个因素，即技术标准的总价值(total value)和企业在产业中所占的市场份额(market share)。如果用 V 表示企业从技术标准中所获得的价值，TV 表示技术标准带来的总价值，MS 表示企业在产业中所占的市场份额，则 $V=\text{TV}\times\text{MS}$。

采取开放技术标准策略意味着企业要与其他厂商分享技术标准未来的市场份额，甚至可能企业现有的市场份额也或多或少的被其他企业侵蚀，但企业市场份额的牺牲能够换来技术标准总价值的增加；采取控制技术标准策略意味着企业能够凭借技术标准在产业中占据最大的市场份额，但不能充分实现技术标准的总价值。从上述公式可以看出，企业从技术标准中所能得到的价值既与技术标准的总价值正相关，也与企业在产业中所占的市场份额正相关，而无论是开放技术标准策略还是控制技术标准策略都不可能使这两个量同时增加，因此产业技术标准竞争的获胜者必须在这两种策略之间进行博弈，以实现从产业技术标准中获得最大化的价值。

企业的开放标准和控制标准策略选择可参见图 14.1，从图 14.1 中可以看出开放标准和控制标准对技术标准总价值和企业所占市场份额的影响都是此消彼长的：开放的程度越大，技术标准的总价值越大，企业所占的市场份额越小；控制的程度越强，厂商所占的市场份额越大，技术标准的总价值越小。企业在进行策略选择时关键是在这两者之间进行权衡。如果企业认为市场份额的扩大更有利于其从技术标准中获得最大价值，则可以考虑实施标准控制策略，控制策略下技术标准的总价值虽然不高，但企业可以借助较大的市场份额来提高自己所获得的价值；如果企业更注重通过提高技术标准的总价值来实现自身所得价值的最大化，则就要考虑开放标准，开放策略下虽然企业自身的市场份额较小，但产业技术标准的总市场规模将会因此而扩大，厂商的所得也会相应地提高。

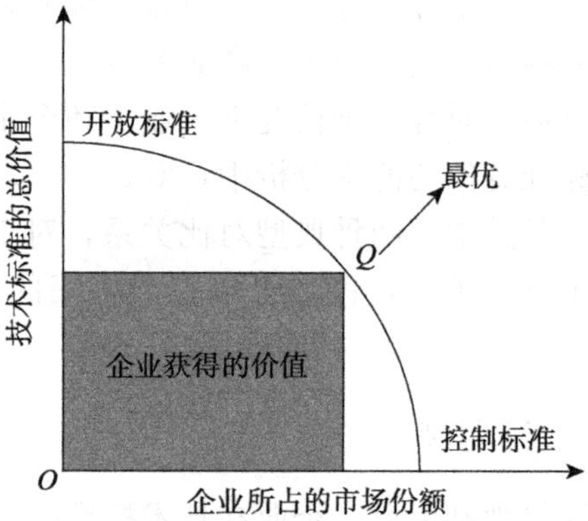

图 14.1 开放标准和控制标准的选择

一般来说，企业在产业技术标准竞争获胜后很少采取极端的选择，即完全的控制策略或是完全的开放策略，而是介乎两者之间寻找开放与控制的一个最佳结合，如企业可能选取其中的一些技术环节进行开放，而对另一些核心的技术环节实施控制。图 14.1 中的 Q 点就是这样的一个最优点，在这一点技术标准的部分开放和不完全控制使企业从技术标准中所获得的价值达到了最大化。对于已经拥有产业技术标准的企业来说，开放标准和控制标准的选择问题实质上是一个确定适当开放度的问题。开放标准是有一定的风险性的，其最大的风险就是对技术标准失去控制。开放标准意味着标准进入壁垒的降低，意味着企业失去了对技术标准的部分控制能力甚至全部的控制能力，IBM 公司在这方面给我们留下了惨痛的教训。1981 年，IBM 公司推出第一台个人电脑(personal computer，PC)时，采用了一种"开放的体系架构"，将 PC 的关键部件外包出去，芯片外包给 Intel 公司，操作系统外包给微软公司。同时，为了鼓励与 PC 互补的硬件和软件产品的投资与供给，IBM 仅仅控制了 PC 体系架构的中间层——BIOS(basic input output system，即基本输入输出系统)，以为凭此就能够控制计算机发展的未来。但时隔不久，BIOS 便失去了知识产权的保护屏障，IBM 公司很快丧失了对 PC 架构的控制；又由于 PC 的软、硬部件(如操作系统、芯片)关键环节都已外包出去，IBM 公司基本上也丧失了对其他主要部件的核心技术控制权。通过开放标准，IBM 虽然达到了短时间内推广普及其微机架构标准的目的，并打败了其主要竞争对手——苹果公司，但过于开放的外包策略使其失去了利用 PC 标准(体系架构)的控制优势确立行业领导力的机会，以至于后来被微软公司赶上和超越，如今在 PC 机操作系统领域 Windows 已经占据了 90%以上的市场份额①。适度地开放就是要对技术标准的开放加以限制，尤其要对关键产品和核心技术的开放加以限制，以避免对技术标准失去控制情况的发生。Intel 公司在这方面是一个成功的案例，Intel 公司在对其奔腾芯片的多媒体扩展(multimedia extensions，MMX)标准选择控制的同时对图像控制器加速图形接口(Accelerated graphic ports，AGP)选择了开放，适度地开放为 Intel 公司赚得了大量的用户安装基础；而控制则维持了 Intel 公司在计算机芯片标准方面的领导者地位。

控制标准同开放标准一样，是企业实现产业技术标准价值最大化的策略之一，适当开放度的确立也就意味着企业选择有控制性地开放标准。企业在进行开放标准和控制标准的策略选择时，并非是以最大限度地控制产业技术标准为目标，企业的最终目标始终是最大化从产业技术标准中所得的价值，而且完全地控制产业技术标准容易导致企业产生滥用知识产权的行为，这种行为是大多数国家反垄断法所要规制的对象之一。

三、影响产业标准竞争胜负的因素

在工业化后期和后工业化时代，标准在产业运行中占据了一个重要的位置，标准竞争上的成功直接意味着市场竞争中的成功，企业进行技术创新的重要目的是谋求产业标准提供者的地位。市场竞争中有赢家也有输家，企业要想在产业标准竞争中赢得胜利，必须拥有一些关键资产。Carl Shapiro 和 Hal Varian 认为网络经济中决定标准竞争获胜的关键资产主要有七种，包括对用户安装基础的控制、知识产权、创新能力、先发优势、生产能力、互补产品的力量以及品牌与名誉②。但 Shapiro 和 Varian 把先发优势作为决定产业标准竞争的关键资产之一却是需要商榷的，与其说先发优势是决定产业标准竞争胜负的关键资产，不如说是企业为赢得产业标准竞争而采取率先行动策略的结果，是企业对产业标准竞争时机准确把握的结果。虽然 Carl Shapiro 和 Hal Varian 提出的这七种决定标准竞争的关键资产是针对网络经济的，但对于以无形要素为主要投入的产业同样适用，本书将对除先发优势以外的其他六种因素进行阐述。

---

① 李宏林．标准竞争、格式系统与企业的标准战略．财经问题研究，2004，(5)：69～75。

② 夏皮罗 K，瓦里安 H．信息规则：网络经济的策略指导．张帆译．北京：中国人民大学出版社，2000：237。

(一)用户安装基础

对于组件互补性强的系统产品或技术来说，安装基础影响消费者的后续选择和退出。互补组件对安装基础的依赖性决定了消费者在选择时倾向于安装基础较大的产品或技术，安装基础的价值越大，转移成本就越高，消费者被套牢的程度及退出的难度就越大。一个控制较大用户安装基础的厂商可以采取后向兼容的渐进策略阻止竞争对手技术标准的建立，从而在产业标准竞争中处于有利的地位；消费者的选择偏好则进一步强化了初始安装基础在产业标准竞争中的重要性，如果企业的产品或技术相对于竞争对手的产品或技术在安装基础上具有领先优势，则消费者的后续选择和难以退出引发的正反馈机制将使这一优势进一步累积，企业在产业标准竞争中取得胜利的可能性就更大。

(二)知识产权

在工业化后期和后工业化时代，新技术的研发者大多数具有很强的知识产权意识，产业标准在制定过程中不可能再回避知识产权，甚至在相当多的领域还会遇到类似于“专利灌丛”的问题。企业在实施技术标准战略时，首先投入大量资金研发出先进技术并取得知识产权保护，然后通过各种市场手段把自己的技术规范上升为行业标准，最后在标准地位确立以后，向其他进入这个产业的企业收取知识产权使用许可费。在技术普遍知识产权化的今天，产业标准制定如果要绕过知识产权，或者意图要求其技术方案已经进入产业标准的知识产权人放弃知识产权都是不可能的①。知识产权已经成为企业进行产业标准竞争的重要筹码，拥有技术尤其是高新技术的知识产权使企业在产业标准竞争中处于十分有利的地位，如第二代移动通信技术标准 GSM 之所以能够实施就是因为有数十项专利权的支撑，仅摩托罗拉(Motorola)公司一家企业就拥有支持 GSM 标准的 30 项核心技术。一般地，企业就某项技术取得的知识产权越多，在该技术成为行业标准以后可以收取的使用许可费就越多，企业从技术产业标准化中获得的收益就越大；但如果纳入的知识产权过多，也会增加企业研究开发技术的成本，消费者购买该技术产品所支付的费用也会相应提高，从而增加技术产业标准化的难度。

(三)创新能力和生产能力

创新能力是企业的核心能力，是企业创造优势竞争力的根本。企业的创新能力不光是体现在开发新技术、研制新产品上，更是体现在其敏锐的创新嗅觉和创新的持续能力上。创新能力强的企业不仅善于发现有价值的创新元素，而且能够正确判别技术创新的方向，对技术创新具有前瞻性，因而它们不仅能开发出性能卓越的技术，而且能引领技术的未来发展路线。这样的企业在技术标准的制定上可以领先一步，在产业标准竞争中处于优势地位。例如，移动通信行业第二代、第三代的技术标准之所以基本上来自于欧美发达的资本主义国家，原因就在于这些国家的企业拥有很强的技术创新能力。相比之下，发展中国家的企业由于技术创新能力较弱，常常沿着发达国家企业主导的既定技术

① 杨帆．技术标准中的专利问题研究．中国政法大学国际法学院博士学位论文，2000。

路线使用和发展技术，因此在产业标准竞争中处于劣势，在技术标准上受制于人。创新能力是决定企业技术能否成为产业标准的核心力量，企业的技术创新能力越强，在产业技术标准争夺战中的竞争力就越强。

企业在开发出一种技术以后，必须要有相应的生产能力提供相关的技术产品，生产能力也是企业在产业标准竞争中战胜对手的一个重要武器，低成本的生产商相对于高成本的生产商更具有竞争力。在产业标准竞争中技术产品生产的成本是决定竞争胜负的又一重要因素，低生产成本意味着该技术产品附加给用户的成本相对较低，从而更容易被用户接受。在规模经济和学习效应明显的、以无形要素为主的产业中，生产能力是企业在产业标准竞争中胜出的强有力武器，这一点已经被很多企业所意识并予以重视。如惠普公司、戴尔公司等企业都在努力地压低生产成本，以保持和争取在 PC 市场上占据更强的竞争优势。

（四）互补组件的力量

产业标准通常是由多个组件组成的技术系统，包括基础组件和辅助组件，两种组件之间在技术上是互补性的，因而辅助组件也被称为互补组件。在产业标准竞争过程中，互补组件的多寡对标准发起者和用户都会产生重要影响，互补组件的种类、质量和价格水平直接影响企业参与产业标准竞争的基础组件的价值和吸引力，并影响潜在用户的选择。潜在用户在决定是否选择基础组件时，互补组件的供给是其考虑的一个重要因素，理性的潜在用户一般不会轻易选择目前配套组件比较少的技术系统。企业要想在产业标准竞争中获胜，必须要吸引足够多的互补组件供应商为其提供配套组件或是自己提供竞争对手不能提供的互补组件，只有这样才能取得更多用户的支持，其基础组件的生产技术才更有可能被业界认可成为产业标准。

（五）品牌与声誉

品牌与声誉对企业来说是一种有价值的无形资产，在信息不对称而潜在用户的信息搜寻成本又较高的情况下，潜在用户的选择对品牌与声誉的依赖程度提高，在选择产品或技术时，潜在用户一般会首先考虑品牌知名度高和声誉良好企业的产品或技术。品牌能够增加潜在用户对企业产品或技术的认知度，是引导潜在用户购买的指示器，而好的声誉则有利于提升用户对企业产品或技术的忠诚度。品牌与声誉是企业产品或技术标准化的通行证，品牌与声誉作为市场信号可以向用户传递企业产品或技术的相关信息，这些信息有助于用户对企业产品或技术产生正面的感性认识，增强用户的购买信心。

品牌与声誉不仅影响用户对企业产品或技术的选择，而且影响互补产品或技术供应商的选择。基础产品或技术供应商的高品牌知名度和良好声誉会诱使越来越多的潜在用户选择该产品或技术，而基础产品或技术用户数的增加会提高对配套的互补产品或技术的需求，互补产品或技术的价值随之增加，为该基础产品或技术提供互补产品或技术的供应商的所得利润会相应地提高，因而绝大多数互补产品或技术供应商愿意为高品牌知名度和良好声誉的企业提供配套产品或技术。在产业标准竞争中，企业的品牌、声誉与企业的竞争优势具有高度的正相关性，具有品牌与声誉优势的企业在产业标准竞争中胜出的概率更高。

四、产业标准竞争策略

合理的策略能够提高企业在产业标准竞争中获胜的可能性。为了提高企业在产业标准竞争中获胜的概率，企业必须从战略的高度对产业标准竞争的策略进行规划和设计。根据产业标准竞争的特征及其影响因素，企业可以采用以下几个方面的策略。

(一)设定恰当的标准竞争目标

在产业标准竞争中，企业要根据市场环境、自身实力和竞争对手的情况选择恰当的竞争目标：是使自己的技术成为技术标准以主导行业标准，还是将自己的技术融入技术标准之中以追随行业标准。目标设定关系到企业在产业标准竞争中获胜的概率，恰当的目标定位是企业赢取产业标准战的基础。企业在产业标准竞争中的目标定位决定了竞争之后企业对标准的控制程度和盈利水平，因此企业不能盲目地设定标准竞争的目标。企业在设定标准竞争目标时既要考虑到自己的生产能力、创新能力、技术性能及知识产权的拥有情况等影响标准竞争的因素，又要考虑到竞争对手在相应方面的竞争实力，同时还要对市场环境对产业标准竞争的各种可能的影响进行分析，以保证设立的竞争目标既有利于企业在产业标准战中获胜，又能在竞争结束后为企业带来最大的回报。通常地，领先企业的竞争目标是使自己的技术成为行业主流标准乃至唯一标准；而一般企业的竞争目标则是尽力使自己的技术融入行业技术标准之中以获得尽可能多的收益。

(二)选择合适的进入时机

在产业标准竞争中成功的诀窍之一是利用良性循环和正反馈机制，而先一步出发被认为是有利于激发正反馈率先启动的重要策略之一。在产业标准竞争中，抢先进入市场有利于企业建立产品或技术的安装基础、促进互补组件的供应，从而使企业产品或技术在竞争中获得先发优势并有可能锁定市场，如打字机键盘市场中的 QWERTY 标准就是这样建立起来的。但是，抢先进入市场获取成功也是有条件的，如果抢先进入者不能够使市场迅速达到临界规模，抢先进入市场不仅不能够建立起先发优势，而且有可能成为市场的“试验品”。一旦这种产品或技术被竞争对手模仿并加以完善以后，其市场地位就可能被后来者超越或取代，如苹果公司是 PDA(personal digital assistant，即个人数字助手)市场的先驱，但是市场却迟迟得不到开拓；后来，U. S. Robotics 公司完善了这一创意，以新的产品打入市场，成功地击败苹果公司并一举成为该市场的领导者①。

先发制人被很多企业用来作为赢得产业标准竞争的一个重要策略，但企业在运用这一策略时要小心，如果抢先进入市场不能使产品或技术的用户基数累积到可以促使正反馈效应发生作用的临界规模，则先动不仅不能给企业带来竞争优势，反而可能会毁掉企业的产品或技术。一方面，如果企业抢先推出的是不够成熟的产品或技术，先动就会使产品或技术的某些不足或缺陷暴露在用户面前，从而给企业的声誉带来很大的负面效

---

① 李波．基于网络效应的标准竞争模式研究．浙江大学管理学院博士学位论文，2004。

应，影响日后企业品牌与声誉的创建；另一方面，竞争对手也会抓住机会对企业的产品或技术进行模仿、再创新，从而可以以更低的成本推出更加完善的产品或技术，所以企业在选择进入时机时是否采用先动策略要视具体情况来确定。

（三）培育标准竞争所需的内部资源

创新能力、生产能力、品牌与声誉是影响企业在产业标准竞争中胜负的内部因素。企业竞争实力的大小在很大程度上取决于这些内部资源，企业要想提高自身参与产业标准竞争的实力，就必须加大加快对这些内部资源的培育。首先，企业要加大研究开发方面的投入，培养和引进与企业经营领域相关的各类人才，不断提高企业的自主创新能力，研制出性能卓越尤其是具有首创性的技术，并及时地为技术申请知识产权保护，以培育产业标准竞争所需要的核心资源；其次，企业要努力提高生产能力，工业化后期和后工业化时代高固定成本和低边际成本的生产成本特性客观上要求企业的生产能力达到一定的规模，需求和供给双重规模经济作用下的强规模经济为企业扩大生产能力提供了充足的空间，生产能力决定了企业的生产成本，而生产成本的高低影响产业标准竞争中企业竞争力的大小；最后，企业要重视对品牌、声誉等无形资源的培育，企业领导层要有开发品牌与树立声誉的战略意识，积极营造健康的品牌和声誉培育环境，加大与品牌开发和声誉树立有关的各项投入，创建优质品牌，树立良好声誉。产业标准竞争中蕴涵品牌与声誉的竞争，谁的品牌知名度更高，谁的声誉更好，谁在产业标准竞争中就更胜一筹。

（四）合理的组织安排

合理的组织安排支持企业赢得产业标准竞争。当企业依靠独自的力量不能够建立起行业标准而企业又力图把自己的技术推广为行业标准时，与利益相关者结成联盟能够有效地扩大技术的用户规模，并诱发潜在用户对企业技术的未来前景产生积极的预期，从而在选择上偏向于该企业的技术系统。与利益相关者结成联盟，是产业标准竞争过程中厂商最常用的组织策略，如太阳（Sun）公司在推出 Java 时与网景（Netscape）通信公司等多家企业的联盟。为了维持互补产品或技术的可获得性及其供给的稳定性，企业可以与互补产品或技术供应商签订合作协议，但这种协议必须是双赢的，在协议中要能保证双方都可以获得相应的效应，否则合作协议是不稳定的。有时为了削弱竞争对手基础产品或技术的竞争力、切断竞争对手互补产品或技术的供应，企业还与互补产品或技术供应商签订排他性协议，当然排他性协议必须在法律容许的范围内进行。另外企业还可以依赖政府的力量建立新产业标准，一方面，政府作为一个公共组织，可以对不同利益集团的利益进行协调，在产业标准竞争中主要是对参与产业技术标准竞争的企业、互补产品或技术供应商和最终用户之间的利益进行协调，这种协调会对产业标准竞争的结果产生间接影响；另一方面，政府作为一个强大的购买者，其购买选择直接影响产业标准竞争中的标准偏向。

第三节 产业标准锁定

一、锁定的原因和类型

David（1975）首次在经济学范畴中研究锁定，他在《技术选择、创新和经济增长》一书中研究表明技术演进或制度变迁类似于物理学中的惯性，即一旦进入某一路径就可能对这一路径产生依赖（即路径锁定）。而最早对锁定原理进行系统研究的则是阿瑟（2000），他在《报酬递增与两个商业世界》一文中把锁定界定为"系统一旦达到某个解就很难退出的状态"之后，Besen 和 Farrell（1994）、Farrell 和 Klemperer（2001）等经济学家都参与了锁定原理的相关研究。以贝尔实验室为依托的《兰德经济学杂志》在 20 世纪 80 年代后成为锁定及相关问题研究的重要研讨阵地（平新乔，2000）。许多主流经济学家也将研究的目光投向了锁定原理，Hal Varian 和 Carl Shapiro 就是其中的代表①。

关于锁定的原因，经济学家比较一致的共识是转移成本和网络效应，转移成本和网络效应的存在导致用户从一个标准系统（可以是产品或技术）转向另一个标准系统的转移不经济。当锁定发生时，纵使用户不满意现有的产品或技术，也不愿意或者是不能选择其他的产品或技术。转移不经济主要体现为转移成本大于转移收益，现有标准系统的网络效应过大或者从现有系统转向新系统的转移成本过高都会导致转移不经济，由于用户在现有标准系统上所获得的网络效应可以看成用户转向新系统的机会成本，所以锁定与反锁定的关键是转移成本，转移成本既是造成锁定的原因又是衡量锁定程度的主要指标。Williamson（1995）从资产专用性的角度讨论沉没成本对锁定的作用②；Klemperer（1987a）指出交易成本、学习成本和人工及合约成本限制了顾客转移从而产生锁定；夏皮罗和瓦里安（2000）则根据转移成本的潜在来源，将导致锁定的转移成本分成以下七种类型（表 14.4）③。

表 14.4 锁定和相关转移成本的类型

锁定的类型	转移成本
合同义务	补偿或毁约损失
耐用品的购买	设备更换，随着耐用品的老化而降低
针对特定品牌的培训	学习新系统，既包括直接成本，也包括生产率的损失，随着时间而上升
信息和数据库	把数据转换为新格式，随着数据的积累而上升
专门供应商	支持新供应商的资金，如果功能很难得到/维持，会随时间而上升
搜索成本	购买者和销售者共同的成本，包括对替代品质量的认知
忠诚顾客计划	在现有供应商处失去的任何利益，再加上可能的重新积累使用的需要

① 倪云虎，朱六一．锁定原理的再探讨．商业研究，2007，（10）：10～13。

② Williamson O E. Organization Theory. New York：Oxford University Press，1995：207～230.

③ 夏皮罗 K，瓦里安 H. 信息规则：网络经济的策略指导．张帆译．北京：中国人民大学出版社，2000：103。

Shapiro和Varian划分的关于网络经济中的锁定类型并非网络经济所独有，只是在网络经济中表现得较为突出而已。工业化后期和后工业化时代锁定现象日益普遍，下面介绍几种主要的锁定类型。

(一)规模效应引发的锁定

对于规模经济引发的锁定，不少学者基于网络规模和网络外部性的视角进行了研究，如Witt(1997)认为工业技术变化不仅受制于技术自身的性能改进，而且受制于技术使用者的网络规模；Katz和Shapiro(1985，1986)等研究表明，在网络效应产品市场上均衡非唯一性和临界容量的存在，使市场表现为一边倒特征；Farrell和Saloner(1986)从旧标准的用户规模、启动新标准的临界容量等方面论证了新旧标准转换中的惰性过大问题。根据需求方规模经济理论，规模大的标准系统其价值要优于规模小的标准系统。当多数人选择使用同一标准系统时，新用户理性的选择就是向他们靠拢，而一旦用户选择了使用者规模大的标准系统以后，新用户就被锁定了。绝大多数用户选择微软公司的Windows操作系统而不是苹果公司的Macintosh操作系统，选择Intel公司的奔腾芯片而不是Motorola公司生产的芯片，选择中国移动通信集团公司的通信服务而不是中国联合通信股份有限公司的通信服务，选择用友会计软件而不是金蝶会计软件等，很大程度上不是因为前者在质量上如何胜过后者，而是因为周边的朋友都在使用前者。用户所使用的标准系统规模越大，用户从该标准系统退出时损失的规模效应就越大，用户就会越难舍弃现有标准系统。

(二)经验效应引发的锁定

von Weizsacker(1984)和Klemperer(1987b)在研究厂商对用户的锁定问题时，把锁定原因归结为经验效应引发的转移成本。消费者在选定一个标准系统以后，他们对该标准系统的熟悉程度会随着对标准系统的重复使用而得到不断提高，并逐步累积起有关该标准系统的宝贵经验。随着时间的流逝，用户将越来越熟悉和习惯于现有的标准系统，使用起来效率也越来越高。相比之下，学习使用一种新标准系统并达到同样的熟练程度所需要花费的时间和精力将越来越多。可以这么说，消费者对一个标准系统使用的时间越久，重复使用的次数越多，用户遭遇的转移壁垒可能就越强大，这方面最明显的例子是关于电脑软件，学习一种电脑软件既费时又费力，达到熟练掌握和运用的程度则需要付出得更多。一个人对某种软件越是熟悉，要让他对另一种同类软件达到同样的熟练程度所需花费的成本就越高①。

(三)累积增值效应引发的锁定

标准系统中所含的信息和技术知识库等具有累积增值效应。信息具有可开发性和可塑性，新信息的价值不仅体现在其自身价值，更体现在其与原有信息组合或整合所产生

① 夏皮罗K，瓦里安H. 信息规则：网络经济的策略指导. 张帆译. 北京：中国人民大学出版社，2000：97，107～108。

的增值效应，对信息的深入挖掘和深层次、高水平整合无疑会增加信息的价值。技术知识库的内容会随着时间的发展而不断丰富、完善和更新，技术、知识的价值也因此而不断增值和升级。对于具有累积增值效应的信息和技术知识库来说，转移成本通常随着信息量和知识技术的增加而上升，从而锁定越来越牢固。把前几年的税收信息集成起来的税务软件、依靠历史数据的会计软件、使用多年来设计成果的图像软件[①]和把前几年期刊论文集成起来的期刊数据库都是这类锁定的例子。

（四）投资及组件互补性引发的锁定

互补性引发的锁定可以从以下几个方面去理解：首先是用户针对一个标准系统进行的大量互补资产投资会制约他们从该标准系统退出，尤其是当这些投资具有很强专用性且与其他标准系统不兼容时更是如此；其次是供应商的售后服务导致的锁定，现今社会品牌产品的维修基本上是由供应商指定的机构承担的，各种零部件也是由该机构提供的，如果用户自行选择其他的机构维修，之后供应商对产品的质量将不予保证，这种锁定是由销售合同带来的锁定；最后是相关配套组件的可获得性使用户的选择只能局限于某一系统。当全球80%～90%的软件商都是以微软的Windows操作系统为基础开发和设计应用软件时，作为一个理性的潜在用户，为了能够顺利地获得系统所需要的应用软件，其在选购操作系统时就不能不倾向于微软的Windows操作系统。

（五）集群效应引发的锁定

集群效应可以从两个方面引发锁定：一是因企业迷恋集聚经济利益而导致锁定，如Venables (1996)指出企业不愿放弃与现存技术连为一体的聚集经济利益，使产业集群面临“技术锁定”的高风险。大量相互关联企业及其支撑机构在空间上的集聚会产生强劲、持续的竞争优势，集群内主导技术与其关联技术及配套技术的协同、协作产生的集聚效应远远超过这些单个技术效应的简单叠加，“1+1>2”的集群效应越大，集群内企业面临技术锁定的风险越大。二是因集群内企业的集体行为而导致锁定，如Keeble和Wilkinson(1999)认为，集群中企业长期的集体学习和连续的知识积累可能会使整个集群被一条日渐没有竞争力的技术轨道锁定。

二、产业标准锁定的动机

一般来说，企业的产业标准地位需要经过激烈的标准竞争才能确立，在这个过程中，企业为研究开发新技术及将其推广为行业标准付出了较大的成本，一旦在标准竞争中获胜以后，企业会期望能够借助标准锁定策略尽量维持和延长其对行业标准的控制力，并通过标准中的专利授权获取利益，因此，追求产业标准的垄断权和最大化从产业标准中的得益是产业标准锁定的动机。

从产业标准锁定的方向来看，产业标准锁定可以分为顺向标准锁定和逆向标准锁定。顺向标准锁定是指产业标准锁定最新技术或最优技术；逆向标准锁定是指产业标准锁定次优技术甚至是劣质技术。最新技术或最优技术能够在竞争中胜出是因为其所有者能够追踪行业前沿，引领行业技术发展和创新，因此顺向标准锁定下，企业的动机是要引领行业风骚，确保行业的领头羊地位；次优技术甚至是劣质技术能够成为产业标准，是因为提供这一技术的企业已经是市场垄断者，或者仅仅是因为这一技术具有先进入市场的优势。市场在位垄断者推行产业标准锁定的动机是阻止技术的创新和更替，以维持在既有技术上的既得利益；企业因技术的先动优势而锁定市场标准的动机是维护和扩大技术在用户规模上的优势，增大技术的网络效应。

从产业标准锁定的程度来看，产业标准锁定可以分为不兼容的绝对标准锁定和兼容的相对标准锁定。绝对标准锁定是指提供产业标准的企业奉行标准技术不与产业内其他企业技术发生兼容的不兼容策略，目的是要通过封闭技术来严格控制产业标准，使企业在整个产业中获得绝对占优的市场份额；相对标准锁定是指提供产业标准的企业施行标准技术与产业内其他企业技术兼容的兼容策略，但是与标准技术兼容的技术必须是标准技术的互补技术而不是替代技术，这些技术为标准技术提供配套服务，是对标准技术的完善，因而相对标准锁定执行的是有限条件下的兼容策略，目的是扩大技术标准在产业内的影响，提高技术标准在产业中的覆盖率，最大化技术标准的总价值。

三、产业标准锁定的策略

工业化后期和后工业化时代标准竞争的高强度和全球化使产业标准的换位成为常有之事，企业在产业标准竞争中的胜利仅仅是迈向成功的第一步，这种产业标准地位能否维持以及维持时间的长短还要取决于后续的市场竞争中企业能否保住和提升标准的用户规模、稳定和扩大标准的市场份额。锁定通常被认为是维持标准用户基数和市场份额稳定的有效策略。可见，标准锁定关系到企业在产业标准竞争中的最终成败，如何利用锁定策略取得竞争优势是标准在位厂商需要思索和解决的问题。

从一个较长的时期来看，锁定会具有周期性，一个标准锁定周期一般要经历技术标准选择、试用、技术标准确立到最终锁定这样的几个阶段(图 14.2)，标准锁定周期持续的时间越长，用户被锁定的程度就越高。对于厂商来说，建立标准锁定的关键在于技术选择和技术标准确立阶段，在标准锁定周期的不同阶段，厂商的锁定策略及其目标是不一样的。技术选择是标准锁定周期的初始阶段，厂商的目标是尽快建立技术系统的用户基础，以启动技术的网络效应。在这一阶段，厂商要采取措施使用户了解和接受自己的技术，提供一些诱人的条件影响用户的偏好和选择，以尽可能地吸引更多的用户。处于这一阶段的企业通常在定价上采取免费定价、渗透定价等策略，在非定价上采取抢先化策略、性能演示策略等。试用阶段企业要做的关键是提高用户对技术的满意度，使用户试用之后就能产生喜好，甚至是上瘾。技术标准确立阶段，厂商要采取各种措施提高技术之间的转移成本，增加用户的退出难度，延长用户使用技术系统的时间，常用的策略有不兼容策略、培养用户忠诚度(customer loyalty，CL)策略、技术升级策略和开发互补组件策略等。

(一)免费和渗透定价策略

在技术选择阶段，企业通常采取渗透定价甚至免费定价策略来诱使用户选择和重复使用其技术系统，以便使用户对企业的技术系统产生深度依赖从而难以退出。渗透定价

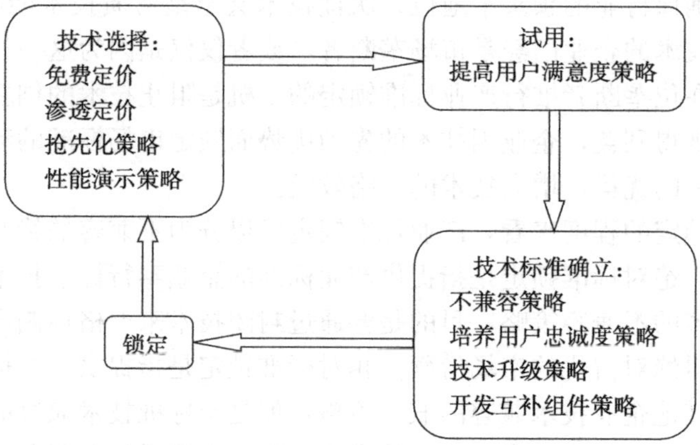

图 14.2 锁定周期及锁定策略示意图

是在新技术系统的市场导入期制定一个较低的价格，目的是迅速打开技术系统的销路，促进技术系统用户规模和市场份额的尽快增长，以短期内的利润损失换取技术系统较大的用户规模及较高的市场占有率。渗透定价的极端形式就是免费定价，企业施行免费定价的要旨是通过引诱用户重复试用其技术系统来了解和熟知该技术系统，进而使他们产生对该技术系统的选择偏好。一般情况下，免费定价不是无条件的，通常会附加一些限制的条件，如功能限制、期限限制和次数限制等。功能限制是指技术系统的部分功能是免费的，若想获得技术系统的全部功能则必须付费购买；期限限制是指技术系统只在一段时间(如一个月)内可以免费试用，一旦试用期结束就开始收费；次数限制是指规定技术系统可以免费使用的次数，超过规定的次数以后再使用就得付费。有限制条件的免费定价一方面可以帮助企业尽快建立起启动行业标准所需要的用户规模，另一方面又避免了完全免费定价可能导致的标准建立之前的损失过大乃至企业在标准竞争获胜后也难以补偿。

(二)抢先化策略

Schelling(1978)在《微观动机和宏观行为》中指出经济结果严重依赖于行为发生时的秩序，即使面临着更有利的选择，一些次优的结果也可能非常流行。在工业化后期和后工业化时代，技术创新速度和技术更替频率的加快决定了速度和时间是影响产业标准竞争胜负的一个重要因素，有些情况下甚至是比质量和性能更重要的影响因素。先入为主规则在产业技术标准建立和推广过程中表现得比较突出，最先进入市场的技术也是最早进入潜在用户视线的技术，这时由于可供选择的其他竞争性技术比较少，该技术被用户选中的概率也就比较高。对于参与标准竞争的企业来说，技术选择阶段的关键通常不是一步到位推出功能全面、性能完善的技术，而是要力争率先推出技术以吸引用户的注意，功能和性能可以通过日后的开发和升级来逐步完善。20 世纪 80 年代，苹果公司和微软公司同时研制图形界面操作系统，微软公司在功能不够完善的情况下抢先推出 Windows 并迅速占领了市场，一举成为图形界面操作系统的霸主；而苹果公司稍后推出的 OS2 操作系统虽然功能和性能更加完善，但是由于错失了先机，在操作系统领域的标准竞争上完全败给了微软公司[①]。

（三）性能演示策略

能够胜任产业标准地位的通常是高知识含量的技术系统，这类技术系统具有经验产品的特性，用户必须“亲身体验”才能对其价值做出评判；对于知识密集型高的技术系统，了解其性能需要专门的知识或者需要花费相当大的搜寻成本。性能演示一方面可以为技术系统的开发者和生产者提供展示技术系统的平台，另一方面又为潜在用户提供体验、亲受技术系统的平台，开发者和生产者通过性能演示推介和推广技术系统，潜在用户通过观看性能演示获得有关技术系统的知识。优质技术系统在性能演示中展现的优于其他技术系统的卓越性能，不仅可以吸引尚处于选择前观望阶段的潜在用户，甚至可以把准备选择竞争对手产品的潜在用户吸引过来。性能演示不是无风险的，它不只是展示技术系统好的一面，也可能在不经意之中暴露技术系统不够好的一面，技术系统越是卓越，性能演示就越有效。

（四）提高用户满意度策略

试用阶段厂商能否留住用户关键取决于用户对技术系统的满意程度，用户的满意程度越高，技术系统对用户就越有吸引力，厂商拓展市场份额就越容易。用户满意度（customer satisfaction，CS）一词最早出现在 20 世纪 70 年代中期，是指用户对一个产品的可感知效果与他们对产品的期望相比较后形成的感觉状态，如果产品的可感知效果大于他们对产品的期望，就说明他们的期望得到了满足。由此可见，厂商要提高用户对技术系统的满意程度，有两条路径可以选择：要么降低用户的期望；要么提高技术系统的效用。在技术系统试用期间，厂商要加强与用户的沟通，及时跟踪研究用户的满意程度，在难以改变用户期望的情况下，可根据用户反馈回来的信息，改进和完善技术系统的功能和性能，努力提高技术系统的客观效用；同时针对有些用户的个性化需求，厂商要适时地设计出满足这种独特需求的个性化技术，以提高用户从技术系统中感受到的主观效用。

（五）不兼容策略

兼容具有双向功能，既可能扩大技术系统的用户规模，也可能侵蚀技术系统的用户规模，何种功能起主要作用取决于厂商的现有规模。规模大、市场占有率高的企业采取兼容性策略可能使其部分市场份额被竞争对手盘剥；规模小、市场占有率低的企业通过与现有市场主流企业的兼容可以扩大市场份额。不同规模企业从实施兼容中获得利益的不对称性决定了他们对待兼容态度的不一致性，技术用户规模大的企业一般反对兼容，技术用户规模小的企业一般赞成兼容。在技术选择和试用阶段，运作成功的市场在位企业已经积累了一定的用户基础，采取不兼容策略有助于他们进一步锁定用户，阻止用户向竞争对手技术系统的转移，从而可以巩固其先前阶段获得的市场地位。微软公司的文

---

① 张小蒂，倪云虎．网络经济概论．重庆：重庆大学出版社，2005：113。

字处理软件 Word 在打入中国市场和锁定中国用户时就成功地交替使用了兼容策略和不兼容策略，在 Word 进入中国市场之初，为了打开 WPS 占据绝对优势地位的中国市场，微软公司与金山公司签订了关于实现 WPS 与 Word 兼容的合作协议；待 Word 抢走了 WPS 在中国的市场领导地位以后，微软公司毫不留情地取消了 Word 与 WPS 之间的兼容，从而牢牢地控制了中国文字处理软件市场。

(六)培育用户忠诚度策略

进入技术标准确立阶段，仅仅是用户满意难以达到锁定用户的目的，不断提升用户满意度最终获得用户忠诚对企业能否最终锁定用户至关重要。狭义的用户忠诚被定义为用户的重复购买行为；广义的用户忠诚是指伴随着较高的态度取向的重复购买行为(Dick and Basu，1994)，即在情感依恋和行为取向两个方面都表现出来的忠诚。测量用户忠诚度的指标主要有购买份额、购买频率、购买意愿、偏好程度等。在现代经济社会中，用户忠诚策略越来越普及，越来越多的企业根据用户的历史购买提供相应的优惠待遇，如为购买量或购买次数达到一定限度的用户提供折扣或积分，这些折扣或积分提高了用户更换技术系统的转移成本。单纯由折扣或积分引发的重复购买行为是一种低情感依恋的虚假忠诚，是高转移成本下用户的无奈之举；理想的用户忠诚必须超越单纯的行为取向，实现高情感依恋和高购买重复的统一。用户对厂商及其技术系统的情感依恋取决于用户对厂商及其技术系统的认同价值，为此厂商要采取措施使自己的技术系统更具特色，大力开发增值性强的功能、性能：为用户提供有效的服务，包括免费热线、质量保证、事故处理等；举办有关的技术培训和讲座，如操作培训和维修保养知识讲座等；开通回访热线以增进与用户的沟通与交流。如此种种，有利于增加用户对企业及其技术系统的感知价值，加深用户对企业及其技术系统的依恋程度，使企业的技术系统在下一个技术选择点对用户仍具有吸引力。

(七)技术系统升级策略

工业化后期和后工业化时代技术，更新的速度和频率是前所未有的，企业要想保住现有的用户、吸引新的用户，就必须跟上技术进步的步伐，及时地提升自己的技术，升级自己的系统，完善技术系统的性能，提高技术系统的功效，否则再忠诚的用户也会转移。Unix 败在微软 Windows95 手下的主要原因之一是技术更新换代慢了一拍。同理，曾经领先的 Ashton-Tate 数据库软件任由宝蓝(Borland)公司的 Paradox 和微软公司的 FoxPro 大显神通，也是因为技术更新过慢①。随着标准提供者对其技术系统的一次次升级，用户弃用其技术系统的沉没成本越来越高，被锁定的程度也因此而加深。

(八)提供互补组件策略

技术系统中基础组件或主导组件对用户的价值直接受到互补组件数量和可获得性的影响，提供竞争对手不能提供的互补组件有利于促进企业技术系统标准地位的确立。能

---

① 王万山．软件产品价格机制研究．江西财经大学工商管理学院博士学位论文，2003。

够成功地研发和提供丰富的、具有吸引力的互补组件组合的厂商，其基础组件或主导组件锁定市场的优势和可能性将大为增加，因为互补组件可以增加基础组件或主导组件的价值和吸引力。厂商既可以自己提供互补组件，如网景通信公司出售的互补产品包——Navigator 由浏览器、一个电子邮件工具、一个合作工具、一个日历和日程工具以及其他的组件构成[①]；也可以与辅助厂商签订合同，由它们来提供互补组件，如为微软操作系统编写应用程序的辅助厂商有 2 万多家公司。互补组件策略既增加了厂商拥有的安装基础的价值，也为用户增加了价值，是卖家和买家皆大欢喜的非零和博弈。

四、反产业标准锁定的策略

产业标准锁定具有两面性：对于标准开发者和生产者来说，锁定是件值得庆贺的事，锁定意味着市场统治力的增强和利润回报的增加；但对于后进入厂商来说，锁定则是件令人头痛的事，锁定阻止了用户从一个标准系统转向另一个标准系统，增加了市场后进入者的技术系统进入市场和产业标准化的难度。因此，如何利用反锁定策略打入在位厂商市场并与在位厂商展开标准竞争、争夺标准市场份额是市场后进入者需要思索和解决的问题，后进入企业要想在未来的市场中拥有话语权，就必须打破在位企业对用户的锁定，并逐步确立自己对用户的锁定。在这一破旧立新的过程中，新进入企业能否成功取决于反锁定策略的正确运用。

（一）降低转移成本策略

锁定中最重要的概念是转移成本，决定反锁定策略成败的关键是用户转换成本是否得以有效降低。总转移成本等于用户承担的成本和新技术系统提供者承担的成本两部分之和，新技术系统提供者承担的成本是后进入厂商为吸引用户所付出的代价，在总转移成本不变的情况下，新技术系统提供者承担成本的提高意味着用户承担成本的减少。新技术系统提供者要想把用户从标准在位企业那里吸引过来，就必须设法减少用户承担的成本，甚至不惜提高自己所承担的成本。例如，中国移动通信运营商或互联网服务提供商(internet service provider，ISP)通常对从别的厂商那里转移过来的用户采取减免几个月费用的做法就是为了降低用户的转换成本，虽然这样做它们自己承担的成本增加了。新技术系统提供者在技术的最初设计上可以适当地增加一些“傻瓜”功能，以使用户操作起来更加容易，从而降低新技术系统的学习和培训成本。

（二）创新策略

后进入企业反锁定策略的最终目的是锁定，反锁定策略作为与标准在位企业争夺市场份额的一种竞争手段，在使用方法上同锁定策略有相似的地方，如可以通过提供更优质的技术系统和更良好的售后服务等与标准在位企业争夺市场份额，而这样做的基础就是创新，创新是企业技术标准化的根基所在。相比于标准在位企业的先占优势，后进入企业必须创造后发优势，开发出更好、更具特色的技术系统，以明显的压倒性的技术优

① 夏皮罗 K，瓦里安 H. 信息规则：网络经济的策略指导．张帆译．北京：中国人民大学出版社，2000：142。

势战胜标准在位企业已经累积的网络规模优势，只有这样，才能使用户有足够的动力摆脱标准在位企业技术系统的锁定，从而后进入企业可以后来者居上。新技术系统相对于标准在位企业技术系统的性能优势越明显，后进入企业替代标准在位企业时用户损失的价值就越少，用户也就越愿意进行这种转移，结束标准在位企业为主导的锁定周期迈向后进入企业为主导的新锁定周期的进程就越顺利。

（三）兼容策略

相对于标准在位企业更多倾向于不兼容策略，后进入企业更乐于采取兼容策略。后进入企业为了避免被标准在位企业逐出市场，常采用与在位企业产品或技术有一定兼容性的设计，以打破标准在位企业对用户的锁定壁垒。例如，在操作系统领域，红帽企业(Red Hat Enterprise)生产的Linux在与占市场统治地位的微软Windows的竞争中，果断地采取了兼容性策略，开放源代码给应用软件开发商，迅速地扩大了用户规模，逐渐占有了一席之地，并形成了与Windows竞争的局面①。兼容可以分前向兼容和后向兼容、单向兼容和双向兼容。如果后进入企业采用可以与标准在位企业相兼容的产品或技术，就是后向兼容，反之即前向兼容。后向兼容不宜太多，否则不能突出新产品或技术的优势，形成不了后续的锁定。后进入企业与标准在位企业的双向兼容要优于后进入企业向标准在位企业的单向兼容，双向兼容下后进入企业不仅可以利用标准在位企业的用户规模效应，而且还可以克服转移成本对用户选择的不利影响。

（四）联盟策略

当一个后进入企业力量有限，不能独自打破标准在位企业对市场的锁定壁垒时，多个后进入企业联合起来结成联盟共同挑战标准在位企业是有必要的，但后进入企业在选择盟友和确定盟友数量时要格外谨慎，成为盟友的最好是与后进入企业产品或技术互补的供应商。如果是竞争产品或技术的供应商，在反锁定成功以后，昔日的盟友可能会成为产业标准竞争中的劲敌，后进入企业能否在下一个锁定周期内成为标准主导企业仍将扑朔迷离。盟友的数量不宜过多，盟友数量的增加虽然能够增强挑战标准在位企业的力量，但在反锁定成功以后后进入企业所能分到的也就是一个庞大市场份额的一小杯羹。联盟在反锁定过程中的重要性和反锁定成功后产业标准主导厂商的不确定性，使后进入企业在选用这种反锁定策略时要格外小心，不成功的联盟可能使后进入企业在打破现有标准锁定局面后又陷入另一种标准锁定的困境。

① 孙武军，吴立明，陈宏民．网络外部性与企业产品兼容性决策分析．管理工程学报，2007，(2)：59～63。

第十五章

产业管理：规制与政策

【本章概要】 本章在介绍行业管理的内涵、行业管理模式的基础上，阐述了规制理论的演进及产业规制的内涵和主要模式；自然垄断产业放松规制的原因及中国自然垄断产业的规制改革；产业政策的内涵、产业政策的主要功能以及产业政策的制定原则和主要内容。

【教学要求】 重点把握产业规制和产业政策在功能和内容上的区别。

第一节　行业管理

行业是社会分工的客观产物，行业管理是社会生产力发展和社会化大生产的客观要求。行业管理作为国家整个产业管理的基本体制，既包含了行业协会对同行业企业的规划、协调，也包含了政府通过计划和制定各种经济政策对产业部门各行业的指导和干预，最重要的是还包含着行业协会与政府部门管理职能的相互协调和结合。

一、行业管理的内涵

行业是社会分工的客观产物，行业管理是社会生产力发展和社会化大生产的客观要求。行业管理就是按行业规划、按行业组织、按行业协调，以及按行业沟通的一种产业管理体制。这种体制包含着行业管理的两个层次及其相互的协调。第一个层次就是组织行业协会，通过行业协会来统一规划、协调、指导、沟通各同行业企业的生产经营活动，促进行业的发展；第二个层次是国家政府机构通过制定各种财政、金融政策来确定各行业，尤其是重点行业的发展方向和目标，对各行业进行规划、协调和指导。两个层次的管理必须进行相互的协调，这种协调主要是通过行业协会和跨行业的行业联合会与政府部门的密切沟通。

在现实经济生活中，如同行业本身是一个不断变化的经济分类一样，行业管理的内涵也是不断变化、不断发展的。用动态的眼光分析，行业管理经历了三个发展层次，行业管理的内涵得以不断扩大和丰富。

（一）行业管理组织职能层次

行业管理作为行业管理组织的一种职能，是行业管理发展的第一个层次。这一层次的行业管理就是在行业内部进行规划、协调、沟通和服务的。行业管理职能最初是由行业管理组织承担的，这种管理职能完全局限在行业内部。中世纪行会组织的行业管理就居于这一发展层次；19 世纪末 20 世纪初行业管理组织复兴之初，行业组织的行业管理也处于这一层次。虽然行业组织是不同行业的资本追求平均利润率的产物，但就实质而言，行业管理还是局限在行业内部的规划、协调上，某个行业组织不可对其他不同的行业进行统一的管理。

（二）国家管理经济职能层次

行业管理作为国家和政府管理经济的一种职能，突破了行业的局限，对国民经济各个不同行业进行统一的规划和协调。行业管理内涵的这种变化，是随着 20 世纪以来资本主义国家政府以经济指导和干预的不断加强而逐渐实现的。国家行业管理职能通常通过以下途径来实施：制订国家中长期发展计划，确定各个部门、各个行业的发展方向；制定工业发展的重点行业和重点项目；根据“国家计划”制定有关经济政策，如科研政策、鼓励企业集中政策、支持出口政策、优惠贷款政策以及其他的财政、信贷和货币政策，来影响行业的发展规模和方向。这种政府的“行业管理”与各个产业部门特别是行业组织的联系和结合不是很密切。

（三）国家产业管理体制层次

行业管理作为国家整个产业管理的基本体制，其内涵得到了最大限度的延伸。这一层次的行业管理既包含了行业组织对同行业企业的规划、协调，也包含了政府通过计划和制定各种经济政策对产业部门各行业的指导和干预，最重要的是还包含着行业组织与政府部门管理职能的相互协调和结合。日本就是这种行业管理最成功的国家。

二、行业管理的主要模式

行业管理职能的三个发展层次决定行业管理有三种不同的模式。第一种模式是在各个行业组建同行业企业的自发联合组合——行业协会，由行业协会进行行业内部企业之间的规划、协调等。行业管理的目的仅仅在于合理规划同行业企业的生产布局和生产规模，协调在生产经营中出现的各种利益问题，以保证行业的健康发展，获得与其他行业相同或相近水平的利润率。第二种模式由政府有关部门承担行业管理的职能，同行企业或者不组建行业组织，或者有行业组织，但与政府的产业管理缺乏一种有效的沟通和结合的渠道，行业的意愿不能为政府的行业管理所体现；政府的行业管理目标也不能通过行业组织的功能而有效地实现。第三种模式就是产业界与政府相互作用的行业管理模式。

日本行业管理模式通过政府与行业间的“相互作用”来建立符合双方意愿的行业发展

目标并保证目标的有效实现。这种“相互作用”有若干特点：第一，双方必须有“相互作用”的强烈意愿，坚信双方的“相互作用”符合彼此的共同利益；第二，“相互作用”的目标是确定行业的发展方向和发展规模，并确保目标实施的各种条件；第三，“相互作用”的过程是彼此充分表达自己意愿的过程，而不是任何一方把自己的意愿强加于另一方的过程；第四，“相互作用”的渠道是多种多样的，可以是政府与行业组织的正式沟通，也可以是行业组织领导与政府有关部门官员非正式沟通或通过退休的政府官员与政府部门的密切联系进行沟通，沟通可以是定期或不定期的；第五，“相互作用”的结果是政府和行业双方都承担了责任和义务，共同保证目标的实施和实现。政府和行业的“相互作用”主要是围绕以下三个重大问题进行的：一是制订经济计划和确定“重点行业”或“优势行业”。经济计划是在各行业的直接或间接参与下制订的，“重点行业”更是政府与行业甚至跨行业团体广泛协商、相互沟通的产物，各行业为争取成为“重点行业”而进行着激烈的竞争，因此“重点行业”必须通过政府和行业的充分沟通并取得一致才能确定，日本的钢铁行业、汽车行业、电子计算机行业都曾是日本政府确定的“重点行业”。二是行业中企业组织结构的改组调整。这主要是防止生产过分集中、企业规模过大造成行业垄断。三是政府制定的各种财政金融政策，主要是各种税率税法的制定、财政拨款、补助金发放以及进出口政策等。

三、大型公司与行业管理

（一）公司是形成行业的最重要实体

公司是 19 世纪后半期在欧美资本主义国家盛行的现代工业的组织形式，公司的出现并不是偶然的，而是社会化大生产的必然产物。19 世纪 70 年代，在自由竞争的推动下，各个主要资本主义国家的工业生产技术有了巨大的进步。随着企业生产规模和市场的扩大，不同地区、不同国家企业生产技术联系的加深，资本主义各国的钢铁工业、化学工业、机器制造工业、电力工业等重工业和铁路等交通运输业迅速发展起来，重工业开始取代轻工业在整个工业经济生活中占据主导地位。重工业、铁路等的建设需要有巨额资本，单个资本家往往力不从心，为了解决单个资本无法解决的巨额资本问题，资本家之间进行了联合，托拉斯、康采恩等大型公司的形式应运而生。

资本主义的公司 100 多年的历史中经历了五次大的并购高潮。在大型公司的形成过程中，反映出大型公司在行业中的地位有两个最显著的特征，即集中性和聚合性。横向、纵向和混合型的三大合并浪潮使资本主义公司的生产规模不断扩大，每家公司在行业中所占的生产比重越来越大，绝大多数行业的生产经营呈现出一种共同趋势，即行业的生产和资本不断集中，几家大的公司往往控制和垄断了行业的绝大部分生产。资本主义的生产在不断集中的同时，社会生产的专业化协作也不断向纵深和广度发展，大中小企业之间的配套协作关系日益加强和巩固。中小企业在激烈竞争环境中得以生存的原因很多，如吸引了大量劳动力，促进了充分就业，稳定了社会秩序，但是根本原因有两条：一是拥有社会需要、技术上有特色而大企业不愿或不便生产的产品；二是为大企业协作配套，作为大企业生产的基础。从资本主义国家的生产现状看，一般在产品品种比较繁多，产品生产批量不是很大，集中程度不是很高，大公司、大企业难以一统天下的行业中，中小企业以第一种形式生存。在产品生产批量较大，流水线、一条龙生产比较容易实现，产品零部件配套比较复杂的生产集中程度较高的行业中，中小企业自下而上的普遍是第二种形式。这时，大公司发挥了巨大的聚合作用，把大量分散的中小企业联合起来，组成一张庞大的生产技术紧密联系、协作配套的网络，中小型企业就成了专业化生产协作网的各个结点，这种专业化协作既可以是产品、零部件专业化，也可以是工艺或辅助生产的专业化。

集中性和聚合性这两个本质特征决定了大型公司是构成行业的最重要的企业实体，行业管理的成败，在很大程度上取决于大型公司这一行业最重要企业实体的作用的发挥。

（二）大型公司的局部行业管理职能

大型公司在行业中的地位决定了大型公司在行业管理中的作用。毫无疑问，大型公司在行业中所占的生产比重大，而且联结了一大批中小协作企业，其产、供、销组织与管理上的任一重大决策，都必然在不同程度上影响和制约整个行业的发展，行业管理中最基本的规划、协调职能的实施，都无法离开大型公司的配合。因此行业管理必须与大型公司的生产经营相互协调，不管这种行业管理职能是由同行业企业自发组织的行业组织实施的，还是由政府主管部门加以实施的，或者是行业组织、跨行业经济团体以及政府部门联合实施的。大型公司生产经营决策上的变化之所以能影响和制约整个行业的发展方向、规模和进程，是基于大型公司的集中性和聚合性这两个基本特征。

集中性表明了一个大型公司不是一个工厂或企业，而是拥有一大批下属工厂或企业。大型公司无论在工厂数量、产品产量、品种规格和销售利润上都在同行业中占了相当大的比重或份额，形成了行业的一个重要的局部。聚合性使行业中独立经营、自负盈亏的大量中小企业在生产技术上与大型公司发生了紧密联系，公司的经营目标、产品方向直接影响甚至决定了这些企业的经营目标、产品方向，从而使大型公司这一局部在行业中的作用进一步扩大。相形之下，中小企业在行业生产中所占的比重小很多，协作企业又少。这种协作有时不是能够决定、影响协作方的生产经营，而是受制和取决于协作方，如大型公司的生产经营。这些企业在行业中的集中程度是低的，聚合作用是微不足道的，构不成行业的重要局部。因此，大型公司与一般中小企业在集中性和聚合性方面的本质差别决定了其在行业管理作用中的差异，大型公司除了具有企业管理职能外，还具有局部行业管理的职能；而一般中小企业只有企业管理职能，没有行业管理职能。

大型公司的局部行业管理职能集中体现在对所属工厂、企业生产经营的规划、协调和指导上，同时也表现在对大量的协作配套企业的引导和影响上。一个大型公司的规划可以视为局部行业规划，对下属工厂、企业的协调也可视为局部行业协调。当一个大型公司成为行业在某一地区的唯一大垄断公司时，大型公司的行业管理职能表现得最为显著和充分，也更容易为人们所认识和理解。

（三）行业协会与大型公司

行业协会是同行业企业在自愿的基础上为增进共同利益组成的松散经济团体。企业可以自由进出行业协会，保持独立自主经营；行业协会则是在企业独立自主经营的条件下提供指导、协调、服务、沟通的职能，为企业服务，并作为企业与政府沟通的桥梁。

大型公司在行业中的地位决定其担负了局部行业管理的职能，而行业协会的性质和地位决定了其能够承担全行业管理的职能。第一，行业协会具有相对的行业整体性，行业协会由同行业企业的多数组成(如日本就规定必须有半数以上的同行企业参加方能成立行业协会)，特别是一些主要的大公司一般都参加了行业组织。大公司参加行业协会主观上反映了它们彼此通过沟通来协调矛盾和一致对外的共同意愿，客观上又使行业协会的行业整体性得以实现。第二，行业协会具有相对健全的信息渠道，行业协会拥有单个公司很难具有的三条信息渠道：一是行业组织内同行企业会员的生产、技术信息完全突破了单个公司的局限；二是国外行业的有关信息，一方面由国际行业组织作为一种互换信息提供，另一方面行业组织作为行业对外经济交流、访问、协作方面的具体代表从其他国家同等行业组织获得；三是来自政府信息，政府对整个行业发展的方针、政策以及各种财政、税收、信贷方面的相应措施通常通过行业协会来上传下达。

行业协会的全行业管理与大型公司局部行业管理的本质差异，并不排斥和否定两者之间的紧密联系。就行业协会面言，其全行业管理离不开大型公司的局部管理。首先，在组织形式上，大型公司是行业协会的骨干成员，离开了大型公司，行业协会的行业整体性和代表性将徒有虚名；其次，行业协会全行业管理目标的建立需要大型公司的协作和配合，如行业规划的制定缺乏大型公司提供的信息、资料就无法实现；再次，全行业管理的规划实施以及协调的效果在很大程度上取决于大型公司的局部行业管理，行业协会的规划和协调是为公司、企业服务的，如果大型公司的局部行业管理与行业协会的行业管理相适应，按照全行业规划的要求组织生产，全行业管理的目标就会通过大型公司的局部管理实现，反之，如果大型公司的利益与全行业管理的要求发生了矛盾，视行业规划于不顾，全行业管理就会因为大型公司的自行其是而功败垂成；最后，就大型公司而言，其生产经营的发展、局部行业管理的成功也往往在一定程度上取决于行业协会的全行业管理的指导、协调、沟通和服务。行业协会通过其广泛的信息，对大型公司的生产决策、技术开发，以及行业内部和跨行业的专业化协作和联合起了不容忽视的重大作用；同时协调了同行业各公司、企业的矛盾和利益，并把公司、企业的愿望和要求反映给政府有关部门，保证了公司的经营成功与发展。

第二节　产业规制

一、规制理论的演进

(一)规制的价值取向：从公共利益到部门利益

规制价值判断理论主要关注的是规制代表谁的利益问题。规制代表谁的利益是关系到一个国家总体社会福利的重要问题，规制价值判断理论主要经历了规制公共利益理论与部门利益理论两大阶段。

规制公共利益理论起源于国家干预的经济思想，特别是产业组织理论哈佛学派的政策主张。如果自由市场在有效配置资源和满足消费者需求方面不能产生良好绩效，则政府将规制市场以纠正这种情形，这暗示着政府是公众利益而不是某一特定部门利益的保护者，政府会对任何出现市场失灵的地方进行规制。产业组织理论芝加哥学派的代表人物斯蒂格勒等通过对电力产业规制下的价格水平、价格歧视程度、收益率等变量进行规制效果的实证检验，发现政府规制没有实现公共利益理论所预期的较低的电力价格，从而对规制公共利益理论提出了挑战。斯蒂格勒通过研究发现，被规制的产业普遍具有较高的利润。由此他们推断，规制并不是为了公共利益而存在，而是满足被规制产业的部门利益。

(二)规制的目标：从追求效率到追求公平

芝加哥学派指出：规制的首要目标在于保持市场的竞争性，克服“微观经济无效率”，促进经济效益，即政府规制的目标就是追求效率。但是，这种单纯追求效率的规制目标导致了许多不公平问题。随着垄断行业的规制改革不断深入，普遍服务问题逐步显露出来，并开始引起各国政府的高度重视。在民营化以及放松规制后，许多垄断企业不愿再背“普遍服务”的包袱，不再对成本较高的边远地区提供服务或者边远地区服务的价格过高，这种现象的出现使许多国家开始倾向于把普遍服务与实现公平作为规制的首要目标。

(三)规制的内容：从经济性规制到社会性规制

规制产生的初期，规制机构主要关注被规制企业的市场进入与产品定价问题，这些都属于经济性规制的范畴。但是随着社会的发展，规制机构越来越重视环境保护、产品质量安全等社会问题的规制。经济性规制是指政府机关利用法律权限，通过许可和认可等手段，对企业的进入和退出、价格、服务数量、服务质量、投资、财务会计等有关行为加以限制。经济性规制内容包括市场准入、价格制定、服务质量以及其他方面的规制。经济性规制主要通过以下几种方式实施：一是对企业进入及退出某一产业或对产业内竞争者的数量进行规制，这一规制可以通过发放许可证、实行审批制，或是制定较高的进入标准来实现；二是对所规制企业的产品或服务定价进行规制，也称为费率规制，包括费率水平规制或费率结构规制；三是对企业产量进行规制，产量高低直接影响着产品价格，进而关系到生产者与消费者的利益，通过规制可限制或鼓励企业生产；四是对产品质量进行规制，相对于前几种方式，对产品质量进行规制的成本较高，主要包括监督成本、检查成本，由于规制者难以亲自监督产品生产，企业和规制者之间存在着信息不对称，规制者对产品质量很难把握，因此实践中这类规制方式较少采用。社会性规制是近年来在各国逐渐施行的，是主要通过设立相应标准、发放许可证、收取各种费用等方式进行的一种新的规制。社会性规制是以确保居民生命健康安全、防止公害和保护环境为目的所进行的规制，主要针对经济活动中发生的外部性而采取有关的规制措施。

（四）规制的措施：从直接规制到间接规制

直接规制是针对自然垄断、信息不对称、外部性和非价值物品的规制，并且这些规制具有依据由政府机构认可和许可的法律手段直接介入经济主体决策的特点，是政府行政管理机构实施的规制行为，如对自然垄断产业的规制和对金融业的规制。直接规制主要包括经济性规制和社会性规制。间接规制是政府有关部门通过法律规定的程序所实施的规制行为，如对产品质量和工作环境安全的规制。间接规制不直接介入经济主体的决策，仅制约阻碍市场机制发挥职能的行为，并且以有效地发挥市场机制职能而建立完善的制度为目的。间接规制的主要内容包括以反垄断法为中心的竞争促进政策和以处理信息不对称为目的政策，如保护消费者利益、公开信息等。

二、产业规制的内涵

产业规制是指政府或社会对产业经济主体及其行为的规制。它是对市场失败的治理，目的在于维持正当的市场经济秩序。产业规制也是政府或社会为实现某些社会经济目标而对市场经济中的经济主体做出的各种直接的和间接的具有法律约束力或准法律约束力的限制、约束、规范，以及由此引出的政府或社会为督促产业经济主体活动符合这些限制、约束、规范而采取的行动和措施。

三、产业规制的主要模式

产业规制模式指的是具有代表性的规制类型。产业的本质是企业，企业的本质是市场，所以依照西方发达国家的不同市场经济类型，当代产业规制可以区分为三种主要模式，它们分别是民间主导型产业规制、政府主导型产业规制和政府民间平衡型产业规制。

（一）民间主导型产业规制

民间主导型产业规制是指在企业、市场、政府三者关系中政府调节市场、市场引导企业的一种规制模式。它突出强调的是保障企业作为微观经济活动主体的权利，保证企业作为微观经济主体的有效性，政府这只“看得见的手”一般较少直接干预企业的经济活动，而是通过市场引导企业。民间主导产业经济的主要特征有：①比较强调自由企业制度；②企业决策基本服从于市场调节；③政府宏观调控主要通过市场，市场仍然是配置社会资源的决定性渠道；④宏观调控手段偏重财政政策和货币政策，一般不那么强调经济计划和产业政策；⑤宏观的透明度较高。

这种规制模式的核心和最显著特征是保证企业在市场上的自由，主要代表是美国。其主要特色是：①企业在投资、财务、生产、经营战略决策等方面，享有比较完整的自主权利；②政府与企业之间除了税收之外很少发生直接联系，企业所受的政府直接管理一直较弱；③政府宏观调控基本上是市场行为，宏观调控一般以立法为基础，面向市场；④市场是经济活动的中心，为使企业能在市场上真正获得自由活动的条件与可能，通过实施反垄断措施以保持市场充分竞争、市场环境优化和市场信号的真实性；⑤允许企业影响政府的宏观决策与宏观调控，允许社会集团介入国家决策过程。

（二）政府主导型产业规制

政府主导型产业规制是指在企业、市场、政府三者关系中，政府既调节市场，同时也直接引导企业，并将侧重点放在后者上的一种产业规制模式。它突出强调的是企业与政府之间的协调，因而政府这只“看得见的手”往往直接伸向企业，宏观调控的受力点侧重于企业。政府主导型产业规制的特征有：①强调企业与政府的合作，为此建立了两者直接对话和协调的机制，企业在政府调控的直接规范下自主程度相对较低；②企业决策既受市场支配，又受政府影响，具有双重决策参数，而最终决策在长时间内很难与政府意图相左；③政府宏观调控直接指向企业时，实际上开辟了资源配置的另一通道，市场机制配置资源的作用有所下降；④宏观调控手段侧重于经济计划和产业政策，追求力度和时间效应；⑤宏观调控的透明程度较低，这是存在着政府对企业较大量随机监督与指导的缘故。

属于这种规制模式的国家主要有日本、韩国等。从宏观调控方式的比较来看，美国民间主导型产业规制模式实行的是需求管理，即以财政政策和货币政策来不断开展或压缩需求；而日本政府主导型产业规制模式实行的是供给管理，即通过经济计划和产业政策来不断调整生产供给以实现宏观目标。日本实施的是“赶超型”宏观调控，因此产业政策是日本国民经济发展的基石。从日本产业政策的成功实践中可以得到启示：政府与市场应当有所分工，由市场机制调节企业的日常经营决策，计划机制调节与社会经济发展有关的长远决策，其中主要是投资决策。市场与政府的这种分工，表明市场机制有效性和政府机制有效性分属不同的层次，因而两者可以也应当相互结合，实现优势互补；这种结合不是各管一块，而是在产业经济运行的同一过程中，政府主体统揽全局，在市场机制失效处承担起责任，以弥补市场的缺陷。

（三）政府民间平衡型产业规制

政府民间平衡模式是指在企业、市场、政府三者关系中政府保障市场、市场引导企业，同时又以社会因素相保证的一种产业规制模式。这种规制模式突出强调市场按其内在规律运行的重要性，寻求其自由与有效的保证，从而保护产业的运行环境，提高企业的微观效率。它将宏观调控的重点放在保障市场自由与有效上。政府民间平衡模式的主要特征有：①强调保证健全的市场机制运转状态，政府的职责是保证、保护市场内在的效力，由市场去引导企业，政府一般并不直接规制企业的活动；②社会资源的配置通过健全的市场机制来实现，同时用社会安定来保障；③宏观调控的目标是物价稳定、经济稳定和社会稳定，社会公平、社会保障和社会进步被纳入了目标体系；④宏观调控手段侧重于货币政策、物价政策和社会政策；⑤宏观调控的透明度很高，这是高度强调政府规制必须以法律为依据所致。

政府民间平衡型规制是一种比较特殊的产业规制模式，目前实行的国家基本上仅限于德国。这种产业规制模式的基本原则是：第一，提倡自由竞争，限制垄断，充分发挥市场机制的作用；第二，稳定货币，稳定物价，经济政策的中心问题是在没有通货膨胀的趋势下，让经济继续发展；第三，充分考虑了“社会”(民间)因素，实现“全民繁荣”。

第三节　自然垄断产业放松规制

一、自然垄断产业

(一)自然垄断产业的内涵

自然垄断是经济学中的一个传统概念。早期的自然垄断概念与资源条件的集中有关，主要是指由于资源条件的分布集中而无法竞争或不适宜竞争所形成的垄断。在现代，这种情况引起的垄断已不多见。而传统意义上的自然垄断则与规模经济紧密相连，是指一个企业能以低于两个或者更多的企业的成本为整个市场供给一种物品或者劳务，如果相关产量范围存在规模经济时，自然垄断就产生了。

20 世纪 80 年代，西方经济学对自然垄断的认识发生了重大的变化。1982 年，鲍莫尔、潘泽和威利格用部分可加性概念重新定义了自然垄断。如果在所有有关的产量上企业的成本都是部分可加的，该行业就是自然垄断的。换言之，即使平均成本上升，只要单一企业生产所有产品的成本小于多个企业分别生产这些产品的成本之和，由单一企业垄断市场的社会成本依然最小，该行业就是自然垄断行业。

现代法学一般认为：自然垄断是指由于市场的自然条件而产生的垄断，经营这些部门如果进行竞争，则可能导致社会资源的浪费或者市场秩序的混乱。

(二)自然垄断产业产生的原因

1. 规模经济

企业的生产成本并不是固定不变的，除了技术等因素的作用，即使在相同的条件下，企业的单位生产成本也可以随着生产总产量的增加而趋于下降，原因在于当企业的总产品不断扩大时，原先的固定成本被逐渐摊薄，这在固定成本投资较大的企业表现得尤为明显。当长期平均总成本随着产量的增加而降低时，规模经济就出现了。当社会对某些行业的长期平均成本的降低速度与幅度提出要求时，这个行业往往就是自然垄断。规模经济很好地解释了产品单一领域行业的自然垄断。

2. 范围经济

在现实生活中，企业并不仅仅生产或提供单一的商品和服务，往往是多元化经营。如果由一个企业生产多种产品的成本低于几个企业分别生产它们的成本，就表明存在着范围经济。单独生产某一产品的企业的单位产品定价高于联合生产的企业的相应单位产品定价，因此单独生产的企业就会亏损，这些企业或者退出该生产领域或被兼并，这也会形成垄断的局面。因此美国著名经济学家萨缪尔森与诺德豪斯指出，有着范围经济的产业也可产生自然垄断。从理论上来讲，范围经济很好地解释了产品具有综合性领域存在的自然垄断。

3. 成本次可加性

这是产生自然垄断新的基础。1982 年，美国著名经济学家夏基、鲍莫尔、潘泽与威利格等认为，即使规模经济不存在，或即使平均成本上升，但只要单一企业供应整个市场的成本小于多个企业分别生产的成本之和，由单个企业垄断市场的社会成本最小，该行业就仍然是自然垄断行业。自然垄断的定义或者最显著的特征应该是其成本的次可加性。换句话讲，就是平均成本下降是自然垄断的充分条件，而不是必要条件。平均成本下降一定造成自然垄断，但自然垄断不一定就是平均成本下降。只要存在成本弱增性，就必然存在自然垄断。成本的次可加性理论的提出，掀起了 20 世纪 80 年代的自然垄断理论的变革，从理论上进一步解释了自然垄断存在的根源。

（三）自然垄断产业的特征

1. 效率主导性

从自然垄断的经济学理论基础来看，无论是规模经济还是范围经济，或者是成本的次可加性，自然垄断主导取决于经济效率而不是其他因素。规模经济意味着生产更多产品时固定成本被逐渐摊薄，越来越小；范围经济意味着在追加生产相关新产品和服务时，进行联合生产要比单独生产的成本低；成本次可加性则意味着独家垄断经营的总成本小于多家分散经营的成本之和。自然垄断产业建立在效率目的基础上，并且保障效率的实现。

2. 呈现网络经济性

综观世界各国的自然垄断存在的行业和产业，如供水、电力、煤气、热力供应、电信、铁路、航空等，不难发现采取自然垄断经营的产业一般具有网络经济的特征，即依赖一定的产业网络为市场提供商品和服务。如果离开这些产业网络，企业所生产或者提供的商品和服务是无法流转到社会消费领域的。衡量这些产业网络作用的最佳指标是网络上的流量(交通、电力、通信信号等)，而网络上的流量将随网络节点的几何级数增加。网络节点数量越多，边际投资收益越大。

3. 资产具有沉淀性与专用性

自然垄断依赖于网络经济为整个市场提供产品和服务，因此，企业在经营自然垄断行业时，将要投入大量的资金进行基础产业网络的建设。这些产业网络形成了大规模的固定资本，它们折旧时间长、变现能力差，从而导致整个垄断产业大量的资本沉淀。另外，基础产业网络占有的资产往往具有相应产业或者行业的专用性，所以资金一旦投入也就很难收回，所形成的企业资产也难以改为其他用途。

4. 产品的日常性

供水、电力、煤气、热力供应、电信、铁路、航空等垄断行业，它们所提供的产品都是人们的日常生活必需品，具有日常性与必需性的特征。自然垄断行业通过它们的网络触角将这些日常生活必需资料转流到千家万户去，以保持社会生活的稳定与有序。

二、自然垄断产业的规制与放松规制

自然垄断行业对日常生活具有举足轻重的影响，因此在 20 世纪 70 年代以前，各国对自然垄断行业多采取国有化的办法，并将其置于政府的严格规制之下。规制方式主要是进入规制和价格规制。20 世纪 70 年代中期以来，由于政府规制的失灵以及技术发展等因素的作用，西方国家开始了一场声势浩大的自然垄断产业改革，逐步趋于放松规制并适当地引进竞争，管制手段趋于多元化与更为科学化。

放松规制是指政府取消或放松对自然垄断或其他产业的进入、价格等的行政、法律规制，是对直接规制的放松，是走向间接规制的一种过渡情形。自然垄断产业放松规制的原因包括以下几点：①由于技术经济条件的变化，政府经济性规制的理论依据逐渐消失；②产业间替代竞争加剧，受规制产业发展受到限制；③规制引起的副作用日益显现，要求取消规制的呼声高涨；④由于可竞争市场经济理论的出现和传播，经济性规制不再被认为是提高经济效率的唯一手段；⑤世界经济一体化、国际间经济交往的迅猛发展也迫切要求放松政府规制。

三、中国自然垄断产业的规制改革

我国对自然垄断产业的规制改革主要以西方发达国家的改革经验作为借鉴，以分拆为主要方式，以引入竞争机制为主要目标。这一举措虽然取得了一定的成效，但是由于我国自然垄断产业的形成、运行等一些问题都有其非凡性，因此西方国家的改革道路在我国不能完全行得通，局限性和不适应性也日渐彰显。

（一）中国自然垄断产业存在的问题

20 世纪 80 年代末以来，我国对一些自然垄断产业的规制体制进行了初步改革，总体来说取得了一定的成绩，但并未触及自然垄断产业的各方面，处于相对滞后的状态。目前我国自然垄断产业存在以下问题。

1. 政府的非凡角色

我国的自然垄断产业以行政力量为基础，根据西方经济学观点，自然垄断是市场竞争优胜劣汰的产物，有长期的发展演化过程；而我国的自然垄断产业是在计划经济体制下，由政府投资建立和发展起来的。企业由政府建立，负责人由政府指派，运转资金由政府拨给，产品、劳务的价格由政府制定，盈亏由政府统一负责，不存在经营风险，政企一体化现象十分严重。自然垄断行业在国内受到行政力量的保护，处于“强者”的地位，在垄断行业内部没有提高效率的动力，行业外也没有竞争对手的压力。

2. 国有资本“一股独大”

我国自然垄断产业的经营主体主要由国有企业构成，产权结构单一，国有资本“一股独大”，国有产权流动困难，成为自然垄断产业要素重组、资产流动的“瓶颈”。同时政府成为单一的投资渠道，造成自然垄断产业投资不足，经营效率低下。

3. 规制法律框架不透明、不完善

目前我国规范自然垄断产业行为的法律主要有两类：一类是规范一般市场竞争行为的法律，如《反不正当竞争法》；另一类是特定领域的产业法，如《铁路法》、《电力法》等法律。《反不正当竞争法》对自然垄断产业有关的规定过于简单粗糙，不能满足建立与维护自由、公平、有效竞争秩序的需要；而现行《铁路法》、《电力法》等产业法大多制定于规制改革以前，其指导思想往往是为了保证国家基础设施的安全，不是为了规制市场行为。

（二）中国自然垄断产业规制改革的目标

1. 提高行政效率

政企分开，建立独立的规制机构，规制机构独立性的核心内容是规制机构与相关行政部门的关系。成功的规制政策首先是要做到政府和规制者之间的职责分离，即政府设定规制框架，规制者进行独立的规制，无需向政府日常请示。在市场经济条件下，企业只有享有充分的自主权，才能实现其经营目标。我国长期以来实行的计划经济体制使自然垄断产业中政企不分，政府既是垄断产业相关政策法规的制定者，又是政策法规的执行者。这种政策与规制合一的体制，一方面使政策目标和规制目标相互混淆，往往是用政策目标取代规制目标；另一方面，也使规制机构应有的独立规制权力受到干扰。

2. 提高主体效率

提高国有企业的经营效率，建立现代企业制度。国有企业是自然垄断产业的经营主体，提高自然垄断产业的主体效率，就要使国有企业"产权清楚，权责明确，政企分开，治理科学"，即在市场经济条件下使企业利润最大化。提高国有企业的经营效率，要以建立现代企业制度为目标。建立所有权与经营权分离的企业组织，要完善公司法人治理结构，规范董事会、经理、监事会的各自权责，建立有效的产权制衡机制和科学系统的治理体制。

3. 提高法律效率

建立健全反垄断法，维护公平竞争秩序。我们正处于经济与社会的转型期，与市场经济相配套的制度和治理尚不健全，因此建立健全与市场经济相适应的法律法规成为自然垄断规制的重要目标，以使政府规制具有明确的法律依据和实施程序，提高法律的权威性和统一性，确保市场经济健康有序地运行。同时，要注重与国际社会通行的法律规定和惯例保持一致或相衔接，吸收和借鉴其他国家现代民主政治和立法经验，提高立法的先进性和开放性，"建章立法"是自然垄断产业规制改革的前提条件和根本保证。从中国改革实践看，沿袭了一种先进行改革而后再立法的传统，规制法律体系的滞后性导致了许多问题的产生。例如，在某些行业，即使已经颁布了相应产业立法，但这些法律是由其主管部门牵头起草，从而具有较大局限性。因此，应加快建立、修改和完善自然垄断产业规制法规。

第四节　产业政策

产业政策是国家对产业发展实施干预的主要手段，其目的是促进产业的健康发展，其原因是存在市场失效，其手段是通过行政的、法律的、经济的措施纠正产业发展中的偏差，其效果取决于产业政策制定的科学性和实施的有效性。产业政策和市场机制既存在互补关系也存在着矛盾，对产业实施不合理的干预会降低市场效率，干顶不到位也将会出现产业发展的无序和滞后。因此，产业政策的制定与实施的科学性和有效性是一个非常重要和复杂的课题。

一、产业政策的含义

(一)产业政策的界定

产业政策是国家(政府)为了实现一定的经济和计划目标对产业活动进行干预而制定的各种政策的总和。对产业政策概念的理解需要把握以下要点：①产业政策调节的对象是产业主体——企业，这是产业政策与其他经济政策的主要区别，也是产业政策能够比其他经济政策更加深入社会经济运行的内部结构、直接干预产业间和产业内部资源配置的原因；②产业政策解决的核心问题是推动经济结构转换，特别是产业结构高级化问题，通过对产业结构自觉地设计和调整，实现社会经济快速、高效、协调发展；③产业政策实施的手段是多元的，即不是一项或几项经济政策，而是一组只有相互关联的经济政策的总和，需要综合运用法律、经济、行政等各种手段才能得到实现。

对产业政策定义的表述，目前在国际上尚未统一。在日本有代表性的定义有以下三种：第一，以解决资源配置存在的"市场失效"为重点，产业政策是"对以制造业为中心的产业部门之间的资源配置实行干预的各种政策，以及个别产业内部的产业组织对私人企业的活动水平施加影响的政策的总和"[①]。第二，以产业结构和产业组织结构优化为重点，产业政策是"指与产业之间结构有关的产业结构政策和与产业内部竞争组织有关的产业组织政策。前者以产业结构变化为目的，后者以实现公平竞争为目的，现实中的产业政策总是随着经济社会的发展而不断变化"[②]。第三，以实现政府某种经济和社会目标为重点，产业政策是指"国家和政府为了实现某种经济和社会目的，以全产业为直接对象，通过对全产业的保护、扶持、调整和完善，积极或消极参与某个产业或企业的生产、经营、交易活动以及直接或间接干预商品、服务、金融等市场形成和市场机制的政策的总和"。

产业政策的制定和实施是一个非常复杂的系统工程，其基本要素包括政策对象、政策目标、政策手段、政策措施以及政策实施的组织、控制、评价、修订等。不同国家、不同经济发展阶段、不同目标的产业政策差异很大，但基本要素是相同的。

(二)产业政策的特点

1. 产业政策目标的多重性

产业政策目标包括经济目标和社会目标，一方面，它要保证克服资源配置的市场缺陷，加快资源配置的优化过程，尽可能获得较高的经济增长速度，增强产业的整体素质和核心竞争力；另一方面，它也要保证社会的稳定、充分就业和经济公平，从而促进整个社会经济持续、稳定和健康发展。

---

① 出自日本原通产省经济研究所所长小宫隆太郎。

② 出自由日本一桥大学、东京大学、庆应大学合编的《经济词典》(讲坛社学术文库，1980)。

2. 产业政策作用范围的广泛性

产业政策的本质是国家对产业经济活动的主动干预。产业政策虽然不一定以产业为直接对象，但产业政策却直接或间接地与产业有关，在资源有限的条件下，产业政策要研究和解决产业组织的合理化、产业结构的高级化、产业分布的协调性和经济增长的效益性。一方面，通过实施产业政策，可以比单纯依靠市场调节能更有效地配置资源；另一方面，产业政策也可以发挥对政府所采取的无效干预或不相配套的政策的一种协调功能。

3. 产业政策实施手段的多样性

产业政策是引导性政策，它强调尽可能避免国家直接介入资源的分配，所以，产业政策的实施手段是多样的，主要包括非指令性的经济计划、经济措施和经济立法等；同时也不排除必要的行政指导。运用经济计划和经济措施的主要目的，是要完善市场机制，强调产业结构的转换能力，有效地发挥产业的自我调整和自我演进的功能。运用经济立法有利于规范市场规则，明确经济关系，使经营主体更好地履行自己的义务，将自身的行为服从整体利益和长远目标的要求。

4. 产业政策运行的有序性和动态性

由于社会经济的运行呈现出由低水平向高水平逐步发展的有序变动性，产业发展呈现出新兴产业逐渐取代传统产业的有序变动性，因此，产业结构也呈现出不断优化和随时间的有序变动性，即产业政策的内容会随着产业结构的变动而发生变化，政策目标会越来越高，政策内容会越来越完善，政策手段会不断调整更新。

5. 产业政策体系的完整性

产业之间、产业内部企业之间存在错综复杂的经济技术联系，只有这些关系互相协调时，社会经济才能顺利发展。作为协调产业活动的产业政策是由多种相关政策构成的政策体系，这个体系既要完整又要协调，即它包括的各类产业政策，既要涵盖所有的产业又必须相互协调，政策目标必须一致，政策措施的作用不能相互矛盾和抵消。此外，国家的经济政策不仅有产业政策，还有财政政策、金融政策、收入分配政策和人才政策等，产业政策必须与其他政策相互协调、互相促进、相辅相成，才能真正发挥产业政策的作用。

（三）产业政策的分类

依据不同的标准可以对产业政策作不同的分类。根据功能定位的不同，产业政策可分为产业组织政策、产业结构政策、产业布局政策和产业技术政策；根据政策的对象领域不同，产业政策还可以分为农业政策、能源政策、对外贸易政策、金融政策、环保政策、中小企业政策；根据政策目标的不同，还可以对产业政策进行细分，如产业结构政策就可以细分为战略企业扶植政策、衰退企业调整政策、新兴技术产业化政策等。现实当中各种具体的产业政策大多是综合性的。例如，农业政策和中小企业政策就是典型的综合性产业政策。

（四）产业政策的手段

产业政策目标的选择固然重要，但产业政策目标的实现则要通过有效的政策手段，否则再好的政策目标也会落空。历史的经验表明，产业政策的最大难点就在于政策手段的选择与配合，它比确立产业政策目标更复杂。因此，要想取得较好的产业政策效果，必须根据产业政策目标的要求，适当地选择和组合各种产业政策手段。从一定意义上讲，产业政策手段的设计、选择和运用是整个实施过程的关键环节，政府可能操纵的产业政策手段，可以分为以下四大类：

(1)间接诱导手段。这是政府启动经济杠杆进行间接管理的手段，主要有：政府投资、财政补贴、税收减免、特别财务制度等财政手段；贷款差别利率、贷款不同期限、贷款政府保证等金融手段；实行保护关税、关税减免等外贸手段；对商品和劳务的政府订购。

(2)直接干预手段。这是政府按照法律运用行政权力进行直接经济管理的手段，主要有政府的行政管制和政府的行政协调两大类。政府的行政管制可分为市场进入管制，外汇配额、信贷配额、进口配额等方面的数量管制，价格管制，技术管制，环境保护管制和生产安全管制。政府的行政协调主要是指政府以其特定的权威地位和影响力，通过各种形式协调企业的生产和经营，使之趋向于政府的有关产业发展意图。

(3)信息指导手段。这是政府利用所掌握的信息进行政策引导的手段，主要有：向企业传播国民经济发展趋势信息，引导产业调整；提供信息服务；提供信息交换场所，传递市场信息。

(4)法律规则，主要适用于比较成熟和比较稳定的产业政策，以立法的方式来严格规范企业行为、政策执行机构的工作程序、政策目标与措施等，以保障预定产业目标的实现。

二、产业政策的主要功能

(一)产业政策的作用

1. 弥补“市场失灵”

产业政策形成的根本原因在于政府有责任弥补“市场失灵”的缺陷，由于垄断、公共产品、外部性、信息不对称等市场失灵领域的存在，如果仅仅依靠市场机制，就无法避免垄断、不正当竞争、基础设施投资不足、过度竞争、环境污染、资源浪费等现象的发生与蔓延。历史经验表明，各国产业政策的最普遍作用就是弥补市场失灵的缺陷。通过推行产业组织政策和产业结构政策，政府可以限制垄断的蔓延，促进有效竞争的形成，加速产业基础设施的建设，治理环境污染与生态平衡。

2. 促进超常规发展

产业政策是贯彻国家经济发展战略的有效工具。发展中国家在经济“起飞”的初期都会遇到基础设施和基础工业薄弱的“瓶颈”制约。这些部门的“外部性”较强，对整个经济发展具有重大的促进作用，而本身却投资巨大、盈利低、资本回收期长，仅仅依靠市场机制肯定无法在短期内达到经济“起飞”所要求的条件，必须运用产业倾斜政策，聚集资本，加快“瓶颈”产业的发展。日本以产业政策为手段，运用政策的力量推动产业结构的优化，“在短短二三十年的时间里走完了老工业国用了一二百年才走完的历程”。实践证明，产业政策是后发国家促进超常规发展、实现赶超目标的重要工具。

3. 增强本国产业的国际竞争力

产业的国际竞争力是建立在本国资源的国际比较优势、骨干企业的生产力水平、技术创新能力和国际市场的开拓能力基础之上的，产业政策对促进企业创新和开拓国际市场等都有重要作用。

4. 实现资源优化配置

产业政策的根本任务和最主要的作用是尽可能地实现资源的优化配置。资源的优化配置包括资源在产业之间的合理分配和有效利用、资源在产业内部企业之间的合理分配和有效利用，这两方面分别是产业结构政策和产业组织政策的根本任务和主要作用。产业结构政策促进产业结构优化升级，能够减少或避免资源的闲置和浪费；产业组织政策促进产业组织完善化，能够提高企业资源使用的效果。

（二）产业政策的局限性

（1）产业政策并非对任何产业都具有同等的作用。产业的发展最终取决于产业本身的素质和发展潜力，而不是产业政策。产业政策只有对产业内部的技术、资金、人才等生产要素的投入和运作发生积极影响时，才能促进产业更好地发展。研究表明①，“产业政策只对那些所得弹性值高、生产效率好、在国际贸易上有发展前途的产业有明显效果，而对其他产业则并非如此”。

（2）产业政策的作用不是万能的。产业政策本身并非万能，经验表明，产业政策的成功需要有高素质的公务员和企业家队伍、完备的法律体系以及健全的企业制度等相关条件。国内外激烈的竞争，才是真正使产业获得成功的原因。有研究者指出，日本最大的成功产业，即汽车和家用电器产业，并未得到政府太多的政策优惠。

（3）产业政策的实施需要一定的成本和代价。通常产业政策的力度越大，越需要有相应的政策投入做保障。实施产业政策时，应对产业政策所涉及的各种“成本”和“收益”进行全面的综合性比较，最后以政策成本和政策总收益的比率来判别实施产业政策的效果。

（4）产业政策存在失败的可能性。导致产业政策失败的主要因素包括政策目标违背经济规律、产业界的愿望与政策要求不一致、政策措施与政策目标不配套、政策手段不合理、政策执行不力、政策内容脱离具体情况、政策实施机构和人员失职、政策环境发生不可预见的较大变化等。

三、产业政策的目标和制定原则

（一）产业政策目标

1. 实现经济振兴和经济赶超

以实现经济振兴和经济赶超为总目标时，产业政策的目标体系主要包括：①形成最

---

① 李泊溪，钱志深．产业政策与各国经济．上海：上海科学技术出版社，1990：486～489。

有利的产业结构形态；②选择和扶植战略产业，通过重点发展来带动经济的全面繁荣；③促进技术开发和应用推广，提高产业效率；④促进生产集中，保障规模经济效益，防止大量小企业过度竞争；⑤协调工业化过程中的各种社会经济矛盾，缩小工农差别和城乡差异等。

2. 实现产业结构合理化和高级化

以产业结构合理化和高级化为总目标时，产业政策的目标体系包括：①强化社会基础设施建设，改善投资环境；②组织衰退产业的生产力转移，防止产业内部的过度竞争；③协调经济发展与环境保护的关系，推行公害防治和环境保护政策；④逐步将出口重点转向发达国家，力争在国际分工中获得更多的比较利益；⑤强化对技术创新与科技成果产业化的支持力度，推动新兴产业的发展；⑥重视产业布局的合理化；⑦强化新兴技术对传统产业的渗透，推动传统产业的现代化；⑧协调劳动密集型产业、资本密集型产业和知识密集型产业之间的利益关系，兼顾“充分就业”和“提高劳动生产率”双重目标等。

3. 增强产业的国际竞争力

这是21世纪各国产业政策的总目标。其目标体系主要包括：①增加对新兴技术研究开发和成果产业化的投资，保证科研和产业技术领先；②加强国家技术创新基地建设，支持科技型小企业的发展，增强经济活力；③加强国家级信息基础设施建设，推动产业界的信息化；④在信息化、网络化的基础上推动企业之间的战略联盟和企业内部组织的“扁平化”，提高整个产业界的组织效能；⑤扩大知识资本的投入比重，确保经济的持续增长；⑥扩大科技、经济和贸易领域中的国际交流与合作，更多、更好地利用国际市场和国际资源；⑦在经济全球化过程中审时度势、趋利避害，确保国家经济安全等。

（二）产业政策的制定原则

第一，贯彻治理经济环境、整顿经济秩序、全面深化改革的方针，以产业政策为导向，加强宏观控制，指导市场发育，协调各方面行动，逐步缓解总需求与总供给、消费结构与产业结构的矛盾。

第二，压缩和控制长线产品的生产和建设，增加和扩大短线产品的生产和建设。集中力量，首先把粮食、棉花、煤炭、电力、交通特别是铁路运输以及市场紧俏的轻纺产品的生产建设搞上去。

第三，按照市场需求、产业关联、技术进步、创汇作用、经济效益等因素，安排好产业发展序列并制定相关的各项政策，明确支持什么，限制什么。同时，要妥善处理好重点产业与一般产业协调发展的关系，处理好生产要素存量调整与增量配置的关系，处理好产业总体配置与发挥地区优势的关系。

第四，当前的产业政策要点是根据长远与近期结合、以近期为主的原则制定的。在治理整顿过程中，将视经济发展情况，对产业政策作相应调整。

第五，产业政策的制定权在国务院。为了保证国家产业政策的实施，各部门和各省（自治区、直辖市）及计划单列省辖市人民政府，应根据国家产业政策，结合本部门、本地区的特点，拟定实施办法，并报国务院备案。如果需要对国家产业政策作某些补充规定，须报国务院审批。省以下各级人民政府不再层层拟定实施办法。要处理好实行经济承包责任制和实施产业政策的关系。全国是一个统一的市场，各地必须执行国家的产业政策，不能因局部和短期利益而破坏国家的整体和长期利益。

第六，产业政策的实施，要运用经济的、行政的、法律的和纪律的手段，同时加强思想政治工作。计划、财政、金融、税务、物价、外贸、工商行政管理等部门必须目标一致，协同行动，各项调节手段和措施要相互配套、相互配合。

四、产业政策的主要内容

(一)产业组织政策

所谓产业组织政策，是指为了获得理想的市场效果，由政府根据产业的特点和发展方向，优化产业组织而制定的干预和调整产业的市场结构和市场行为，调节企业间关系的政策措施总和。产业组织政策的实质是协调竞争与规模经济之间的矛盾，以维持正常的市场秩序，促进有效竞争态势的形成。从政策取向看，各国已有的产业组织政策可分为两大类：一类是鼓励竞争、限制垄断的竞争促进政策(即反垄断、反托拉斯和反不正当竞争行为的政策)，它着眼于维持正常的市场秩序；另一类是鼓励专业化和规模经济的产业合理化政策，它着眼于限制过度竞争的作用。从政策对象看，产业组织政策可分为市场结构控制政策和市场行为控制政策两大类，前者是从市场结构方面禁止或限制垄断的政策，如降低市场进入壁垒、控制市场集中度等；后者是从市场行为角度控制各种妨碍竞争和不公正交易行为的发生。

1. 产业组织政策的目标

产业组织政策的目标可分为一般目标和具体目标。一般目标是促进市场的有效竞争，以提高产业内部的资源配置效率。有效竞争是指产业组织处于既能够保持产业内部各企业之间的适度竞争，又能获得规模经济效益的状态，即可以兼容竞争活力和规模经济效益的竞争。贝恩将产业组织政策的具体目标细化为六个方面：①企业应达到并有效地利用规模经济，市场的供给主要应由达到经济规模的企业承担，企业应有较高的开工率；②不应出现某些产业或企业长期获得超额利润或长期亏损的情况，从较长时间来看，各产业的资本利润应是比较均等的；③较快的技术进步，主要是指技术和产品开发、革新活动有效且比较充分；④不存在过多的销售费用；⑤产品的质量和服务水平较高并具有多样性，以适应提高大众福利和消费水平的要求；⑥能够有效地利用自然资源。

2. 产业组织政策的手段

实现产业组织政策目标的手段主要有以下三类：①控制市场结构，即对各产业的市场结构变动实行监测和控制，保障其合理性，具体措施包括依法分割处于垄断地位的巨型企业、降低市场集中度、降低市场进入壁垒、建立企业合并审批制度、对中小企业实施必要的扶持政策等。②控制市场行为，即对企业的市场行为实施监督和控制，扼制垄断势力的扩大，保障公平竞争，具体措施包括：禁止和限制竞争者的共谋、卡特尔及不正当的价格歧视；对厂商的价格、质量实行全面监督，增加市场信息的透明度；对欺骗、行贿和中伤竞争者的各种不道德乃至非法的商业行为进行取缔和必要处罚。③直接改善不合理的资源配置。这主要是指政府对“市场失灵”领域的直接干预，如政府直接投资于基础设施部门或“瓶颈产业”，对盈利不多或风险较大的重大技术开发项目提供资金援助，增加对教育、科研和技术推广的公共投资等。

3. 产业组织政策的核心内容

产业组织的核心是反垄断和反不正当竞争政策，反垄断和反不正当竞争政策是发达国家产业组织政策的重点。这是因为发达国家的市场机制相对完善，主要问题是来自垄断势力对市场效率的破坏和由此造成的社会经济矛盾的激化。反垄断和反不正当竞争政策的内容包括：分割已形成的垄断企业；限制企业的横向和纵向合并，以防止生产过度集中而形成新的市场垄断；限制价格共谋行为，鼓励竞争；禁止非法的价格歧视；禁止搭配销售和排他性交易；禁止欺诈行为，如虚假广告、盗用商标名称等；扶持小企业的发展，并为小企业营造公平的竞争环境。反垄断和反不正当竞争政策“例外原则”是产业组织政策必不可少的组成部分。由于国情的不同，各国反垄断政策的例外条款各有特色。

在美国，反垄断政策通常是通过贯彻执行专门的反垄断法规来限制集中和垄断的，美国联邦最高法院是反垄断的最高仲裁机关，司法部则是政府反垄断的执行机构。此外还按行业设有许多独立于行政部门的专业委员会，负责在特定产业内执行反垄断政策。例如，联邦通信委员会、民用航空委员会就分别在通信业和民航业承担反垄断政策的执行。我国早在 20 世纪 90 年代初，当时的国家经济贸易委员会和国家工商局就开始了反垄断法的起草工作。1994 年，反垄断法列入第八届全国人民代表大会立法规划，1998 年再次列入第九届全国人民代表大会的立法规划，并成为 2002 年五次会议的第一号提案。经过七年酝酿、十二年“怀胎”，反垄断法终于正式进入“生产”程序。2006 年 6 月 24 日，第十届全国人民代表大会常务委员会第二十二次会议首次审议反垄断法草案时，有专家认为，这让公众看到了中国政府和最高国家权力机关积极回应民意、打击垄断行为的决心。中国反垄断法进入立法程序，出台在望。

4. 当前我国产业组织政策目标及措施

我国当前产业组织政策的目标是：促进企业合理竞争，实现规模经济和专业化协作，形成适合产业技术经济特点和我国经济发展阶段的产业组织结构。对规模经济效益显著的产业，应形成以少数大型企业(集团)为竞争主体的市场结构；对产品由大量零部件组成的产业，应形成大、中、小企业合理分工协作、规模适当的市场结构；对规模经济效益不显著的产业，应鼓励小企业的发展，形成大、中、小企业并存，企业数目较多的竞争性市场结构。实现上述目标，要采取以下调整措施：对具有区域自然垄断性质的产业，逐步引入市场机制，鼓励合理竞争；对规模经济效益显著的产业和产品，陆续制定最低经济规模标准；同时，要打破地区、部门分割，限制以至禁止不符合经济规模标准的项目建设，促进规模经济的实现；鼓励企业通过平等竞争和合并、兼并、相互持股等方式，自主进行联合改组，或组建跨地区、跨部门、跨所有制乃至跨国经营的企业集团；加快关于市场竞争的法规建设，为企业平等竞争和企业组织结构的调整创造良好的外部环境。

(二)产业结构政策

所谓产业结构政策，是指政府制定的通过影响与推动产业结构的调整和优化来促进经济增长的产业政策。产业结构政策既是现代经济增长的内在要求，又是各国经济发展战略的体现。积极制定和实施产业结构政策，不仅是发展中国家实现赶超目标的必由之路，而且也是发达国家保持自身优势地位的重要法宝。从具体内容看，产业结构政策通常包括幼小产业保护政策、主导产业选择政策、战略产业扶植政策和衰退产业调整政策等，其中战略产业扶植政策和衰退产业调整政策是最基本的产业结构政策内容。

1. 战略产业的扶植政策

战略产业是指能够在未来成为主导产业或支柱产业的新兴产业。它首先是一种新兴产业，但并非所有新兴产业都可以成为战略产业。要成为战略产业就必须具备三大基本特征：一是能够迅速有效地吸收创新成果，并获得与新技术相关联的新的生产函数；二是具有巨大的市场潜力，可望获得持续的高速增长；三是同其他产业的关联系数较大，能够带动相关产业的发展。战略产业的扶植政策是产业结构政策中的主导方面和关键部分。它的特点是着眼于未来的产业优势，直接服务于产业结构的高级化。离开了战略产业的扶植政策，就不可能实现产业结构合理化、高级化的目标。而且，国际竞争越激烈，战略产业的扶植政策就越重要，战略产业扶植政策的必要性来自它的上述三大特征。它对于经济新增长点的形成、传统产业的技术改造和整个产业结构的演进，都具有不容置疑的作用。战略产业扶植政策的宗旨，是通过政府强有力的介入，来增强对战略产业的生产要素投入，再通过战略产业的超常规发展来带动整个产业结构的高级化。该政策的背后，是一种非均衡发展和争取动态比较优势的战略思路。

2. 衰退产业的调整政策

衰退产业是指经历了幼小期、成长期、成熟期之后，进入了产业生命周期的最后一个发展阶段——衰退期的产业。其一般特征是：产品需求量和销售量大幅度下降，技术进步率下降且创新无望，而由另一新兴产业提供的替代品却同时出现需求与销售额上升的趋势。具备这些特征的产业就应当被视为衰退产业。在日本，煤炭、纺织、炼铝、钢铁等产业曾经先后被沦为衰退产业，其中，纺织和钢铁经过有效的技术改造，实现了产品的高附加值化。衰退产业调整政策是产业结构高级化过程中具有重大现实意义的基本政策，其立足点是帮助衰退产业实行有秩序的收缩、撤让，并引导其资本存量向高增长率产业部门有效转移。这与消极地保护衰退产业的立场是不同的，多数经济学家对以“维持衰退产业的生存”为出发点的保护政策持反对意见，因为消极地维护衰退产业的生存必然会妨碍技术进步和产业结构高级化。衰退产业往往与企业破产、职工失业现象密不可分，容易引起经济与社会的不稳定。即使在信奉“适者生存”法则的资本主义国家，政府对衰退产业也不是撒手不管的。例如，美国政府对衰退产业的工人和企业就有依据《通商改革法》实施援助的做法；日本的《特定萧条产业安定临时措施法》和《特定萧条行业离职者临时措施法》对衰退产业的停产、设备报废和失业者再就业规定了政策措施。我国正面临经济发展方式的转变，产业结构转换压力巨大，衰退产业的出现和相应的调整政策是不可或缺的。

（三）产业布局政策

产业布局政策一般是指政府机构根据产业的经济技术特性、国情国力状况和各类地区的综合条件，对若干重要产业的空间分布进行科学引导和合理调整的相关措施。从本质上讲，产业布局合理化的过程也就是建立合理的地区分工关系的过程，两者分别从纵向和横向角度考察同一事物(产业空间分布)的两个具体方面。需要特别指出的是，产业布局政策既是产业政策体系中不可或缺的重要内容，同时又是区域政策体系中非常重要的组成部分，而且作为区域产业政策体系组成部分的产业布局政策更加侧重于建立和完善地区间的产业分工关系。从产业布局政策的内容上看，产业布局政策主要包括地区发展重点的选择和产业集中发展战略的制定。

1. 产业布局政策的目标

产业布局政策往往与特定的国家经济发展程度相关联。也就是说，在经济不发达阶段，政府通常更强调产业布局非均衡性，即强调优先发展某些地区，通过这些经济的超常规增长，带动其他地区以及整个国家经济的增长。并且，政府也往往倾向于以建立开发区或在某些地区实行特殊政策的方式，将某些在政府经济发展战略中负有重要功能的产业(如出口加工业)和高新技术产业相对集中，以令其有较快的增长，进而提高其对经济增长的贡献度。而当经济较为发达之后，政府则从维护经济公平和社会稳定等目标出发，偏重于强调地区经济的均衡性。因此，除了个别特殊产业(如对环境保护有较大妨碍的产业)之外，政府已不倾向于通过重点扶持某一地区的经济发展来带动国民经济增长，而往往对不发达地区经济给予较多的支持，甚至在某些经济发达地区或产业高度集中地区实行一定程度的限制进入政策。

2. 产业布局政策的实施手段

产业布局政策主要是规划性的，同时也包括一定意义上的政府直接干预。在地区发展重点的选择上，产业布局手段主要有：制定国家产业布局战略，规定战略期内国家重点支持发展的地区，同时设计重点发展地区的经济发展模式和基本思路；以国家直接投资方式，支持重点发展地区的交通、能源和通信等基础设施，及至直接投资介入当地有关产业的发展；利用各种经济杠杆形式，对重点地区的发展进行刺激，以加强该地区经济自我积累的能力；通过判别性的地区经济政策，重点发展地区的投资环境显示出一定的优越性，进而引导更多的资金和劳动力等生产要素投入该地区的发展。在产业集中发展战略方面，可供采用的产业布局政策手段大致包括：通过政府规划的形式，确立有关具体产业的集中布局区域，以推动产业的地区分工，并在一定意义上发挥由产业集中所导致的集聚经济效益；建立有关产业开发区，将产业结构政策重点发展的产业集中于开发区，既使其取得规模集聚效益，也方便政府扶持政策的执行。

3. 我国产业布局政策的主要原则

我国产业布局政策的主要原则是：在继续发挥经济较发达地区优势并加快其发展的同时，积极扶持欠发达地区的经济发展，逐步缩小经济发达地区与欠发达地区的差距。国家支持发挥自然资源和经济优势，体现地区间专业化分工协作的产业带的发展，要逐步形成沿海、沿江、沿路、沿边产业的合理分布格局，以交通干线上的大城市为中心，带动大的经济区域发展。东部沿海地区要大力发展外向型经济，重点发展附加值高、创汇高、技术含量高和能源、原材料消耗低的产业及产品，多利用一些国外资金、资源，求得经济的持续快速发展和更好的效益。中西部地区要发挥资源优势和沿边地区对外开放的地理优势，努力发展优势产业和产品，国家将逐步在投资、贷款、项目布局、利用外资等有关经济政策方面，由地区倾斜转为产业倾斜，对中西部地区开发建设中的重大项目给予必要的支持，支持中西部地区大力发展乡镇企业，鼓励经济发达地区与其进行联合开发、技术合作、对口支援和人才交流。

(四)产业技术政策

产业技术政策是指国家对产业技术发展实施指导、选择、促进与控制的政策的总和。它以产业技术为直接的政策对象，是保障产业技术适度和有效发展的重要手段。产业技术政策是产业政策体系的重要组成部分，它同产业组织政策、产业结构政策和产业布局政策是并列关系。如果说，产业组织政策和产业结构政策在任何产业的发展全过程中都不可或缺的话，那么对特定产业而言，产业技术政策在产业的幼小期和衰退期都具有决定其前途和命运的影响力。发展中国家在实现赶超目标前，推行以国外先进技术的引进、消化和国产化为基本内容的产业技术政策，显然具有极其重要的战略意义。

据一些经济学家测算，美国、英国、日本和德国的技术进步对经济增长的贡献率几乎超过60%，法国曾经超过80%；在一些新兴的发展中国家和地区，如“亚洲四小龙”介于40%～55%。1992年，美国的竞争力在全球的排名位次后移至第五位，在11个高技术产业中几乎全部失去优势。但是，克林顿上台以来，在短短的时间内，美国很快扭转了颓势，重新赢回了自己的优势。瑞士国际发展研究院最新发表的《世界竞争力报告》表明，从综合实力来看，美国已重新成为世界上最具竞争力的国家，在许多领域中迅速夺回了技术优势，并保持对日本和欧洲的领先地位。近几年来，美国劳动生产率以每年2.5%的速度增长，是1970～1990年平均增长速度的2倍以上，且明显地高于其他国家。美国能在如此短期内恢复其竞争力，并使生产率迅速提高，应该说主要是靠其技术政策的调整。

1. 各国产业技术政策的措施

从当前各国产业技术发展趋势看，各国采取产业技术政策的重大举措主要包括：①通过产业界、学术界和官方的密切结合，制定具有前瞻性、实用性、复合性的具有较大市场潜力和能充分推动产业升级的一系列关键技术计划；②改变过去依赖民间企业的状况，强化政府在研究开发中的宏观协调作用，并通过诱导性和鼓励性的政府税收政策来推动研究开发；③增加研究开发的资金投入，在美国、欧洲、日本，政府研究开发支出约各占国民生产总值的0.45%，日本2000年提高到5%，美国政府拨款虽会减少，但企业开发支出所占比重则会加大；④完善研究开发的基础设施环境，建立有针对性的、高效率的研究开发机构，同时采取有力措施加快技术成果的转化过程，以提高技术利用的效率和效益，并使研究经费的扩充呈现良性循环，同时还刺激技术再生及催化、渗透、带动相关技术发展的效应；⑤重视教育和职业培训，提高人的素质，一些国家提出了改革高等、初等教育的方案，确定了主要学科的标准和国家考试制度，制订了国家职业培训的具体计划，把培养具有综合素质、创新精神和能够驾驭日新月异的新技术的人才作为教育与培训的重要目标；⑥重视国际间的技术合作、联合研究开发。例如，日本公司在美国设立了224个研究开发机构，超过任何其他国家；一些发展中国家加强了与国外的联合研究，引进生产线，为吸收和消化新技术创造了条件。

2. 我国产业技术政策的重点及措施

当前我国产业技术政策的重点是：促进应用技术开发，鼓励科研与生产相结合，加速科技成果的推广，推动引进和消化国外的先进技术，显著提高我国产品的质量、技术性能，大幅度降低能耗、物耗及生产成本，努力提高我国产业的技术水平。国家要采取以下措施，促进产业的技术进步：多渠道、多形式地增加对科学技术研究和发展的投入，逐步提高其占国民生产总值的比重；分行业制订并实施对产业发展有重大作用的关键技术研究和开发计划，支持和鼓励对引进的先进技术的消化吸收和创新；加强对高新技术产业的规划，搞好国家批准的高新技术开发区的建设；推进标准化、系列化的进程，提倡采用国际标准和国外先进标准以及更为严格的企业内部标准；增强企业自主开发新产品的能力，鼓励企业加强与科研机构和大专院校的联系，加快科技成果商品化的速度；以法规形式定期公布必须淘汰的落后生产工艺和设备。

参考文献

阿尔钦 A，德姆塞茨 H. 1994. 生产、信息费用与经济组织 . 载：科斯 R，阿尔钦 A，诺斯 D. 财产权利与制度变迁 . 刘守英译 . 上海：上海三联书店

阿瑟 B. 2000. 报酬递增与两个商业世界 . 刘云鹏译 . 经济导刊，(3)：7～16

安虎森，邹璇 . 2004. 区域经济学的发展及其趋势 . 生产力研究，(1)：180～186

贝恩 J S. 1983. 产业组织 . 徐国兴译 . 北京：商务印书馆

波特 M. 2002. 国家竞争优势 . 李明轩，邱如美译 . 北京：华夏出版社

陈百助 . 2006. 国际贸易——理论、政策与应用 . 北京：高等教育出版社

陈栋生 . 1993. 区域经济学 . 郑州：河南人民出版社

陈刚 . 2004. 新兴产业形成与发展的机理探析 . 理论导刊，(2)：40～42

陈锡康，薛新伟 . 1981. 一类非线性投入产出模型及其在经济工作中的运用 . 中国经济问题，(1)：47～52

陈秀山，孙久文 . 2005. 中国区域经济问题研究 . 上海：商务印书馆

陈秀山，卫鹏鹏 . 1999. 区域经济学 . 武汉：武汉大学出版社

陈秀山，张可云 . 2003. 区域经济理论 . 上海：商务印书馆

戴伯勋，沈宏达 . 2001. 现代产业经济学 . 北京：经济管理出版社

德鲁克 P F. 2002. 公司的概念 . 罗汉译 . 上海：上海人民出版社

德姆塞茨 H. 1992. 竞争的经济、法律和政治制度 . 陈郁译 . 上海：上海三联书店

丁继锋 . 2007. 网络效应与 ICT 产业的标准竞争 . 暨南大学管理学院博士学位论文

董艳华，荣朝和 . 2002. 产业组织理论的主要流派与近期进展 . 北方交通大学学报(社会科学版)，(12)：10～15

俄林 B. 2001. 地区间贸易与国际贸易 . 北京：首都经济贸易大学出版社

范金，郑庆武，梅娟 . 2004. 应用产业经济学 . 北京：经济管理出版社

干春晖 . 2007. 产业经济学教程与案例 . 北京：机械工业出版社

干春晖，刘平 . 2004. 限制性定价理论研究 . 上海管理科学，(3)：25～27

郭菊娥 . 1989. 纯部门表转化为产业部门表的方法 . 数量经济与技术经济，(10)：52～55

郭熙保 . 2001. 论发展观的演变 . 学术月刊，(9)：47～51

郭熙保，胡汉昌 . 2002. 后发优势研究评述 . 山东社会科学，(3)：15～20

郭羽诞 . 2008. 国际贸易学 . 上海：上海财经大学出版社

海 D，莫瑞斯 D. 2000. 产业经济学与组织 . 张维迎等译 . 北京：经济科学出版社

赫希曼 A. 1991. 经济发展战略 . 曹征海，潘照东译 . 北京：经济科学出版社

洪生伟 . 1996. 质量管理 . 北京：中国计量出版社

黄速建 . 1989. 公司论 . 北京：中国人民大学出版社

简新华，李雪 . 2009. 新编产业经济学 . 北京：高等教育出版社

姜照华，姜颜君 . 1997. 神经网络理论在投入产出分析中的应用 . 系统工程理论与实践，(7)：102～106

金碚 . 2003. 竞争力经济学 . 广州：广东经济出版社

卡布尔 J. 2000. 产业经济学前沿问题 . 于立等译 . 北京：中国税务出版社

卡布罗 L. 2002. 产业组织导论 . 胡汉辉，赵震翔译 . 北京：人民邮电出版社

卡尔顿 D，佩罗夫 J. 1998. 现代产业组织．黄亚钧译．上海：上海三联书店，上海人民出版社
科斯 R. 1990. 企业的性质．载：科斯 R. 企业、市场与法律．盛洪，陈郁译．上海：上海三联书店
克拉克森 K W，米勒 R L. 1993. 产业组织：理论、证据和公共政策．华东化工学院经济发展研究所译．上海：上海三联书店
克鲁格曼 P，法尔德 M B. 2002. 国际经济学(第五版). 海闻等译．北京：中国人民大学出版社
李波．2004. 基于网络效应的标准竞争模式研究．浙江大学管理学院博士学位论文
李春田．1995. 标准化概论．北京：中国人民大学出版社
李汉君．2009. 国际贸易．北京：科学出版社
李宏林．2004. 标准竞争、格式系统与企业的标准战略．财经问题研究，(5)：69～75
李慧中．1997. 新编国际贸易教程．太原：山西经济出版社
李孟刚．2010. 产业安全理论．北京：高等教育出版社
李孟刚，蒋志敏．2008. 产业经济学．北京：高等教育出版社
李小北．2010. 国际贸易学．北京：高等教育出版社
李小建．1999. 经济地理学．北京：高等教育出版社
李悦．2004. 产业经济学．北京：中国人民大学出版社
里昂惕夫 W W. 1980. 投入产出经济学．崔书香译．北京：商务印书馆
刘朝明．2002. 新空间经济学：21 世纪经济学研究的主题．中国软科学，(3)：114～115
刘东．2000. 微观经济学新论．南京：南京大学出版社
刘起运．1986. 投入产出对称数学模型的建立和应用．数量经济与技术经济，(4)：34～41
刘志彪．1996. 产业经济学．南京：南京大学出版社
刘志彪．2002. 产业经济学的主要流派和研究方法．中国经济问题，(1)：11～19
刘志彪．2009. 现代产业经济学．北京：高等教育出版社
刘志彪，安同良．2009. 现代产业经济分析．南京：南京大学出版社
刘志彪，王国生，安国良．2001. 现代产业经济分析．南京：南京大学出版社
刘志迎．2002. 高新技术及其产业化的十大特性．深圳：海天出版社
刘志迎．2007. 现代产业经济学教程．北京：科学出版社
罗斯托 W W. 1962. 经济成长的阶段．国际关系研究所编辑室译．北京：商务印书馆
罗斯托 W W. 1988. 从起飞进入持续增长的经济学．贺力平译．成都：四川人民出版社
马伯煌．1993. 中国经济政策思想史．昆明：云南人民出版社
马丁 S. 2003. 高级产业经济学．史东辉等译．上海：上海财经大学出版社
马建堂．1993. 结构与行为——中国产业组织研究．北京：中国人民大学出版社
毛林根．1996. 产业经济学．上海：上海人民出版社
纳什 J. 2000. 纳什博弈论论文集．张良桥，王晓刚译．北京：首都经济贸易大学出版社
倪云虎，朱六一．2007. 锁定原理的再探讨．商业研究，(10)：10～13
平狄克 R，鲁宾费尔德 D. 1997. 微观经济学(第三版). 张军等译．北京：中国人民大学出版社
平新乔．2000. “新经济”的经济学——从《信息规则》谈起．国际经济评价，(7)：19～24
平新乔．2001. 微观经济学十八讲．北京：北京大学出版社
普格尔 T，林德特 P. 2001. 国际经济学．李克宁译．北京：经济科学出版社
钱德勒 A D. 1987. 看得见的手——美国企业的管理革命．重武译．北京：商务印书馆
芮明杰．2004. 中国产业发展的挑战与思路．复旦学报(社会科学版)，(1)：56～63
施蒂格勒 G J. 1989. 产业组织与政策管制．潘振民译．上海：上海三联书店
施蒂格勒 G J. 2006. 产业组织．王炜译．上海：上海人民出版社

史忠良 . 2005. 产业经济学(第二版). 北京：经济管理出版社
史忠良，何维达 . 2004. 产业兴衰与转化规律 . 北京：经济管理出版社
斯密 A. 1997. 国民财富的性质和原因的研究北京 . 郭大力，王亚南译 . 北京：商务印书馆
宋泓明 . 1997. 中国产业结构高级化分析 . 北京：中国社会科学出版社
苏东水 . 2000. 产业经济学(第二版). 北京：高等教育出版社
苏东水 . 2010. 产业经济学(第三版). 北京：高等教育出版社
孙武军，吴立明，陈宏民 . 2007. 网络外部性与企业产品兼容性决策分析 . 管理工程学报，(2)：59～63
泰勒尔 J. 1997. 产业组织理论 . 马捷译 . 北京：中国人民大学出版社
谭国富 . 2004. 纵向约束的经济理论 . 产业经济评论，(2)：1～23
汤普逊 J W. 1961. 中世纪经济社会史 . 耿淡如译 . 北京：商务印书馆
唐要家 . 2005. 策略性掠夺性定价及反垄断规则 . 财经问题研究，(8)：53～57
佟家栋 . 2004. 国际贸易学——理论与政策 . 北京：高等教育出版社
瓦里安 H. 2004. 微观经济学(高级教程)(第三版). 周洪等译 . 北京：经济科学出版社
王丹 . 2011. 新经济地理理论研究的新进展 . 经济理论与经济管理，(5)：36～39
王缉慈 . 1994. 现代工业地理学 . 北京：中国科学技术出版社
王俊豪 . 2003. 现代产业经济学 . 杭州：浙江人民出版社
王乃静 . 1989. 非线性动态投入产出模型与最大均衡增长率 . 数量经济与技术经济，(8)：30～34
王万山 . 2003. 软件产品价格机制研究 . 江西财经大学工商管理学院博士学位论文
王玉霞 . 2001. 价格歧视理论中的若干问题 . 财经问题研究，(11)：18～21
威布尔 J. 2006. 演化博弈论 . 王永钦译 . 上海：上海人民出版社
魏农建，谷永芬 . 2008. 产业经济学 . 上海：上海大学出版社
邬义钧，邱钧 . 2001. 产业经济学 . 北京：中国统计出版社
吴进红 . 2007. 开发经济与产业结构升级 . 北京：社会科学文献出版社
夏大尉 . 2000. 西方产业组织流派：方法论与基本观点 . 载：于立 . 产业经济学理论与问题研究 . 北京：经济管理出版社
夏大慰 . 2002. 产业组织：竞争与规制 . 上海：上海财经大学出版社
夏明 . 2002. 投入产出分析与西方经济理论的关系 . 北京：中国统计出版社
夏皮罗 K，瓦里安 H. 2000. 信息规则：网络经济的策略指导 . 张帆译 . 北京：中国人民大学出版社
夏伊 O. 2005. 产业组织：理论与应用 . 周战强等译 . 北京：清华大学出版社
项义军 . 2010. 国际贸易 . 北京：经济科学出版社
小宫隆太郎 . 1986. 日本的产业政策 . 台湾经济研究所译 . 台北：台湾经济研究所
肖兴志 . 2012. 产业经济学 . 北京：中国人民大学出版社
熊红星 . 2006. 网络效应、标准竞争与公共政策 . 上海：上海财经大学出版社
徐梅 . 2002. 当代西方区域经济理论评析 . 经济评论，(3)：113
许心礼 . 1990. 西方国际贸易新理论 . 上海：复旦大学出版社
薛荣久 . 2004. 国际贸易 . 北京：对外经济贸易大学出版社
薛新伟 . 2000. 隐性因素以及包括隐性因素的投入产出模型 . 技术经济与管理研究，(1)：52～53
亚当斯 W. 2003. 美国产业结构(第十版). 封新建等译 . 北京：中国人民大学出版社
杨帆 . 2000. 技术标准中的专利问题研究 . 中国政法大学国际法学院博士学位论文
杨公朴，夏大慰 . 2002. 产业经济学教程(修订版). 上海：上海财经大学出版社
杨公仆，夏大慰 . 2005. 现代产业经济学 . 上海：上海财经大学出版社

杨云彦 . 2004. 区域经济学 . 北京：中国财政经济出版社

杨治 . 1985. 产业经济学导论 . 北京：中国人民大学出版社

杨治 . 1999. 产业政策与结构优化 . 北京：新华出版社

于立 . 2000. 产业经济学理论与实践问题研究 . 北京：经济管理出版社

于立，王询 . 1996. 当代西方产业组织学 . 大连：东北财经大学出版社

余晖 . 1997. 政府与企业：从宏观管理到微观管理 . 福州：福建人民出版社

臧旭恒 . 2000. 美国的产业组织理论评述 . 载：于立 . 产业经济学理论与问题研究 . 北京：经济管理出版社

臧旭恒，徐向艺，杨蕙馨 . 2002. 产业经济学 . 北京：经济科学出版社

臧旭恒，徐向艺，杨惠馨 . 2005. 产业经济学 . 北京：经济科学出版社

张二震 . 1998. 国际贸易学 . 南京：南京大学出版社

张会恒 . 2004. 论产业生命周期理论 . 财贸研究，(6)：7～11

张可云 . 2005. 区域经济政策 . 上海：商务印书馆

张维迎 . 1996. 博弈论与信息经济学 . 上海：上海人民出版社

张维迎 . 1999. 企业理论与中国企业改革 . 北京：北京大学出版社

张相文 . 2004. 国际贸易学 . 武汉：武汉大学出版社

张小蒂，倪云虎 . 2005. 网络经济概论 . 重庆：重庆大学出版社

张泳，张海雯 . 2006. 标准竞争影响因素研究 . 科技管理研究，(9)：74～76

张志欣，杨彬 . 1996. 现代管理标准化 . 北京：中国经济出版社

植草益 . 1988. 产业组织论 . 卢东斌译 . 北京：中国人民大学出版社

植草益 . 1992. 微观规制经济学 . 朱绍文译 . 上海：中国发展出版社

中国经济改革研究基金会、中国经济体制改革研究会联合专家组 . 2003. 中国反垄断案例研究 . 上海：上海远东出版社

中国社会科学院工业经济研究所，日本总合研究所 . 1982. 现代日本经济事典 . 北京：中国社会科学出版社

周惠中 . 1997. 微观经济学 . 上海：上海人民出版社

周起业，刘再兴 . 1989. 区域经济学 . 北京：中国人民大学出版社

周振华 . 1992. 产业结构优化论 . 上海：上海人民出版社

周振华 . 2004. 产业融合拓展化的过程及基本含义 . 社会科学，(5)：5～12

Areeda P，Tumer D F. 1975. Predatory pricing and related practices under section 2 of the sherman act. Harvard Law Review，(88)：697～733

Barnard C I. 1938. The Function of the Executive. Cambridge：Harvard University Press

Baron D. 1973. Limit pricing，potential entry，and barriers to entry. American Economic Review，(63)：666～674

Baumol W J. 1979. Quasi－permanence of price reduction：a policy for prevention of predatory pricing. Yale law Journal，(89)：1～26

Besen S M，Farrell J. 1994. Choosing how to compete：strategies and tactics in standardization. Journal of Economic Perspectives，8(3)：117～131

Bolton P，Brodley J F，Riordan M H. 2000. Predatory pricing：strategic theory and legal policy. Georgetown Law Journal，(88)：2239～2330

Cable J. 1994. Current Issues in Industrial Economics. London：The Macmillan Press

Carlton D W，Perloff J M. 1994. Modern Industrial Organization. London：Harper Collins

College Publishers

Chamberlin E H. 1948. An experimental imperfect market. Journal of Political Economy, 56 (2): 95～108

Dasgupta P, Stiglitz J. 1980. Industrial structure and the nature of innovative activity. The Economic Journal, (96): 266～293

David P. 1975. Technical Choice Innovation and Economic Growth. Cambridge: Cambridge University Press

Debondt R. 1976. Limit pricing, uncertain entry and entry lag. Econometrica, 44(5): 939～946

Dick A, Basu K. 1994. Customer loyalty: toward an integrated lonceptual framework. Journal of the Academy of Marking Science, (22): 99～113

Economides N. 1996. The economics of networks. International Journal of Organization, 1 (14): 673～700

European Commission. 1997. Green Paper on the Convergence of the Telecommunication, Media and Informoatiao Technology Sectors, and the Implications for Regulation Towards an Information Society Approach. Brussels: European Commissions

Farrell J, Klemper P. 2001. Coordination and lock-in: competition with switching cost and network effects. http://www. paulklemperer. org

Farrell J, Saloner G. 1986. Installed base and compatibility: innovation, product preannouncements, and predation. American Economic Review, 12: 940～955

Gereffi G, Memedovic O. 2003. The Global Appeared Value Chain: What Prospects for Upgrading by Developing Countries. Vienna: United Nations Industrial Development Organization

Hirschman A O. 1958. The Strategy of Economic Development. New Haven: Yale University Press

Hobday M. 1995. Innovation in East Asia: The Challenge to Japan. Aldershot: Edward Elgar

Hoggat A C. 1959. An experimental business game. Behavioral Science, 4(3): 192～203

Joskow P L, Klevorick A. 1979. A framework for analyzing predatory pricing policy. Yale Law Journal, (89): 213～270

Kamien K, Schwarts N. 1971. Limit pricing and uncertain entry. Econometrica, 39(3): 441～455

Katz M, Shapiro C. 1985. Network externalities, competition, and compatibility. American Economic Review, 75(3): 424～440

Katz M, Shapiro C. 1986. Technology adoption in the presence of network externalities. Journal of Political Economy, 94: 822～841

Keeble D, Wilkinson F. 1999. Collective learning and knowledge development in the evolution of regional clusters of high technology SMEs in Europe. Regional Studies, 33: 295～303

Kindleberger C. 1983. Standards as public, collective and private goods. KTKLOS, (36): 377～396

Klemperer P. 1987a. Markets with consumer switching costs. The Quarterly Journal of Economics, 102 (2): 375～394

Klemperer P. 1987b. The competitiveness of markets with switching costs. RAND Journal of Economics, Spring: 138～150

Milgrom P, Roberts J. 1982. Limiting pricing and entry under incomplete information: an equilibrium analysis. Econometrica, (5): 443～459

Milgrom P, Roberts J. 1990. Bargaining costs, influence costs, and the organization of economic activity. *In*: Alt J, Shepsle K. Perspectives on Positive Political Economy. Cambridge: Cambridge University Press

Morris H D. 1991. Industrial Economics and Organization(1st ed). Oxford: Oxford University Press

Nash J F. 1950. The bargaining problem. Econometrica, 18(2): 153～162

Nelson R, Winter S. 1982. An Evolutionary Theory of Economic Change. Cambridge: Harvard University Press

Ordver J A, Willing R D. 1981. An economic definition of predation: pricing and product innovation. Yale Law Journal, (91): 8～35

Pasinetti L L. 1993. A note on Richard Stone's paper on changes in productivity. Structural Change and Economic Dynamics, 9(2): 233～238

Penrose E T. 1959. The Theory of the Growth of the Firm. London: Oxford University Press

Perry M K. 1989. Vertical integration: determinants and effects. *In*: Schmalensee R, Willing R D. Handbook of Industrial Organization. Amsterdam: North Holland

Phlips L. 1998. Applied Industrial Economics. Cambridge: Cambridge University Press

Ross S. 1973. The economic theory of agent: the principal's problem. American Economic Review, 63: 134～139

Sauermann H, Selten R. 1959. Ein oligopoly lexperiment. Journal of Institutional and Theoretical Economics, 115: 427～471

Schelling T. 1966. The Strategy of Conflict. Harvard: Harvard University Press

Schelling T. 1978. Micromotives and Macrobehavior. New York, London: ww Norton and Company

Schilling M. 1999. Winning the standards race: building installed base and the availability of complementary goods. European Management Journal, 17(3): 265～274

Schmalensee R. 1988. Industrial economics: an overview. Economic Journal, (98): 643～681

Simon H A. 1983. Reasons in Human Affairs. Stanford: Stanford University Press

Smith V L. 1962. An experimental study of competitive market behaviour. The Journal of Political Economy, 70(2): 111～137

Stigler W G. 1968. The Organization of Industry. Illinois: The University of Chicago Press

Sturgeon T, Lee L R. 2001. Industry Co-evolution and the Rise of a Shared Supply-base for Electronics Manufacturing. Nelson and Winter Conference, Algborg: 1～26

Telser L. 1960. Why should manufacturers want fair trade. Journal of Law and Economics, 3: 86～105

Venables A J. 1996. Equilibrium locations of vertically linked industries. International Economic Review, 37(2): 341～359

von Weizsacker C. 1984. The costs of substitution. Econometrica, 52(5): 1085～1116

Williamson O E. 1985. The Economic Institutions of Capitalism. New York: Free Press

Williamson O E. 1990. Industrial Organization. Cheltenham: Edward Elgar Publishing

Williamson O E. 1995. Organization Theory. New York: Oxford University Press

Willamson O E. 1997. Predatory pricing: a strategic and welfare analysis. Yale Law Journal, (87): 284～340

Witt U. 1997. "Lock-in"vs. "critical masses": industrial change under network externality. International Journal of Industrial Organization, 15: 753～773

后　　记

本书是中国科学院“十二五”规划教材和“省级精品课程”教材建设项目。本书第一版已经使用多年，发行相当可观，因理论和实践发展需要，根据出版社要求，主编组织各位编者在整合国内外产业经济学和产业组织理论有关教材内容的基础上，结合中国产业经济理论研究成果和产业经济发展实践，在第一版基础上，共同努力修编而成这本大学本科高年级和研究生低年级用的教材。产业经济学是一门应用性很强的学科，教材编写难度也很大。其一，如何将理论与实践结合起来编写教材，实在是有诸多棘手的难点；其二，目前产业经济学教科书已有多个版本，很多版本都是由当今产业经济学界的名家所编，如何在此基础上有所创新，也是很难的一件事。为了使教材更能让教师和学生满意，本书修编者在对教材的内容体系、内容选择和章节的安排上进行了反复研究，尽量便于教与学。

本书本着科学、实用、简明、易懂的精神精心修编。从体系来看，是按照产业组织、产业结构、产业发展和产业规制的顺序来进行编写的。产业组织理论中包括产业主体、SCP 范式、寡占市场、价格策略和纵向一体化等理论内容；产业结构理论中包括产业结构、产业关联和产业布局等理论；产业发展理论中包括产业发展、产业技术、产业贸易、产业竞争力与安全、产业标准等理论；产业规制理论中包括产业规制与产业政策等理论内容。从总体上来看，本书体系完整、前后逻辑次序清楚，并且理论与实践相结合，作为教材具有理论完整性和很强的实用性。

本书在修编过程中，得到了科学出版社领导的认可和大力支持，得到了中国科学院和安徽省教育厅高等教育处领导们的支持和鼓励，特别是得到了中国科学技术大学教务处和管理学院执行院长梁樑教授、副院长华中生教授、赵定涛教授的指导和支持。本书各章的编撰人员主要是：刘志迎负责编撰第一、十一章；谷小勇负责编撰第二、三章；孙红燕负责编撰第四、十三章；陶爱萍负责编撰第五、十四章；张廷海负责编撰第六章；栾敬东负责编撰第七、十章；张先锋负责编撰第八章；马骥负责编撰第九、十五章；孙纲负责编撰第十二章。全书由中国科学技术大学管理学院刘志迎教授制订修编计划，刘志迎、栾敬东、陶爱萍和孙红燕最终统稿完成。江三良教授对第二、三章提出了宝贵的修改意见。另外，王琳琳、单洁含、何洁芳等硕士研究生帮助查阅了大量的资料和文字校对工作；俞仁智、何毅、李芹芹、郑晓峰等博士研究生做了最终修改和校对。在此，对以上支持者和编撰人员表示衷心的感谢。

在本书的修编过程中，参阅了大量的国内外研究资料、有关论著以及众多网站上的资料，吸收了关于产业经济学科最新理论研究成果。在此对这些作者和网站资料收集者与提供者表示衷心感谢。特别要感谢部分章节的原编撰人员张本照、万伦来、王立平、吕民乐、洪结银、庞莹、汤汇道、张艳、谢众等老师，他们原来编写的内容，为本书的修编奠定了良好的基础。

由于编者水平所限，修编时间仓促，难免有不足之处，敬请产业经济学专家、读者和使用本书的师生们指正并多提宝贵意见，以便于进一步修订。

编者

2013 年 10 月